献给我的孩子们
高子敬和高子婷

高柏 著

把脉
全球巨变与中国经济

TAKING A PULSE

Global Transformation and
the Chinese Economy

生活·讀書·新知 三联书店

Copyright © 2025 by SDX Joint Publishing Company.
All Rights Reserved.

本作品版权由生活·读书·新知三联书店所有。
未经许可，不得翻印。

图书在版编目（CIP）数据

把脉：全球巨变与中国经济 / 高柏著. -- 北京：生活·读书·新知三联书店，2025.1. -- ISBN 978-7-108-07921-3

Ⅰ. F11；F12

中国国家版本馆 CIP 数据核字第 2024T0F168 号

特约编辑　郑　涛
责任编辑　张　婧
装帧设计　赵　欣
责任校对　曹秋月　张　睿
责任印制　李思佳
出版发行　生活·讀書·新知三联书店
　　　　　（北京市东城区美术馆东街 22 号　100010）
网　　址　www.sdxjpc.com
经　　销　新华书店
印　　刷　北京隆昌伟业印刷有限公司
版　　次　2025 年 1 月北京第 1 版
　　　　　2025 年 1 月北京第 1 次印刷
开　　本　635 毫米 × 965 毫米　1/16　印张 27
字　　数　313 千字
印　　数　0,001 - 5,000 册
定　　价　79.00 元

（印装查询：01064002715；邮购查询：01084010542）

目 录

序 言 / i

上编　巨变中的世界秩序

1　为什么全球化会发生逆转？
逆全球化现象的因果机制分析 / 3

全球化逆转的机制 / 全球化神话的出现与全球化的上升期 / 结构性变化：发达国家底层人民体验的全球化 / 中国崛起：西方精英眼中全球化对西方的最大挑战 / TPP与反自由贸易的导火索 / 欧洲难民危机：反移民运动的催化剂 / 全球化走向逆转

....

问题缘起 / 31

补 记 / 37

2　美元与国际经济秩序
2008年全球金融危机的起源 / 39

国际金融秩序与美国国内政治经济：全球金融危机的起源 / 黄金储备与美元作为

关键货币／美元在布雷顿森林体系之后继续占据主导地位／流动性创造机制中的铸币税问题／国际收支调整机制中的"善意忽略"问题／政策自主权，预算赤字以及联邦债务／放松规制和金融创新的政治经济学／美国制造业创造就业机会的能力下降／结语

问题缘起 / 72

补　记 / 76

3　从去风险到去美元化：金砖货币与国际金融秩序的未来 / 81

西方对俄经济制裁的影响／金融制裁与易物贸易／人民币还是共同货币？／本币结算、估值参照与交换平台／讨论

问题缘起 / 103

补　记 / 106

4　走出萨缪尔森陷阱

打造后全球化时代的开放经济 / 113

萨缪尔森陷阱／为什么单纯从比较优势理解国际贸易有问题？／斯托尔帕-萨缪尔森定理与国际政治经济学／中国崛起与国际贸易的变化／产业间贸易的国际政治经济学分析／脱钩的国际政治经济学原理／讨论

问题缘起 / 136

补　记 / 141

5　对等开放：中国迈向发达国家的必由之路 / 144

以邻为壑，还是对等开放？／战后格局：是独善其身，还是多边联盟？／欧洲经济共同体：是深度整合，还是维持主权国家市场？／对等问题2.0：非关税壁垒

问题的登场 / 日美贸易战的根源：缺乏对等和产业内贸易 / 对等原则对发展中国家的豁免与多哈回合的僵局 / 中美贸易冲突的根源：贸易投资壁垒与产业内贸易 / 讨论

问题缘起 / 174

补 记 / 180

下编　转型中的中国经济

6　休养生息与强筋健骨
重新思考未来中国经济增长模式 / 191

米哈尔·卡莱斯基的增长理论 / 四种增长模式 / 国际环境与中国经济增长模式 / 现有增长模式的极限 / 休养生息与强筋健骨：提高实际工资与实现消费驱动 / 增长模式转型的政治经济学 / 结语

问题缘起 / 215

补 记 / 222

7　东北新经济如何破局 / 232

增量改革与发展中解决遗留问题 / 新经济与装备制造业 / 是发展新产业，还是维持旧产业？/ 是发展中解决问题，还是与时俱进地进行供给侧结构性改革？/ 营商环境差的根本原因何在？/ 艰巨的改革任务与"走马灯"式的官员任期 / 结论

问题缘起 / 255

补 记 / 257

8 建设经济特区振兴东北 / 258

建设经济特区振兴东北：走向共同富裕的重要方案 / 以共同富裕回应五大挑战 / 结语

问题缘起 / 273

补 记 / 276

9 从"世界工厂"到工业互联网强国
打造智能制造时代的竞争优势 / 279

产业政策与竞争优势：分析框架的构建 / 改革开放以来中国制造业的竞争优势 / 外部风险对中国制造业竞争优势的挑战 / 中国发展工业互联网、打造制造业新竞争优势的紧迫性 / 打造以工业互联网为基础的制造业新竞争优势

问题缘起 / 307

补 记 / 309

10 产业政策如何打造竞争优势
杭州与深圳云计算产业的比较研究 / 312

政府与产业政策的分类 / 数字经济中的"打造竞争优势型政府" / 打造竞争优势型政府的政治经济学 / 结论

问题缘起 / 333

补 记 / 335

11 中国电动汽车崛起的秘密 / 339

电动汽车产业与产业政策-竞争优势六力模型 / 增强要素禀赋 / 建设基础设施 /

打造产业集群 / 降低交易成本 / 扩大市场规模 / 鼓励行业竞争 / 讨论
....
问题缘起 / 370

补 记 / 371

展 望

12 建设福利国家

"百年未有之大变局"与未来中国经济发展模式的选择 / 377

三大历史长周期的同频共振与贸易保护主义的兴起 / 三大历史长周期的同频共振与福利国家的发展 / 世界工厂模式与萨缪尔森陷阱 / 福利国家是发展经济与提高生产力的重要机制 / 内循环经济发展模式的资源配置 / 建设中国的福利国家从哪里入手？/ 讨论

附录 我的学术之旅 / 401

下乡：国际研究的原点 / 北大：初识比较历史研究 / 普林斯顿：脱胎换骨的历程 / 杜克：跨学科旅程的继续

序　言

我一直有一个想法：把自己历年写作的分析国际国内政治经济的文章结集成册，不做任何改动，给每一篇文章附上背景说明，与读者分享自己关注这些问题的心路历程，必要时再加上后记，讨论分析对象在文章发表后的新变化，来反思写作时有哪些误判，并思考应该如何改善当时的分析框架。令我惊喜的是，三联书店竟然同意我这些另类的想法。

为什么以这种形式出书？因为我们需要反思，只有把过去发表的东西原封不动地呈现，再从今天的视角加以审视，才能帮助自己发现当时认知的局限。我十分认同曹德旺2024年新年贺词中的一句话："你要想明年会更好的话，你要弄清楚过去发生了什么。"对于研究现实问题的我而言，从过去的分析中汲取经验教训尤为重要。我一直有一个直觉，中国社会各界在本世纪初这20余年对中国在各个时点上面临的各种国内外重大政治经济问题的认识、基于这些认识形成的对策，以及后续发展对当年认识和所采取对策的验证和反思，会成为未来史学界研究这段历史时的重要内容。

以"把脉"作为书名，则是因为把脉这个中医术语贴合社会科学的研究过程：把脉是把握患者的脉象，这相当于社会科学搜集研究对象的经验材料；同时，把脉也是诊断，即将患者的脉象与过去的行医经验或建立在经验基础上的中医理论进行比较，判断患者病症的性质，进而预测未来可能的发展趋势。这与社会科学对现实问题的研究十分相像。

为何把脉"百年未有之大变局"中的世界秩序和中国经济呢？受过去经历的影响，象牙塔或掉书袋式的学问很难激起我的学术热情。我一直执着于研究现实，在大趋势的变化中寻找问题，然后调动各种社会科学的理论资源打造经验研究的分析框架，再以比较和历史等宏观视野分析中国与世界的政治经济。通常，社会科学研究是用已经发生的经验事实来检验理论，可是对我而言，那还不够过瘾；最令人着迷的是，研究成果所揭示的因果关系或者预测的发展方向能在未来被再次证明。

而社会科学恰恰能够帮助我们把脉现实。社会科学研究离不开理论框架；所谓框架，无非是由因变量——被解释的对象——和自变量——用来解释因变量的影响因子，以及二者之间的因果机制组成。如果我们能这样分析现实问题，再不断通过后续发展来验证和完善相应的理论框架，这些工作理应会帮助我们的认知逐渐逼近现实。只要分析框架能够相对准确地把握现实生活中甚至历史上两个事物之间的因果关系，就应该可以在一定程度上用这一框架推测未来发展的方向。没有人能保证每一次分析都一定准确，但是它至少可以提供一个参考范围。我始终认为，基于过去经验形成的社会科学理论，能被未来的经验现实检验和再次证明才更有价值。

"百年未有之大变局"：三大历史周期的同频共振

所谓"百年未有之大变局"，说到底无非就是全球化钟摆运动、霸权更迭和科技革命这三大历史长周期的同频共振。一个世纪前，这三个历史周期的同频共振导致第一次世界大战爆发、金本位崩溃、1929—1933年的大萧条、以高关税为代表的贸易保护主义的全球蔓延、不同的应对市场失败解决方案的意识形态化和全面对立，以及第二次世界大战代表的"修昔底德陷阱"（Thucydides Trap）的战争终局。2008年全球金融危机以来，这三个历史周期又一次开始出现同频共振的趋势，这种共振正在作为一种结构力量把这个世界推向与百年前十分相似的局面。

本书收录的是我在2016—2024年发表的12篇文章。这些文章有两个鲜明的主题，即"百年未有之大变局"中的世界秩序和中国经济。虽然这些文章都是在过去九年内发表，但是对这些问题在经验层面和理论层面的思考却始于20世纪80年代末至90年代初写作博士论文《经济意识形态与日本产业政策：1931—1965年的发展主义》[1]（以下简称《发展主义》）期间。而本书所收文章的理论框架，则基本来自我在写作《日本经济的悖论：繁荣与停滞的制度性根源》[2]（以下简称《悖论》）时开始关注的社会科学文献。《悖论》一书形成的分析

---

[1] Bai Gao, *Economic Ideology and Japanese Industrial Policy: Developmentalism from 1931 to 1965*, Cambridge University Press, 1997. 中译本《经济意识形态与日本产业政策：1931—1965年的发展主义》，上海人民出版社，2008年。

[2] Bai Gao, *Japan's Economic Dilemma: The Institutional Origin of Prosperity and Stagnation*, Cambridge University Press, 2001. 中译本《日本经济的悖论：繁荣与停滞的制度性根源》，商务印书馆，2004年。

国际国内政治经济问题的基本理论框架有三大组成部分。

第一部分是经济社会学和历史社会学关于历史长周期的分析。彼时我对长周期的认识主要来自两方面：首先是卡尔·波兰尼（Karl Polanyi）在《大转型：我们时代的政治与经济起源》中关于20世纪上半叶资本主义由释放市场力量转向保护社会的讨论，我把它概念化为全球化钟摆运动，并用这个分析框架来分析二战以后新一轮钟摆运动的全过程；其次是乔万尼·阿里吉（Giovanni Arrighi）与他的团队对历史上霸权更替周期的分析。近年来，由于信息通信技术，特别是最近以人工智能为代表的科技革命正在深刻地影响着国际政治经济，我又将凯文·德拉姆（Kevin Drum）讨论的科技革命作为第三个历史长周期变化加入我的理论框架。[1]

第二部分是国际政治经济学关于国际金融和国际贸易体系变化的分析。当科技革命迅速改变权力和财富在各国之间的分配时，它会加速推动全球化钟摆运动和霸权更替周期的变化。在全球化钟摆运动由释放市场力量向保护社会逆转时，贸易保护主义不可避免地成为蔓延全世界的大趋势，对原来的多边自由贸易体系形成巨大的冲击。当霸权周期由生产和贸易的扩张发展到财政与金融的扩张时，既存霸权支撑的国际金融秩序开始失序，为各国，尤其是全球南方国家带来很大的金融风险；这种内在张力的聚集离爆发世界规模的经济危机可能只是时间的问题。

第三部分是比较政治经济学关于一国经济体制的类型及其内部

---

[1] Karl Polanyi, *The Great Transformation: The Political and Economic Origins of Our Time*, Beacon Press, 1957; Giovanni Arrighi, *The Long Twentieth Century: Money, Power, and the Origins of Our Time*, Verso, 1994; Giovanni Arrighi and Beverly J. Silver, eds. *Chaos and Governance in the Modern World System*, University of Minnesota Press, 1999; Kevin Drum, "Tech World", *Foreign Affairs*, July-August (2018).

的制度逻辑如何影响该国应对上述外部环境巨变的分析。各国应对全球化钟摆运动往往有一个很突出的转变过程：当全球化刚刚开始逆转时，受过去政策范式惯性的影响，各国在应对危机时往往把进一步释放市场力量作为解决方案。然而，这只会激化矛盾。当各国绝望于日渐深刻的危机时，就开始以地缘政治的思维看待一切，相信冲突甚至战争是唯一的解决方案。各国为即将到来的国际冲突进行国内政治动员，开始将原来在同一国际秩序下共存的不同政治经济体制意识形态化，把不同的体制描绘成不共戴天的死敌。历史上，当资本主义在1929—1933年的大萧条期间遭遇空前危机时，以"罗斯福新政"为代表的自由主义、以苏联工业化为代表的社会主义和以德意日为代表的法西斯主义是当时的主要大国对未来人类政治经济制度做出的三种不同选择。然而这三种国家集团高度意识形态化的国内政治动员，一步步地将这个世界推到修昔底德陷阱的战争终局。2008年全球金融危机以来，类似的趋势和转变也正在变得日渐清晰。

需要在此强调的是，这个理论框架三个组成部分之间的因果关系是双向的。在《悖论》中，我着重分析的是因果链条中的一个方向，即全球化钟摆运动和霸权周期的变化如何影响国际金融和国际贸易秩序，以及国际金融和国际贸易秩序的变化又如何影响日本国内的政治经济。本书的部分篇幅分析受战后全球化周期、霸权周期和国际经济秩序影响下的国内政治经济如何在一国内部制造矛盾和张力，这些国内的矛盾和张力又如何引起一国对外政策的变化，从而导致国际经济秩序的变化，以及这些国际经济秩序的变化如何加速全球化钟摆运动和霸权周期的进展。

历史长周期视野下的世界格局与中国经济

本书所收录的文章着重分析历史长周期的变化，尤其是国际金融和国际贸易体系的变化，以及一国国内的政治经济与外部环境变化之间的互动，分为三个部分。

上编，即关于世界秩序的部分，集中讨论全球化逆转和霸权更迭的因果机制，以及它们引起的国际金融与国际贸易秩序中的深刻变化。

《为什么全球化会发生逆转？》在《悖论》分析框架的基础上，加上了哈罗德·詹姆斯（Harold James）关于反自由贸易和反移民运动的出现是全球化逆转的政治信号的分析，并通过分析欧美已经出现的反自由贸易和反移民运动，揭示我们可能已经处于全球化逆转的过程中。这篇文章也指出，当结构条件的重大变化已经发出要求公共政策范式做出调整的政治信号时，发达国家的应对措施沿用旧的政策范式的逻辑，只会激化矛盾，加速全球化逆转的速度。

《美元与国际经济秩序》一文讨论的是在美国霸权主导下建立的国际金融和贸易体系如何在冷战的特殊历史背景下影响美国国内的政治经济。以美元为关键货币，美国为流动性主要提供者的战后国际金融秩序，对美国国内政治经济的最大影响是，使其政客有强烈的"政策自主选择偏好"（preference for policy autonomy），不计成本地追求多重代价高昂的政策目标，导致联邦债务不断攀升。为在冷战期间得到盟国在军事和政治上的支持，美国对它们在贸易领域实行"不对称合作"（asymmetric cooperation），对盟国开放市场，却允许它们对美国出口的产品实行贸易保护主义。结果，盟国积累了大量的美元，这导致伦敦欧洲美元市场的出现和迅速发展，以及各国央行将美元换成黄金，成为80年代美国金融界强烈要求金融自由化的远因。

与此同时，盟国对美国产品的贸易保护主义措施逼迫美国公司为绕过关税不得不进行离岸生产，这逐渐导致美国产业的空心化。这三种趋势都在不断削弱美国主导的战后金融和贸易秩序。

《从去风险到去美元化：金砖货币与国际金融秩序的未来》则分析西方国家在俄乌危机爆发后的美元武器化，如何导致全球南方国家纷纷对西方主导的金融秩序去风险，其中心议题是去美元化。正是在这种背景下，金砖货币成为一种讨论中的替代物。如果它诞生，会减少国际贸易中美元的使用量，从而削弱美元本位制。如果说《美元与国际经济秩序》一文关注的主要是美国国内的政治经济如何影响国际金融秩序，这篇文章关注的则主要是国际层面的政治经济如何影响国际金融秩序。

《走出萨缪尔森陷阱》和《对等开放：中国迈向发达国家的必由之路》直接讨论中国与国际贸易秩序的关系。新冠肺炎全球大暴发后，中美关系急剧恶化。我想通过这两篇文章梳理国际政治经济学的文献，解读作为全球化标志之一的贸易自由化是如何在一国内部制造矛盾和冲突，并使局面恶化到贸易争端的。两篇文章，一篇从理论的视角，一篇从历史的视角，来分析中美或中国与西方发达国家之间贸易冲突发展的原因和过程，显示中国之所以深陷"萨缪尔森陷阱"（Samuelson Trap），与国人单纯地笃信比较优势理论有直接关系。国际贸易在企业和个人的层面相对更多地受自然禀赋条件的影响，但是在国家的层面，国际贸易的本质则是综合利益的交换。在一定的历史阶段内，两国政府认为彼此的综合利益大致在交换中得到了保证，就不会存在严重的贸易冲突。然而，尽管中美两国是世界唯二的全球化最大受益国，全球化的过程仍然在两国产生了相对的受损阶层，这成为各自国内政治中的张力和矛盾的根源。当两国综合利益之间的交易不存在问题，这些张力和矛盾就能被有效地管控。然而，当两国的综合利益发生较大的变化时，矛盾与冲突就不可避免。在这个过程中，对变化中的利益结构的认知十分重要，在冷战期间的合作和全球化红利释放殆尽时，没能及时调节双方的贸易利益分配，就必然导致贸易争端。而三大历史周期的同频共振使得这种冲突格外激烈，且较难找到新的利益均衡点。

下编聚焦中国经济，借用《休养生息与强筋健骨》里的说法，我对中国经济的分析大致分为两个方向，一是如何"休养生息"，一是如何"强筋健骨"。

前者与关于东北的两篇文章一起，着重讨论国内如何解决资源配置与分配方面的问题，以及区域发展不均衡的问题。后者则通过三篇关于高新技术产业的分析，讨论如何打造中国经济未来的竞争优势。

《休养生息与强筋健骨》一文首先介绍了卡莱斯基的宏观经济学。相对于凯恩斯式的增加政府财政开支创造有效需求和以低利率与减税来刺激私人投资，卡莱斯基特别强调，在富人与穷人之间的收入进行再分配时向穷人倾斜，是一个创造总需求和实现充分就业的可靠途径，这不仅可以导致消费需求的增加，还可以带动企业的投资，从而更为有效地刺激经济增长。文中通过列举各种数字证明，改革开放以来中国经济发展模式长期依赖的以房地产为代表的私人投资、以基础设施建设为代表的政府财政开支，以及依赖对欧美的大量贸易顺差支撑的出口，到2018年都已经基本上无力继续支撑中国经济的高速增长，在日趋激烈的新的外部环境中，中国应该将经济增长的动力主要立足于内部循环的基础上，而建立内部循环的关键就在于实质性地提高低收入阶层的可支配收入。要想把外资长期留在中国，唯有不断扩大国内的消费市场规模。这篇文章还预测中美贸易争端将推动中国经济增长模式向消费驱动和创新驱动转型。

与张强共同发表的《东北新经济如何破局》直接面对东北长期以来的问题,即总是期待通过增量改革在发展中解决转型的问题。然而要实现经济发展动能的转换,与发展新经济结构时是否有足够的资本投入、其产品能否迅速地找到新市场,以及其运作能否有新的制度环境降低企业交易成本直接相关。因此在中国经济正在经历由传统制造业向高新技术产业转型时,东北必须要回答的关键问题,是将资源向发展新兴战略产业倾斜,还是继续加大对现存旧产业的投入?为迎接新兴战略产业的发展,营商环境是能否吸收外来投资的关键。为了彻底改变东北的状况,应该结束走马灯式的官员轮岗,让官员能真正塌下心来干实事。

写作《建设经济特区振兴东北》的驱动力,是在疫情期间深切地感受到如何解读和落地"共同富裕"的政策目标,对于中国而言可谓分水岭一般的存在。为什么我主张在东北大城市建立经济特区?反思造成出生率连创新低这种现象的因果机制,就是资源严重向沿海大城市倾斜的城市化模式。在东北建立特区可以帮助解决中国经济发展的地域不平衡问题。在历史上经历过全球化钟摆运动后又一次来到向保护社会倾斜的阶段,我们不应该重走计划经济的路,也不应该大幅度增加企业的税负,而是应该更多地通过引导企业为落后地区创造就业机会,在东北设立特区恰恰能满足这一需要。由于疫情,美国社会对远程工作的接受度明显提高,高新科技公司在疫情后出现离开硅谷的浪潮。这对解决地域之间发展不平衡的问题有很大贡献,也为中国提供了一个具有参考价值的案例。在东北设立特区吸引东部高新技术公司来设分公司,不仅对发展中国的工业互联网极为有利,而且更是为将来中国进一步开放做准备。

与朱兰合作的《从"世界工厂"到工业互联网强国》、与茹怡合作的《产业政策如何打造竞争优势》，以及其后写就的《中国电动汽车崛起的秘密》，都是用"产业政策－竞争优势"六力模型来分析中国政府是如何发展高新技术产业的。为了减轻读者的负担，把重复的理论叙述部分进行了删减。自改革开放以来，中国受西方经济学影响最大的莫过于比较优势理论。在这个基础上，新结构经济学提出政府的作用在于打造软硬基础设施，把基于廉价劳动力的潜在比较优势发挥出来。在 2004 年以前，这个基于比较优势的理论在很大程度上可以解释当时的中国政府在推动经济发展方面的作为。但是 2004 年开始强调自主创新以来，以当年 6 月发布的汽车产业政策为标志，中国政府开始推出真正意义上的以发展特定高新技术产业为目的的产业政策；一旦进入高新技术产业，原来的建设基础设施和改善经商环境远远不够。实际上，许多地方政府正在实践波特（Michael Porter）主张的竞争优势棱形理论的诸种侧面，特别是加强高级要素禀赋，例如风险投资和高级技术人才的供给、打造产业集群、扩大市场规模和鼓励行业竞争。在中国最有竞争力的产业，如这三篇文章分析的工业互联网、云计算和电动汽车，和最有活力的城市，如杭州、深圳和合肥，政府的产业政策都专门侧重于发展企业的竞争优势。

本书的最后部分之所以冠名"展望"，是因为《建设福利国家》一文实际上是全书各章分析的最后归结。它试图鸟瞰式地从历史的纵深和比较的视野这两个维度，揭示各国在三大历史周期的两次同频共振中面临的挑战及其应对的历史同时代性，以及这些历史潮流的共同特征对中国选择未来经济发展模式时的启示。简言之，无论是一个世纪前，还是 2008 年全球金融危机以来，逆全球化、霸权更迭周期驱动的地缘政治和科技革命的交织出现都导致了贸易保护主义在世界范围内的兴起；在日趋恶化的国际环境中，各国纷纷转向内循环的经济发展模式。然而"百年未有之大变局"带来的各种危机强烈地改变了大到民族国家，小到个人的行为，这些行为上的巨大变化为经济发展模式的转型制造了一个深刻的悖论：一方面，内循环的经济发展模式必须依靠强大的内需；另一方面，内外环境的各种不确定性使企业不愿意投资，个人不愿意消费，仅仅依靠凯恩斯财政政策的刺激已经无法维持经济内部循环的可持续性。正是在这种特殊的历史背景下，福利国家代表的强大社会保障体系在一个世纪前成为有强烈的历史同时代性的解决方案。

对西方国家而言，建设福利国家是自由资本主义不得不对自身做出的重大修正。如果它们无法应对市场失败带来的空前危机，自由资本主义就会在与当时的另外一个选项，即全民所有制加计划经济代表的苏联式社会主义的竞争中败下阵来。换言之，自由资本主义是在社会主义的压力下依靠建设福利国家拯救了自身。如今，中国在选择未来经济发展模式时也面临着其他选项的挑战，一个来自在全球化钟摆运动中进行过双向国家建设，对全球化和逆全球化都有较强应对能力的自由资本主义，另一个来自改革开放之前的全民所有制加计划经济代表的苏联式社会主义的遗产，它虽然在发展经济方面无法与自由资本主义竞争，但是在对国有部门提供社会保障方面却并不落后。在逆全球化时代中国的国家建设亟须在有效保护社会方面进行一次历史性的补课，正因为如此，建设福利国家才是中国在 21 世纪经济发展模式的不二选择。

附录中有一篇回顾自身学术成长之路的短文，讲述了我长期关注现实问题，特别是发达国家的政治经济，倾向用跨学科的理论框架在宏观历史的层面展开分析这些特点是如何形成的，并记录了一些接触过的学者对我的学术影响。

  本书收入的各篇文章写作的时间跨度长达9年，要感谢的人有许多，我索性从时间跨度较长，涉及多篇文章的开始。首先要感谢的是《文化纵横》杂志社的社长杨平、执行主编陶庆梅和编辑部主任郑涛，是他们为我提供了一个难得的平台：不仅书中收入的12篇文章中有10篇最初发表于《文化纵横》，而且他们数次邀请我举办讲座和参加杂志组织的会议。没有他们的有力支持，这些文章很有可能不是读者目前读到的模样。其次要感谢清华大学的沈原教授，他是我的回音壁。书中大多数文章的主题，我在形成想法后总是先拿他"试水"，他永远给予极大的鼓励，同时又给出中肯的建议。下一个要感谢的是郑永年教授与林毅夫教授。书中的第一篇和第十篇文章虽然早已开始构思，但二者都是在接到郑永年教授的两次会议邀请后才下笔成文的；也感谢他同意第一篇文章在以英文发表之前先以中文发表。书中的第七篇、第九篇和第十篇文章是受林毅夫教授邀请，与北京大学新结构经济学研究院年轻的科研团队一起调研中国数字经济的过程中合作完成的。书中多次使用的分析框架——产业政策与竞争优势的"六力模型"——也是在与林毅夫教授和他的科研团队深度的思想碰撞中诞生的。感谢《上海对外经贸大学学报》的编辑马莹博士邀请我在该刊发表第二篇文章。感谢上海交通大学的文一教授和北京大学的刘世定教授对第六篇文章初稿所作的评论，以及复旦大学何力教授对我关于第五篇文章涉及的一些问题的解答。新冠疫情期间，我一直关注着第十一篇文章的主题，即中国新能源汽车的发展，但迟迟没有决定写文章。在此我要感谢上海大学的甄志宏教授，是他在我2023年疫情后第一次回国见面时的极力鼓动，才使我下决心将新能源汽车作为研究项目。

与本书各篇文章有关的内容曾经在以下机构或场合发言或报告（名单按拼音排序）：北京大学（区域国别研究院、新结构经济学研究院）、杜克大学、华南理工大学、吉林大学、明治大学、南开大学、清华大学（国际与地区研究院、经济研究所、日本研究中心）、上海大学、上海财经大学、上海交通大学、深圳职业技术大学、武汉大学、中国科学院科技战略咨询研究院，以及中南财经大学；北京论坛、杜克昆山大学中国峰会、联合国工业发展组织2023年国际进口博览会新能源汽车论坛、2017年和2023年的《文化纵横》讲座、《文化纵横》2023年"重塑全球化"会议、中国人民大学国家发展和战略研究院举办的2016年和2023年的中美公共外交论坛、中国人民大学郑杭生社会学讲座、中国美术学院和生态环境部生态环境规划院及《文化纵横》联合举办的"生态文明与新质生产力学术研讨会"，以及中国社会学学会2024年年会。笔者从与会者和听众处获得了许多有益的反馈。

以下也按拼音排序：感谢董运生教授、冯秋实教授、季卫东教授、何演博士、黄斌博士、雷少华教授、李邦喜教授、李廷江教授、林毅夫教授、刘长喜教授、刘少杰教授、刘玉照教授、卿中全所长、王莉丽教授、王星教授、武雅斌主任、赵祚翔博士、郑永年教授、钟家新教授以及朱兰博士的邀请和安排。

我要特别感谢三联书店的编辑团队。他们首先向我提出出版这本书的建议，并全程推动出版过程的顺利进行，尤其是一直希望我新写一篇作为全书的总括，我这才被推着写下了第十二篇文章。我也要感谢三联书店的美术编辑赵欣，她耐心地提供各种设计方案，并容忍了我这个作者对封面设计风格的挑剔。我还要感谢北京大学的陈洪捷教授为书名题字，为封面带来了独特的风格。本来，这本书按学者出书献礼的排序应该轮到我的妻子杨红秋，但是由于本书的内容与未来高度相关，我思考再三决定把下一本献给她，先将这一本献给我的两个孩子，儿子高子敬和女儿高子婷，愿本轮三大历史长周期的同频共振在为人类带来一系列巨大挑战之后仍然能给他们这一代人带来一个和平的新时代。

高柏

2024 年 11 月于美国杜克大学校园

上 编

巨变中的世界秩序

1 为什么全球化会发生逆转？
逆全球化现象的因果机制分析 *

历史的进程在2015—2016年仿佛突然换挡，将这个世界带入一个重大事件的多发期，许多之前难以想象的事件接二连三地发生——"伊斯兰国"（ISIS）的兴起、欧洲频发的恐怖袭击、难民危机的挑战、欧洲选举中右翼政党引人注目的表现、乌克兰危机、英国"脱欧"、特朗普以反主流的政见主张当选为美国总统、日本执政联盟以多数优势在修改宪法这一议题上获胜、许多国家的民族主义势力抬头。这一系列事件以前所未有的密度带给我们一个接一个的冲击和震撼。

我们或许已经处于全球化钟摆运动的转折点，全球公共政策的主要议题正在从强调释放市场力量的新自由主义范式向主张社会保护转变；全球化在近年发生的顿挫还伴随着另一个新动向：发达国家公众长期以来对战后由美国主导的威尔逊自由主义国际秩序（Wilsonian liberal international order）的支持，正在被日益增长的孤立主义倾向所取代。我们应该如何理解和解释正在发生的一切？这是否意味着全球化正在发生逆转？

---

* 2016年8月，笔者受郑永年教授邀请，参加了华南理工大学公共政策研究院与联合国教科文组织共同举办的关于国际治理的国际会议。本文是为那次大会写就的，由杨龙翻译，高柏校订，刊《文化纵横》2016年第6期。

全球化逆转的机制

本篇将首先建立一个分析框架。这个框架以卡尔·波兰尼、乔万尼·阿里吉和哈罗德·詹姆斯三位学者的洞见为基础,包括波兰尼提出的全球化在释放市场力量和保护社会这两极之间进行钟摆运动的观点,阿里吉关于从贸易与生产的扩张到财政与金融的扩张的全球化周期是世界霸权秩序兴衰的驱动力的讨论,以及詹姆斯指出的管理全球化制度本身的缺陷会导致反自由贸易和反移民运动的兴起,而这两个运动的兴起可能是全球化逆转的导火索。

这三种理论有助于我们厘清当前国际政治潮流背后的驱动力,但是我们仍然需要新视角来进一步理解全球化逆转的政治过程,即全球化的意识形态如何影响各国对全球化危机的应对,以及这种影响如何导致反自由贸易和反移民运动的兴起。

以上述理论框架为基础,本文将全球化分成两个阶段。第一阶段是20世纪70年代后期至2008年的全球金融危机。这一阶段的显著特征是新自由主义意识形态的兴起。在这一意识形态的驱动下,释放市场力量的努力作为解决此前多年保护社会带来的经济低效措施,推动全球生产体系的兴起,促进全球贸易与生产的扩张,进而带动诸多发达国家和发展中国家财政与金融的扩张。然而,国际金融秩序的失序和国内金融机构的失策最终导致2008年全球金融危机的爆发。

2008年至今是全球化的第二阶段。在这一阶段,高度制度化的关于自由贸易和移民的理念严重影响了发达国家为全球化产生的各种问题寻找解决方案的努力。既存霸权国美国为了应对中国的崛起试图通过TPP(即跨太平洋伙伴关系协定,以下简称TPP)进一步向国外资本开放国内市场,期待为它在与中国之间的地缘政治竞争中吸引盟友；欧盟这一超国家的政治经济体为应对日益严峻的难民危机，计划积极接纳大量移民。上述种种措施，让已经在全球化进程中利益受损的人们感到极度恐慌。虽然公众舆论普遍认为各国应该在全球化危机爆发后做出重大政策调整，增强保护社会的措施，但是许多国家在过去几十年全球化上升期形成的思维惯性，使得他们关于政策的讨论仍然沿着新自由主义的轨迹展开。这引起公众极大的不满，最终在发达国家中刺激了反自由贸易和反移民运动的迅速发展。在这层意义上，正是各国政府在应对全球化危机时的循规蹈矩，未能迅速调整公共政策，加强保护社会这一失败本身在触发全球化过程的逆转。

为什么全球化会发生逆转？既有理论有三种不同的解释。卡尔·波兰尼从一个结构性视角看待资本主义经济的长程运动。在堪称经典的关于上一轮全球化周期的研究中，波兰尼力证19世纪晚期开始的释放市场力量的努力最终导致了1929—1933年的大萧条，而支持保护社会的政治势力又催生了20世纪30年代的法西斯主义、罗斯福新政和社会主义。[1]笔者认为，如果把波兰尼的分析框架进一步推展至20世纪下半叶，不难发现，二战以后，无论是国际经济秩序，还是各国国内的经济治理结构，都广泛建立了为防止大萧条再次发生的保护社会的机制。然而从20世纪70年代开始，随着布雷顿森林体系的崩溃和两次石油危机的出现，资本主义经济又经历了新一轮的剧变：主张释放市场力量的新自由主义主导了许多国家的公共政策范式，世界进入一个新的全球化时代。[2]这一轮全球化在2008年达到

---

[1] Karl Polanyi, *The Great Transformation: the Political and Economic Origins of Our Time*, Beacon Press, 1957.

[2] Bai Gao, *Japan's Economic Dilemma: the Institutional Origins of Prosperity and Stagnation*, Cambridge University Press, 2001.

顶峰，全球金融危机的爆发则使全球化进入下行的轨道。

相比于波兰尼，阿里吉更为强调全球化中财政与金融扩张的不稳定特性。在阿里吉看来，在1950年到1971年国际贸易与生产的扩张过程中，工业化国家的跨国公司进行了大量的固定资本投资，但是这些国家遭遇着来自后发工业国的激烈竞争导致它们在20世纪70年代盈利能力下滑。[1]在这种环境中，财政与金融的扩张成为获得利润的替代途径，这导致发达国家的银行普遍向第三世界国家提供贷款，以及欧洲美元市场的成长。[2]由于"货币像能结出果实的种子一样助推善举的能力与它可怕的、极具破坏性的毁灭能力不相伯仲，在贸易政策中，信贷可能比保护主义更危险"[3]，"财政与金融的扩张早晚会导致一场全球规模的资本主义经济危机，在危机中，旧的全球经济秩序将被摧毁，一个新的秩序将被建立"[4]。阿里吉及其研究团队的成果显示，这种周期性在资本主义的历史上已经在荷兰、英国和美国霸权的兴衰过程中三次出现。[5]目前国际经济中的金融不稳定性，以及中美之间日益紧张的关系每天都在为阿里吉的理论提供最新的例证。

与波兰尼和阿里吉的结构性视角不同，哈罗德·詹姆斯坚信制度是导致全球化逆转的罪魁祸首。在关于上一轮全球化的研究中，他

---

[1] Giovanni Arrighi, *The Long Twentieth Century: Money, Power and the Origins of Our Time*, Verso, 1994.

[2] Paul Hirst and Graham Thompson, *Globalization in Question:the International Economy and the Possibilities of Governance*, Polity Press, 1996.

[3] Susan Strange, *Casino Capitalism*, Manchester University Press, 1986, pp. vi–vii.

[4] Bai Gao, *Japan's Economic Dilemma: the Institutional Origins of Prosperity and Stagnation*, Cambridge University Press, 2001, p. 8.

[5] Giovanni Arrighi, *The Long Twentieth Century: Money, Power and the Origins of Our Time*, Verso, 1994; Giovanni Arrighi and Beverly Silver, *Chaos and Governance in the Modern World System*, University of Minnesota Press, 1999.

找到了显示"钟摆运动"逆转开始的重要信号：国际金融秩序的失灵会导致严重的金融危机；商品和人的跨国自由流动对各工业国的生活水平和工作机会带来的消极影响会激起人们对自由贸易和移民的强烈政治反弹。[1]历史也许不会重蹈覆辙，但詹姆斯关于反自由贸易和反移民趋势表明全球化可能逆转的观点，对于我们理解西欧与北美正在发生的事情仍然有重要启示。

与詹姆斯重视制度缺陷的观点不同，本文从组织生态学与组织制度学派的视角揭示制度因素对全球化逆转的影响。组织生态学的视角将为我们揭示理解全球化逆转的因果机制。它指出，组织在迅速变化的环境中无法做出及时的重要调整，因此，失败的根源在于组织内部有强大的惯性。从这一视角出发，本文将重点分析当开放型经济遭遇全球化的重大危机，客观环境已经要求政府的政策范式从释放市场力量向保护社会转变时，政府不仅不能采取有效措施以减少公众在危机中日益增加的恐慌，反而要进一步释放市场力量，这是导致民粹主义兴起、全球化发生逆转的重要因果机制。组织制度学派则揭示出这个惯性的来源和具体的作用形式。它认为人类经常依赖过去被证明行之有效的旧办法去应对在截然不同的新环境下出现的新问题。[2]受这一观点的启发，本文将着重分析面对全球化的危机，深受过去政策范式惯性影响的各国政府，在全球化已经造成国内政治紧张的条件下，为何还要进一步扩大商品、资本和人的跨国自由流动。正是政策范式的惯性使发达国家的政治精英和普通民众之间产生巨大的认知鸿沟。

---

[1] Harold James, *The End of Globalization: Lessons from the Great Depression*, Harvard University Press, 2001.
[2] Walter Powell and Paul DiMaggio, *The New Institutionalism in Organizational Analysis*, The University of Chicago Press, 1991.

本文认为，虽然全球化逆转的各种迹象已经出现，但最后是否会真的逆转，还要看2017—2018年发达国家的几个重要抉择。2016年英国脱欧和美国大选的选择已经为全球化的逆转提供了重要的推动力，但仍然需要关注意大利2016年12月的宪法公投及后续发展，以及德国和意大利能否成功地渡过银行危机从而避免系统性崩溃。如果德意不能化解这一危机，2008年以来迅速膨胀的全球债务泡沫一旦破灭，也许会成为压断全球化命运的最后一根稻草。

全球化神话的出现与全球化的上升期

20世纪70年代晚期开始，全球经济进入快速转型期。1971年，美国政府令美元与黄金脱钩，布雷顿森林体系崩溃。两次石油危机终结了二战以后经济增长的黄金时代。大萧条和二战以来为保护社会而建立起来的各种制度在经济停滞时期显得效率低下。在这种背景下，发达国家开始致力于释放市场力量。自由化、私有化和放松规制成为许多国家公共政策的主导议程。受"华盛顿共识"（the Washington consensus）这一新自由主义意识形态的驱动，得益于价值链理论的启发和信息革命的支撑，全球生产体系兴起，在发达国家和发展中国家引发了外包（outsourcing）的潮流，并带来外国直接投资的快速增长。作为全球生产的结果，跨国公司内部的企业内贸易（intra-firm trade）成为全球贸易的一种新形式。《关税与贸易总协定》（GATT）为世界贸易组织（World Trade Organization，以下简称WTO）所替代，由此导致资本、商品、技术和人员的跨国自由流动迅速上升。世界见证了一个超国家的欧洲共同体的兴起，欧盟和欧元区的问世似乎显示一个传统的民族国家日渐式微的时代很快就会到来。

新自由主义的意识形态支撑了过去40年中各国在全球化钟摆运动中释放市场力量的努力，也支撑了霸权兴衰周期中的贸易/生产和金融的扩张。新自由主义兴起的背景是20世纪70年代布雷顿森林体系崩溃和第一次石油危机爆发后全球经济遭遇的停滞和通货膨胀，这一意识形态奠定了"华盛顿共识"这一公共政策范式的基础。哈耶克在20世纪40年代提出的理念通过多种渠道，包括企业支持的智库、媒体、大学、教会和专业团体，"营造出只有新自由主义才是自由独一无二的守护神这样一种舆论环境。这个新自由主义运动先是通过攻陷政党，最终是通过政党攻陷国家权力，巩固了自身的影响"。"华盛顿共识"的内涵最初相对狭窄：在国内层面，"华盛顿共识"呼吁引入更多的市场力量、保护产权、减少国债、实现国有企业的私有化、放松规制，以及将公共支出的重点由提供补贴转向鼓励增长；在国际层面，"华盛顿共识"倡导的主要公共政策议程包括在发展中国家促进自由贸易、鼓励竞争性汇率和开放外国直接投资。许多发展中国家，尤其是拉美地区的发展中国家，纷纷按"华盛顿共识"指引的方向推动改革。[1]

自20世纪80年代中期以来，诞生于学术界的价值链理论也如暴风雨般席卷了北美大学的课堂。如果说"华盛顿共识"对发展中国家公共政策的转变影响更大，那么价值链理论则在发达国家的跨国公司商业战略的转型中扮演了关键角色。这一理论将整个生产过程视作

---

[1] John Williamson, "Overview: An Agenda for Restarting Growth and Reform", In Pedro-Pablo Kuczynski and John Willianson, eds., *After the Washington Consensus: Restarting Growth and Reform in Latin America*, Institute for International Economics, 2005, p. 40.

一个价值链（value chain），一个特定的企业只可能在价值链的某些环节中具有竞争力。为提升经济效率，企业应专注于自己最擅长的生产环节，而将那些其他公司更具优势的生产环节外包出去。这一理论推动了价值链生产和外包的实践。换言之，价值链理论构成了全球生产体系的理论基础。全球生产的基本原理简明易懂：因为发展中国家有廉价的劳动力，只要他们能够以同等质量和效率进行生产，跨国公司将生产基地转移到发展中国家就是更经济的选择。[1]支持价值链生产的外国直接投资（以下简称FDI）在过去的30年里快速增长。根据世界银行的一项统计，从1970年到2015年，全球FDI总额达2.04万亿美元，获得外资最多的地区包括：东亚和太平洋国家6041.8亿美元，北美4728.4亿美元，欧盟4213.2亿美元，拉美2535.3亿美元。作为世界工厂，中国获得4213.2亿美元的FDI，这里还不包括香港地区另外获得的1808.4亿美元。[2]在20世纪70年代之前，FDI的主要目的是控制受入国的自然资源、满足当地的市场需求以及摧毁当地潜在的竞争对手。然而，自从"外包"开始以来，利用当地的廉价劳动力也成为FDI的重要动机。

全球生产和外包的实践深刻地改变了国际贸易的形式。在过去，国际贸易以产业间贸易（inter-industry trade）为主，不同的国家生产不同的工业品，通过贸易互通有无。以李嘉图学派提出的"比较优势"（comparative advantage）概念为基础的正统国际贸易理论比较好地解释了这一贸易形式。然而，在过去几十年间，另外两种国际贸

---

[1] M. E. Porter, *Competitive Advantage*, Free Press, 1985.
[2] The World Bank, "Foreign Direct Investments, Net Flows (BoP, current US$)", http://data.worldbank.org/indicator/ BX. KLT. DINV. CD. WD.

易形式变得更具影响：一是产业内贸易（intra-industry trade），即不同国家生产同一种产品，但是相互之间仍然就此种产品进行贸易。例如，美国、德国和日本都生产汽车，但是它们都同时将本国生产的汽车卖给对方。二是企业内贸易，即跨国公司在不同国家的子公司之间，或者总部与子公司之间进行贸易往来。在2009年，美国48%的总进口额和30%的总出口额都源自企业内贸易。更值得注意的是，就跨国公司不同子公司的企业内贸易份额而言，2007年以色列高达65%，2002年瑞典高达64%，1994年加拿大高达57%，2008年美国的占比高达50%，2002年荷兰为49%，2007年波兰为47%，2008年意大利达43%。[1]

以美国为代表的金融扩张集中在两个具体的领域，一是快速飙升的联邦债务，二是以次级贷款为代表的住房贷款抵押证券（mortgage-backed securities）。联邦债务的居高不下与二战后国际金融秩序的制度缺陷有直接关系。这个金融秩序隐含的流动性创造机制中的"铸币权"问题，助长了美国政府对政策自主性强烈的选择偏好。所谓"铸币权"，是指"各国政府对货币发行的垄断赋予它们的随意增加公共支出的能力"，就美国而言，是指联邦政府通过发行国债增加公共支出的能力。[2] 铸币权在征税和向金融市场借贷之外，为政府提供了一个增加国家收入的新路径。由于美元是国际关键货币，美国是流动性的主要提供者，其他国家需要美元作为外汇储备，美国政府必须发行超过自身需要的美元。既然美国政府通过发行债券为其他国家供应美

---

[1] Rainer Lanz and Sebastien Miroudot, "Intra-Firm Trade: Patterns, Determinants and Policy Implications", *OECD Trade Policy Papers*, No. 114, OECD Publishing, 2011, http://dx.doi.org/10.1787/5kg9p39lrwnn-en.
[2] Benjamin Cohen, *The Geography of Money*, Cornell University Press, 1998, p. 39.

元,它自然有比自己"赚来的钱多很多的钱可以花"。战后美国一直得以保持美元的国际关键货币地位和全球流动性主要提供者的地位。在布雷顿森林体系下,美元的价值由美国的黄金储备支撑。1971年美国政府使美元与黄金脱钩,从而摆脱了为防止黄金外流而不得不保持适当货币供应水平的压力。此外,美国政府还与沙特阿拉伯达成秘密协议,继续以美元为石油计价。这导致了美元本位制的诞生。

巨额的联邦债务是美国政府强烈的政策自主性选择偏好的直接后果。由于可以借钱度日,美国政府经常同时追求多个耗费不菲的政策目标,这些政策对政府财政的影响经常是相互矛盾的。林登·约翰逊(Lyndon Johnson)追求大幅减税,这导致联邦政府税收的减少。但是与此同时,他又提出"伟大社会计划"(Great Society program)并全面升级越南战争——这两者都需要巨额的财政支出。罗纳德·里根(Ronald Reagan)实施了美国历史上最大额度的减税,但同时又在20世纪80年代发起"星球大战计划"(the Star War program),试图凭借自身强大的经济实力,将苏联的经济拖垮。小布什不仅大规模减税,而且同时发动伊拉克战争、阿富汗战争和反恐战争,由此形成巨额的预算赤字。

移民,即人的跨国界自由流动,是全球化的另一大测量指标。到了20世纪80年代,多元文化运动相继在欧洲和美国兴起。正如一位评论者所指出的,"对多样性的多元理解,过去被视为对正统观念的挑战,如今变成了正统观念本身"。[1]而欧盟的诞生对其成员国的

---

[1] Nathan Glazer, *We Are All Multiculturalists Now*, Harvard University Press, 1997, cited in Rogers Brubaker, "The Return of Assimilation? Changing Perspectives on Immigration and Its Sequels in France, Germany, and the United States", *Ethnic and Racial Studies*, Vol. 24 (2001).

移民政策产生了深远影响。通过建立统一的、适用于所有成员国的法律体系，欧盟作为一个内部的"统一市场"的经济基础就是人才、商品、服务和资本在其中的自由流动。[1]当然，在对外国工人开放准入的程度上，欧盟各成员国之间仍有相当大的差异。

结构性变化：发达国家底层人民体验的全球化

为什么全球化会发生逆转？全球化带来了重要的结构性变化，这些转变对不同社会群体的影响并不相同。全球化过程中的受益群体与受损群体之间的矛盾是全球化逆转的重要推动力。

全球化钟摆运动的内在逻辑其实很明确：释放市场力量必然带来更激烈的竞争；当市场竞争对不同社会群体造成不同影响时，社会内部就会形成紧张的政治矛盾。如果把这种现象再与阿里吉关于全球化由生产和贸易扩张向金融扩张发展的讨论联系起来，我们可以发现一个突出的现象：那些可以直接或间接参与跨境经济活动的人，和那些不能参与跨境经济活动的人，在全球化过程中所处地位完全不同。资本所有者、高技能工人和职业白领能够自由地把自身资源用在那些对这些资源需求最高的地方。相反，非技术与准技术工人和大多数企业中层管理人员对工作要求和工作环境不得不展示出更多的弹性，因

---

[1] Ernst Haas, *Beyond the Nation-State*: Functionalism and International Organization, Stanford University Press, 1964, cited in Pamela Irving Jackson and Roderick Parke, "Globalization and the Secularization of Immigration Policy: Competing Influences on Immigrant Integration Policy in Germany, France, Britain and the United States", *Human Architecture: Journal of the Sociology of Self-Knowledge*, Vol. 4(2006).

为他们很容易被其他跨境供给的工人取代。全球化已经从根本上改变了雇主和雇员的关系。[1]

2016年美国总统大选体现的社会分裂是长期积累的结果。在长达40年的全球化过程中，发达国家已经经历了极为深刻的结构性变化。底层的社会群体面临着失去就业机会、收入不平等等诸多问题，新移民和东道国某些社会群体之间的关系则日趋紧张。金融危机的爆发使他们的处境更为困难，而民主政治的失序使他们失去了解决问题的正常渠道，从而刺激了民粹主义的崛起。

全球化对发达国家的就业有消极影响。跨国公司把生产转移到海外，无论是离岸生产，还是外包，都带走了制造业的工作机会。1977年到1999年，美国的跨国公司在国内制造业的就业岗位减少了300万个，同时却在发展中国家增加了就业机会，这种影响对那些低收入的发展中国家尤其明显。一般而言，一个跨国公司的海外分部在实际资本上每增加10%，其在美国所提供的就业就会减少0.1%——1.8%。如果跨国公司在其海外分部的实际注资额增长超过100%，它在美国国内制造业的就业机会可以减少多达18%。[2]

在全球生产和外包的时代，发达国家的经济复苏也出现了新类型：自90年代初以来，与以前相比，就业需要更长的时间才能恢复到经济衰退前的水平。在1991—1993年的美国经济衰退中，产值仅仅用了两个季度就恢复到衰退前的水平，但是就业却用了23个月。

---

[1] Dani Rodrik, "Has Globalization Gone Too Far?" In J. Timmons Roberts and Amy Bellone Hite, eds., *The Globalization and Development Readers: Perspectives on Development and Global Change*, Blackwelll Publishing Ltd, 2007.

[2] Ann E. Harrison and Margaret McMillan, "Dispelling Some Myths About Offshoring", *Academy of Management Perspectives*, November(2016).

在2001年互联网泡沫破灭导致的衰退中,产值恢复只用了一个季度,就业数据却耗时38个月才恢复。在2008年全球金融危机引发的大衰退中,美国实际GDP总值在当年第三季度开始下跌,在2010年就已经出现再次增长;与此相反,失业率却一直到2016年5月才恢复到与2006—2007年度4.6%相近的4.7%。正如印度央行前行长拉古拉姆·拉詹(Raghuram Rajan)指出的那样,当工作机会变得匮乏时,"脆弱的社会保障体系和失业型复苏的出现意味着,美国选民与其他发达国家的选民相比,更难以容忍经济的衰退"。[1]

移民产生的问题是发达国家面临的另一大挑战。这个挑战有两个侧面,一个是对就业的影响,另一个是新移民融合失败带来的社会问题。移民对美国就业机会的影响主要集中在非技术工人群体。根据一份研究报告,一般而言,非法移民对美国的工资标准没有太多影响。一份新近研究显示,如果非法移民突然从美国消失,美国人的工资水平只会发生微小的变化,这是因为大多数美国人并不直接与非法移民竞争工作机会。然而,"美国高中辍学的人会从非法移民的急剧减少中获益"。[2]支持特朗普反移民政策的社会群体,事实上是那些自身利益已经为美国移民政策所伤害的群体。

欧洲在移民问题上面临的挑战集中体现在新移民由于宗教文化原因没能成功融入主流社会所引发的问题。欧洲穆斯林移民的贫困及其融入东道国社会过程中所遭遇的困难,导致了较大的社会冲突。大约70%进入法国的移民来自其在北非和西非的前殖民地,其中阿尔及利

---

[1] Raghuram Rajan, *Fault Lines: How Hidden Fractures Still Threaten the World Economy*, Princeton University Press, 2010, p. 85.
[2] NPR, 2006.

亚和摩洛哥又是这些移民的最大来源国。此外，大概400万的穆斯林占法国人口总数的7%，法国是欧盟成员国中穆斯林人口比例最大的国家。[1]参与法国骚乱的人不是第一代移民，而是移民二代或三代；在这个他们位处边缘且没有希望改变的社会里，暴力被视为一线希望。[2]

与多元文化主义的兴起相对应，与移民有关的案件大量在法国出现之前，就出现了一种新的关于同化的意识形态：它强调移民被东道国的文化彻底同化，而不是在东道国的文化中保留移民的母国文化。欧洲关于社会保护的呼吁，强调的是保护本国的文化认同、生活方式和宗教信仰的重要性。

由于金融危机的发生，这些在全球化过程中长期积累的负面影响，使得底层民众的境遇更为艰辛。2008年的全球金融危机对美国中产阶级有重大影响。根据一项关于次贷危机的评估，"2007年6月到2008年11月，美国家庭资产净值的损失超过1/4。2008年11月初，标准普尔500指数（S&P 500 Index），这个包容度很高的美国股票指数，与2007年的高点相比已经下跌45%。房屋价格从2006年的最高点下跌了20%，而且未来市场预期还将有30%到35%潜在的下跌空间。美国房屋净值在2006年最高点时估价达13万亿美元，在2008年中期已经下跌到8.8万亿美元，而且在2008年后半年还在下跌。作为美国家庭第二大资产的退休金，其总值下跌了22%，从2006年的10.3万亿美元跌到2008年中期的8万亿美元。在同一时期，储蓄和投资资产（除养老金之外的）损失了1.2万亿美元，退休

---

[1] S. Marthaler, "Nicolas Sarkozy and the politics of French immigration policy", *Journal of European Public Policy*, No. 3(2008).

[2] Y. Y. Haddad and M. J. Balz, "The October Riots in France: A Failed Immigration Policy or the Empire Strikes Back?", *International Migration*, No. 2(2006).

基金损失了 1.3 万亿美元。合计损失 8.3 万亿美元"。[1]

过去的 40 年里，发达国家政界、商界、学术界和媒体界的精英圈与没有受过高等教育的工人阶级之间的两极分化越来越严重。"面对生产过程中不断增加的资本密集度，资本与劳动之间更高的替代弹性提高了国民收入中资本所有者的份额"，"资本收益高度集中，导致个人收入不平等越来越严重"，"高技能劳动者和高资本收入者日益变为一体，进一步恶化了整体的收入不平等"，"劳动力和资本充裕的高技能人士倾向于在本阶层内通婚"，"财富的集中强化了富人的政治权力，使得有利于穷人的税收政策和使国家对公共教育和基础设施支出的投入与以前相比变得更不可能"。[2]

最终引爆反全球化民粹运动的是发达国家的公众对民主制度本身失去信心。他们不仅相信自己是全球化的受害者，而且还相信自己丧失了在国内政治层面去解决这些问题的可能。全球化直接让人们重新思考主权和领土概念，因为民族国家不再能有效地控制那些通过全球供应链生产和组装的产品的安全。原始设备制造商（OEM）模式在诸多国家的扩散意味着，全球供应链已经发展到超出任何单一国家可以控制的范围。换言之，金融和生产的全球化已经使国土边界变得没有意义，因为经济活动完全处于民族国家领土的控制范围之外。在这种形势下，当全球生产使得领土从经济活动中分离，国家面临如何进行税收和继续恪守承诺与履行职责的困境，而"业务精湛的会计师事务所和咨询公司找到越来越巧妙的办法去帮助客户规避国家控制和

---

[1] Wikipedia, "Subprime Mortgage Crisis".
[2] Branko Milanovic, *Global Inequality:a New Approach for the Age of Globalization*, Harvard University Press, 2016, p. 181.

税收"。[1]很多人对全球化导致的无力感感到愤怒，开始支持那些在政治活动中拿这些问题说事的政治家。

中国崛起：西方精英眼中全球化对西方的最大挑战

对西方的精英而言，全球化最重要的后果是中国的崛起及其对世界的影响。2008年全球金融危机的爆发和中国的回应，不仅见证了国际政治经济中权力和财富的深刻转移，而且还引发了一场热烈的辩论。以中国为代表的一些发展中国家在工业化进程中后来居上，中国甚至被期待取代美国在经济上的领导地位。这场辩论的结果是美国决定重返亚太并推动TPP的签署。

进入21世纪以来，特别是在2008年全球金融危机前后，各种西方机构的报道和预测进一步加剧了西方对中国和其他发展中国家在经济实力上取代他们的担忧。在这些预测中，高盛2007年发表的一份报告影响最大。根据这份被广泛征引的报告，到2050年，在现G7成员国中，只有美国还能保持世界7个最大经济体之一的资格，剩余的6个国家将被中国、印度、巴西、墨西哥、俄罗斯和印度尼西亚所取代；中国的经济规模会在2030年前超过美国。另一份由经济与合作发展组织（OECD）在2013年发布的报告预测，到2060年，中国和印度GDP的总和将超过所有现OECD成员国的总和。

通过吸引外国直接投资、参与国际分工和全球生产体系，中国

---

[1] G. Davis, *Managed by the Markets: How Finance Re-Shaped America*, Oxford University Press, 2009, p. 156.

变成世界工厂，并迅速在高端、中端和低端技术产业获得竞争力。早在2004年，二战后美国最负盛名的经济学家保罗·萨缪尔森（Paul Samuelson）发表文章认为，大卫·李嘉图（David Ricardo）在两百年前提出的"比较优势"这个概念一直是现代经济学关于国际贸易的理论基石，但是这个概念已经不再能帮助我们理解21世纪的国际贸易；比较优势理论的前提是劳动分工，其中发展中国家致力于劳动密集型产业，发达国家致力于资本和技术密集型产业；而中国不仅在劳动密集型产业，而且在资本和技术密集型产业中都有很强的竞争力[1]。萨缪尔森描述的这个情景在美国的智库、学者、大众媒体、政府官员和政治家中间引起了一场激烈的辩论。

到2008年全球金融危机前夕，中国和美国在经济上的相互依赖日益紧密，哈佛大学历史学家尼尔·弗格森（Niall Ferguson）将其称为"中美国"（Chimerica）。这种关系导致新的国际金融秩序的兴起。在这种秩序下，高储蓄的亚洲国家通过提供贷款和出口，与高消费的西方国家之间发展出一种高度的相互依赖。与布雷顿森林体系最初的安排相似，亚洲货币与美元之间有固定汇率，尽管在这个新秩序中亚洲政府有时对外汇市场进行单边干预，以阻止本币的升值。中国对2008年全球金融危机的回应及其后续发展，进一步改变了西方对中国潜力的认知，中国政府在最初阶段采取的空前的财政刺激政策（"四万亿计划"）在西方国家造成了轰动。很多西方评论家开始辩论国家资本主义的力量和西方式资本主义的合法性。在"历史的终结"的环境中"自娱自乐"了20年后，自由民主和市场经济突然面对来自"北京共识"的巨大挑战。这种挑战似乎有经验证据的支撑：如果

---

[1] Edward Luce, "Interview with Hilary Clinton", *Financial Times*, Dec. 2, 2007.

以 GDP 增速而论，与发达国家相比，中国经济在 2008 年到 2010 年表现很好。这是因为 27% 的年度货币供应量增长率可谓人类历史上最激进的反周期手段。尽管它同时制造了巨大的泡沫，但是它对美国辩论的影响已经大到改变美国的对华政策。

TPP 与反自由贸易的导火索

全球化推动的自由贸易固然给发达国家带来深刻的结构性变化，但是这些变化已经存在多年，为什么在 2016 年的美国大选中掀起这么大的波澜？

笔者认为，其根本原因是当全球化出现危机，人们普遍期待政府提供更多的社会保护时，政府却反其道而行之，试图以更大的力度开放国境，促进资本和商品的自由流动，这不能不引起人们的恐慌并激起强烈的政治反弹。全球化逆转的政治动力来自危机环境下要求政策范式转变的急迫性和政策制定者总是用老办法解决新问题的强大惯性之间的突出矛盾。对美国的决策者而言，中国崛起是全球化带来的最大挑战。而奥巴马政府选择的因应之道是使用冷战时代的老招数，即军事方面的战略联盟与贸易制度安排的结合。

奥巴马政府推行的"21 世纪大战略"在亚太地区主要表现为"重返亚太"和 TPP，前者把美国 60% 的军事力量转移至亚太地区，后者则代表新一代自由贸易协议，将对 WTO 所代表的现行贸易体制产生深刻影响。重返亚太和 TPP 的结合在原理上非常接近美国在冷战时期的实践，即以美国为首的西方集团依靠北约联盟和《关税与贸易总协定》，对抗由苏联率领的东欧集团依赖的华沙条约组织和经济互助委员会。

不凑巧的是,当奥巴马使出全力推进TPP时,正值美国经济经历二战以来最脆弱的复苏。二战后,美国经济通常在遭遇衰退后能快速恢复。当经济衰退袭来,银行会减少对业绩糟糕企业的贷款,风险投资家会停止投资表现不佳的初创企业,现存的许多企业会倒闭,其资产会被清算,而所有这一切会为新企业的诞生创造空间。然而,在2009年第二季度到2016年第二季度之间,美国经济的年增长率只有2%左右,与此前几次经济复苏时期2.6%—7.5%的增长率形成鲜明对照。[1]

全球化的引擎——贸易和资本的流动在2008年全球金融危机后已经开始失去动力。金融分析师萨提亚吉提·达斯(Satyajit Das)指出,商品、服务和金融的跨境流动在2011年达到峰值,从1990年占全球GDP的40%上升到60%;在1951年到2008年这58年中有49年的贸易增速要快于全球经济的增速;1980年到2011年,贸易年均增速为近7%,比全球经济增速高一倍。外商直接投资、跨境投资与借贷的增速也快于全球产出。1980年到2007年,这些国际金融跨境流动从占全球GDP的4%(4700亿美元)增长到占21%(12万亿美元)的顶峰。全球金融危机或许标志着全球化的顶峰。在全球经济部分复苏后,全球贸易中商品和服务的增长下降至每年2%—3%,接近或低于全球经济增速,这是数十年从未有过的情形。金融的跨境流动与全球金融危机前相比要低60%左右,从占全球GDP的21%降至2012年的5%。[2]在这样一种不利的经济环境中推动TPP,奥巴马面

---

[1] WSJ, 2016.
[2] Satyajit Das, *The Age of Stagnation: Why Perpetual Growth is Unattainable and the Global Economy is in Peril*, Prometheus Books, 2016.

临的难题不言而喻。美国人之所以反对TPP，是因为当年美国将贸易政策作为冷战武器时付出了巨大的代价，今天已经没有人愿意再承担这种代价。

冷战时期，为了对抗苏联，美国政府把一种名为"不对称合作"的贸易政策作为招募和维持盟友的方法：美国向其盟友开放美国国内市场，与此同时允许这些国家对美国关闭其本国市场。这项政策是造成美国制造业的竞争力逐渐下降的重要原因，当年这个政策不仅使西欧和东亚国家很快在国际竞争中加强自身实力、不断战胜美国企业，也迫使许多美国企业为了绕开这些国家的保护政策，到欧洲和亚洲进行直接投资。离岸生产的结果是许多工作机会从美国流到海外。

虽然80年代以来的全球化消除了很多贸易壁垒，但在全球生产的时代，美国的跨国公司为了利用发展中国家的廉价劳动力，再也没有将生产基地移回国内。事实上美国签署的许多自由贸易协议都以美国国内工作机会的流失为代价。伯尼·桑德斯（Bernie Sanders）曾在其总统竞选中提出，TPP"将重蹈美国与墨西哥、中国以及其他低工资国家签订的那些失败的贸易协定的覆辙，这些协定已经使美国失去数百万个工作机会，并导致成千上万个工厂关闭"。根据这个协议，美国的跨国公司会将更多的工作机会离岸到低工资国家，加速美国国内"争相衰落"的境况，并进一步加剧对海外工人的剥削。[1]

尤其令许多美国人——包括最初作为国务卿积极推动TPP的希

---

[1] Deena Zaidi, "The Trans-Pacific Partnership: The Deal Sanders, Clinton and Trump All Oppose", Truthout, 2016, http://www.truth-out.org/news/item/36752-the-transpacific-partnership-a-deal-that-sanders-clinton-and-trump-all-oppose.

拉里·克林顿（Hilary Clinton）——感到不可接受的是，奥巴马政府为了应对中国崛起的挑战，追随冷战时代的原则，用经济利益换取盟友在军事方面的支持和合作，在TPP签约时做出许多妥协，却没有认识到由于中美贸易的特点，这样做最后既吃亏又无法达到目的。

这其中一个重大妥协是在关于原产地原则的条款中对最终产品域外产配件比例的规定。起初美国政府坚持最终产品65%的零部件必须来自TPP成员国。最后为达成协议，美国不得不做出大幅让步，将最终产品零部件来自成员国的比例由65%削减至45%。将零部件原产地比例降低至45%的妥协让TPP协议变成一个黑色幽默：当奥巴马总统游说国会、争取支持时，他有意宣称TPP的目的是阻止中国获取经济领导权。但在TPP的批判者看来，这个协议除了为中国造的零部件进入美国市场"提供后门"以外什么都不是。这里的悖论是，奥巴马如果不对配额限制做出重大妥协，将无法达成协议，然而，一旦妥协又会极大地削弱TPP最初设计的目的，因为它严重忽视了中美经济关系的特点。

与冷战时期美国领导的西方集团和苏联领导的东方集团之间没有太多贸易往来相反，中美两个经济体已经深深地交织在一起。中国已经是美国在亚洲的许多盟友的第一大贸易伙伴，而且自2014年以来中国就是美国第二大贸易伙伴，仅次于加拿大。考虑到中国经济的规模及其与12个TPP成员国的经济关系，TPP要想把中国排除在外将产生巨大的调整成本。在过去的几十年里，日本、韩国、新加坡和中国台湾地区的许多跨国公司将其生产基地转移到中国大陆。随着这些跨国公司将其产品从中国出口至美国和欧洲市场，作为生产者的亚洲国家和地区与出口目的地欧美国家之间的双边贸易平衡发生了深刻变化。例如，1989年到2008年，美国和亚洲国家的贸易逆差维持在同一水平。然而，日本在美国与亚洲国家的贸易逆差中所占份额由39%下降到11%，而中国则从2%增加到28%。尽管美国对中国贸易逆差的快速增长成为一个重要的双方经济问题，但这实际上是一个多边问题而不是双边问题。[1]这一悖论突出显示在全球生产的时代重拾冷战策略的内在矛盾。跨国公司总部与分公司之间、分布在不同国家的跨国公司的分公司与分公司之间的企业内贸易，是支撑全球生产在中国运行的基础。中国作为世界工厂通过全球生产体系与西方国家及其盟友的经济合作关系，已经紧密到任何有意使之分离的努力都将遭遇许多困难。冷战期间，美国为了拉拢盟友，允许盟国对美国产品关闭市场。在全球化的30年中，美国工会的一贯诉求是要求发展中国家提高劳工标准，认为在同一标准下美国企业可以与发展中国家竞争。但是，奥巴马为了达成TPP协议，在劳工标准上又进行了妥协。在批评者看来，TPP协议中一个比冷战时期以经济利益换军事利益的交易走得更远的内容，是美国赋予外国公司通过国际法庭起诉美国政府的权利。其他国家的TPP批评者通常把这一条视为美国跨国公司企图破坏他们国家主权的途径，而美国的TPP批评者则担忧TPP会使外国企业对美国的公共政策施加不正当的影响。[2]

当经济陷入困境时，保护社会通常成为重要的政治议程。美国社会的底层本已经面临长期的困境，金融危机后，美国经济复苏缓

---

[1] Ballot Pedia, "Presidential Election: The Road to the White House", Ballotpedia, 2016; Matthew Boyle, "Exclusive-Donald Trump: Obama's Trans-Pacific Free-Trade Deal is 'Insanity'", Breitbart, Nov. 9, 2015.

[2] 例如美国参议员伊丽莎白·沃伦的相关言论，参见Daniel Marans and Ben Walsh, "Historic Deal Confirms Critics' Worst Fears: But Obama Calls it the 'Highest Standard Trade Agreement in History'", *The Huffington Post*, Nov. 5, 2015。

慢，许多美国人在寻找安全岛。正当开放经济的消极影响成为公众关注的焦点时，奥巴马政府却要进一步开放国内市场，这就给反全球化和反自由贸易运动提供了最好的炮弹。

欧洲难民危机：反移民运动的催化剂

欧洲难民危机触发的发达国家反移民倾向是另外一个可能使全球化逆转的导火索。自欧盟建立以来，鼓励移民一直是其重要的政策之一，为什么后来激起如此强烈的反对？

与通常反移民运动强调移民对受入国就业和生活水准的冲击不同，2016年出现的发达国家反移民运动着重强调伊斯兰教极端主义策动的恐怖主义，把穆斯林移民视为对国家安全的威胁。在恐怖主义已经成为公众担心的最大问题时，欧盟在处理难民危机时却仍然坚持人口的跨国界流动，其中既包括其成员国公民在欧盟内部的自由流动，也包括其他国家的难民进入欧盟，这不可避免会激起强烈的政治反弹。其实，恐怖主义早在2016年欧洲难民危机爆发前就成为欧美公众普遍担心的问题。

2015年夏天在法国和德国恐怖袭击前的一项调查显示，欧洲人担心难民的涌入会增加恐怖主义袭击的可能性。在10个受调查的欧盟成员国中，59%（中位数）对当时与日俱增的恐怖主义的前景表示忧虑。[1] 2015年12月，《纽约时报》和哥伦比亚新闻网联合进行

---

[1] Jacob Poushter, "European Opinions of the Refugee Crisis in Five Charts", Pew Research Center, Sep. 16, 2015.

的民意调查也显示，美国人对恐怖主义的恐惧已经达到自"9·11"以来前所未有的程度。70%的受调查者认为ISIS是美国的一个威胁，接近19%的受调查者——这个数字一个月前是4%——表示他们相信恐怖主义是最重要的国家级问题。[1]当欧盟，特别是其成员国中的最大经济体德国在应对2016年的难民危机时仍然坚持大量接受难民，还要设定各国接受的指标时，自然引发了强烈的反对。不仅在德国，移民问题在2016年也成为英国"脱欧"辩论中的一个主要议题，同时，还是特朗普在2016年总统大选中崛起的最重要因素之一。

移民问题本来已经撕裂了传统的欧洲政治版图。二战后，西欧政治的中心问题是传统的个人权利与现代劳工运动所催生的福利国家的规模。移民问题给这些政治冲突重新划分阵营。左翼分裂为两个阵营：一是知识分子出身的社会主义者/自由主义者，他们支持文化多元主义；另一个是工人阶级和工会成员，他们反对文化多元主义。在右翼，自由主义者、商界和城市进步主义者倾向于支持大规模的移民，与之相反，保守主义者、农村居民、民粹主义者和民族主义者则持反对立场。[2]

---

[1] Jackie Salo, "Americans' Fear Of Terrorism At Its Peak Since 9/11, New Poll Says", *International Business Times*, Dec. 10, 2015; Jonathan Martin and Dalia Sussman, "Fear of Terrorism Lifts Donald Trump in New York Times/CBS Poll", *New York Times*, Dec. 11, 2015.

[2] Tino Sanandaji, "Europe's Intensifying Immigration Debate", *National Review*, Jan. 12, 2015.

全球化走向逆转

从数据上看，逆转的可能性正在增加。在 2016 年 9 月下旬，WTO 将 2016 年全球贸易增长率的预估下调至仅 1.7%。与 2016 年 4 月估算的 2.8% 相比大幅下降；WTO 预计 2017 年全球贸易的增长率将低至 1.8%—3.1%，与 2016 年 4 月估算的 3.6% 相比也是大幅下降。在过去很长一段时间，全球贸易增长率都高于 GDP 增长率。然而在 2016 年，全球贸易增长率不仅低于 GDP 增长率而且只有后者的 80%。这种现象在 1982 年以来第二次出现，在近 15 年来首次出现。国际货币基金组织的一项测算表明，在 20 世纪 90 年代，全球经济每增长 1% 能为贸易带来 2.5% 的增长，而近年，同样的经济增长只能带来 0.7% 的贸易增长。美国这一世界最大经济体 2015 年的进出口总值下降 2000 多亿美元，而 2016 年的前 9 个月就下降 4700 多亿美元。这是二战以来美国与其他国家的贸易首次在经济增长期间出现下降。[1]

显然，经过长期由全球化和全球贸易推动的经济增长之后，各国政府在经济困难时期越来越多地寻求保护本土产业。WTO 的一项统计表明，其成员国自从 2008 年全球金融危机以来已经推出了 2100 多项限制贸易的措施。[2]

经济结构正在发生深刻变化，特别是在 2008 年全球金融危机的打击下，各发达国家已经出现保护社会的政治要求。但受以往的政策范式影响，这些国家的政府却在本来需要加强社会保护时企图进一步

---

[1] Binyamin Appelbaum, "A Little-Noticed Fact About Trade: It's No Longer Rising", *The New York Times*, Nov. 11, 2016.
[2] Reuters, "WTO cuts 2016 world trade growth forecast to 1.7%", CNBC, Sep. 27, 2016.

释放市场力量。新自由主义意识形态，作为一种高度制度化的关于全球化的信仰，变成了强大的惯性存在，它阻碍着政策制定者去有效应对2008年至今的后经济大萧条时代迅速变化的新环境。这是全球化在美国与欧洲遭遇强烈的政治反弹，全球化逆转成为现实可能的重要原因。

2016年美国总统大选竞争的激烈程度和特朗普最后当选显示，经过60年的积累，全球化在发达国家内部造成的紧张关系已经接近爆发的临界点，其标志就是波兰尼所讨论的社会保护已经成为公共政策的重大议题。释放市场力量，推动资本、商品和人的自由流动当然带来了极大的经济福利，但是这些福利的分配却是极为不公平的。精英们获得了更高的工资和投资收入、更丰富的商品选择，以及更国际化的生活方式，而底层民众则不得不因为跨国公司的离岸生产和外包而丧失就业机会，忍受贫困，同时还面对移民带来的日渐激烈的竞争和日益增加的恐怖主义威胁。

特普朗赢得选举，几乎可以肯定，美国将向限制自由贸易的方向转变。TPP基本已经不可能在近期内再被提上议事日程，美国非常可能要求重新谈判北美自由贸易协定（NAFTA）。美国在外交上也有可能开始变得"内向"，在世界各个冲突的热点地区减少干预。剩下的问题只是特朗普政权将以多快的速度，将全球化逆转推进到什么程度。当然，虽然美国共和党已经在参众两院同时成为多数党，共和党主流却与特朗普在许多政策上观点完全相反，特朗普在多大程度上能够推行他在选举中宣示的政策还有待观察。然而，不容置疑的是美国将在与自由贸易有关的议题上变得更为保守。

全球化逆转的最大可能是阿里吉指出的由于金融财政扩张而导致的全球性经济危机。国际金融当前正处于以全球债务飙升为代表的严峻形势中。麦肯锡的一项研究分析了2007年至2014年47个国家的政府、住房和企业总债务与其经济规模的关系，研究发现，债务比率在每一个国家都在上升，一些国家的债务有实质性变化。在美国，债务与国内生产总值比率从2007年的217%小幅升至2014年的233%；在西班牙则是从241%蹿升至313%；日本从336%升到400%。高债务明显使得该国经济面临更大的风险。[1]下一轮的金融危机很有可能从欧洲开始。2013年，在塞浦路斯银行危机之后，欧洲为了形成欧元区的银行联盟通过了一系列规章。受限于这些新规，"未来欧元区银行救市的全部负担不应该由纳税人承担。任何国家的政府在救助银行前，首先应该让银行的股东和他们的非高级债券持有者承担大部分账单"。[2]

如今，德国和意大利的银行都遇到困境，但是上述新规禁止两国政府实施救助。德意志银行在美国房地产泡沫中进行了欺骗性的抵押贷款行为，被美国司法部处以146亿美元的罚款，可能引发德国的金融危机。金融困境不仅限于德意志银行，德国第二大银行德国商业银行2016年宣布进行多达9600个全职岗位的大裁员，将有20%的员工受到影响。意大利银行最大的问题是英国脱欧公投前就有居高不下的不良贷款（NPLs），而且意大利经济无法减少不良贷款。在没有经济快速发展的前提下，这场危机会像滚雪球一样，因为银行只能继续持有这些事实上违约而无法清除的不良贷款。随着时间的积累，不良贷款的比例已高达意大利银行贷款的17%。更重要的是，这些意大

---

[1] Reuters, "WTO cuts 2016 world trade growth forecast to 1.7%", CNBC, Sep. 27, 2016.
[2] Desmond Lachman, "Deutsche Bank's Long Shadow: the German Bank's Crisis will Have Serious Effects on the Eurozone", *U.S. News & World Report*, Oct. 5, 2016.

利银行贷款被打包成证券再出售,同时意大利银行又从欧洲其他银行贷款。反过来,这些银行进一步以这些意大利债务为抵押继续贷款。作为欧洲第四大经济体,意大利一旦出现问题,将对欧洲经济形成系统性威胁。在一些评论家看来,政府救市可能是唯一的解决办法。然而,受制于欧盟和欧元区的规定和条例,意大利政府脱离危机或救助银行的能力相当有限。[1]意大利公投将会给欧洲带来严重的危机:如果意大利脱离欧元,其他国家可能会尾随,最后欧元区可能会崩塌,甚至会成为欧盟的一个威胁。[2]一旦新金融危机爆发,必然很快影响实体经济;而只要实体经济陷入困境,必然会引发更多的贸易保护主义措施。届时,全球化逆转将会真的到来。

---

[1] George Friedman, "Italy Is the Mother of All Systemic Threats", News Max, Sep. 16, 2016; George Friedman, "Italy Is the EU's Weakest Link", News Max, Sep. 22, 2016.
[2] Reiss Smith, "Italy Referendum Explained: Could the Referendum Result Tear the EU Apart?" *Express*, Sep. 15, 2016.

问题缘起

自从 2001 年《悖论》英文版出版后，我一直关注全球化的拐点问题。日本只是拐点出现后第一个遭遇较大危机的发达国家经济体，更多国家遭遇危机才意味着全球性的拐点。

通过《商业周刊》2004 年 12 月 6 日出版的特辑《中国价格》里一篇题为"动摇贸易理论"的文章[1]，我得知保罗·萨缪尔森同年在《经济学展望》杂志上发表了题为"在李嘉图、密尔理论的视野下，辨析当今主流经济学家所支持的全球化主张"的文章[2]。这篇文章的核心观点是，伴随着中国和印度加入全球化进程，比较优势——这个支撑自大卫·李嘉图以来西方经济学国际贸易理论的基本概念——已经无法再帮助我们解读 21 世纪的世界经济。

我读到这篇文章时很兴奋，看到终于有著名经济学家也认识到原有国际贸易秩序里存在的隐患。然而，在 2004 年，逆全球化对大多数人来说还是天方夜谭。尽管部分美国媒体和智库开始关注这个议题，它仍然远离公众的视野。实际上，从《商业周刊》得知萨缪尔森这篇文章之前，我在 2004 年 9 月商务印书馆出版的《悖论》的中文版序言里，已经在讨论中国崛起对美国的挑战，以及可能会发生的与

---

[1] Aaron Bernstein, "Shaking Up Trade Theory", *Business Week*, December 6th (2004): 116-120.
[2] Paul A. Samuelson, "Where Ricardo and Mill Rebut and Confirm Arguments of Mainstream Economists Supporting Globalization", *Journal of Economic Perspective*, Vol. 18, No. 3. (2004): 135-146.

日美贸易战相似的前景。

第一次看到美国政界对贸易议题的明确反应是在2007年12月初。当时，我在从美国芝加哥去上海的飞机上读到英国《金融时报》对当时美国民主党总统候选人希拉里·克林顿的专访。在这篇专访中，希拉里明确指出，她完全同意萨缪尔森2004年文章的观点，并承诺如果她当选总统，美国政府将要全面审查迄今为止签订的所有自由贸易协定，包括北美自由贸易协定和当时处于酝酿过程中的世贸组织多哈回合谈判；她还将命令总统经济顾问委员会与世界银行和国际货币基金组织一道，制订有关主权财富基金在世界上运作的透明规则，因为这些资金对美国经济主权构成潜在威胁。[1]

读完这篇专访，我认为全球化的逆转可能真的即将来临。我当时认识到，《金融时报》对希拉里的专访显示萨缪尔森在2004年发表的学术观点已经开始变成西方政客明确的施政方针，更重要的是这种施政方针来自世界第一大经济体美国的总统候选人，因此它大概率将成为这一轮全球化逆转的重要信号。于是，我写了《2008全球化选择：释放市场还是保护社会》一文（《21世纪经济报道》2008年1月7日），预测一个后全球化时代可能从2009年1月上台的美国下一届政府开始。在这个预测中，我再次使用《悖论》中发展的关于全球化钟摆理论的分析框架。这个分析框架认为，全球化的历史不是一个简单的从落后到进步、从传统到现代的线性发展，而是呈现出钟摆式的，或者是循环式的发展过程。

然而，即使这个世界经历了2008年的全球金融危机，全球化的脚步却似乎并没有停下来。虽然全球化的前途在2009—2010年我所

---

[1] Edward Luce, "Interview with Hilary Clinton", *Financial Times*, Dec. 2, 2007.

参加的各种学术会议上被广泛地讨论，但是鲜有学者相信它会逆转。美国在 2010 年不仅开始推动"重返亚太"的战略，也开始推动代表下一代自由贸易协定的 TPP 和 TTIP（跨大西洋贸易与投资伙伴关系协定）。换言之，西方国家想以更大的力度来推动全球化。我本人也从 2010 年的下半年开始展开中国向西开放，推动欧亚大陆经济整合，以丝绸之路战略对冲蓝海战略的研究。选择这个新的研究方向，是基于一个认识上的飞跃，即全球化不应该只是一个单纯的、被动的、结构型的钟摆运动，因为各个行动主体的主观能动性（agency）对全球化钟摆运动的转向与否、转向的时机和速度都会有重大的影响。我们可以看到，即使在 2015 年，仍然不乏全球化将继续发展的标志性事件：中国推动的"一带一路"倡议全面展开，美国推动的 TPP 获得重要的阶段性成果。这些进展使许多人相信全球化是一个单向的、不断发展的线性过程。

当时，在世界其他地方所感受到的全球化状态与在中国感受的全球化状态有很大的时间差。文中提到许多反映逆全球化趋势出现的数据，包括全球贸易增长率开始低于全球 GDP 的增长率、GDP 增长对贸易增长的带动明显减弱，以及各国出台了大量的限制贸易措施。与此形成对照的是，从中国的视角看全球化指标，2016 年的各种数据完全可以解释当年的乐观情绪：2016 年，中国新设立外商投资企业高达 27900 家，投资额在服务业增加 8.3%，在高技术服务业增加 86%，在高技术制造业增加 2.5%；特别值得一提的是，美国与欧盟 28 国对华实际投资同比分别增长 52.6% 和 41.3%；[1] 同年中国对外投资更是大幅度增长，高达 1961.5 亿美元，同比增长 34.7%，在全球占

---

[1] 新华社：《2016 年我国吸收外资同比增长 4.1%》，中国政府网，2017 年 1 月 14 日。

比13.5%,其中,对外投资并购765起,交易金额1353亿美元;同年对美国投资达170亿美元,同比增长111.5%,对欧洲投资100亿美元,同比增长82.4%;[1]2016年中国公民出境旅游人数达1.22亿人次,相当于日本人口总数,入境旅游人数1.38亿人次,其中外国人2815万人次,香港同胞8106万人次,澳门同胞2350万人次,台湾同胞573万人次。中国在海外留学生总数达54.45万人。[2]在这些亮眼的数据面前,国内真正认为全球化会出现逆转的人几乎是凤毛麟角。甚至直到今天,相信全球化会继续向前发展的仍然大有人在。

但是,到了2015年岁末,国际社会却开始对全球化的未来持有一种前所未有的怀疑态度。英国《金融时报》的评论员吉迪恩·拉赫曼(Gideon Rachman)指出,"在过去的一年里,世界主要大国普遍弥漫着一种不安和不祥的气氛。从中国到美国、从德国到巴西、从俄罗斯到日本,政府、媒体和公众全都感到紧张和焦虑。更重要的是,这种全球性的情绪是前所未有的,因为在过去的30多年来,世界上一直至少有一个强国极为乐观:上个世纪的80年代后期,日本经济如日中天;上世纪90年代,美国经济引领全球化与信息革命的进程;本世纪初,欧盟发行了单一货币,成员国数量几近翻倍;过去十年,则是中国的崛起吸引了全世界的目光。然而,就当前而言,所有的大国都很茫然,甚至是极度担忧,唯一的例外可能是印度"。[3]

当年把《悖论》的书稿投给康奈尔大学出版社由彼得·卡赞斯

---

[1] 商务部:《2016年度中国对外直接投资统计公报》,中华人民共和国商务部,2017年9月30日。
[2] 国家旅业:《2016年中国旅游业统计公报》,国家旅业网,2017年11月9日。
[3] Gideon Rachman, cited by Bryan Harris and Andrew Jack, "2015: The Year in Review", *Financial Times*, Dec. 30, 2015.

坦（Peter Katzenstein）主编的政治经济学丛书时，该系列的编辑罗杰·海顿（Roger Haydon）在信中提到书稿留给他的印象："我从你的描述中得到的是地质构造板块的图景：国内板块与国际板块向相反的方向漂移，通常速度慢到足以使双方相互容忍，但是偶尔脱离的速度会快到足以引发两个板块的地震（国内板块作为相对较小的一方，经常首当其冲）。人们往往只看到地震，但是（你的）解释变量却向我们展示，造成地震的压力经常是经过长时间积累的。你把日本泡沫经济追根溯源到70年代初（即布雷顿森林体系的崩溃）是一个有争议性，但是非常引人入胜的案例。"是的，这正是社会科学关于历史长周期变化理论的魅力之所在。无论是日本的泡沫经济破灭，还是英国脱欧或2016年特朗普当选美国总统的逆全球化趋势，都属于地震的范畴。然而，引起这些地震的，则是地表下地质板块的变化，即全球化钟摆运动与霸权周期在国际金融秩序和国际贸易秩序中长时间积累的张力。2015年年底，各种来源的信息使我相信，离地震爆发可能真的不远了。

2016年1月15日，我在《华夏日报》发表了题为"2016：后全球化时代开幕？"的文章，在这篇文章里，我指出，"一个以美国重返亚太为远因，以中东的乱局为导火索，以欧洲为起点的后全球化时代很有可能在2016年就要开始"。这些事件之间的因果机制是，奥巴马上台后为应对中国的崛起，采取了重返亚太与TPP的战略。实施这些战略则要求美国在中东地区实行战略收缩，把战略资源从中东转移至东亚。为能从中东进行战略收缩，同时抗衡中国的"一带一路"倡议，美国同意与伊朗缔结核协议。然而这一行动引起沙特和以色列的强烈反对。这使得2011年"阿拉伯之春"后出现的中东乱局进一步恶化，从而导致大量难民逃亡欧洲。当欧洲出现反移民的浪潮时，全球化就面临重大的挑战。

当时我对美国即将出现的反自由贸易运动的强烈程度估计有些不足，因为这篇文章发表于特朗普 2016 年 2 月 1 日赢得共和党初选的第一个州艾奥瓦两周之前。随着特朗普在各州势如破竹地赢得初选，反自由贸易在辩论中成为十分突出的议题。之后，不仅民主党的黑马桑德斯，而且连该党推出的候选人希拉里都明确反对奥巴马最后谈成的 TPP 协议。到 2016 的夏天，反自由贸易的趋势在美国已经成为大趋势。

2016 年全年，我都在思考逆全球化的问题。当年 6 月初，我参加中国人民大学国家发展与战略研究院承办的中美人文交流的会议时，英国即将举行脱欧公投，特朗普虽然尚未成为共和党正式的总统候选人，但在初选中已经独占鳌头。许多美国人都不理解这一现象。我在发言中专门用全球化钟摆运动的分析框架讨论美国重新回归孤立主义的可能性，并从这个视角解释特朗普现象。会议结束时，美国驻华使馆临时代办特意告诉我，这回答了他几个月来一直在脑中徘徊的问题。同年 8 月，受郑永年教授的邀请，我参加华南理工大学公共政策研究院与联合国教科文组织共同举办的关于国际治理的国际会议，这篇关于逆全球化的文章是为那次大会写就的。

补　记

从今天的视角反思这篇文章的理论框架，我想应该以更为紧密的形式分析三大历史周期的同频共振：首先要加上科技革命这一新的历史周期，其次要把科技革命与全球化逆转及霸权更迭周期之间的关系以更直接的方式衔接起来。

把科技革命作为一个历史长周期变化来处理，是受到凯文·德拉姆的启发。德拉姆认为，科技革命是改变政治经济的强大驱动力。他用19世纪科技发展的集大成者工业革命来解读自此以来的一系列重大政治经济现象：没有工业革命，就不会有中产阶级，也就没有要求民主的压力；没有工业革命，就不会有资产阶级革命，因为农业社会不需要资产阶级革命；没有工业革命，也不会有大规模的殖民主义，因为非工业经济没有那么大的对原材料的需求；没有工业革命带来的廉价钢铁和精密制造，也不会有总体战争；当世界仍然处于农业文明，以小农经济为主时，奴隶制也可能不会结束，更不会出现女权主义。[1]

德拉姆指出，数字革命将是人类历史上最大的一次地缘政治革命。工业革命的确改变了世界，但是它只是取代了人的肌肉。人脑对建造、操作和维护机器而言仍然不可或缺，而这提供了大量的高收入工作。然而，人脑将被数字革命取代。智能机器人既有工作的肌肉，也有操作它们自己的大脑，将彻底替代人类。在这样一场革命面前，其他的地缘政治挑战似乎不值一提。比如，中国是否对美国是一大威

---

[1] Kevin Drum, "Tech World", *Foreign Affairs*, Vol. 97(4) (2018).

胁，最后不外乎它是否有最强大的人工智能；恐怖主义分子在强大的人工智能操作的无人机面前将无法遁形；以后的战争可能不再需要人的勇敢，没有人工智能才必然失败。人工智能将以何种速度取代人的劳动？什么样类型的政府能在这场革命中生存下来？只能是能够最大程度地利用人工智能造福更多人的政府。[1]

而近几年，国际政治经济的后续发展给我的启发是，要想改善这个分析历史长周期变化的理论框架，还应该将全球化逆转、霸权更迭和科技革命这三大趋势更紧密地结合起来，而不是分开予以考察。比如，在科技革命的时代，霸权更迭中出现的新兴大国与霸权国之间的矛盾集中地体现在颠覆性技术创新方面的竞争。这正是中美科技争端的实质。它已经不再属于简单的经济范畴，而是国际政治的范畴。另一个例子是，逆全球化趋势仍然通过友岸生产与近岸生产的形式得以发展，而重新组织贸易和供应链的原则则是地缘政治中的意识形态。按意识形态划分阵营，正是冷战时期霸权之争的核心组成部分，这一遗产如今又被从中掏出，在新形势下再次加以应用。沿着这条线索，我们还可以看到，逆全球化实际上正在通过强调地缘政治中国家安全的形式得到发展；反过来说，如果采取这种削弱自身效率的措施会导致在国际竞争中的失败，逆全球化就可能成为霸权更迭的因果机制。

---

[1] Kevin Drum, "Tech World", *Foreign Affairs*, Vol. 97(4) (2018).

2 美元与国际经济秩序

2008年全球金融危机的起源 *

    二战后的国际政治经济秩序正在经历最深刻的变化。为了理解近年的保护主义和贸易争端等新国际形势，我们面临着一系列的问题：为什么特朗普在2016年的总统大选中胜出？为什么他的竞选口号和执政纲领以"反建制"为特征？为什么他一上台就开始退出跨太平洋伙伴关系协定，重新谈判北美自由贸易协定，又退出各种国际组织？为什么他的一个重要纲领是把制造业带回美国？为什么他在与中国和俄罗斯进行大国竞争时不像冷战时期那样收买盟友，反而向盟友施加强大的政治压力，要求他们增加国防开支和减少贸易顺差？

    回答这些问题的关键在于理解什么是"建制"。在美国对外关系中，建制就是二战后美国主导的自由主义国际秩序。要理解特朗普为什么"反建制"，我们必须理解这个自由主义国际秩序的基础以及美国在维持这个秩序时获得的利益和付出的代价。这篇文章的初衷是从

---

* 本文为笔者在《牛津金融社会学手册》中一章（Bai Gao, "The International Monetary Regime and Domestic Political Economy: The Origin of The Global Financial Crisis", Edited by Karin Knorr Cetina and Alex Preda, *The Oxford Handbook of the Sociology of Finance*, Oxford University Press, 2012.）的基础上加笔而成，已获得牛津大学出版社授权，由东北财经大学刘杰和王哲共同翻译，原以"美元：大国兴衰的原点"为题刊《上海对外经贸大学学报》第26卷第1期。

国际经济秩序与美国国内政治经济的互动来解释 2008 年全球金融危机的起源。本篇没能涉及的分析框架的组成部分主要有两点：一、冷战在战后国际经济秩序发展过程中具有决定性作用；二、因为冷战中美国与盟友在国际贸易中的非对称合作，战后初期，虽然美元已经确立关键货币的地位，美国却不想成为流动性的主要提供者，同时美国尽管要建立多边贸易体制，但是还没有正式在制度层面落实。

1947 年开始的冷战可以说是战后国际经济秩序发展的分水岭。英国前首相丘吉尔（Winston Churchill）在 1946 年访问美国时发表了重要的"铁幕演说"，1947 年 2 月，美国驻苏联外交官乔治·凯南（George Kennan）撰写了被认为是冷战纲领的"长电报"，同年 6 月，美国国务卿马歇尔（George Marshall）在哈佛大学毕业典礼上正式宣布"马歇尔计划"。这些是冷战开始的标志性事件。美国在冷战中拉拢盟友的努力是战后国际金融和贸易秩序发展最大的推动力。在金融领域，美国一改战后最初两年不愿提供流动性的立场，通过马歇尔计划在 4 年间向欧洲提供了总计 131.5 亿美元的援助，其中 90% 是赠予，10% 是贷款；朝鲜战争中的军需成为向盟国提供流动性的重要来源。朝鲜停战后，各种军事援助、经济援助，以及在全世界各地大量海外军事基地的支出都成为美国提供流动性的渠道。在贸易领域，美国为吸引盟国，同时为解决美元短缺问题开始实行非对称合作，即向盟国全面开放美国市场，同时允许这些国家实行贸易保护主义，限制美国产品的进口。美元作为关键货币和美国作为流动性主要提供国，是支撑美国打赢冷战维护霸权最重要的制度安排。

国际货币发行机制中的铸币税效应和国际收支调整机制中的"善意忽略"效应使美国既能通过发行国债向外国借钱并向盟国提供流动性，又能够在账户经常存在巨额逆差的条件下回避结构性调整。这些不仅仅为美国赢得冷战中的盟友，也极大地加强了美国在国际经济秩序中的影响力，但是这样做的代价也极为沉重。首先，由于美国在这样一种国际金融体系中花钱不受约束，既要维持巨额的国防开支以支撑其霸权，又要为在国内摆平各种反对势力不得不减税和增加社会开支，这样一种强烈的政策自主偏好导致巨额的联邦债务。据美国国会预算办公室（CBO）预测，国债利息花费在2020年超过医疗补助；到2023年将超过国防开支，到2025年将超过所有非国防计划开支的总和。其次，20世纪50年代开始的由过剩美元催生的欧洲美元市场提供的自由环境，成为诱惑美国银行推动金融自由化的重要动力，不断的金融自由化和放松规制导致的资产证券化，致使虚拟经济迅速发展，美国经济日益空心化。最后，从50年代起，美国的跨国公司为绕过盟友在国际贸易中的关税壁垒在海外大笔投资，开始离岸生产。由于对外投资对出口的替代作用，美国企业的出口受到很大影响，80年代外包和全球生产方式的崛起更是从根本上削弱了美国制造业提供工作机会的能力。

特朗普"反建制"，就是要对这些冷战的遗产进行彻底清算，他要清除美国付出的所有代价。在"美国优先"的原则下，他要求北约（NATO）成员国把国防开支上升到GDP的2%，并要求日本和韩国支付驻日、韩美军的费用。他认为北约当年是为保护欧洲国家安全成立的组织，然而在冷战已经结束1/4世纪后，美国却仍然承担北约75%的费用，这实在不公平；基于同样的道理，他要求日韩支付美国驻军的费用。他退出TPP，重新谈判NAFTA，并与多国同时打贸易战，是因为他认为这些自由贸易协定和贸易关系仍然在延续冷战时代的非对称合作，允许他国向美国大肆出口，同时对美国出口设置各种贸易壁垒。简言之，特朗普并不是要放弃美国在国际上的领导地位，而是不想再花过去的代价,甚至想重建被冷战时代为吸收盟友而破坏掉的美国经济结构。

国际金融秩序与美国国内政治经济:全球金融危机的起源

全球金融危机的起源既有美国国内因素也有国际因素。美国国内因素包括金融创新、放松规制以及企业的贪婪,可调利率抵押住房贷款、住房抵押贷款证券化、担保债务凭证及信用违约互换等实践加大了信贷创造规模。1999年通过的《格雷姆–里奇–比利雷法案》(Gramm-Leach-Bliley Act)废除了1933年《格拉斯–斯蒂格尔法案》(Glass-Steagall Act)的部分条款,削弱了商业银行与投资银行之间的业务分离。2004年对净资本规则(the net capital rule)的放松使投资银行开始增加债务,对影子银行监管的缺失使它们持有更多的债务。[1] 冒险行为导致金融机构欠下巨额债务,而消费者和家庭的过度借贷又导致美国家庭负债大幅度提高。[2]

国际因素则包括全球储蓄过剩和全球流动性过剩。所谓全球储蓄

---

[1] J. L. Campbell, "Neo-liberalism in Crisis: Regulatory Roots of the U.S. Financial Meltdown", in M. Lounsbury and P. M. Hirsch, eds., *Markets on Trial: The Economic Sociology of the U.S. Financial Crisis: Part B*, Emerald, 2010; G. F. Davis, *Managed by the Markets: How Finance Re-Shaped America*, Oxford University Press, 2009; G. R. Krippner, "The Financialization of the American Economy", *Socio-Economic Review*, 2005(3): 173-208; G. R. Krippner, *Capitalizing on Crisis: The Political Origins of the Rise of Finance*, Harvard University Press, 2011.

[2] N. Fligstein and A. Goldstein, "The Anatomy of the Mortgage Securitization Crisis", in M. Lounsbury and P. M. Hirsch, eds., *Markets on Trial: The Economic Sociology of the U.S. Financial Crisis: Part A*, Emerald, 2010.

过剩,是指以出口为导向的国家及资源出口国积累过多的资本;而全球流动性过剩是指货币供应过多,这在美国尤为显著,来自储蓄过剩国家的资金流入美国,提高了美元的真实汇率,从而导致美国生产可贸易商品和提供可贸易服务的部门萎缩。美联储通过降低利率促进经济发展,预防失业,而这种低利率导致对可贸易商品和服务的需求过度膨胀。[1]与此同时,流动性的过剩供应使真实利率处于低位,这导致美国消费者信用的快速增长和美国家庭储蓄的急骤下降,过度消费带来了巨额的贸易赤字和大量的美元资本外逃。当美元呈弱势时,实行浮动汇率的他国货币被迫升值到失去竞争力的水平,而实行钉住汇率制的他国货币为把本国币值保持在低水平,不得不在公开市场上进行干预,这种情况就导致这些国家的外汇储备激增,并最终流入美国。[2]

因此笔者认为,为了解全球金融危机的起源,有必要剖析形成这些国际和美国国内因素背后的推动力。本文将重点分析战后国际金融秩序对美国国内政治经济的影响,揭示美元的关键货币地位与美国为国际经济提供流动性而产生的国际收支赤字,是流动性创造机制中的铸币税问题和国际收支调整机制中的"善意忽略"(benign neglect)[3]问题的制度根源。这些制度性缺陷在三个方面影响了美国:首先,联邦政府强调其政策自主权,通过欠下大量债务,同时为追求多重政策目标融资,由此产生的政府预算赤字和联邦债务是形成

---

[1] B. Bernanke, "The Global Saving Glut and the U.S. Current Account Deficit", The Federal Reserve Board, Mar. 10, 2005; A. Greenspan, *The Age of Turbulence: Adventures in a New World*, Penguin Books, 2008; M. Wolf, *Fixing Global Finance*, Johns Hopkins University Press, 2008.
[2] R. Duncan, *The Dollar Crisis: Causes, Consequences, Cures*, John Wiley & Sons, 2003.
[3] 所谓"善意忽略"是一种政策,即官方对经常账户的赤字不采取任何措施。

全球流动性过剩的主要原因;其次,美国金融业强调信用创造的竞争力,将社会上的各种资产债券化,进行高杠杆放贷并逃避政府监管,这些做法直接造成的各种变化导致了次贷危机的爆发;最后,受到美元关键货币地位的影响,美国制造业引领全球生产体系的发展,这造成了以出口为导向的国家和"欧佩克"(即石油输出国组织,OPEC)成员国为核心的全球储蓄过剩,随着跨国企业在海外投资的加剧,美国制造业创造就业机会的能力被严重削弱。

黄金储备与美元作为关键货币

根据1925—1931年实行的金本位制(gold-exchange standard),关键货币的概念与黄金紧密相关。所谓关键货币是指核心货币,包括英镑、美元、法郎和德国马克,这些关键货币以固定的价格与黄金挂钩,而其他货币则与这些关键货币挂钩。当时的关键货币发挥了重要的桥梁作用,将那些没有足够黄金支持本币的国家联系起来,使这些国家能够参与国际贸易。最终引发全球流动性过剩和全球储蓄过剩的机制出现在布雷顿森林体系。在这个体系中,美国持有的黄金总量奠定了美元作为战后唯一关键货币的基础,1913—1944年,美国持有黄金的份额从全世界的27%增至60%。[1] 美元在国际金融中扮演着储备、干预、媒介和交易货币的重要角色。在二战后建立布雷顿森林体系的时候,除美国以外,其他任何成员国都没有足够的黄金来直接

---

[1] A. H. Hansen, *America's Role in the World Economy*, Pelican Books, 1946.

维持本币的平价。[1]

《布雷顿森林协定》赋予了美元在战后国际金融秩序中与黄金相同的地位。该协定引入了平价体系，即货币等值交换，各成员国的货币价值以黄金或美元计算。从理论上而言，各种货币的平价应该通过黄金计算，但是出于结算便利的目的，布雷顿森林体系通过固定汇率用美元来反映一种货币相对于黄金的价值，即每盎司黄金等于35美元。

美元作为关键货币的作用在官方和民间都有体现。对官方而言，美元既是一国的"储备货币"（指用作外汇储备的货币），也是外汇市场上的"干预货币"（即中央银行用来干预外汇市场时使用的货币）。关键货币具有的储备功能和干预功能是一枚硬币的两个方面，中央银行必须把关键货币作为外汇储备才能在必要时用它来干预外汇市场。[2]在民间，美元既是"媒介货币"（即私有银行之间进行外汇交易时使用的货币）也是"交易货币"（即指私人企业在国际贸易中使用的货币）。关键货币的交易功能不仅体现在发行国美国与其贸易伙伴之间，也体现在不牵涉美国的其他各国之间的进出口业务中。[3]

美元在战后国际金融秩序中的主导地位始于其官方的作用。在布雷顿森林体系中，所有国际货币基金组织（IMF）的成员都必须维持本国货币的平价，必须使本币与外币之间的市场汇率保持在本币平价的1%以内。如果一种货币的市场汇率上升或下降的幅度超过1%，该国中央银行必须通过买卖黄金或者美元进行干预以便重新确定本币

---

[1] 新開陽一、「ドル本位制への変質」、館龍一郎、建元正弘、渡辺太郎、渡部福太郎編、『国際金融講座 Ⅳ 国際通貨』、東洋経済新報社、1975。
[2] 山本栄治、『基軸通貨の交替とドル——「ドル本位制」研究序説』、有斐閣、1988。
[3] 同上。

价值。在战后初期，除了美国之外，其他国家都没有足够的黄金来确定黄金与本国货币之间的兑换率，因此这些国家只能用美元充当"干预货币"。

美元在官方发挥的储备与干预功能使其成为民间外汇市场的"媒介货币"。由于美元可以被用来确定外币的平价，持有美元能够大大降低该国的外汇风险。同时，美元的官方功能也降低了其与民间外汇相关的风险。正是因为使用美元有这些好处，各国从事外汇业务的私有银行在银行间进行外汇交易时都用美元作为"媒介货币"。[1]

随着越来越多的私有银行把美元当作"媒介货币"，私人企业也开始在国际贸易结算中把美元作为"交易货币"。在20世纪五六十年代，美元与英镑在提供进口保险方面竞争激烈，由于美国银行在票据承兑体系中提供的信用多、利息低，美元赢得了这场竞争。这是因为美国是关键货币发行国，纽约承兑市场规模很大，由此形成的规模经济让美国能够以低于伦敦市场0.3%—3%的利率给国外的贸易公司提供信用，其结果是很多外国企业开始用美元进行国际贸易结算。[2]

美元在布雷顿森林体系之后继续占据主导地位

自从布雷顿森林体系崩溃以后，美元仍然一直保持关键货币的

---

[1] 新開陽一、「ドル本位制への変質」、館龍一郎、建元正弘、渡辺太郎、渡部福太郎編、『国際金融講座 Ⅳ 国際通貨』、東洋経済新報社、1975。

[2] 井上伊知郎、『欧州の国際通貨とアジアの国際通貨』、東京経済評論社、1994。

地位。它之所以能做到这一点，部分原因来源于它的旧角色，即它给石油和其他商品标价的功能，还有部分原因来源于它的新角色，即它在浮动汇率制度下管理汇率风险时发生的作用。

石油是世界上最重要的商品，1971年黄金窗口关闭后，美元的迅速贬值引发了两次石油危机。到1973年，美元跌去了原来1/3的价值，在避免损失的压力下，"欧佩克"国家大幅提高石油价格，第一次石油危机（1973—1974）中，石油价格上涨了2倍。[1] 在1977年1月至1978年4月间，美元相对其他货币再度快速贬值，而此时"欧佩克"国家持有约700亿美元的流动储备和约800亿美元的外币，其中有一半是以美元存款和美元资产的形式存在的。正因为如此，"欧佩克"国家在第二次石油危机（1978—1979）中将原油的价格又提高了2倍。[2] 在两次石油危机之间，"欧佩克"国家正式讨论过用其他货币取代美元来给石油定价的可能性。早在1975年6月，"欧佩克"夏季部长级会议在加蓬举行，会上讨论了使用特别提款权（SDR）为石油标价的建议。1976年年中，把一揽子货币作为石油定价基准的可能性再度受到热议。[3] 后来，由于美国与沙特阿拉伯谈判成功，"欧佩克"同意继续使用美元给石油定价，这样就为美元继续作为关键货币提供了新的合法性。只要各国需要进口石油，持有美元作为外汇储备就会大大降低汇率变动导致的风险，从而能够保证能源安全。同时美国承诺给石油美元优惠利率，让这些美元返还到美国，

---

[1] C. R. Morris, *The Trillion Dollar Meltdown: Easy Money, High Rollers, and the Great Credit Crash*, Public Affairs, 2008.
[2] J. Amuzegar, "OPEC and the Dollar Dilemma", *Foreign Affairs*, 56(4) (1978): 740-750.
[3] Ibid.

最终变成美国国债，此举让美国获得了防止经济下滑所需的资金。[1]

此外，美元在各种衍生金融工具中作为媒介货币和交易货币的角色也支撑起其关键货币的地位，主要反映在以下三个领域：

第一，管理外汇风险需要大量美元。布雷顿森林体系的崩溃把管理外汇风险的责任从中央银行转嫁给私有银行、企业和个人。公共管理机构不再必须干预汇率，这些干预措施变成民间酌情自理的行为。为避免汇率风险，从事外汇业务的银行必须依靠流动性来填补国际收支结算的缺口，用短期投机资本来平衡日常结算余额，这大大增加了对美元的需求。[2]

第二，为回应浮动汇率机制下管理外汇风险的需要，外汇期权和货币互换这样的金融工具取得较大发展。过去，美元过剩是造成国际金融秩序不稳定的主要因素。更具讽刺意义的是，在美元本位制下，美元过剩是操作各种降低汇率风险的金融工具的前提条件。尽管美元走弱，但对冲弱势美元的需要却导致美元得到更广泛的应用。[3]

第三，从20世纪70年代初开始，德国和日本成为美国的主要竞争对手。尽管德国马克和日元在国际储备中的份额增加，但没有美元作为"媒介货币"，它们之间无法直接相互兑换。随着德国和日本的银行与企业快速拓展国际业务，它们也需要更多的美元来进行结算。[4]

---

[1] D. Spiro, *The Hidden Hand of American Hegemony: Petrodollar Recycling and International Markets*, Cornell University Press, 1999.
[2] J. Eatwell and L. Taylor, *Global Finance at Risk: The Case for International Regulation*, The New Press, 2000.
[3] 片岡尹、『国際通貨と国際収支』、勁草書房、1993。
[4] 同上。

流动性创造机制中的铸币税问题

在布雷顿森林体系下，美国是国际经济流动性的主要提供者，它保证维持美元与黄金之间的可兑换性。作为交换条件，美国被豁免承担两大责任：一是美国不用保持国际收支平衡；二是美国没有责任稳定美元与其他货币之间的汇率。然而这个免责做法存在重大缺陷，即它造成了流动性创造机制中的铸币税问题和国际收支调整机制中的"善意忽略"问题。

铸币税最初的意思是"流通中的货币价值与打造金条和铸币成本之间的差，这个差即货币发行者取得的一次性收益"。[1]然而，这个词在当代指的是"垄断货币发行权赋予政府随意增加公共支出的能力"。[2]发行世界关键货币为发行国提供了"结构权力"[3]或者"过分的特权"。由于其他国家都需要用关键货币来进行外汇储备，发行该储备货币就成为"继发行国通过税收和从金融市场借贷之外的另一个收入来源"。[4]

铸币税问题直接与布雷顿森林体系下依赖美国国际收支赤字为国际经济提供流动性的做法有关。由于在战后的大部分时间里，美元是唯一的关键货币，美国是国际经济流动性的主要提供者，因此它的国际收支必然会长期拥有赤字。在布雷顿森林体系下，各国中央银行

---

[1] B. J. Cohen, *Organizing the World's Money: The Political Economy of International Monetary Relations*, Basic Books, 1977.

[2] B. J. Cohen, *The Geography of Money*, Cornell University Press, 1998.

[3] B. J. Cohen, "The Macrofoundations of the Monetary Power", in D. M. Andrews ed., *International Monetary Power*, Cornell University Press, 2006.

[4] B. J. Cohen, *The Geography of Money*, Cornell University Press, 1998.

不得不用美元计算本国货币平价，用美元作为"储备货币"，用美元来干预外汇市场以维持它与本币之间的平价。由于国际上对关键货币有如此多的需求，美元的总供应量必须大于美国自身的需求。[1]

罗伯特·特里芬（Robert Triffin）指出，虽然战后流动性的供应依赖的是美国国际收支逆差，但是美国国际收支的逆差却会影响国际社会对美元的信心。由于关键货币发行国的货币政策目标与整个布雷顿森林体系的目标不同，依赖一个国家货币作为关键货币的做法迟早要改变，国际金融秩序或将找出创造流动性的新来源，或是布雷顿森林体系迟早崩溃。他的这种依赖单一储备货币会造成国际金融秩序不稳定的观点即使是在美国政府内部也获得越来越多的支持。[2]

早在20世纪60年代初，源自美国国际收支赤字的流动性过剩就已经造成了美元过剩。虽然美元持有国的中央银行有权使用这些美元资金，但这些美元实际上是以存款的形式存在纽约的一个商业银行账户中，这些国家的中央银行用该账户来干预外汇市场以保持本币平价稳定。这样做的结果是，这些美元至少被派上两次用场：首先，这些美元被用作在欧洲的购买力；其次，这些美元又被用作在美国国内的购买力。无论美国为其他国家提供流动性造成多少国际收支赤字，美国自身的国内购买力并不会受到影响。当资本跨境流动活跃时，这种机制就会成为全球范围内通货膨胀的主要原因。[3]

从理论上来说，在布雷顿森林体系下，美国的黄金持有量应该发挥遏制的作用，防止美国向国际经济注入过多的流动性。因为一旦

---

[1] 有馬敏則、『国際通貨発行特権と国際通貨制度』、滋賀大学経済学部、1978。
[2] J. S. Odell, *U. S. International Monetary Policy: Markets, Power, and Ideas as Sources of Change*, Princeton University Press, 1982.
[3] J. Rueff、『ドル体制の崩壊』、マイマル出版会、1973。

美国提供的流动性过多,它的国际收支条件就会迅速恶化。美国国际收支赤字的增加将使国际社会对美元丧失信心,进而引发外国中央银行把美元兑换成黄金。然而在现实中,这种担忧从未构成严重威胁,因为在20世纪50年代,欧洲各国已经纷纷把手中的美元兑换成黄金。当美国在1971年决定关闭黄金窗口时,它持有的黄金份额与战后初期相比几乎下降了60%,从1948年的244亿美元减少到102亿美元。[1]当20世纪70年代"美元本位制"取代布雷顿森林体系之后,美国提供流动性的限制不复存在。随着美元不再和黄金挂钩,美国的海外借贷也不再有国内储蓄的支撑,[2]遏制黄金兑换的机制从此彻底地退出历史舞台。

在布雷顿森林体系崩溃后,为什么美国和国际社会没有改变只依赖一国货币作为关键货币的做法呢?原因是在美国辩论美元问题时,以查尔斯·金德尔伯格(Charles Kindleberger)及其合作者为代表的少数派观点为美国在黄金窗口关闭后对国际收支采取"善意忽略"的态度提供了正当性。

国际收支调整机制中的"善意忽略"问题

这场辩论中的少数派观点对美国国际收支的赤字提出了与罗伯特·特里芬完全不同的解释,少数派认为国际收支赤字并不代表美

---

[1] F. J. Gavin, *Gold, Dollars, and Power: The Politics of International Monetary Relations, 1958-1971*, University of North Carolina Press, 2004.
[2] R. Duncan, *The Dollar Crisis: Causes, Consequences, Cures*, John Wiley & Sons, 2003.

国国际收支不平衡，因为这些赤字被来自外国的购买流动性较强的美元资产的资本抵消。这个观点还认为，美国在国际金融中不只提供流动性，它还提供中介服务，既贷出长期资本，也给外国短期资本在美国提供更好的盈利机会。因此，美国不必非要提高利率来遏制过度支出，只要欧洲保持高储蓄率，自由流动的资本仍然将超出商品与服务的实际转移。[1]在这种少数派观点的支持下，美国对其国际收支赤字的"善意忽略"问题在20世纪70年代初变得更为糟糕。国际收支调整机制中的"善意忽略"问题源自布雷顿森林体系的安排，即美国不承担维持美元与其他货币之间平价的责任。根据国际货币基金组织的协定，美国只负责通过买卖黄金来维持黄金和美元之间的固定汇率，而维持美元与其他货币汇率的责任则由其他成员国承担。[2]

从理论上讲，在布雷顿森林体系下，金融管理机构对货币市场干预的功能是对私有银行在国际结算中美元短缺时的调整措施。如果一国的国际收支存在赤字，对美元的需求就会增加，美元在与该国货币的汇率中就变得越坚挺。为履行《布雷顿森林协定》规定的义务，该国金融机构必须通过卖出美元进行干预，以便使汇率浮动保持在特定的范围之内。这些干预行为使用的美元，或来自过去的贸易顺差，或是用本国的黄金储备来购买。前者代表的是在一段时间内平衡国际收支的动态过程，而后者则代表的是以黄金进行的最终结算，因为黄

---

[1] E. Despres, C. P. Kindleberger and W. S. Salant, "The Dollar and World Liquidity: A Minority View", The *Economist*, 1966(5); H. M. Schwartz, *Subprime Nation: American Power, Global Capital, and the Housing Bubble*, Cornell University Press, 2009.
[2] 岩野茂道、『ドル本位制』、熊本商科大学海外事情研究所、1977；島崎久彌、『金と国際通貨：歴史的・実証的考察』、外国為替貿易研究会、1983。

金－美元之间的交易和公开市场干预构成一个完整的过程，二者都被用来调整私有部门美元的短缺。然而，在实际操作中通过黄金与美元之间的兑换进行结算并不是总能实现，因为国际收支不平衡并不总会引起金融管理机构的干预。即便出现国际收支不平衡，私有银行依靠短期资本流动提供的信贷也能维持汇率的均衡。这样一来，对国际收支不平衡问题的解决就被不断地推迟。在这种情况下，国际收支不平衡不会立刻导致金融国际机构进行黄金－美元间的兑换。[1]

在美元的黄金窗口关闭后，金融管理机构只有在极特殊情况下才会干预货币市场。随着用黄金进行国际结算的需求不复存在，对国际收支逆差立即调整的压力也消失殆尽。在 70 年代以来的新体制下，国际结算采取的形式是用外汇交易来平衡债务和信贷。如果国际收支无法平衡，各国宁愿推迟结算，依靠国际供应的信贷来弥补缺口。在美元本位制下，美元失去了黄金的支撑，支撑着美元流通的只是众人信念中的美元购买力而已。[2]在布雷顿森林体系下用黄金进行部分结算的做法停止以后，国际上普遍的做法是用短期借贷来填补经常账户结算时的缺口，而且推迟结算的时间越来越长。[3]

在美元本位制下，各国应对国际收支赤字依赖的是融资战略而不是调整战略。一国政府在处理国际收支赤字时有两个选择。一种是进行调整，即政府进行资源的再分配，此举可以改变政府的支出，其

---

[1] 片岡尹、『国際通貨と国際収支』、勁草書房、1993。
[2] 同上。
[3] D. M. Andrews, "Monetary Power and Monetary Statecraft", in D. M. Andrews ed., *International Monetary Power*, Ithaca: Cornell University Press, 2006; B. J. Cohen, "The Macrofoundations of the Monetary Power", in D. M. Andrews ed., *International Monetary Power*, Cornell University Press, 2006.

做法是政府采取紧缩的金融政策和财政政策，减少经济活动中的货币供应量，或提高税收、减少公共支出以达到减少总需求的目的，也可以转变政府的支出，依靠价格调整和改变可交易与不可交易商品之间的总支出分配，以促进出口，减少赤字。[1]另一种是采取融资战略，政府则可以避免进行资源再分配。当出现国际收支赤字时，中央银行就出售外汇或对金融市场和外汇市场进行干预以吸引短期资本的流入。为减少一个国家来自国外的净流动资本的变化对国内购买力造成的负面影响，它们在国内政府债券市场进行公开操作，调整对私有银行准备金的要求或流动性的比率。在为弥合国际收支的缺口调整公共的和私有的资金流的同时，政府努力使收入、价格、现存的外汇供需明细表以及现行汇率保持不变。[2]

在国内政治中，融资的选项比调整的选项更受欢迎，因为它不涉及收入和价格变化，调整产生的影响更小。不过，选择融资战略要求政府能获得大量国际上接受的流动性较强的资产。美国的中长期国债或短期国债在这时就变得很有用，因为美国金融管理机构在国内市场上公开操作持有大量的政府证券，由于美国能够经常向外国出售以美元为主的债务，它在调整国际收支不平衡时，有能力创造融资选项所需要的资金流。"善意忽略"的作用是为美国消除调整国际收支不平衡的压力，否则美国必须要处理国际收支中的逆差问题。由于美国必须通过国际和国内借贷来弥补经常账户的赤字，延迟调整就为不断增长的经常账户赤字打开了一条活路，其代价是联邦债务的不断增

---

[1] B. J. Cohen, *Organizing the World's Money: The Political Economy of International Monetary Relations*, Basic Books, 1977.

[2] Ibid.

加。在战后的国际金融秩序中，流动性创造机制中的铸币税问题和国际收支不平衡调整机制中的"善意忽略"问题极大影响了美国国内相关行动主体的行为。

政策自主权，预算赤字以及联邦债务

战后金融秩序中的铸币税问题使美国政府养成对政策自主权和行动自由的强烈偏好，使它在制定与执行政策时不用担心外界的压力。[1]美国对政策自主权的偏好尤其反映在国防开支、减税和社会支出这三个方面，在这三个政策偏好上，国防开支得到两党的一致支持，其中共和党更支持减税，民主党更支持社会支出。

最受美国政府保护的政策自主权领域首推其全球战略目标。二战后，美国发动了几场战争，包括朝鲜战争、"越战"、两次伊拉克战争和阿富汗战争。如图2-1所示，战争费用大大提高了国防支出在GDP中的比重。在美国的战争融资中，最初对战争费用的估算总是不及实际支出。尽管行政部门常与国会发生龃龉，但它严重依赖追加拨款来为军事冲突提供融资。这些拨款的数量并不受年度总预算的限制，因此它往往掩盖了年度预算赤字的实际规模。[2]此外，美国政府为其盟友提供了大量军事和经济援助，海外军事基地也耗资巨大。1958—1973年的四届美国政府虽然都担心海外军费开支会对美国国

---

[1] B. J. Cohen, "The Macrofoundations of the Monetary Power", in D. M. Andrews ed., *International Monetary Power*, Cornell University Press, 2006.

[2] R. Miller, *Funding Extended Conflicts: Korea, Vietnam, and the War on Terror*, Praeger Security International, 2007.

际收支平衡造成负面影响，但是它们从未在维持强大的军事实力方面回避自己的责任。[1]

减税是美国政策自主性的另一大主要目标，始于肯尼迪政府，并得到约翰逊政府在其大部分任期内的支持。后来的共和党政府，尤其里根政府和小布什政府，也大力支持减税。如图 2-2 所示，在这两届共和党主导的政府任期里，减税对政府收入的影响非同寻常。对分红、利息、资本收益、遗产、馈赠以及企业利润等方面的征税，被视为事关企业家阶层的命脉。共和党的减税立场得到两个不同版本的供应学派经济学理论的支撑。早期版本把劳动力扩张和技术革新视为固定要素，认为减税能够扩大资本支出，反过来又能促进产能。与之相反，后期版本认为减税和技术革新以及这种革新带来的经济潜能会超过单纯依靠增加资本支出带来的潜能。[2]

社会支出是美国政府第三个政策优先领域。如图 2-3 所示，从 20 世纪 60 年代约翰逊政府提出"伟大社会计划"开始，美国政府的社会支出开始迅速增长。一旦社会支出具有政策优先权，很难再做出改变。约翰逊之后执政的共和党也接受了这个美国在 20 世纪 60 年代确立的政治前提，这一政策一直持续到里根上台。尽管以里根为代表的共和党人反对社会支出，但大规模的社会支出并不仅限于民主党政府。理查德·尼克松和乔治·W. 布什都对社会项目进行了大量投资。"伟大社会计划"的设计者最初主要希望给穷人创造参与主流经济活动的机会。然而，随着时间的推移，"伟大社会计划"出人意料地扩

---

[1] F. J. Gavin, *Gold, Dollars, and Power: the Politics of International Monetary Relations*, 1958-1971, University of North Carolina Press, 2004.
[2] I. Morgan, *The Age of Deficits: Presidents and Unbalanced Budgets from Jimmy Carter to George W. Bush*, University Press of Kansas, 2009.

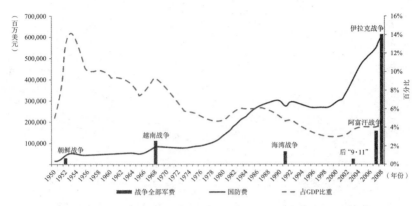

注：战争费用仅包括2008年6月30日颁布的战争拨款法案的金额。以美元现价计算（单位：百万美元）。

资料来源：

国防支出与GDP：行政管理和预算局；历史表格：美国政府预算，2010财年；战争军费：斯蒂芬·达盖特，美国主要战争支出，国会研究服务处，2008年7月。

图 2-1　1950—2008 年美国联邦政府在国防与主要战争中的费用

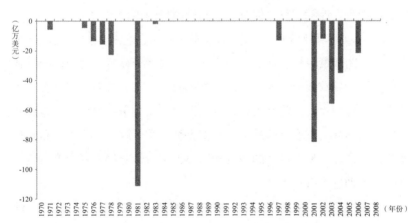

注：以美元现行价格计算（单位：亿万美元）。收入效应以两年（1970—1977）和四年平均（1978—2006）数值为基础。

资料来源：Tempalski, 2006.

图 2-2　美国大规模减税的收入效应

2　美元与国际经济秩序　|　57

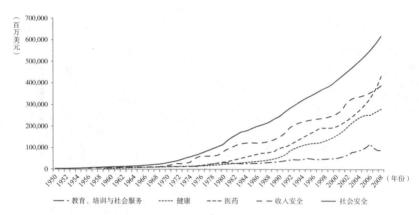

注：以美元现行价格计算（单位：百万美元）。
资料来源：OMB（2010）

图 2-3　1950—2008 年美国联邦政府的社会支出

大了各种收入保障项目，促进了福利型项目的出台。[1]

美国政府对政策自主权的强烈偏好体现在它经常同时追求多个成本巨大的政策目标。下文四届美国政府的例子显示：美国政府经常一方面进行导致政府收入减少的大规模减税，另一方面又同时发动战争或者大规模提高国防开支；或者一方面扩大战争规模，另一方面又大幅度提高社会支出。这种过度开支无疑导致了政府预算赤字和联邦债务迅速增加，易如反掌的融资和填补赤字与债务的需要为流动性过剩的产生创造了有利条件。

约翰逊政府不仅扩大了越南战争的规模，上马"伟大社会计

---

[1] M. Kaplan and P. L. Cucity, "Introduction", in M. Kaplan and P. L. Cucity, eds., *The Great Society and Its Legacy: Twenty Years and U. S. Social Policy*, Duke University Press, 1986.

划",同时还拒绝增加税收为它们融资。1960—1965年,美国国防开支的年平均增加额仅有1.5%,美国政府预算开支总额的年平均增加额仅有5.1%。等约翰逊扩大"越战"规模和推动"伟大社会计划"之后,美国国防支出的年平均增加额变成18.9%,非国防支出的年平均增加额为13.0%。在约翰逊执政期间,新立法和国防支出的决策根本不与预算准备工作进行协调,对经济有重大影响的国防决策没有通报给约翰逊的经济顾问。"越战"让国防支出迅速增加。在战争期间,约翰逊又极力避免放弃自己雄心勃勃的"伟大社会计划"。同时追求"大炮加黄油"(guns-and-butter)必然要面临一些障碍,而约翰逊选择尽量无视或者否认这些障碍。由于这些障碍在财政和预算的政策过程中显示得最明显,约翰逊在执政后期索性选择绕开这些政策过程。[1]这种没有限度的政府支出造成了严重的通货膨胀和经济过热,极大地打击了国际社会对美元的信心,这是导致布雷顿森林体系崩溃的主要因素。

在里根政府时期,联邦预算的主要推动力来自国防。里根认为,如果退出任何国防政策已经确立的发展目标,都将给苏联发出错误信号。即便在他的第二任期内,国防支出每年平均也高达3900亿美元(以2000财年的美元计算),而卡特执政时期平均只有2640亿美元。这个国防开支水平仅次于1952—1953财年的朝鲜战争预算和1968—1969财年的越南战争预算。不仅如此,国防支出如此大幅度的增加又与美国历史上最大规模的减税同时出台。政府平均支出占GDP的比率从卡特政府期间的21.2%提高到里根第一届政府期间的22.9%。

---

[1] D. C. Mowery and M. S. Kamplet, "Coming Apart: Fiscal and Budgetary Policy Processes in the Johnson Administration", *Public Budgeting & Finance*, 2(2) (1982).

与此同时，税收则从18.8%减少到17.9%，这两者加在一起导致了相当于2.6%GDP的联邦债务。[1]里根却认为"我们面对的赤字既不是来自国防……也不是来自减税。事实上，我们的赤字来自对国内支出预算失去了控制"。[2]他在两个任期内大力削减社会支出，把社会支出总额占GDP的比率从13.7%降到12%。然而，由于国会的抵制，这些努力未达到他的预期效果。

20世纪80年代，美国政府采取的"里根经济学"导致联邦债务急骤增长。在小布什政府期间，通过紧急事态审核为伊拉克和阿富汗的海外军事行动筹集资金已经变成常规做法。据估算，在2002年和2005年这两个财年之间，追加支出额每年平均达1200亿美元，而1975—2001财年期间，这个数字仅为140亿美元。"彻底改变'先税收再支出'的自由派立场一直是新政以来共和党的目标。在小布什时代，共和党总统和国会合作实现了减税这前一半使命，但是与此同时又不得不出于政党政治的原因，在扭转后冷战时期国防开支缩减趋势时又扩大国内社会支出"。布什与里根的区别在于，他在社会支出问题上是"富有同情心的保守主义者"，尽管二人都信奉自由市场、低税收以及政府少参与经济活动，而且布什推行的很多社会项目如《有教无类法》（No Child Left Behind Act）、药品处方权（prescription drug entitlement）以及失败了的社会保障体系改革等目标也都是增加个人选择权或者提高个人与私有部门订立契约的能

---

[1] D. C. Mowery and M. S. Kamplet, "Coming Apart: Fiscal and Budgetary Policy Processes in the Johnson Administration", *Public Budgeting & Finance*, 2(2) (1982).
[2] I. Morgan, *The Age of Deficits: Presidents and Unbalanced Budgets from Jimmy Carter to George W. Bush*, University Press of Kansas, 2009.

力。[1]在很多领域追求政策自主权，大大提高了美国的政府预算赤字和国际收支赤字，其结果是联邦债务迅速增加。

尽管奥巴马政府缩小了美国在伊拉克的军事规模，但是他大大增加了在阿富汗地面部队的数量。结果，美国政府在2010年和2011年两个财年里的战争总支出依然是1710亿美元，仍高于2007财年的水平，而仅次于2008财年的1850亿美元，是2001年"9·11"以来的最高水平。[2]与此同时，奥巴马推出了2009年《美国复苏与再投资法案》（American Recovery and Reinvestment Act），根据美国国会预算办公室的估算，这个一揽子计划将在2009—2019年给美国政府造成7870亿美元的预算赤字。

此外，奥巴马政府又将小布什政府提出的减税政策延长了2年。2010年签署的8580亿美元的减税计划几乎让每个美国家庭在2011年1月1日没有增加纳税。当然，8580亿美元不仅仅代表减税，它也给那些经济严重受挫的州的失业工人提供了直到2011年年底的99周失业救济的保障，同时也为2011年企业和消费者支出提供了新的增长动力，包括把社会保障税降低了2%，这让工人增加了2136美元的可支配收入。[3]

---

〔1〕 I. Morgan, *The Age of Deficits: Presidents and Unbalanced Budgets from Jimmy Carter to George W. Bush*, University Press of Kansas, 2009.
〔2〕 Conference Agreement for H. R. 1 (the American Recovery and Reinvestment Act of 2009), Congressional Budget Office, Oct. 11, 2011. http://www.cbo.gov/ftpdocs/99xx/doc9989/hr1conference.pdf.
〔3〕 L. Montgomery, S. Murray and W. Branigin, "Obama Signs Bill to Extend Bush-era Tax Cuts for Two More Years", *The Washington Post*, Dec. 17, 2010.

放松规制和金融创新的政治经济学

铸币税问题和"善意忽略"问题导致了对全球金融危机形成有重大影响的两个趋势的发展：一个是国际金融市场的发展，它促成了全球流动资本过剩；另一个是住房抵押贷款证券（MBSs）的发展，它直接引发了美国的次贷危机。国际金融市场中一个是欧洲美元市场，指的是在美国本土之外对各种以美元计价的资产进行交易的欧洲市场。该市场与纽约金融市场的竞争成为美国金融业要求政府放松规制背后的推动力；私人企业和私有银行管理汇率风险的需求导致各种金融工具的产生，其中之一便是住房抵押贷款证券。这是20世纪60年代约翰逊政府为应对铸币税问题而开发出的一种金融工具，该工具20世纪70年代以来在"善意忽略"的推动下得以快速发展，最终导致了2008年次贷危机的爆发。

20世纪50年代美国提供的流动性过剩是导致欧洲美元市场崛起的直接原因。美国在海外军事基地的支出、为盟国提供的军事和经济发展援助、允许盟国将它们的产品出口到美国市场但是同时对美国产品关闭它们的国内市场等，使西欧积累了大量的美元。[1]

美元过剩造成两个不同的发展趋势：一是欧洲美元市场迅速发展；二是欧洲国家的中央银行纷纷把美元兑换成黄金。由于欧洲国家的中央银行需要为这些美元找到盈利的市场，欧洲美元市场诞生并迅速成为吸收国际上过剩美元的有力渠道。因为欧洲各国政府把持有的大量美元存在欧洲美元市场，这帮助减小了各国央行把这些过剩美元

---

[1] F. J. Gavin, *Gold, Dollars, and Power: The Politics of International Monetary Relations, 1958-1971*, University of North Carolina Press, 2004.

兑换成黄金的压力。如果没有欧洲美元市场，美国政府将被迫更早地关闭黄金窗口。[1]

然而，欧洲美元市场的崛起给美国银行业带来了竞争压力。整个20世纪50年代，由于美元的关键货币地位和纽约在国际金融市场上的核心地位，纽约实际上是唯一的对外国证券开放的国际资本市场。规模经济使美国金融机构能够以低息和多样化的金融工具进行放贷，这显示出美国金融市场的竞争优势。[2]欧洲美元市场诞生后变成了美国银行的补充市场，也成为它资本外逃的通道，这迫使美国政府在20世纪60年代开始严格控制资本外流。[3]

布雷顿森林体系的崩溃以及20世纪70年代初的第一次石油危机开启了一个新的时代，即离岸金融得到充分发展并为放松规制提供了强大的推动力。"甚至中央银行对供应货币和信贷的规制能力也受到商业银行离岸借贷业务的损害。离岸金融在1973—1974年的石油危机之后快速发展。10年内，各国政府被迫取消存在已久的对利率上限、贷款限度、投资组合限制、储备和流动的要求以及其他烦琐的规制措施……它们唯一可用来影响短期利率的金融政策工具就是买卖证券。"[4]

此外，放松规制的压力也来自私人企业和私有银行。波动的汇率给私人企业造成了高额成本。发达国家在转向浮动汇率后，出现了防范汇率风险的巨大需求。为降低汇率风险，那些在国外市场进行交

---

[1] 川本明人、「国際銀行業とユーロカレンシー市場：ドルの基軸通貨性侵食との関連で」、深町郁彌編、『ドル本位制の研究』、東京経済評論社、1993。
[2] P. Einzig、『ドルの運命』、東洋経済新報社、1972。
[3] E. Helleiner, *States and the Reemergence of Global Finance From Bretton Woods to the 1990s*, Cornell University Press, 1994.
[4] J. Eatwell and L. Taylor, *Global Finance at Risk: The Case for International Regulation*, The New Press, 2000.

易的企业被迫使自己的投资组合多样化,它们需要根据对外汇风险的判断,不断变换当前和未来的货币组合和金融资产。它们要求提供新的金融工具,消除政府规制方面的障碍。与此同时,私有银行也把汇率波动视为盈利的良机,它们也要求放松规制以获得更多的市场活动自由。这两个政治潮流加之美国国内其他因素导致放松规制的范围不断扩大。[1]

由于有必要管理与浮动汇率相关的各种风险,新的金融工具应运而生。商业票据便是一个很好的例证。20世纪70年代,美国政府依然设置银行储蓄利率上限,在通货膨胀时市场利息大大高于银行利息。在这种情况下,美国的金融业于1974年开发出货币市场的共同基金(mutual fund)。由于这种金融工具为投资者提供的利率高于银行储蓄利率,它获得了快速的发展。货币市场的共同资金后来成为投资者首选的商业票据,而商业票据也成为货币市场共同基金的第一选择。正因为如此,个体消费者不再把钱存在银行账户,企业开始发行商业票据进行融资。这两种趋势一起削弱了银行业,迫使银行开发更加注重服务的产品,或者进行高风险的放贷。[2]

美国政府对铸币税问题的应对,导致住房抵押贷款证券的诞生。20世纪60年代,约翰逊政府虽然既扩大了越南战争的规模,又启动了"伟大社会计划",但还不愿意增税。由于"伟大社会计划"的很多项目,例如"贫困个人与家庭医疗保险"(Medicaid)和"老年人

---

[1] J. Eatwell and L. Taylor, *Global Finance at Risk: The Case for International Regulation*, The New Press, 2000.

[2] M. Mizruchi, "The American Corporate Elite and the Historical Roots of the Financial Crisis of 2008", in M. Lounsbury and P. M. Hirsch, eds., *Markets on Trial: The Economic Sociology of the U.S. Financial Crisis*: Part B, Emerald, 2010.

医疗保险"（Medicare）等都造成了巨额的预算赤字，储蓄贷款行业已经无力为政府设立的雄心勃勃的住房目标提供融资。于是约翰逊政府对"美国联邦国民抵押贷款协会"（the Federal National Mortgage Association，即"房利美"[Fannie Mae]）进行重组，将它变为半私人组织，并创办"美国联邦住宅贷款抵押公司"（即"房地美"[Freddie Mac]）与"房利美"进行竞争，同时依靠"政府国民抵押贷款协会"（Government National Mortgage Association，即"吉利美"[Ginnie Mae]）为抵押贷款进行违约风险担保。同时，联邦政府不希望自己最终持有抵押贷款，因为这会严重限制它发行抵押贷款的数量，因此决定使用自己的资金为抵押贷款融资，然后把这些抵押贷款作为公债出售给投资者。[1]

由于"善意忽略"成为美国对待经常账户赤字的政策，相对于调整，政府更喜欢融资，因为调整会导致公共开支的下降和税率的提高，而融资带来的负面效应很少，至少从短期来看是这样。随着社会保障变得日益脆弱，不平等现象持续增加，美国选民的耐心也越来越少。在此情况下，政治家喜欢让银行扩大住房信贷，因为信贷能够同时实现诸多目标，可以推动房价上涨，让房主感觉越来越富有，使他们敢于消费，并为金融领域、房屋中介和建筑行业创造更多的利润和就业机会……条件宽松的贷款有规模大、影响正面、见效快，以及受惠群体广泛等种种优点，其代价却只有在未来才能显示出来。[2]

---

[1] N. Fligstein and A. Goldstein, "The Anatomy of the Mortgage Securitization Crisis", in M. Lounsbury and P. M. Hirsch, eds., *Markets on Trial: The Economic Sociology of the U. S. Financial Crisis*: Part A, Emerald, 2010.

[2] R. G. Rajan, *Fault Lines: How Hidden Fractures Still Threaten the World Economy*, Princeton University Press, 2010.

美国制造业创造就业机会的能力下降

2008年全球金融危机后出现的高失业率凸显了在美国经济中已经隐藏数十年的铸币税问题,即美元的关键货币地位和美国是国际经济流动性的主要提供者对美国制造业造成的负面影响,这为美国制造业这个旧话题提供了新谈资。当美国经济整体的福祉成为问题时,人们开始集中关注制造业能否创造就业机会,而不是跨国企业能否通过把生产转移到国外赚取更多的利润。

从就业机会创造能力的角度来分析美国制造业,国际金融秩序对美国国内政治经济的影响立刻显现出来。自20世纪50年代以来一直存在的铸币税问题固然给经济金融化和生产全球化提供了动力,但是二者也成为美国制造业衰落的重要推手。造成美国制造业衰落的因果机制是20世纪50年代以来美国资本以对外直接投资(FDI)的形式源源不断地外流。

对经济金融化过程的分析大都从20世纪70年代开始。然而,推动金融化、提高资源分配效率的原则早在20世纪50年代就已经开始影响美国企业。二战结束时,美国工业中的多种经营趋势使得美国企业组织内部的多部门结构(multidivisional structure)制度化。美国政府修改了反垄断政策,不允许行业内的兼并,但是给行业间的兼并敞开了大门,美国企业开始出现从金融视角管控企业(financial conception of control)的大趋势。大企业的总部开始把产品线和分公司视为一种投资组合并用财务标准来衡量它们的业绩。如果某些产品或分公司的表现不符合预期,就把它们卖掉,再选择新产品或者用新兼并的分公司来取代旧的。[1]

企业推行资源配置效率的原则很快造成资本以对外直接投资的方式流出美国。美国经济在1957年经历衰退，造成国内投资机会减少。1958年年末，西欧国家开始恢复货币自由兑换，消除了美国企业在西欧投资的主要障碍，使它们能够非常便利地从东道国汇回投资收益。当时，欧洲国家仍然对美国出口商品征收高关税，因此，在欧洲设厂服务当地市场被视为避开贸易保护主义的有效途径（Block, 1977）。与此同时，由于欧洲和日本企业的竞争力正在提升，美国企业想在潜在对手强大之前就在它们本国的市场上击败它们。从这层意义上而言，美国跨国公司对这种趋势的应对战略也是以对外直接投资为表现形式的资本外流背后的另一大推动力。[2]

到20世纪50年代末，美国以各海外军事基地的巨大开支造成的国际收支赤字的形式所过量提供的流动性已经造成了美元过剩。从20世纪50年代末至70年代初，很多人认为美元的价值被高估，美国国际收支的赤字迟早会导致美元的大幅度贬值，这成为资本外流的推动力。这其中的原因有两个：首先，美元的过高估值使美国企业在海外市场有较强的购买力，因为被高估值的美元压低了美国企业在海外并购的价格；其次，对美元贬值的持续预期使得在那些货币预期升值的国家进行投资显得更加有利可图，因为在美国国内投资成本过高。

如前所述，美元在20世纪70年代经历了两次急剧贬值，每一次都引发了石油危机，因为"欧佩克"成员国竭力避免出口石油给它

---

[1] N. Fligstein, *The Transformation of Corporate Control*, Harvard University Press, 1990.
[2] R. Vernon, *Sovereignty at Bay*, Basic Books, 1971.

们带来的损失。这些剧烈的变化进一步把资本推出了美国。美元的汇率持续走低使美国企业持有的国内资产贬值，相反，国际资产不断升值，这在货币升值的国家尤其明显。与此同时，急剧上升的能源费用给美国国内生产造成了沉重负担。这次恶性通货膨胀大大地恶化了美国制造业的国内生产环境。

从20世纪80年代初开始，美国的政策环境开始偏向金融业，冷落制造业。保罗·沃尔克（Paul Volcker）用高利率的激进措施对付通货膨胀，加之里根的强硬美元政策，从两个方面给美国制造业造成了巨大压力。高利率大大增加了国内融资的负担，降低了美国企业投资的积极性。同时，高利率吸引了巨额的海外资本流入美国市场，这加大了市场对美元的需求，导致美元的升值。美元升值暂时减少了资本外流，同时却严重削弱了美国制造业的产品在国际市场的竞争力，这导致美国经常账户的赤字急剧增加。1985年《广场协议》签订后，经常账户的赤字虽然有所减少，但对美元贬值的预期进一步推动了美国企业向海外投资。[1] 在20世纪80年代，体现资源配置效率原则的价值链生产理论代表了美国企业战略的主流思想。该理论的应用无疑使外包业务的实践得到广泛推广，从而进一步加速了美国的资本外流。

为了更多盈利而投资海外成为美国制造业普遍的做法。在管理资本主义（managerial capitalism）的鼎盛时期，美国企业的所有权被分散以达到扩大股东群体的目的。专业经理人管理的财务独立的企业变成一种社会制度，通过就业机会、产品安全和环境保护等渠道向社

---

[1] H. M. Schwartz, *Subprime Nation: American Power, Global Capital, and the Housing Bubble*, Cornell University Press, 2009.

会提供不断增加的工资和日益优惠的社会政策,[1]一群进步的企业家精英得以为美国的经济和社会问题提供综合性的解决方案。[2]然而,随着从金融视角管控企业的实践大行其道,美国企业开始长期面临持续盈利的压力,因为美国金融市场的结构把企业能否获得融资和能否避免被他人兼并与当前的盈利能力直接挂钩。[3]与此同时,由非金融企业进行的金融投资逐渐把投资资本不断地从制造业挤出,推向金融投资的领域,这就减少了制造业投资可能获得的融资数量。[4]

结　语

战后的国际金融秩序以美元为关键货币,以美国为国际经济流动性的主要提供者,这给美国国内的政治经济造成了深刻的影响。这些影响反映在两大遗产上。莱斯利·盖尔布(Leslie Gelb)对其中的一大遗产进行了很好的阐述:"今天几乎所有的国家在很大程度上都是按照经济的节奏来击打外交政策的鼓点,而美国则不然。几乎所有的国家都是从经济角度来界定自己的利益,主要凭经济实力来说话,

---

[1] G. F. Davis, *Managed by the Markets: How Finance Re-Shaped America*, Oxford University Press, 2009.
[2] M. Mizruchi, "The American Corporate Elite and the Historical Roots of the Financial Crisis of 2008", in M. Lounsbury and P. M. Hirsch, eds., *Markets on Trial: The Economic Sociology of the U. S. Financial Crisis*: Part B, Emerald, 2010.
[3] P. Hall and D. Soskice, *Varieties of Capitalism: The Institutional Foundations of Comparative Advantage*, Oxford University Press, 2001.
[4] Özgür Orhangazi, "Financialisation and Capital Accumulation in the Non-Financial Corporate Sector: A Theoretical and Empirical Investigation of the U.S. Economy: 1973-2003", *Cambridge Journal of Economics*, 32(6) (2008): 863-886.

而美国则不然。多数国家从经济安全来聚焦国家安全战略，而美国则不然。华盛顿仍然主要从传统的军事角度来考虑自身的安全，仍然运用军事手段来应对威胁。"[1]

另一大遗产则是：大多数已经积累大量储蓄的国家（不包括那些依赖出口自然资源的国家）都把它们的经济基础建立在制造业上，而美国则不然。美国往往从金融的角度看待所有经济问题，运用金融手段来应对所有经济挑战，把创造信用视为包医百病的灵丹妙药。

然而，在2008年全球金融危机爆发之后，铸币税和善意忽略这两个问题开始直接威胁美元的关键货币地位。根据CBO的预测，到2020年美国的累积债务将达到9.5万亿美元，等于美国GDP总值的90%。随着人口老龄化，医疗费用急剧增加，联邦政府的利息支出也将大幅度增加。美国政府的债务到2025年将达到GDP的110%，到2035年达到GDP的180%，[2]这对美国经济的影响将十分深远。

如果国际金融市场因为过度开支而惩罚美国，美元将崩溃，这将严重损害美国经济。很多国家开始签署双边协议，使用本币来进行双边贸易结算，这将大大减少美元的使用，国际上对美元的需求也将随之大幅度减少。2011年始于突尼斯和埃及的"茉莉花革命"给美国又增添新的变数，因为美元对石油标价这一关键作用是美元本位制的基础。

随着未来国际金融秩序的前景发生变化，美国国内也出现了摆脱过去遗产的迹象。削减政府开支成为美国政治的主要政策议题。

---

[1] L. H. Gelb, "GDP Now Matters More than Force: A U. S. Foreign Policy for the Age of Economic Power", *Foreign Affairs*, 89(6) (2010): 35-43.
[2] R. C. Altman and R. N. Haass, "American Profligacy and American Power: The Consequences of Fiscal Irresponsibility", *Foreign Affairs*, 89(6) (2010): 25-31.

由"茶党"领导的强烈反对政府开支的政治运动造成民主党在 2010 年中期选举中遭受重创。随着 2012 年总统选举的临近,共和党和民主党都把 2012 年预算当作角力场。威斯康星州的众议员保罗·莱恩（Paul Ryan）反对奥巴马总统"削减与投资"（cut-and-invest）的观点,他在 2011 年 4 月披露自己政党的计划,其目标是在下一个 10 年把预算赤字减少 5.8 万亿美元。奥巴马总统也提出计划：在接下来的 12 年里通过增税和削减开支减少赤字 4 万亿美元。美国的两党都开始只重点保护本党的政策优先,而不再同时追求多个政策目标。在显示美国政府对政策自主性有强烈偏好的三个主要政策领域中,共和党当前只强调减税,而民主党则只努力保护社会开支,尤其是"贫困个人与家庭医疗保险"和"老年人医疗保险"。两党都没有把国防放在首位,都同意在下一个 10 年削减 1 万亿美元的国防开支。

然而,其他政策领域的前景依然扑朔迷离。美国能否研究出新办法来促进经济发展而不再过度依赖信用创造,能否为创造就业机会而重建和发展制造业,都是美国未来所要面临的主要议题。不过,有一件事情倒是十分清楚:当前已经进入了一个未来国际金融秩序的形成与美国国内政治经济相互影响的新时期。

问题缘起

自从写作《悖论》时发现布雷顿森林体系的崩溃与一国经济的兴衰有如此大的关联，我对国际金融秩序就产生了强烈的兴趣。我对国际金融秩序如何影响一国经济的认识，也经历了一个不断发展的过程。在2008年全球金融危机爆发之前，我对国际金融体系的关注只限于像中国、日本这样拥有大量对美贸易顺差的国家所面临的金融风险。2008年全球金融危机爆发后，我开始研究其起源，系统地梳理了战后布雷顿森林体系与美元本位制对美国国内政治经济的深刻影响。这使我对国际金融体系与各国经济体制之间的互动，特别是美国国内政治经济对国际金融体系的影响，有了更清楚的认识。我最初一直关注国际贸易与国际金融之间的关系。受日本案例的影响，我也关注中美贸易顺差可能引起的与日本相似的连锁反应。

2003年理查德·邓肯（Richard Duncan）在其名著《美元危机》一书里清楚地呈现了一个美元制造金融危机的因果机制：美元本位制与金本位制和布雷顿森林体系相比，最关键的不同是各国大量储备的美元没有任何实物支撑，美国可以制造各种金融工具来平衡国际收支逆差。由于美国不需要储蓄就可以花钱，它积累了巨额的对外债务。对美贸易顺差国如果把赚得的美元拿回国内，会产生严重的通货膨胀，因此不得不购买美国的美元资产。然而，由于美元这种纸币并不是黄金支持的信用创造，它经常会在全球范围内导致以经济过热和资产价格暴涨的信用泡沫。当商业银行疯狂地扩大信贷，经济空前繁荣，股市、房地产市场价格，以及企业利润急速上涨时，当每个产业都可以轻易地获得低息贷款时，它们都发展出大量过剩的产能。一旦这种由美元纸币搭起的大厦坍塌，大量泡沫化的信用都会变成永远无法追回的不良资产。[1]

2004年写作《悖论》中文版序言时，我在讨论邓肯观点的基础上指出，邓肯分析的因果机制对与美国有紧密贸易关系的中国来说具有特殊意义：由于人民币与美元挂钩，美元贬值导致人民币对其他货币贬值，这使得中国产品在这些国家的市场更有竞争力；同时，2003年，美国经济从2000年互联网泡沫崩溃后的萧条中开始复苏，也会导致对中国产品的更大需求。两者的叠加效应使中国的出口额在2003年一年增长了近40%，外汇储备与2002年相比，增加到4033亿美元，一年暴涨1900多亿美元。由于中国贸易顺差的外汇收入由央行发行等值的人民币从企业回收，中国的实体经济一下被注入1.5万亿元左右额外的资金。自从90年代初汇率制度改革以来，这一直是中国经济中一个内置（built-in）的刺激经济增长的机制。只要外部环境对中国的出口持宽容的态度，这个机制就会一直推动中国经济快速增长。但是从日本的案例可以看出，这也是一个制造泡沫的机制，从刺激经济高速增长到制造泡沫乃至泡沫破灭的转折点，就在于与美国的贸易顺差是否导致美国强烈要求人民币升值。

2006年2月20日，我在《21世纪经济报道》发表《危险的关系：美元本位制与金融风险》一文，指出中国至今为止的经济增长在很大程度上借助一个"模拟布雷顿森林体系"。中国一直没有开放资本账户，并且从1994年人民币与美元挂钩起，汇率一直比较稳定。这个"模拟布雷顿森林体系"为中国的出口提供了十分有利的环境。中

---

[1] Richard Duncan, *The Dollar Crisis: Causes, Consequences, Cures*, John Wiley & Sons, 2003.

国经济历经亚洲金融危机和美国泡沫经济的破灭而没有受到重大影响的一个主要原因是，中国严格限制资本账户上的资金流动。当时，国际上有人主张人民币升值，有人主张人民币实现浮动汇率，有人主张中国开放资本账户，这些主张的实质是要求中国取消"模拟布雷顿森林体系"。文中还指出，中国作为与日本同样拥有重视协调、轻视监控的经济体制，并拥有巨额对美贸易顺差的生产大国，如果全面开放资本账户并实行浮动汇率的话会有什么样的后果。在分析了日本应对美国压力的过程后，文章指出日本犯的几个错误：第一，误以为一个生产大国可以自然成为一个金融大国；第二，不了解蒙代尔－弗雷明三元悖论的效应；第三，放弃扩张型金融政策与紧缩型财政政策的搭配而将两种政策同时变为扩张型，从而进一步刺激了泡沫的形成；第四，不了解一个重视协调、轻视监控的企业治理模式在美元本位制和蒙代尔－弗雷明三元悖论的双重夹击下，会出现企业纷纷从生产领域转向服务业以寻求新的利润机会，从而导致股市和房市出现泡沫的局面。

本文最初是为2012年出版的《牛津金融社会学手册》以英文撰写的一章。由于篇幅的限制，这篇文章在理论框架上没有把冷战的作用进一步概念化。当时的文献谈及美元，大都讲它对其他国家的影响，探讨战后金融体制对美国国内政治经济负面影响的不多。有人说日本是冷战最大的赢家，我自己在研究日本时也清楚地看到美国为拉拢盟国付出的经济代价。在整个20世纪80年代和90年代最初的几年，美国各界普遍认同美国经济在制造业方面已经丧失了对德国、日本的竞争力。然而，冷战的结束、日本泡沫经济的破灭和紧接着美国开始的以互联网为代表的信息革命使西方国家，特别是美国，对日本和自身的认识都开始逆转。在"历史的终结"的氛围中，坊间普遍认为美国代表的西方赢得了冷战的胜利，很少有人去考察冷战对美国国内政治经济的负面影响。然而，2008年全球金融危机的爆发，终于为关注这个问题提供了一个机会。

开始构思这篇文章时，美国的国内政治正在被三大问题困扰：不断攀升的国债、抗议经济虚拟化和不平等的"占领华尔街"运动，以及2008年全球金融危机导致的大量失业。当带着这些问题回去重读国际政治经济学的文献时，我发现战后国际经济秩序与冷战紧密关联。沿着这个线索去分析它对美国国内的政治经济影响，我认识到2009年困扰美国的三大经济问题都根源于50年代美国出于冷战的需要而采取的国际金融和贸易政策：美元作为国际关键货币和美国作为流动性提供国的特殊地位，使美国的决策层养成了对"政策自主"的强烈选择偏好，通过发行债务去同时满足各种代价昂贵的政策目标。为了让军备竞赛不遭遇国内的反对，弥合两党之间在政策取向方面的巨大分歧，从而减轻国内政治对国防开支的压力，美国政府既减税迎合共和党人，也同时增加社会开支满足民主党人，其结果必然是联邦债务不断上升。与此同时，美国为了应对40年代末期的美元短缺与急速发展的冷战局面所采取的在贸易政策上与盟友"不对称合作"导致的两个后果，对美国实体经济造成了深刻的伤害。后果之一来自美元过剩：一方面，欧洲各国央行为避免美元贬值造成的损失纷纷把美元拿到美联储换回黄金；另一方面，欧洲为积累的大量美元寻找盈利机会而涌向伦敦的欧洲美元市场，导致美国银行业也希望把资金移到伦敦获取高利润，为后来资本自由化的要求留下远因。这也是美国经济由实转虚的开始。另一个后果来自离岸生产：不对称合作允许盟国对美国的出口实行贸易保护主义措施。为躲避高关税，美国工厂纷纷到盟国设厂，直接服务当地市场，这就大大减少了美国企业出口的机会，并刺激了资本外流，使本土的产业逐渐被掏空。

补　记

在这篇文章的写作中，我试图摆脱从纯粹金融的角度就事论事地讨论金融危机的起源，而是从宏观历史的纵深中追溯金融危机的起源，并揭示在冷战背景下建立的战后国际金融和贸易秩序内在的张力与矛盾。我也试图通过融合国际政治经济学和比较政治经济学，来搭建一个分析国际金融和贸易秩序对国内政治经济长期影响的理论框架。

虽然本文的经验分析部分只截至小布什政府时期，但是文中聚焦的在布雷顿森林体系下由美元的关键货币地位和美国作为主要流动性提供国的身份"惯"出来的"政策自主选择偏好"，却一直得到了后来奥巴马、特朗普和拜登政府的继承，其结果是将美国的联邦债务推到2024年高达34万亿美元的规模。新发展似乎在印证阿里吉关于霸权更迭周期的观点，即老牌的霸权在财政和金融的扩张中不仅会导致全球规模的经济危机，也会在危机中不断地削弱自己。

奥巴马在2008年全球金融危机后上台，于2009年签署了8310亿美元的《美国复兴和再投资法案》。由于从小布什手里"继承"了伊拉克战争和阿富汗战争，他虽然减少了在伊拉克的军队数量，却在阿富汗大量增兵，并扩大了反恐战争，因此，美国政府在军事方面的开支继续增加。与此同时，奥巴马在竞选时承诺不对年收入25万美元以下的家庭加税，在税收政策上也延续了小布什减税政策的80%。其结果是，他在8年的任期内使美国联邦债务由10万亿美元上涨到19.6

万亿美元，几乎翻番。[1]

2017年年底，特朗普进行了30年来规模最大的税法修改。这一举措被普遍认为有利于企业和富人，因为法人税率瞬间从35%降到21%，而富人则从各种个人收入减税和增大的遗产税豁免额中受益。同时，特朗普花钱的纪录超过了他的两个前任。他在四年任期内签署的法案和批准的行政令产生了在10年里7.8万亿美元的费用[2]，包括3.9万亿美元的新冠肺炎救济、2万亿美元的2017年减税，以及1.6万元美元各种立法中的可自由支配的支出上限。作为对比，小布什8年花了6.9万亿美元，奥巴马8年花了5万亿美元。特朗普给白宫留下了美国历史上和平时期最大一笔预算赤字，并且使美国的联邦债务从第二次世界大战以来第一次超过美国GDP的100%。[3]

拜登政府在花钱方面大大超过特朗普。为特朗普辩护的人指出，虽然他留下7.8万亿美元的债务，但是3.9万亿美元是因为新冠肺炎疫情这一特殊原因。事实上，特朗普在其任内的头三年留下的债务是3.3万亿美元，但拜登头三年就给美国留下了6.25万亿美元的债务。在历史上，美国从内战开始发行债务，直到1981年，债务金额才积累至1万亿美元，但是在2023年9月底到2024年年初这三个多月的时间里，联邦债务就增长了1万亿美元。目前，美国债务的规模已经超过世界除中美两国之外所有其他国家的GDP之和。预计2024年为这些债务支付利息就要花费1万亿美元。批评者指出，除了两次紧急情况——第二次世界大战和新冠肺炎大流行，美国在历史上还从未如

---

[1] Wikipedia, "Economic Policy of the Barack Obama Administration".
[2] 美国总统签署的法案经常会超出本人的任期。
[3] Brian Riedl, "Trump's Fiscal Legacy: A Comprehensive Overview of Spending, Taxes, and Deficits", Manhattan Institute, May 12, 2022.

此疯狂地花纳税人的钱。[1]

然而,美国政府吸引制造业重返美国的努力才是一个更引人注目、体现出三大历史周期同频共振的典型例子。首先,过去推动全球生产方式的主力——美国制造业的跨国公司重返美国或靠近美国的地区,是逆全球化的标志。其次,美国在对华贸易争端中,对中国出口到美国的商品征收高关税,从成本方面推动美国公司回流,也是霸权更迭周期中现有霸权国与新兴大国博弈的标志。最后,美国跨国公司由于生产自动化以及对人工智能和机器人的利用等原因,即使回到美国生产,也不会增加太大的成本,这是科技革命的标志。始于贸易争端这一地缘政治原因,又由于新冠肺炎大流行期间对关键物品的供应链安全的担心,加上俄乌危机爆发后对供应链的进一步担心,这些大历史周期同频共振,正在一起发挥作用,将许多美国企业吸引回美国周边国家,尤其是墨西哥。自从奥巴马开始,无论是特朗普还是拜登,历届政府都在努力让制造业重返美国。奥巴马主张与外包相对的"内包"(insourcing),特朗普大减企业税的目的之一就是提高投资美国的吸引力,拜登更是主张为中产阶级服务的对外经济政策。奥巴马时期的一份报告指出,制造业在美国经济中虽然只占就业的12%,却占出口的60%、私人部门研发的70%和专利的90%。[2]特朗普开始的贸易争端对中国出口美国的商品征收高关税,拜登延续了这些关税,并把贸易争端延伸成科技争端。最近的一份分析报告显示,2022年将部分或全部制造业务回流美国的公司已经从2021

---

[1] Liz Peek, "Joe Biden's Extremist Spending is a Danger to the US", The Hill, Jan. 4, 2024.
[2] Office of the Press Secretary, "Fact Sheet: An Update on Bringing Jobs Back to the United States", The White House, May 8, 2012.

年的26%增加到38%，决定在3年内使部分或全部制造业务回流美国的公司已经从2021年的34%增加到46%，根本不考虑回流的企业数已经从22%下降到4%，另外还有12%的企业正在评估是否回流。这意味着到2025年，84%的美国企业将把部分或全部制造业务回流到美国。[1]

由于美国国债已经达到前所未有的34万亿美元，美国的金融政策对美元周期的放大作用也达到空前的规模。这种作用对中国经济的影响可谓巨大。

贸易争端在削弱中国产业链的同时，也正在不断削弱美元本位制的基础。首先，美国政府对中国产品征收的高关税在客观上不仅已经导致部分产业链从中国转移，而且也抑制了中国产品对美国市场的出口。这个结果从地缘政治的视角看可能符合美国的利益，但是从美元本位制的视角看，却有负面影响。这是因为，高关税在导致中国对美出口减少的同时，也在减少中国可供投资美债的资金和持有美元的需要。同时，紧张的双边关系大大增加了中国持有美元资产的地缘政治风险，削弱了中国购买美债的意愿。

一个更大的问题是，那些承接了中国产业链转移的国家并未购买与中国同等水平的美债。近年来从中国转移出的产业链主要去往印度、越南、马来西亚和墨西哥等国。根据美国政府2023年的统计数据，印度在2023年持有美国国债2330多亿美元，墨西哥持有740亿美元，越南只有329亿美元，马来西亚的美债甚至少到没有进入排行

---

[1] Patrick Van den Bossche, Omar Troncoso, Mike Hales, Shay Luo, Stephanie Botterer, 贺晓青：《三年后，超八成美国制造业将回流》，"财经十一人"微信公众号，2024年2月17日。

榜。这些国家的美债加在一起,与中国持有的 8218 亿美元相比仍然相差太远。[1]事实上,美国发起的贸易争端在破坏了中美之间利益交换的同时,却未能找到在体量上可以取代中国购买美债的替代者。这意味着,贸易争端在削弱中国的同时也在削弱美元本位制的基础。在对美贸易的主要顺差国中,日本仍然大量持有美债;其他欧洲的主要美债持有国多数是以投资盈利为目的来购买美债的,没有像中国和日本这样的对美贸易顺差与购买美债之间的利益交换关系。这种资金在市场发生波动时缺乏相对的稳定性。中美两国要等到双方都觉得再继续下去就会两败俱伤时,才有可能在形成均势的基础上开始谈判。

---

[1] US Department of Treasury, "Major Foreign Holders of US Securities", Apr. 17, 2023.

3 从去风险到去美元化：
金砖货币与国际金融秩序的未来[*]

去风险（de-risking），正在取代脱钩（decoupling），成为形容当今国际政治经济热点的关键词。就在西方国家强调从供应链层面实施对华贸易和投资的去风险时，非西方国家也在针对俄乌危机爆发后西方主导的对俄经济制裁进行各种去风险。围绕着对俄经济制裁不同立场而形成的世界两大国家群体，使"全球南方"成为近年称谓非西方国家群体的高频词。2023年，在南非举办的金砖国家峰会在众多申请者中首批邀请阿根廷、埃及、埃塞俄比亚、伊朗、沙特阿拉伯和阿联酋成为正式的成员国，更使这个国际组织成为代表全球南方国家利益的重要国际政治经济平台。这一发展将深刻地重塑未来的国际秩序。

全球南方国家去风险行为的驱动力，来自西方国家在俄乌危机爆发后对俄罗斯实行的经济制裁给全球南方国家经济带来的深刻影响。这种影响集中地体现在三个方面：第一，西方国家对俄罗斯的能源制裁和脱钩，打乱了长期以来国际能源市场上相对稳定的供求关系。当俄欧能源合作停止后，俄罗斯能源被迫以低价转向亚太市场。俄罗斯这一应对战略给其他能源生产国造成很大压力，迫使它们在亚太市场展开激烈竞争。这些竞争正在深刻地改变地缘政治结构和国际

---

[*] 本文原刊《文化纵横》2023年第5期。

政治经济力量对比。第二，西方国家对俄经济制裁导致国际供应链发生重组。随着西方企业和供应商撤离俄罗斯市场，俄罗斯被迫寻找新的商品和零部件来源。这为其他国家企业进入俄罗斯市场提供了重要商机。第三，西方国家对俄金融制裁冻结了俄罗斯的外汇储备，并没收了一些俄罗斯富豪的资产。这些措施引发了许多国家对持有美元资产的担忧，并促使它们从发达国家转移美元资产或者积极寻找美元的替代物，这成为目前去美元化的重要推动力之一。

俄乌危机正在深刻地改变着国际秩序：一方面，西方国家试图脱离冷战后美国主导建立的统一的国际经济秩序，重新回归冷战时期两个对抗体系并存的格局；另一方面，全球南方国家通过去风险，开始把过去只是挂在嘴上的建立多极世界的口号付诸行动。无论是西方国家的对中俄去风险，还是全球南方国家的对西方去风险，共同特征都是削弱现存的西方主导的国际经济秩序，推动这个世界走向多极化。

本篇从三个方面讨论全球南方国家在俄乌危机爆发后的去风险对未来国际经济秩序的影响。

第一，全球南方国家的去风险集中地体现为去美元化。当货币主权与国家经济安全成为关注的焦点之后，全球南方国家试图缩小美元在国际贸易中的使用范围，这将使二战以来由关键货币美元紧密连接的国际贸易体系与国际金融体系开始分道扬镳。过去，美元作为国际金融体系中各国的储备货币，不仅为大宗商品标价，还用于跨国贸易结算和银行间借贷，大大地提高了《关税与贸易总协定》和世界贸易组织代表的多边贸易体系的结算效率和便利性。然而，美元的武器化促使全球南方国家纷纷追求本币结算，这必将改变美元主导的国际贸易结算和支付方式，削弱甚至终结美元的关键货币地位，并带来国际金融秩序的深刻变化。

第二，虽然在去美元化的讨论中许多人主张用人民币取代美元成为新的关键货币，但是积极支持用人民币结算的大多是在对华贸易中有大量顺差的能源资源出口大国。人民币的国际化未来一定会有很大的发展。但是，除非美元武器化进一步发展或者美国爆发严重的债务危机，彻底摧毁美元的公信力，否则，受各种客观条件的限制，人民币在短期内不太可能取代美元成为新的关键货币。未来更有可能出现的，是美元的地位被全球南方国家的各种去风险行为以蚕食的形式削弱，国际金融体系从美元一家独大向数种主要货币（包括美元、人民币、欧元和金砖货币）并存的局面过渡。

第三，在数种主要货币并存的局面下，全球南方国家之间联合行动的最大公约数，是确立本币结算时的估值参照物和支持本币结算的交换平台；而对本币结算估值参照物的巨大需求，恰恰为产生金砖货币提供了机会。大多数全球南方国家在国际政治经济中的立场不是选边站，而是追求建立一个多极化世界，寻找更加平等公正、代表它们利益的国际平台，来对冲现行国际经济秩序损害利益的风险。它们主张去美元化的真正动机，是减轻美元带来的各种风险，而不是与美元对抗。因此，用传统的思维定式——国际金融体系一定要有一个占统治地位的关键货币，既然美元不行了，就应该被人民币取代——来思考如何应对"百年未有之大变局"，可能无法抓住问题的关键。下文将从俄乌危机爆发后西方对俄经济制裁对全球南方国家的影响着手，分析去风险、去美元化和金砖货币之间的逻辑关系。

西方对俄经济制裁的影响

（一）国际能源市场的变化

俄乌危机爆发后，欧美都禁止了从俄罗斯进口原油、精炼石油制品及煤炭，俄罗斯天然气对欧洲的出口也急剧减少。

受欧洲国家停止购买俄罗斯天然气，以及"北溪"天然气运输管道遭到破坏的影响，2022年俄罗斯天然气出口暴跌25.1%。欧洲的能源脱钩迫使俄罗斯加速开辟亚太市场。2022年全年，中国进口俄罗斯管道天然气和液化天然气的数量分别飙升了2.6倍和2.4倍，分别达到39.8亿美元和67.5亿美元。[1]

在危机爆发前的2021年，美国进口石油中的8%来自俄罗斯。在危机爆发后，美国禁止进口俄罗斯能源。[2] 2022年12月，欧盟、七国集团及澳大利亚对俄罗斯石油实施禁运，并设置了出口价格上限。这迫使俄罗斯将石油大幅降价，并把出口重点转向亚太地区。身为能源消费大国的印度、中国和土耳其大幅增加了俄罗斯原油的进口。[3] 2022年，中国对俄罗斯原油的进口量飙升了8%，俄罗斯成为中国的第二大原油供应国。[4] 目前，印度进口俄罗斯石油的增幅最大，自2022年12月以来增长超过了9%。中国在2022年从俄罗斯进口的

---

[1] 埃琳·黑尔：《中印对石油及天然气的需求让俄罗斯经济得以为继》，Aljazeera，2023年2月23日。

[2] Rebecca M. Nelson, Christopher A. Casey, and Andres B. Schwarwzenberg, "Russia's War on Ukraine: Financial and Trade", CRS Reports, Feb. 22, 2023.

[3] 贾言编译：《俄罗斯：2022年天然气出口暴跌，石油出口却增加》，走出去导航网，2023年2月15日。

[4] 埃琳·黑尔：《中印对石油及天然气的需求让俄罗斯经济得以为继》，Aljazeera，2023年2月23日。

煤炭量也激增20%，达到了6806万吨。印度2022年自俄罗斯进口的动力煤增长近15%，达到了1618亿吨。[1]

（二）供应链重组

俄乌危机爆发后，许多源于美国的技术被限制向俄罗斯和白俄罗斯出口。美国出口商向俄罗斯出口计算机、通信设备、传感器、激光、导航、航空航天和推进技术等，都需要申请许可证。不仅如此，新的对俄制裁还限制其他国家生产的使用美国技术的以上产品。[2]受制裁影响的欧洲对俄出口达439亿欧元，涉及量子计算机、高级芯片、电子器件和软件、机械和交通设备、能源工业设备、技术和服务、航空航天产品与技术、航海商品与无线电通信技术、军民两用产品、奢侈品等。[3]

大批欧美日韩公司撤离俄罗斯，为其他国家公司进入俄罗斯市场创造了良机。2021年年底，三星和苹果在俄罗斯手机市场的份额高达53%，到2022年年底时只剩下3%。中国手机在俄罗斯市场的占有率则从2021年年底的40%上升到2022年年底的95%。[4]俄罗斯汽车市场也出现相似趋势：德国的宝马和奔驰从俄罗斯市场上消失，中国的奇瑞、长城和吉利则跻身前十名。据统计，尽管经济制裁导致俄罗斯汽车市场急剧收缩，中国制造的汽车在俄罗斯的销售量2022

---

[1] 埃琳·黑尔：《中印对石油及天然气的需求让俄罗斯经济得以为继》，Aljazeera，2023年2月23日。
[2] Rebecca M. Nelson, Christopher A. Casey, and Andres B. Schwarwzenberg, "Russia's War on Ukraine: Financial and Trade", CRS Reports, Feb. 22, 2023.
[3] "EU Sanctions against Russia Explained", European Council, Jun. 26, 2023.
[4] Michelle Toh, "Chinese Brands have Replaced iPhones and Hyundai in Russia's War Economy", CNN, Feb. 25, 2023.

年却增长了7%。[1]

（三）躲避金融风险

俄乌危机爆发后，西方国家将俄罗斯踢出SWIFT（国际资金清算系统），欧美银行冻结了高达3000亿欧元的俄罗斯央行外汇储备和215亿欧元的俄罗斯商人的财产。[2]过去，美元作为一种"避风港货币"深受全球信赖，如今西方对俄罗斯的金融制裁已经构成事实上的"选择性违约"。[3]许多发展中国家，包括像沙特这样的美国传统盟友都开始担心，假如自己某天在地缘政治争端中站在美国的对立面，它们持有的美元资产将不再安全。印度等国还认为，对俄制裁导致粮食和能源价格波动，影响了全世界的穷人。随着中美关系日趋紧张，人们也愈发为美国未来可能实施的对华制裁所引发的危机而深感忧虑：虽然美元是全球最受欢迎的贸易结算货币，可中国是全球最大的贸易国。面对这种国际政治经济的不确定性，部分国家认为，与其减少对华贸易，不如减少在国际贸易中使用美元。[4]

瑞士的例子表明，其他国家躲避对俄制裁带来的金融风险的行为，可以重创西方国家的金融业。战争爆发前，80%的俄罗斯大宗商品通过瑞士进行交易，数额高达110亿美元；同时，30%的俄罗斯私人海外财产存在瑞士。战争爆发后，瑞士放弃中立地位，参加了欧盟

---

[1] Michelle Toh, "Chinese Brands have Replaced iPhones and Hyundai in Russia's War Economy", CNN, Feb. 25, 2023.

[2] Hugo Miller, "Swiss Say Its $8 Billion of Frozen Russian Assets Is 'Only a Fraction'of Total", Bloomberg, Dec. 5, 2022.

[3] Jamas RicKards, "Western Countries About to Slam into A BRICS Wall?", Dinar Recaps, Aug. 10, 2023.

[4] 《吉迪恩·拉赫曼：俄乌冲突反映美影响力下滑》，参考消息网，2023年4月20日。

对俄罗斯的金融制裁。仅瑞士信贷就冻结了 176 亿瑞士法郎的俄罗斯资产，超过俄罗斯在瑞士资产的 1/3。瑞士联邦政府冻结了制裁名单上的俄罗斯人和白俄罗斯人价值 75 亿瑞士法郎的财产；它还要求地方银行报告任何存款达 10 万瑞士法郎的俄罗斯人名单，并不允许再接受这些人来自俄罗斯的资金；到 2022 年 11 月中旬，这份名单已经有 7500 人，涉及的存款达 461 亿瑞士法郎。[1] 这些制裁举措导致各国富豪开始从瑞士转移资金，如瑞信 2022 年就经历了严重的客户撤资，仅最后一个季度的撤资额就达到 1190 亿美元。撤资危机与后来的多家美国银行倒闭、瑞信最大股东沙特国家银行拒绝增资等事件相叠加，导致瑞信面临破产，最终在瑞士政府的要求下被瑞银收购。瑞士著名银行家约瑟夫·艾克曼指出，当瑞士政府让个人或富豪为俄罗斯政府的行为买单时，就已经把法治和财产权置于风险之中，其他国家的公民会认为瑞士政府在未来也将采取同样的措施，让他们为母国政府做出的错事接受惩罚；没收俄罗斯个人资产对瑞士金融业来说是毁灭性的一步。[2]

金融制裁与易物贸易

西方对俄经济制裁对全球南方国家的影响，相互交织地体现在能源市场、供应链和国际金融三个领域，因此，全球南方国家的去风险行为也呈现出在三个领域紧密相连的特征。

---

〔1〕"A Third of Russian Assets in Switzerland at Credit Suisse", Finews.com, Feb. 13, 2023.
〔2〕Ibid.

当西方国家把俄罗斯踢出 SWIFT 之后，俄罗斯能源出口无法以美元和欧元结算。俄罗斯的反制是，要求非友好国家在购买俄罗斯能源时必须以卢布支付；如果没有卢布，就必须在俄罗斯银行开户存进美元和欧元，然后再换成卢布支付。由于欧洲各国在 2022 年的大部分时间无法马上与俄罗斯天然气彻底脱钩，它们不得不把欧元和美元兑换成卢布支付。这样一来，卢布的汇率一时间得到强有力的支撑，其价值甚至一度高于俄乌危机爆发前。

美元的武器化和俄罗斯的反制措施，使全球南方国家对国际金融体系与国际贸易体系之间的关系有了全新的认识。首先，对在重大的地缘政治危机或战争中面临西方经济制裁的国家而言，美元作为国际贸易结算货币的价值已经变得没那么重要，因为这些国家即使有美元也无法买到想要的东西。其次，在这种极端的环境里，只有当本国拥有能源、资源或工业制造能力时，才能与拥有别的关键资源的其他国家交换。[1] 再次，为了减少在战争条件下或面临制裁时买不到东西的风险，在和平时期要与各种可以提供重要物资的经济体建立强有力的合作关系。最后，能源、资源与工业制成品主要生产国之间的贸易如果实现本币结算，能使它们大大减少对美元的依赖。

随着俄罗斯能源出口的转向和能源出口国之间争夺亚太市场的激化，各个能源和资源的主要出口国纷纷与"世界工厂"中国拓展合作关系。这背后有数种深层含义：第一，作为对华贸易的顺差国，这些对华能源资源出口大国也从中国进口数量庞大的工业制成品。为了进行战略利益捆绑，这些国家有更大的意愿用人民币结算。例如，中国与沙特、俄罗斯、巴西、伊拉克、伊朗、阿根廷等能源资源大国，

---

[1] Zoltan Pozsar, "War and Commodity Encumbrance", Credit Suisse, Dec. 27, 2022.

都已经签署或有意签署以人民币结算双边贸易的协定；它们都有数百亿美元的对华贸易顺差，可以直接使用人民币从中国购买更多的工业制成品与基础设施建设。第二，这种双边贸易在极端条件下可以通过以物易物的方式进行，因此，这些能源资源大国与制造业大国中国的合作，客观上可以减少面临重大国际危机时无法获得重要物资的风险。第三，与中国合作还可以把双边的能源资源贸易与本国中长期经济发展的需要结合起来，从中国获得发展本国工业化，特别是高新技术产业所需的投资、技术以及基础设施。

2022年12月，中国与海湾国家发表的联合声明，开始从根本上改变海湾国家与域外大国战略合作的范式。二战以来，海湾国家与美国的战略合作一直表现为以石油换安全保障的形式：海湾地区国家保证为美国提供石油，美国为该地区提供安全保障，并向海湾国家出售大量武器；海湾国家以石油收入购买大量美国国债、投资美元资产，由此形成"石油美元"的循环。[1]随着美国开始开采海上油气和页岩油，美国不仅大幅降低了对中东能源的依赖，从而降低了海湾地区对美国的战略价值，还成为海湾国家在国际能源市场上的竞争者。[2]在俄乌危机爆发之前，二者的关系已经渐行渐远。危机爆发后，欧洲对俄罗斯能源的脱钩以及俄罗斯转向亚太地区能源市场，大大加速了这一趋势。不同于与美国合作时的"以流动性换国家安全"，海湾国家与中国目前的合作属于基于"能源领域的全方位合作"：中国在海湾地区的下游产业投资，海湾国家则利用自身的专业知识与中国在上游产业

---

[1] Zoltan Pozsar, "War and Commodity Encumbrance", Credit Suisse, Dec. 27, 2022.
[2] 高柏：《做连接亚洲与非洲的大陆桥：沙特问题的中国解决方案》，刊《西南交通大学学报（社会科学版）》2014年第4期。

合作，包括在南海共同探测、开采石油和天然气。"以石油换发展"的新范式，正在取代"以石油换武器"的旧范式。[1]这一新范式在中国与沙特、俄罗斯、巴西等国近年达成的合作共识中均有所体现。[2]

美国主导的国际经济秩序以金融为基础，强调美元本位和美国作为流动性的主要提供者。中国与全球南方国家目前推动的国际经济新秩序，则以贸易——以能源、资源换工业制成品和基础设施——为基础。在这种国际经济新秩序中，各国之间依靠货币的基础将会变得更小，而依靠大宗商品的基础将变得更大，这将使西方国家的通货膨胀率变得更高。

人民币还是共同货币？

全球南方国家的去美元化将走向何方？在目前的讨论中，许多人认为人民币将取代美元，也有人对由石油支撑的共同货币寄予厚望。但这两种路线都面临着种种困难。

首先来看人民币国际化。从地缘政治的视角看，人民币国际化被普遍视为对美元的巨大威胁，美国必然不仅会自己反对，也会对其他国家施压。最近的一个典型例子是，虽然沙特曾经提到可能考虑在

---

[1] Zoltan Pozsar, "War and Commodity Encumbrance", Credit Suisse, Dec. 27, 2022.
[2] 《中华人民共和国和沙特阿拉伯王国联合声明》，外交部官网，2022年12月9日；《中华人民共和国主席和俄罗斯联邦总统关于2030年前中俄经济合作重点方向发展规划的联合声明》，新华社，2023年3月22日；陈威华：《巴西对华出口多样化有待挖潜》，《经济参考报》2022年6月1日；《国家发展改革委与巴西发展、工业、贸易和服务部签署关于促进产业投资与合作的谅解备忘录》，国家发展与改革委员会官网，2023年4月17日。

能源贸易中用其他货币结算，但至今尚未有官方的明确表态。印度政府在2023年三四月间曾经明确反对该国企业用人民币结算从俄罗斯进口的能源。虽然到了7月份，印度在俄罗斯的压力下不得不用人民币结算一小部分能源进口，但这是因为俄罗斯在遭受西方经济制裁时以十分低的价格向印度出口石油，印度因此获得的利益大大超过其对人民币影响力扩大的地缘政治的顾虑。能源资源出口国相对比较容易接受以人民币结算，因为它们都有较大规模的对华贸易顺差。但对那些在对华贸易中有较大逆差的国家而言，用人民币结算就会增加成本，而它们想逃离美元的原因之一本来就是结算成本太高。

此外，用人民币取代美元，仍然无法解决蒙代尔当年指出的悖论，即美元作为一国货币与行使国际金融体系关键货币职责之间的根本性矛盾，因为美国往往根据自身利益制定金融政策，但美国的利益与国际金融体系的利益并不总是一致的，甚至在很多时候是相互冲突的。因此，即使全球南方国家要去美元化，它们也不会支持另一个单一国家的货币成为新的关键货币。[1]

迄今为止，人民币国际化并没有以美元的关键货币角色为参照物，而是在走一条自己的道路。首先，人民币国际化并没有实现货币的自由兑换。不实现货币的自由兑换，人民币就无法为其他国家提供与美元一样的国际贸易结算效率和使用的便利性。其次，要想成为各国主要的储备货币，必须要有发达的金融市场和足够的可供投资的金融工具，并实现资本账户的开放。然而，中国不仅金融业不太发达，而且一直把国家金融安全视为重中之重。再次，美元作为关键货币必

---

[1] 保罗·巴蒂斯塔：《应对"去美元化"，金砖国家货币R5的可行性有多大？》，观察者网，2023年8月28日。

须向其他国家提供流动性。但中国作为一个人口众多、就业压力较大的制造业大国，不可能像美国那样通过经常账户的大量逆差向其他国家提供流动性。在这些内外条件的限制下，人民币国际化的不同路径对中国经济带来的影响仍然尚待探索。

全球南方国家的双边贸易使用本币结算有一个风险：一旦逆差国的货币表现不佳，顺差国就有可能放弃长期持有，如果顺差国选择抛售，逆差国的货币就有进一步贬值的风险。[1] 2023年人民币贬值背后固然有实体经济基本面和美国加息的原因，另一个重要原因则是在人民币不能自由兑换的条件下进行货币互换和人民币结算的结果——俄罗斯通过对华能源贸易顺差突然拥有大量的人民币，却没有使这些人民币返还中国的渠道，因为中国尚没有足够发达的金融市场和足够的金融工具供俄罗斯投资。在这种条件下，无论是通过大笔抛售人民币来维持卢布的汇率，还是在美元对人民币升值的背景下抛售平价获得的人民币以换取美元盈利，就成为俄罗斯的合理选择。只要中国的金融市场和金融工具的发展状况无法提供"石油人民币"充分返还中国的渠道，对华顺差大国就有抛售人民币换取其他货币的动机，从而造成人民币贬值的压力。中国是否愿意长期承受这种人民币国际化的负担，还有待观察。

再来看金砖货币。金砖五国的实力确实增长很快，这是推出金砖货币的良好基础：七国集团（G7）在20世纪70年代成立时，其全球GDP的占比高达62%；如今，按照购买力平价计算，金砖国家已经占全球GDP的31.5%，超过了G7的30.8%；根据国际货币基

---

[1] 保罗·巴蒂斯塔：《应对"去美元化"，金砖国家货币R5的可行性有多大？》，观察者网，2023年8月28日。

金的预测，到 2028 年金砖五国在全球 GDP 中的占比将达到 35%—40%，G7 的占比则降至 27.8%。[1] 随着 2023 年沙特、伊朗和阿联酋等主要能源出口国加入金砖国家合作机制，金砖货币实现的可能性进一步增加。未来，金砖国家在发展金砖货币时如能与石油输出国组织合作，可能会超越金砖国家成员国的限制，大大增强金砖货币的物质基础。

然而，要发行一种用石油支撑的金砖货币，依然面临着很大的挑战。首先，石油对美元的支撑，是通过美国与沙特达成协议，只用美元为石油标价的排他性间接地实现的，即各国为确保进口能源不受汇率波动影响，都把美元作为外汇储备，从而间接确保了美元的关键货币地位。那么，金砖货币能够确立自己在国际能源市场上为石油、天然气标价和结算的排他性，从而支撑自己变成各国的储备货币吗？似乎不可能，除非金砖国家想与美国开战。那么金砖货币有可能成为数种为石油标价和结算货币中的一种吗？答案是可能，但即便如此，它仍然面临美元的激烈竞争，因为美国拥有世界上最大的金融市场和最发达的金融工具，特别是庞大的国债市场。

其次，以石油支撑金砖货币说起来容易，做起来难。以石油支撑金砖货币，意味着一定单位的石油与一定单位的金砖货币之间建立固定的汇率。问题是即便金砖货币与石油之间有固定汇率，但是当国际市场石油价格上涨时，金砖货币的持有者去哪里按固定汇率要石油呢？[2] 当年设计布雷顿森林体系时，凯恩斯也曾经设想过建立石油与

---

[1] 牛弹琴：《中国参与的这个组织，19 个国家正排队申请加入》，北京日报网，2023 年 4 月 26 日。
[2] 保罗·巴蒂斯塔：《应对"去美元化"，金砖国家货币 R5 的可行性有多大？》，观察者网，2023 年 8 月 28 日。

美元之间的汇率，结果他发现石油的种类过于繁多，且各国石油的质量差异很大，因此，这种方案不具备可操作性，最后决定用比较简单的黄金。[1]

本币结算、估值参照与交换平台

对全球南方国家而言，未来共同行动的最大公约数是本币结算。这是目前各种去美元化主张的共同诉求。不仅中国与俄罗斯和巴西之间的贸易、俄罗斯与印度之间的能源贸易开始使用本币结算，东盟各国2023年3月也开会讨论通过本币交易，计划减少金融交易对美元、欧元、日元和英镑的依赖。东盟将进一步扩大跨境数字支付系统，并允许东盟国家使用当地货币进行贸易。这不仅将鼓励东盟内部的跨境贸易和投资，还可以减少外部因素对区域经济的冲击。由于美国和其他国家或地区中央银行的政策突然变化总是导致东南亚的经济波动，东盟国家希望更多地使用本币，以促进经济稳定，减少发达国家高通胀的溢出效应。[2]

由于各种原因，两种在国际上流通有限的货币之间，很难建立起直接的相对稳定的汇率。因此在进行本币结算时，经常需要借助一个参照物来帮助双方确立彼此的相对价值。这就为金砖货币的诞生创造了机遇：如果金砖货币与各金砖国家成员国的主权货币之间建立相

---

[1] Jamas RicKards, "Western Countries About to Slam into A BRICS Wall?", Dinar Recaps, Aug. 10, 2023.

[2] Xinhua News Agency, "ASEAN Shifting Away from Dollar-Economist", *The Manila Times*, Apr. 6, 2023.

对稳定的汇率，它就会成为不同成员国货币之间的估值参照物。

关于是否以及如何锚定金砖货币，力主去美元化的俄罗斯和巴西代表着两种不同的观点。

俄罗斯主张以黄金来锚定金砖货币，即建立单位金砖货币与单位黄金重量之间的汇率。这个方案面临的挑战是各国央行必须储备大量的黄金。[1]受俄罗斯方案启发的美国金融专家里卡兹（Jamas Rickards）则建议，金砖货币只用黄金提供参考价值而不是支撑，这样金砖国家的央行就不必为金砖货币的持有者兑换黄金。这种金砖货币并不取代美元，而是与美元共存，并在很大程度上借助美元反映自己的价值。这是因为既然在国际市场上黄金以美元标价，那么金砖货币与黄金之间的固定关系也将反映在黄金的美元标价上。[2]里卡兹认为，从长期视角看，美元肯定要贬值，但即使将来美元贬值对金砖货币也没有负面影响，因为美元贬值在导致黄金升值的同时，也会导致金砖货币的升值。这样一种金砖货币在与美元共存时不需要做任何事，它可以任凭美元承担作为关键货币所有的压力，而自身只是坐享其成。当金砖成员国发展到30—40个的规模后，金砖货币在内部流通上将不会有太大的障碍，因为其成员国之间贸易的多样性足以支撑金砖货币的结算效率和使用便利性。[3]

巴西反对用黄金或者任何其他大宗商品来锚定金砖货币。它更

---

[1] Jamas RicKards, "Western Countries About to Slam into A BRICS Wall?", Dinar Recaps, Aug. 10, 2023；保罗·巴蒂斯塔：《应对"去美元化"，金砖国家货币R5的可行性有多大？》，观察者网，2023年8月28日。

[2] Jamas RicKards, "Western Countries About to Slam into A BRICS Wall?", Dinar Recaps, Aug. 10, 2023.

[3] Ibid.

倾向于把金砖货币建成一种类似于国际货币基金组织特别提款权的货币篮子，按照各金砖成员国的经济实力决定各自的货币在这个篮子里的相对权重。金砖货币既不需要取代各国的货币，各国将仍然保留自己的货币主权；金砖国家也不需要建立一个统一的中央银行，由现有的新发展银行承担金砖货币的发行即可。[1]

如果金砖货币没有以固定汇率能自由兑换的锚定资产，它如何能被广泛接受呢？按照巴西方案的逻辑推理，金砖货币的信用将由各金砖成员国的货币支持。金砖货币持有者有权自由地将金砖货币兑换成本币，新发展银行应该确保金砖货币的可兑换性，并依靠其储备，在必要时由拥有发行具有较强国际流动性货币的国家提供额外资金来支持金砖货币。另一种增强人们信心的方案，是由新发展银行发行不同期限和利率的金砖债券，并允许金砖货币自由转换成金砖债券。[2]

金砖货币在最初估计只是作为一个记账单位，为金砖成员国在双边贸易中进行本币结算时，提供一个各自货币估值的参照物，从而降低目前使用美元结算的成本。金砖货币可以实现与金砖成员国货币之间的自由兑换，但是将缺乏美元那样的关键货币的系统特征。尽管如此，它仍然可以帮助金砖国家回避一些美元带来的风险。当年欧元诞生的部分原因，也是欧洲意图避免美国金融政策负面的外部性。虽然欧元与美元竞争国际关键货币还远未成功，但在帮助欧元区免受美

---

[1] 保罗·巴蒂斯塔：《应对"去美元化"，金砖国家货币 R5 的可行性有多大？》，观察者网，2023年8月28日；Federico Steinberg and Miguel Otero-Iglesias, "South America's 'Common Currency' is Actually about De-dollarization", CSIS, February 14, 2023.

[2] 保罗·巴蒂斯塔：《应对"去美元化"，金砖国家货币 R5 的可行性有多大？》，观察者网，2023年8月28日。

元周期困扰方面是很成功的。[1]

与美元并存的金砖货币，在政治层面可能更容易被金砖国家一致接受。在 2023 年的金砖国家峰会上，俄罗斯总统普京和巴西总统卢拉积极推动去美元化，但是在美国的压力下，南非政府未将去美元化列为正式议题，印度也明确反对与美元正面对抗的方案。2024 年金砖国家峰会的主办国是俄罗斯，可以预计俄罗斯政府会大力推动去美元化。然而，只要金砖国家的决策流程秉承共识原则，印度等国的立场必然会使激进的方案流产。在这样一种国际政治结构中，一个在初期功能相对单纯的金砖货币——只侧重解决最基本的记账单位功能，从而能帮助金砖国家之间贸易的本币结算——而不是刻意与美元对抗的解决方案，更有可能胜出。

观察家们都倾向于认为，最初的金砖货币不会用于个人消费场景，而只能被用于银行间的国际贸易结算。金砖货币大概率将以数字货币的形式推出，并会与各国正在积极推动的中央银行数字货币挂钩。[2]因此，支持数字货币交换的国际平台，不仅将是金砖货币，而且也是未来国际金融体系的重要基础设施。2021 年，香港金融管理局、中国人民银行数字货币研究所及泰国银行、阿联酋中央银行合作推出了一个名为"多边央行数字货币桥"（mBridge）的跨境支付系统，这个平台可以作为 SWIFT 的替代。在 2022 年 8 月 15 日—9 月 23 日试运行期间，以上四地央行在 mBridge 上发行了价值 1200 万美

---

[1] Federico Steinberg and Miguel Otero-Iglesias, "South America's 'Common Currency' is Actually about De-dollarization", CSIS, February 14, 2023.
[2] Jamas RicKards, "Western Countries About to Slam into A BRICS Wall?", Dinar Recaps, Aug. 10, 2023; Andy Schectman, "It Would Be 'Really Foolish' to Underestimate Gold-Backed BRICS Currency", YouTube, Jul. 12, 2023.

元的数字货币，20家商业银行代表其客户在平台上使用数字货币进行了超过160笔支付、外汇交易（FX）及同步交收（PvP）等交易，总价值达2200万美元。[1]

这种由区块链技术支撑的数字货币交换平台，对全球南方国家具有十分重要的意义。目前，金融机构之间高价值、高容量的批发式国际支付是跨境交易的主要组成部分，这种批发式的银行间外汇交易市场为各种零售业务提供了激励机制和流动性。然而，这种外汇交易形式存在着结算风险：由于完成跨国支付仍然要花一到两天，当一方已经完成付款，另一方却仍未收到付款。这种风险影响国际外汇市场每天高达6.6万亿美元的交易，并且，每天超过一半以上的跨境交易都缺少保险机制。此外，这一系统并不是每天工作24小时，这也给交易双方带来了不便。而"同步交收"通过保证交易双方在同一时间收到支与付，无疑可以消除结算风险、减少摩擦，因而成为一个重要的解决方案。而且，mBridge 一年365天、一天24小时均处于工作状态，何时完成结算由结算双方决定。各国央行对这一服务都有巨大的需求。虽然一些发达国家的市场已经在提供同步交收服务，但是涉及的币种十分有限，完全忽略了全球南方国家不断增长的货币市场需求。要替代传统银行所提供的服务，必须将关键的基础设施转移到一个全新的处理模式，运用分布式账户和数字货币。对此，许多发达国家的银行还没有准备好。[2]

---

[1] "Project mBridge: Connecting Economies through CBDC", BIS, Oct. 2022.
[2] Dave Sissens, "Why the Increased Adoption of PvP Settlement will Enhance Cross Border Payments", Fintech Futures, Jan. 23, 2023.

讨 论

当全球化的钟摆运动、霸权周期和科技革命这三大历史周期给世界带来"百年未有之大变局"时，我们该如何解读目前全球南方国家的去风险与去美元化行为？如何看待2023年金砖峰会的扩员对未来国际秩序的影响？又如何从中辨认中国本世纪一路探索的轨迹与未来的方向？

首先，随着去美元化的持续推进，未来可能出现多种货币并存的金融体系与战后多边贸易体系之间并不匹配的局面，这意味着去全球化可能进一步加剧。美元作为全球的储备货币有各种缺点，但是它提供的结算效率和使用便利性，使它成为战后多边贸易体系不可或缺的组成部分。在未来的国际金融体系里，各国虽然可以回避美元，甚至采取易物贸易的形式进行交易，但是不会把不方便使用的货币作为主要的储备货币。在全球化时代，成本和质量决定商品和服务的流通；如今，美元影响力日益衰退，标志着这种高效商业模式的式微，商品和服务的流通开始取决于出口国是否愿意接受某国的货币。当各国不再通过经常账户的顺差积累通用货币，它们可能不得不通过限制贸易等其他扭曲的方法，来维持双边贸易的平衡。[1]

其次，俄乌危机爆发后西方国家的美元武器化与全球南方国家的去美元化表明，无论是发达国家还是发展中国家，似乎都厌倦了冷战结束后美国霸权建立的统一的国际秩序。西方国家试图对中俄脱钩或去风险的行为，正在动摇美元的霸权地位；它们试图回归冷战时期两个对立体系并存局面的努力，到头来很可能会适得其反，严重削弱

---

[1] Benn Steil, "The Real Cost of the De-dollarization", *The Japan Times*, Aug. 18, 2023.

自身在国际秩序中的原有地位。原因无他，西方的脱钩与全球南方国家的去风险，正在催生一个在人口、实体经济规模、能源、资源和工业制造能力等各个方面都超越西方联盟的"系统性对手"。在与西方国家的实力对比方面，如今的全球南方国家与当年的"苏东集团"已经完全不可同日而语。

再次，科技革命将是未来全球南方国家实现本币结算的重要帮手。无论是正在建设中的本币结算平台"多边央行数字货币桥"，还是未来的金砖货币，都将支持通过数字货币进行交易，并运用区块链这一底层技术。为了摆脱发达国家传统银行在提供服务时的高额费用，全球南方国家已经在建设基于当代信息技术的新一代金融基础设施。

最后，中国对自身发展与国际环境之间关系的长期探索，到2023年似乎浮现出一个清晰的轮廓：从上个世纪末到本世纪初全面融入西方主导的全球化，到以一国之力推动旨在促进欧亚大陆经济整合的"一带一路"倡议，到成立地区性国际组织上海合作组织，再到成立由五个发展中大国组成的金砖合作机制，一路走来，中国最终把自身发展的外部依归定位在通过金砖合作机制聚集的全球南方国家。

许多评论家曾经猜测，扩员和去美元化将是2023年金砖峰会最重要的两个议题。中国在这两个议题上显然采取了不同的立场。西方媒体报道，印度和巴西对扩员持消极态度，特别是印度主张不应该接纳仍然处于国际制裁下的伊朗。

从这一轮吸收的六个国家的分布，我们可以大致看出中国和金砖国家未来发展战略的优先顺序。首先，从地理层面看，6个新成员中有5个位于霍尔木兹海峡、红海和苏伊士运河等交通要道的周边，可以看出中国和金砖国家比以往任何时候都更加重视中东这个连接亚洲与非洲的枢纽。在中国过去关于"一带一路"倡议的空间想象中，欧洲是其西部终点，东南亚是其东南部的重要一端。然而，在美国不断推动印太战略和欧洲对华政策日渐趋紧的条件下，中国不仅在2023年3月促成了沙特阿拉伯与伊朗之间的历史性和解，这次又把这两国同时拉进金砖国家。

对连接亚洲与非洲的中东地区如此重视，预示着今后"一带一路"倡议发展的侧重点可能会更加向中东倾斜，以此打通亚洲和非洲之间的大陆桥，将这两大洲变成金砖国家组织全球南方国家集体行动的主场。

其次，这次沙特阿拉伯、伊朗、阿联酋和阿根廷等能源资源大国同时进入金砖国家，代表着全球南方国家在俄乌危机爆发后对美元武器化的去风险已经超越单个国家的行为，开始向全球层面制度化的方向发展，为创建金砖货币做了一大铺垫。扩员后的金砖国家，在2022年世界前10大石油生产国里占6个，这6国生产的石油占世界总量的40%；在2021年世界前7大石油消费国里占5个，这5国消费的石油占世界总量的30%。[1]聚集了这么大的产能与消费量后，一个首先用于成员国之间能源贸易的金砖货币似乎正呼之欲出。尽管如此，中国在2023年的金砖峰会上对去美元化的议题却采取了低调的立场。与普京和卢拉明确主张去美元化不同，习近平主席在就相关议题发言时只说了一句话："要充分发挥新开发银行的作用，推动国际金融货币体系改革，提升发展中国家的代表性和发言权。"[2]这种相对温和的立场，与大多数全球南方国家的立场更为接近。即便到了今

---

[1] "What Countries are the Top Producers and Consumers of Oil?" U. S. Energy Information Administration (EIA), 2023.
[2] 《习近平出席金砖国家领导人第十五次会晤并发表重要讲话》，新华社，2023年8月23日。

天，中国仍然拥有 8300 亿美元的美国国债和 2 万亿美元的其他美元资产。从这层意义上而言，中国仍然置身于以美元为关键货币的国际金融体系中。与此同时，在日趋激烈的中美博弈中，美债也是中国手里不多的能与美国进行利益交换的重要筹码之一。受这些条件的约束，中国应当不会追求激进的去美元化，因为一旦失去这个筹码，中国不仅可能会更难对冲美国的战略压力，而且万一引起美国的战略误判，后果恐怕是两败俱伤。

自从为应对美国的重返亚太和 TPP 而启动"一带一路"倡议时起，中国的国际战略就一直有两个可能的方向：对冲或者对抗。100 年前，三大历史周期的同频共振曾把这个世界推入深渊。100 年后，这三大周期同时发力的局面再次出现：全球化的钟摆运动又一次由释放市场力量转向保护社会，霸权周期又一次处于新兴大国的国力开始接近和能够挑战霸权国的阶段，科技革命也又一次在迅速改变国际政治经济中的力量对比。100 年前，在这三大周期制造的一系列危局中，各国选择对抗，结果是走进修昔底德陷阱的战争终局，数千万人生灵涂炭。100 年后的今天，俄乌又重启战火，后续的美元武器化与全球南方的去风险，都在加速冷战后单极世界秩序的坍塌。在历史的车轮又一次把这个世界带到一个十字路口的特殊时刻，全球南方向金砖国家合作机制的聚集，给中国选择对冲选项提供了一次新的机会：置身于一个包括多数发展中强国，拥有与美元并存的金砖货币，并掌握世界上可观的能源、资源和工业制造能力的新型国际组织，将增加中国助推国际政治经济秩序改革的实力，并增加全球南方国家在国际事务中的代表性和发言权。

问题缘起

从前文提到的三个历史周期，尤其是全球化钟摆运动和霸权周期同频共振的视角，来分析俄乌危机，可以十分清楚地看到这一危机给国际金融与贸易秩序带来的冲击。如果说上一篇是分析美国战后主导的国际金融秩序的确立及其内部矛盾的产生与发展，这一篇则是分析这个秩序为何正在面临第二次世界大战结束以来最大的挑战。西方主导的国际金融和贸易秩序过去一直处于一个相对缓慢的失序过程，但是这个失序过程却被俄乌危机这个加速器迅速地放大成一场重大危机。令人不可思议的是，这一切在很大程度上是西方国家自己引起的。

俄乌危机爆发以来，有几轮重大新闻在不断刷新着我对国际政治经济的认知。

首先是美元武器化的程度，西方国家把俄罗斯踢出SWIFT，并且冻结所有外汇储备，甚至没收富豪的个人财产。其次是自然资源在危机期间生存竞争中的分量，针对西方的金融制裁，俄罗斯利用欧洲当时还无法离开的天然气，要求必须用卢布付款，才保住了卢布的汇率。再次是货币在危机条件下获取必需物质的脆弱性。最后是西方国家按盟友站队与全球南方国家拒绝参与对俄制裁的强大反差。欧洲国家与俄罗斯脱钩断链的意志是如此强烈，在短时间内完全切断能源依赖。这与前两次美国组织的对他国的大规模军事打击——90年代初的伊拉克战争与"9·11"以后的伊拉克和阿富汗战争形成鲜明的对照。

依照我过去的理解，国际金融秩序在本质上是一种各方利益的均衡。美元之所以在没有任何锚定物支撑的条件下，仍然得以维持其国际关键货币的地位，在本质上是依靠各国之间国际政治经济利益的交换。各国之所以容忍美国获得铸币权的利益，是因为他们也从美元作为关键货币的运行机制中受益。美元作为关键货币不仅使贸易结算和支付更有效率，而且通过发行美国国债为各国提供稳定安全的投资工具。俄乌危机爆发后，双方的激烈博弈，以及旁观的全球南方国家为规避美元武器化带来的风险，开始纷纷寻找替代物。一旦过去支持的交换关系不再成立，美元本位制作为一种国际金融秩序必然迎来动荡期。

这一趋势的推动力恰恰来自西方国家对俄罗斯的金融制裁。随着国际金融秩序迅速向冷战时代的架构回归，全球化时代创造出来的神话就必然被打破。对大多数全球南方国家而言，如何寻找在新国际环境中的生存机会成为当务之急。这为金砖货币的讨论提供了一个契机。

在俄乌危机爆发后的头一年，我最大的收获是读到佐尔坦·波扎尔（Zoltan Pozsar）数篇关于俄乌危机如何影响国际金融贸易秩序的分析。[1]他关于德国的分析可谓一针见血：德国的繁荣一直建立在俄罗斯提供的廉价能源、美国提供的安全保障、中国提供的不断扩大

---

[1] Zoltan Pozsar, "Bretton Woods III", Credit Suisse, Mar. 7, 2022, https://static.bullionstar. com/blogs/uploads/2022/03/Bretton-Woods-III-Zoltan-Pozsar. pdf; "War and Interest Rates", Credit Suisse, Aug. 1, 2022, https://advisoranalyst. com/wp-content/uploads/2022/08/zoltan-pozsar-aug-2-war-and-interest-rates-1. pdf; "War and Industrial Policy", Aug. 24, 2022, https://www. interest. co. nz/sites/default/files/2022-09/War%20%26%20industrial%20policy. pdf; "War and Commodity Encumbrance", Credit Suisse, Dec. 22, 2022, https://www. nobsbitcoin. com/content/files/2022/12/ZoltanPozsar-CreditSuisse-WarandCommodity-Encumbrance. pdf.

的市场和东欧提供的廉价劳动力基础之上。这次俄乌危机会使德国几乎失去这一切。如果这个欧洲最强大的经济体陷入去工业化的境地，必将为极右翼登上德国的政治舞台提供绝好的机会。每想到这样的前景，都令人不寒而栗。

  从另外的角度看，波扎尔的分析也提醒我，欧洲在俄乌问题上的立场前后发生的微妙变化，在某种程度上反映了经济理性与意识形态之间的博弈。欧洲在危机爆发后积极地推出对俄罗斯的各种制裁，其态度之坚决给人以毕其功于一役的强烈印象。我曾经感叹，过去一直从经济理性的视角看待国际关系，没想到欧洲这次让全世界认识到，意识形态对外交政策的强大影响。然而，读到2024年欧洲实际上在大买俄罗斯天然气的消息，我开始感觉欧洲在战争初期那种自以为可以用强有力的经济制裁惩罚俄罗斯的自信，正在迅速消失，以至于《2024年慕尼黑安全报告》指出这场战争要迎来一个"双输"的局面，并开始反思整体局势向冷战体系回归的利弊。

补 记

2023年之后，事态的新发展主要包括两个方面：一方面是巴以冲突的爆发，另一方面是美元周期对中国经济的影响较为显著。

巴以冲突对国际金融体系的冲击目前尚不明朗。有人可能会认为，从实力上讲中东国家根本不具备挑战国际金融秩序的实力和意愿。然而，历史却提醒我们，美元本位制本身就诞生于半个世纪前的中东冲突之中。因此，比较历史上中东冲突对美元本位制诞生的影响与本轮巴以冲突对国际金融的潜在影响，可能会帮助我们认识当前的国际政治经济格局，以及国际金融秩序的未来走向。

首先看美元本位制的诞生。中东之所以对美元本位制十分重要，是因为美元本位制是靠石油用美元计价间接实现的，其诞生与1973年爆发的第四次中东战争有直接关系。在布雷顿森林体系崩溃后，美元已经开始贬值，因此，用美元标价的石油价格势必上涨。然而，如果没有第四次中东战争，第一次石油危机虽然仍然有可能以其他形式在其他时间爆发，但是其烈度将会大打折扣。正是因为第四次中东战争爆发后，沙特率领"欧佩克"国家对欧美国家进行石油禁运，才使当年的能源价格在半年内暴涨400%。

对以色列而言，第四次中东战争可谓一战打出了半个世纪的和平。1973年战败后，中东国家彻底放弃灭掉以色列的念想。埃及和以色列签订了《戴维营协议》（Camp David Accords），避免双方再次发生直接的军事冲突。虽然第四次中东战争对中东国家而言是一次失败的战争，但是其后续发展却改写了世界历史的发展方向。沙特领导的对支持以色列的欧美国家实行的石油禁运,导致第一次石油危机的爆发。这次危机大幅度增加了发达国家进口能源的成本,终结了它们战后从50年代初到70年代初长达20余年的经济高速增长,发达国家的经济普遍进入长达数年的滞涨期。

第一次石油危机爆发后,"欧佩克"国家一直在认真考虑用什么取代美元为石油标价。曾经考虑过的解决方案包括国际货币基金组织的特别提款权和一篮子货币。然而在1974—1975年,美国政府通过秘密外交与沙特阿拉伯达成了两个协议:第一,"欧佩克"国家仍然用美元给石油计价;第二,石油美元循环到美国购买美国国债,美国会提供更加优惠的利率。

在这场交易中,沙特阿拉伯是最大的赢家:它先是率领一众中东国家制裁欧美,迅速成为地区领袖;然后又与美国进行秘密谈判,变成美元的大救星,成为美国最为倚重的盟友。美元本位制不仅基于为石油和其他大宗商品标价,还基于美国与沙特阿拉伯以及其他海湾国家之间的利益交换。一方面,当时的美国一直严重依赖中东的原油和石油美元的循环,中东因此成为美国对外政策的重点地区。另一方面,沙特阿拉伯及其他海湾国家也严重依赖美国的石油市场,更依赖美国的军事保护。美国在中东地区相当规模的驻军不仅为该地区提供保护,也有一种对该地区各国的威慑作用。长期以来,美元本位制正是通过这样一种地缘政治的均衡来维持的。

发达国家在第一次石油危机后进入滞涨期,成为战后历史的一个转折点,后续直接产生了两大深刻变化,时至今日,仍然影响着世界经济:第一,由于滞涨,发达国家内部已经失去有利可图的投资机会,国际流动资本纷纷涌向发展中国家寻找投资机会,其中很大一部分资本流向拉美,这成为80年代全球化加速的直接推进力。第二,当保罗·沃尔克当选美联储主席后,为打击通货膨胀,将利率推高至21%;美国的高利率一下子吸走了发展中国家的美元,直接导致1982年拉美债务危机的爆发,美元周期的效应第一次在历史上大规模地展示其威力。

第四次中东战争也给中东地区带来一系列的深刻变化。在第四次中东战争之前,中东地区最有影响力的国家是埃及和伊朗。在亲苏联的纳赛尔长达18年的领导下,埃及一直是伊斯兰世界的领袖。而巴列维亲王领导下的伊朗则是美国最为倚重的盟友。然而,沙特阿拉伯由于领导了第四次中东战争爆发后对欧美的石油禁运,成为中东地区最有影响力的国家,并成为美国在中东最重要的盟友之一。战败后,埃及失去了在中东地区的影响力,伊朗也由于1979年的宗教革命与美国彻底决裂。沙特阿拉伯为防止自身受到伊朗宗教革命的波及,开始高筑逊尼派与什叶派之间宗教意识形态的大墙。沙特阿拉伯与伊朗成为两派各自的领袖,开始了长达40余年的激烈缠斗,直到2023年才在中国的撮合下走向和解。

在巴以冲突爆发之前的很长时间里,中东地区支持美元本位制的利益交换关系已经开始发生重大变化。首先,中美两国对沙特阿拉伯石油出口的意义发生根本性逆转。美国的页岩革命深刻改变了世界能源格局。美国不仅实现了能源自给,而且还有余力出口,如今已经成为重要的能源出口国。其结果是,美国不仅不再是中东国家能源的大客户,而且还变成它们在国际能源市场上的有力竞争者。与此同时,中国成为沙特阿拉伯最大的能源客户,中国市场需求量目前占沙特石油出口量的近28%,而美国只有5.64%。近年来,沙特阿拉伯和其他海湾国家为追求其经济结构转型和投资多样化,纷纷扩大在中国的投资。其次,俄乌危机爆发后,俄罗斯的外汇储备被冻结。这也提醒沙特阿拉伯认识到持有的美元资产存在潜在地缘政治风险。最后，2023年3月，沙特阿拉伯和伊朗在中国的帮助下实现了和解，这在客观上大大减弱了它在地缘政治上对美国军事保护的需求，也间接削弱了石油美元与美元本位制的联系。

目前尚未见到关于巴以冲突对美元本位制影响的讨论。然而只要分析一下冲突爆发以来的一系列事件，就不难看到，这场冲突至少在情感的层面上增加了中东的金砖新成员国支持创建金砖货币的可能性。从国际政治的视角来看，由于美国支持以色列的立场，整个伊斯兰世界对美国的好感在下降。美国正在付出巨大的国际政治成本，其利益受到十分明显的损失。与此相对的是，金砖国家在相关的议题上明确地表明倾向巴勒斯坦的立场。在2023年11月15日，联合国安理会通过了第一份相关决议草案，呼吁"紧急实施有足够天数的长时间人道主义暂停及走廊"。11月20日，一个由阿拉伯、伊斯兰国家外长和伊斯兰合作组织秘书长组成的联合代表团抵达北京，开始国际斡旋之旅，以推动加沙地带冲突的结束。11月21日，金砖国家就巴以问题集体发声。两天以后，巴以双方首次达成停火共识。可以推测，如果俄罗斯在2024年的金砖峰会上力推金砖货币的建立，对中东地区的金砖新成员国而言，面对巴以冲突的立场分歧，会增加他们支持去美元化或创立金砖货币等议题的可能性。

第二点新动向是美元周期对中国经济的巨大影响。美元周期影响中国经济有几个渠道。其中最显眼的是企业的债务美元化在美联储升息时导致的违约。债务美元化，准确的说法是债务外币化，即中国的企业或政府在国际资本市场融资时，获得以外币计价的资金，以美元计价的国际融资就是债务美元化。债务美元化的主要风险是汇率变化。企业或政府借美元债，赌的是美联储的利率不断下降和人民币不断升值。当美国利率低于国内的本币利率时，企业或政府可以通过借美元套息，当人民币升值时，借入美元则可以套汇，这两种情形都有助于减轻企业或政府的债务负担。然而，当美国的利率高于国内本币的利率，人民币贬值时，借入美元债就会加重中国企业或者政府的债务负担，这种负担大到一定程度时，就会严重打击企业或政府的资产负债表，甚至导致它们的债务违约。恒大可谓一典型案例。恒大一直采取高杠杆的经营模式，有严重的"资金饥渴症"，用一切途径融资。人民币自从2005年7月汇改之后，在相当长的一段时间内保持着升值的态势。恒大受此迷惑，企图靠借美元债套汇。然而随着美国通胀和利率的上升，恒大从过去的浮盈变成了2023年的浮亏。[1]其财报显示，截至2023年6月底，恒大总负债为2.39万亿元，总资产为1.74万亿元，净资产为负6442亿元。据2024年2月1日，恒大地产集团有限公司发布的关于涉及重大诉讼及未能清偿到期债务等重大事项的公告显示，截至2023年12月末，恒大地产（连同其合并范围内子公司）未能清偿的到期债务累计约2978.1亿元；此外，截至2023年12月末，恒大地产的逾期商票累计约2050.04亿元。[2]恒大只是众多的借入美元债从而深陷债务危机的中国房地产公司的典型代表而已。近期房地产市场的低迷与此紧密相关。

另外一个美元周期影响中国经济的渠道则是国际流动资本撤离中国市场。北向资金指通过香港交易所进行境外投资的资金，它作为A股市场的一个风向标，对于A股市场的走势具有重要的指示意义。2023年8月，北向资金连续13个交易日呈现净流出状态，总额

---

[1] 李伟：《恒大债务美元化的启示》，大公网，2023年10月11日。
[2] 《恒大深夜公告：未能清偿的到期债务累计近3000亿元》，金融界，2024年2月2日。

达779亿元。汇率贬值压力、美债收益率的上升与中国经济基本面预期的下调是北向资金流出的重要因素。人民币汇率从7.35升至7.30，说明了人民币对美元的贬值压力增加。这使得持有境外资产的投资者在汇率变动的情况下选择减少对A股市场的配置。此外，美债收益率的上升降低了北向资金的配置价值，而基本面预期的下调则使得投资者对我国经济未来发展的信心下降。[1]受汇率与美债收益率的影响外流的可能不仅是外资，还包括内资。据分析，截止到2023年11月30日，2023年前11个月的北向资金是正数，高达566.3亿元人民币。换言之，外资是净流入，而南向资金则为3109亿港币，这意味着内资在2023年正在大规模外流。这虽然可能出乎绝大多数人的意料，但是符合资本逐利的基本原则。[2]

在2023年之前，中国经济似乎从来没有受到过美元周期如此巨大的影响。这在多大程度上改变它对美元本位制、去美元化和金砖货币等议题的立场，将会在2024年8月在俄罗斯举行的金砖峰会上现出端倪。

最近一个与美元周期紧密相关的问题经常被提及，即中美GDP比率的变化。坊间公认，汇率与通货膨胀对一国的GDP估值有很大影响；一个突出例子就是日本。2023年，日本名义上的GDP增长了5.7%，日经平均股价更是创造出仅次于泡沫经济高峰1989年的涨幅。然而，由于GDP是按美元计算，而日元在2023年贬值8%，在主要货币中跌幅最大，日本GDP居然在时隔55年后被GDP萎缩了0.3%

---

[1]《北向资金大幅撤离对A股意味着什么？》，科技晓计划，2023年8月29日。
[2] 贫民窟的大富翁：《数据说话：外资到底有没有大规模撤离中国？》，东方财富网，2023年10月1日。

的德国超过，降为世界第四。

同理，美国由于2023年美元在兑换其他货币时处于升值的状态，在与本币严重贬值的中国进行比较时，差距自然被放大。同时，美国处于比较严重的通货膨胀，而中国则处于通货紧缩的状态，这使得比较时的差距进一步加大。一个真正值得注意、有意义的比较是，世界银行即将发表的基于实际购买力的比较。

4 走出萨缪尔森陷阱
打造后全球化时代的开放经济*

"修昔底德陷阱"是近年来人们讨论中美关系的一个关键概念。[1]但是,在越来越多的人感觉我们已经来到一个历史十字路口的当下,去掉中美贸易争端激发出的民粹主义喧嚣,直面后特朗普时期的两国关系,"修昔底德陷阱"这个概念既不能揭示问题的症结所在,也没有提示因应之道。笔者认为,从理论上说,"萨缪尔森陷阱"才是理解中国与发达国家矛盾和冲突的关键。

萨缪尔森陷阱指的是,产业升级换代为中国带来诸多产业各个层面在国际贸易中的竞争力,由此产生的国际贸易的深刻变化对其他国家特别是发达国家的国内政治有重大影响,这些影响已经引起国际政治的连锁反应;由于中国还没有找到及时有效地调整与他国贸易利益分配的方式,因此进入一个与他国矛盾和冲突的多发期。

长期以来,中国的知识准备远远落后于本国对外经济的发展。早期的发展模式依靠出口拉动国内经济增长,深度渗透政府与民间的

---

* 本文原刊《文化纵横》2020年第6期。本篇从理论层面讨论问题;下一篇将继续从理论层面讨论产业内贸易和企业内贸易对国内政治的影响,并从实证的层面讨论历史上各国通过调整贸易利益的分配减少冲突、增强合作、发展贸易的经验教训。

[1] Graham Allison, *Destined for War: Can America and China Escape Thucydides's Trap?* Houghton Mufflin Harcourt Publishing Company, 2017.

比较优势理论单纯从要素禀赋的视角理解国际贸易，使国人只关注中国的出口，而对分析贸易自由化对国内政治影响的国际政治经济学则严重关注不足。

修昔底德陷阱预测的是国际政治前景，而萨缪尔森陷阱才是这一国际政治前景的国际经济基础。单纯关注修昔底德陷阱却不了解萨缪尔森陷阱，不但无法回避修昔底德陷阱，而且很可能在无意中使这一前景加速变为现实。

本篇首先界定萨缪尔森陷阱的含义，讨论单纯从比较优势理解国际贸易的问题出在哪里，并介绍西方国际政治经济学关于国际贸易与国内政治关系的分析框架；从这些框架出发，分析中国对外贸易在过去20年里发生的巨大变化对现有国际贸易体系的巨大冲击，以及这种冲击带来的国际政治后果。国际政治经济学关于国际贸易影响国内政治的分析已经存在数十年，并不是由于近年的贸易争端才出现的。它对我们了解西方分析贸易问题的逻辑、认识中国目前面临的国际局面，具有非常重要的意义。无论是国际贸易还是国际政治，都是中外双方互动的过程。如果根本不了解对方分析问题的逻辑，就无从找到解决问题的有效办法。

笔者认为，要想回避修昔底德陷阱，中国需要先走出萨缪尔森陷阱；要想长期维护一个世界中的中国，要有一个中国中的世界。为实现这些目标，中国需要在国际上为接受一个世界中的中国找到最低限度的标准，同时在国内为接受一个中国中的世界找到最高限度的共识。

中国过去40余年的经济发展是在全球化上升期积极释放市场力量的结果，然而全球化并不是线性运动，而是周期性地在释放市场力量与保护社会之间进行钟摆运动。[1]各国政策范式在2008年全球金融危机后开始向保护社会的方向回摆，向中国提出了双调整的历史性要求：在国内，扩大各社会阶层对经济发展果实的共享，通过提高低收入阶层的实际工资水平把消费变成经济增长的新发动机；在国际上，加快向第二代自由贸易体制迈进的步伐，通过扩大与发达国家之间的产业内贸易，为中国经济的进一步发展提供一个有利的国际环境。中国政府已经提出实现以内需为主、国内国际市场相互促进的双循环战略。为了实现这个双循环，中国需要进行双调整。本篇以讨论国际调整为主。

萨缪尔森陷阱

这一概念的内涵包括国际贸易发生的重要变化，当事方对变化的认识和基于这种认识采取的行动，以及由此产生的国际政治后果。

国际贸易的重要变化，是指中国过去30余年通过产业升级换代，大幅度提高了许多技术复杂程度各不相同的产业中各个层面的国际竞争力。2004年，经济学家保罗·萨缪尔森即以中国崛起为背景撰文对国际贸易提出一个全新的认识。在这篇文章中，他指出："自由贸易和全球化有时可以把技术进步转变成双方的收益，但是有时一国生产率的提高却只带来该国自身的收益，并通过减少两国间本来可

---

[1] Karl Polanyi, *The Great Transformation: The Political and Economic Origins of Our Time*, Beacon Press, 1944; Bai Gao, *Japan's Economic Dilemma: The Institutional Origins of Prosperity and Stagnation*, Cambridge University Press, 2001；高柏：见本书《为什么全球化会发生逆转？》一文。

能有的贸易收益而伤害另一国家。"[1]他还认为："自由贸易的新风对中国十分有利，但是……这个风已经卷走美国过去在自由贸易中获得的所有快乐……未来国外会有某类发明反复减少美国在自由贸易和全球化中的绝对人均收益吗？正确的答案是：肯定会有，尽管这类发明的戏剧性程度听起来几乎不可能。"[2]

萨缪尔森批评经济学家们长期坚持的信念，即美国在自由贸易中的收益要远远超过对本国被损害者们的补偿；他指出当技术进步使中国获得了原属于美国的比较优势，美国就会永久性地失去真实的人均收入。[3]在文章的结尾，他提出一个尖锐的问题："美国的原始性创新在国外的扩散是否一直是导致美国领先地位正在消失的原因？"[4]

这篇文章一发表就在西方引起一场持续至今的大辩论。一些西方人在本世纪初开始认识到与中国的贸易正在挑战他们几百年来对国际贸易的基本理解。2004年12月6日的《商业周刊》指出："从长期来看，一个更具颠覆性的趋势可能是迅速到来的白领工作向拥有廉价劳动力的国家转移的浪潮。编程、工程和其他高技能的工作正在涌向中国和印度这些国家的事实，与有200年历史的比较优势教义发生正面冲突。随着这些国家每年都有比美国更多的大学生毕业，经济学

---

[1] Paul Samuelson, "Where Ricardo and Mill Rebut and Confirm Arguments of Mainstream Economists Supporting Globalization", *Journal of Economic Perspectives*, Vol. 18, No. 3(2004), pp. 135-146.
[2] Ibid.
[3] Ibid.
[4] Ibid.

家们越来越不确定美国的比较优势到底在哪里。"[1]

根据比较优势理论，中国作为发展中国家应该生产劳动密集型的低附加值产品，发达国家生产资本和技术密集型的高附加值产品，双方通过贸易各自获利。然而中国在高科技、中科技和低科技等各个层面都开始展现出国际竞争力。中国不仅有西方国家没有的低工资，而且还有世界上最齐全的工业门类和最完整的产业链。对西方人来说，这不仅是对比较优势理论的严肃挑战，更是对互惠这一自由贸易基本原则的巨大冲击。

自那时起，如何应对中国崛起对国际贸易秩序的冲击就变成美国各界关注的重点。随着美国政府对这个问题的认识深化，其对华贸易政策也越来越聚焦。在小布什的任期内，反恐占据美国对外政策的核心，萨氏文章的影响力还没有到达政策层面。该文的影响从奥巴马政府时期开始发酵，但当时出台的 TPP 还是一个相对温和的解决方案，即由美国主导打造第二代自由贸易体系，如果中国不改变自己就会被关在门外。特朗普政府对这个问题的认识则高度聚焦到要求中国"对等"（reciprocal），否则就发起贸易争端甚至直接脱钩，把中国与现存的国际贸易体系剥离。"对等"不仅成为美国两党在对华贸易政策上的共识，也在欧洲引起强烈的共鸣。

萨缪尔森陷阱并不是历史的宿命。中国之所以深陷其中，与长期以来笃信比较优势理论，忽视国际政治经济学有直接关系。单纯从比较优势的视角看待国际贸易，想当然地会认为各国应该接受中国作为世界工厂产业结构不断向资本、技术密集型迈进这一所谓客观规

---

[1] Aaron Bernstein, "Shaking up Trade Theory", *Business Week*, December 6 (2004), pp. 116-120.

律。然而，国际政治经济学几十年的文献提醒我们，国际贸易的重大变化势必影响国内政治，而国内政治的重大变化势必导致国际政治的后果。也许从世界工厂一下快进到贸易争端和脱钩，对许多人的认知来说是逻辑上的一大跳跃，但是二者之间存在着非常重要的因果机制，这正是国际政治经济学分析的重点。

为什么单纯从比较优势理解国际贸易有问题？

比较优势是西方古典贸易理论的基石。提出和发展这个概念的经济学家们笃信国际贸易对双方而言是一个互惠的生产交换过程。这个过程包括两个方面：一方面是双方根据要素禀赋的充沛程度选择分工，从而最有效率地组织经济活动；另一方面则是通过交换使双方都各自获益，对等和互惠是战后多边贸易体制的基本原则。

中国在第一个方面做到了极致，因此成为全球化获益最多的国家之一。其中一个重要原因是中国很早就认识到要素禀赋是客观存在的，而比较优势则不是，这二者之间还隔着一个社会建构的过程。只有当买方认为卖方提供的产品是最佳选择，双方才能达成交易，卖方的要素禀赋才能转化成贸易中的比较优势。如果双方没有实现交易，卖方的要素禀赋就只是要素禀赋而已，它并没有转变成比较优势。卖方为了卖出产品，单纯依靠要素禀赋是远远不够的，他还要做出各种努力，使买方相信自己的产品是最佳选择。[1]

---

[1] 高柏：《产业政策与竞争政策：从经济社会学的角度看新结构经济学》，载《上海对外经贸大学学报》2018年第3期。

卖方在争夺买家的竞争中，卖方最终要靠产品的质量和价格胜出。但是在竞争中提高质量和控制成本在许多情况下却不是卖方可以单独完成的，中国企业在国际市场上强大的竞争力，得力于中国有打造竞争力的各级政府。理想的打造竞争力的政府是通过一个"六力模型"来帮助企业增强它们的国际竞争力的：加强要素供给以丰富和提高企业生产中使用的要素类型和质量；建设基础设施以降低企业的运营成本；不断改善制度环境以降低企业的交易成本；帮助企业扩大市场规模，通过增加规模效益来降低企业单位产品和服务的成本；鼓励发展产业集群，通过分工和专业化来增强企业协作的效率；鼓励行业竞争以促进企业不断创新和提高生产率。[1]

然而以上分析只讨论了国际贸易中一方的竞争策略，并没有回答如果一方认为贸易利益的分配向另一方过于倾斜，长期下去是否可持续的问题。西方学术界在分析国际贸易问题时通常有两种不同的观点："一种侧重各方获益的总量，而另一种则强调相对获益的多少和分配问题。古典经济学家在提出比较优势这一深刻洞见时所持的是第一种观点，即关注不受干扰的国际贸易能提供的收益总量。不幸的是，专注于双方收益总量会掩盖第二个问题，即这些收益是如何分配的。由（贸易自由化带来的）相互依赖催生的许多重大政治问题实际上都涉及政治学的一个古老问题，即谁分到什么？"[2]

比较优势理论的基本假设是国际贸易使双方互惠，而不是一方利益的最大化。如果以企业为分析单位，贸易显然是互惠的，否则双

---

[1] 见本书《从"世界工厂"到工业互联网强国》《产业政策如何打造竞争优势》两文对"六力模型"的讨论。
[2] Robert O. Keohane and Joseph S. Nye, *Power and Interdependence*, 2nd Edition, Longman, 1989, p. 10.

方不可能成交。然而如果以国家为分析单位，问题则要复杂得多。国际政治经济学重点关注贸易自由化对国内要素禀赋不同的各部门之间在利益分配方面的影响，关注这些利益变化引起的国内政治博弈对一国对外政策的影响，以及这些对外政策导致的国际政治后果。从这层意义上而言，萨缪尔森陷阱是比较优势理论无法解释的。

斯托尔帕-萨缪尔森定理与国际政治经济学

用萨缪尔森陷阱来命名中国目前面对的国际困境，不仅是因为他第一个预测中国多层次的国际竞争力将对国际贸易体制造成巨大冲击，也是因为他早在1941年就把经济学关于国际贸易的研究推进到与政治学的交界处，这直接导致了后来当代国际政治经济学的诞生。

早期的国际贸易分析集中在经济学领域。李嘉图提出的比较优势强调分工带来的效率，在他的分析中劳动力是唯一的生产要素。到了赫克歇尔（Heckscher）和俄林（Ohlin）则把比较优势的基础扩展到更多的要素禀赋。而萨缪尔森在1941年与沃夫冈·斯托尔帕（Wolfgang Stolper）提出了斯托尔帕-萨缪尔森定理（Stolper-Samuelson Theorem）。根据这个定理，在生产规模回报率恒定、充分竞争、要素数量等于产品数量等具体假设条件下，一种商品相对价格的上升，将导致生产该商品使用最多的要素回报率的上升以及其他要素回报率的下降。[1]

---

[1] 这个表述来自Wikipedia中关于斯托尔帕-萨缪尔森定理（Stolper-Samuelson Theorem）的词条。

这个定理尤其适用于分析产业间贸易。由于在产业间贸易中各国根据要素禀赋进行分工，每个国家内部在要素相对充沛和相对稀缺的行业之间就会产生贸易利益的变化。这个定理不仅拓展了赫克歇尔－俄林以要素禀赋为核心的比较优势模型（Heckscher-Ohlin model），而且为政治学分析国际贸易对国内政治的影响架起了一座桥梁。

为什么说这一定理在经济学与政治学之间架起了一座桥梁？因为在现实生活中，任何一种生产要素都有所有者，不同的要素有不同的所有者。当不同经济部门的不同要素所有者在贸易自由化过程中利益分配的得失发生变化，他们对贸易自由化的政策取向就会发生变化，这些利益团体在本国政治体制中的博弈将塑造各国的对外经济政策，而各国对外经济政策的变化将带来国际政治后果。一旦对国际贸易进行与利益有关的分析，就进入了政治学的研究范畴，斯托尔帕－萨缪尔森定理因此催生了一个新学科——国际政治经济学。在讨论国际政治经济学的分析框架前，我们先来看一下国际贸易发生的变化。

中国崛起与国际贸易的变化

在过去的 30 年间，中国崛起使国际贸易发生了深刻的变化。

第一，中国成了货真价实的贸易大国。2000 年，美国出口是中国出口的 2.72 倍，德国是中国的 2.15 倍，日本是中国的 1.52 倍。到了 2019 年，中国出口是美国的 1.52 倍，多出 8563 亿美元；是德国的 1.68 倍，多出 10103 亿美元；是日本的 3.54 倍，多出 17938 亿美元。[1]2000年之前，世界上80%的国家与美国的贸易量超过它们与中国的贸易量；而到了2018年，只有30%的国家与美国的贸易量仍然高于它们与中国的。中国则在与世界190个国家中的128个国家的贸易量超过了它们与美国的贸易量。这个转变在2005—2010年的亚洲和非洲格外明显。[2]

第二，中国的加工贸易与一般贸易在中国贸易总量中的占比换位。1981—2009年，中国加工贸易进出口额从26.35亿美元增加到9093.19亿美元，增长345倍，年均增长率达22.32%，在贸易总额中的比重从5.98%逐步增加到最高点1998年的53.42%。其中，中国加工贸易出口从11.31亿美元增加到5869.81亿美元，增长519倍，年均增长率达24.06%，在出口总额中的占比从5.14%增加到顶峰1999年的56%左右；中国加工贸易进口从15.04亿美元增加到3223.38亿美元，增长214倍，年均增长率达20.33%，在进口总额中的占比从6.83%增加到最高点1997年的49.31%。[3]中国海关的数据显示，2000—2019年，中国的加工贸易在总贸易额中的占比由48.5%降至25.2%，其中出口由55.2%降至29.2%，进口由41.1%降至20.1%。在同一时期，一般贸易的占比则由43.3%上升到59.0%，其中出口由42.2%上升到57.8%，进口由44.5%上升到60.5%。[4]

第三，中国资本和技术密集型出口在迅速增长，但与此同时劳

---

[1] 这些数据来自WTO关于2000年与2019年国际贸易的统计数据。
[2] Iman Ghosh, "How China Overtook the U. S. as the World's Major Trading Partner", Visual Capitalist, www.visualcapitalist.com/china-u-s-worldstrading-partner，访问时间：2020年11月4日。
[3] 胡江云:《中国对外贸易主要特征及未来展望》，日本内阁府经济社会综合研究所网站，访问时间：2020年11月4日。
[4] 这些数据来自中国海关的统计。

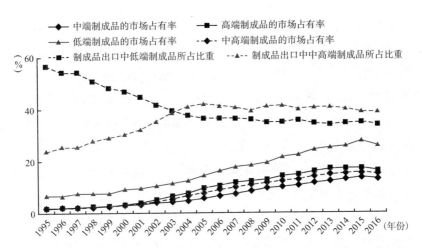

来源：张其仔主编，《中国产业竞争力报告（2018）No.7》，社会科学文献出版社，2018年，第4页。

图4-1 制成品中不同技术水准的行业市场占有率及其在制成品出口中所占比重

动密集型出口仍然十分可观。2000—2019年，中国机电产品由出口的1053亿美元和在出口总量里占比的30.2%，上升到出口的14376亿美元和在出口总量里占比的58.4%，高新技术产品则由出口的370亿美元和在出口总量里占比的14.9%，上升到出口的7204亿美元和在出口总量里占比的29.3%。上图显示，自20世纪90年代中期以来，中国出口的高端和中高端产品的市场占有率一直上升的同时，中端和低端产品的市场占有率也在一直上升。从萨氏发表文章的前一年，中高端制成品在总出口里所占比重就已经超过低端制成品。上述各种趋势从2004年以来仍然在持续强化。

这些变化的国际政治经济学意义是什么？首先，它意味着中国不仅在经济实力上正在紧紧追赶美国，而且还通过贸易与其他国家建立起更为紧密的经济联系。因此在国与国之间的贸易利益分配方面，美国感到了压力。其次，由于一般贸易在国内完成的附加值要远远超过加工贸易，二者在中国贸易总量中的比重不仅逆转，而且这个趋势不断扩大，这意味着在贸易利益的分配上中国获得的份额日益增加。同时中国在加工贸易中从国外进口的零部件通常是发达国家生产的全球价值链高端产品，而这种进口份额在19年间减少50%，这意味着发达国家向中国出口高端半制成品获得贸易利益的相对份额大幅度下降。最后，中国制造业出口在高端、中高端、中端和低端的市场份额全面持续上升，这不仅意味着中国在国际贸易利益中的分配份额全方位地增加，也印证了萨缪尔森2004年文章的观点不是无的放矢。这些变化必然对其他国家特别是发达国家的国内政治产生重大影响。那么这些影响体现出什么样的规律呢？

产业间贸易的国际政治经济学分析

早期的国际政治经济学对国际贸易的政治分析以产业间贸易为重点，着重研究各阶级－阶层和生产部门代表的各种生产要素拥有者对贸易自由化的不同政策立场。

在对阶级－阶层的经典研究中，罗格斯基（Ronald Rogowski）把斯托尔帕－萨缪尔森定理的内容直接与要素拥有者的社会阶级相连，发展成一个简洁有力的分析框架。[1] 他指出，按照斯托尔帕－萨

---

[1] Ronald D. Rogowski, *Commerce and Coalitions: How Trade Affects Domestic Political Alignments*, Princeton University Press, 1990.

缪尔森定理，充沛要素的所有者支持贸易自由化，因为他们拥有的要素在贸易自由化条件下会被经常地使用并得到最大的回报；而稀缺要素的所有者则会支持贸易保护主义，因为他们拥有的要素在贸易自由化条件下的回报率将会下降。

罗格斯基根据要素禀赋的不同状况界定四类不同的国家并指出：以土地作为要素主要指标，在稀与缺这两种不同类型的国家中，国内政治对待贸易自由化的态度基本上体现为城市和农村之间的对抗；而以劳动力作为要素主要指标，在稀与缺这两种不同类型的国家中，国内政治对贸易自由化的不同态度主要体现为资本家-地主与工人阶级之间的对抗。

为什么发达国家的工会一般都反对全球化？为什么在中美贸易冲突中，工会始终是主要的反对力量？因为他们拥有的劳动力在发达国家属于稀缺资源，而在贸易自由化的条件下不再被经常使用，所以他们的工资福利必然要下降。

另一个问题与本篇的关系更为紧密，即为什么过去美国和欧洲的商界一直在与中国有关的国内政治辩论中替中国说话，而在近几年的贸易争端中许多人却转而支持美国政府对华采取强硬立场？这是因为随着中国的发展，过去中国稀缺的要素（资本和技术）如今不再稀缺，中国对发达国家相对充沛的要素（资本和技术）的需求在减弱，因此它们被使用的频率降低，相对收益也随之下降。同时，随着中国本土企业的崛起，一般贸易的比重上升，外国资本的相对收益也在下降，这就削弱了它们的对华支持。

以产业部门为分析框架研究与贸易有关的国内政治使用的是李嘉图-维那尔模型（Richardo-Viner model）。这个模型假设两国之间只交换产品，而不交换生产要素，在一国之内，既有可以在不同经济部门或产业之间流动的要素,也有只限于特定部门或产业而不能跨部门或跨产业流动的要素。[1]而且通常一个国家在经济发展的早期要素移动性较高,随着经济发展技术变得日益复杂,这种生产要素跨部门的移动就变得更为不易。[2]

弗里登(Jeffry Frieden)的研究指出,当要素只适用于特定部门或产业而在贸易自由化过程中无法跨部门移动时,这些部门或产业的要素所有者、资本和工会,可能会联手支持对他们所在部门或产业有利的贸易保护主义政策。[3]换言之,对待贸易自由化的不同立场要归因于部门或产业的不同,而不是如罗格斯基所主张的社会阶级或阶层的不同。美国的高科技行业与钢铁等传统行业在贸易摩擦中的不同立场,就充分体现了这一点。在贸易政策中,以产业部门为单位组织起来的利益团体,对中国该产业的市场准入会格外关注。

国际政治经济学对国际贸易的分析集中地体现在贸易类型对国内政治的影响上。贸易类型分产业间贸易、产业内贸易和企业内贸易。产业间贸易,是指不同国家根据不同的要素禀赋分工生产不同的产品并进行交换;产业内贸易,是指生产同类产品的国家之间进行交换;而企业内贸易,是指在全球生产方式的体制中,跨国公司通过企业内部位于各国的子公司之间的跨境贸易形式,协调最终产品的零部件生产和组装。这三种贸易类型对国内政治的影响有很大不同。从贸

---

[1] Andew Walter and Gautam Sen, *Analyzing the Global Political Economy*, Princeton University Press, 2009, pp. 72-74.
[2] Michael J. Hiscox, *International Trade and Political Conflict: Commerce, Coalitions, and Mobility*, Princeton University Press, 2002.
[3] Jeffry Frieden, "Sector Conflict and US Foreign Economic Policy, 1914-1940", *International Organization*, Vol. 12, No. 1(1988), pp. 59-90.

易利益分配的角度分析,产业间贸易带来的利益冲突最大,而产业内贸易和企业内贸易的利益冲突相对较小。[1]中国和美欧等发达国家贸易摩擦加剧,与中国和美欧等发达国家之间仍然以产业间贸易为主、产业内贸易占比一直处于低位、企业内贸易的份额不断下降有直接关系。

贸易自由化不仅改变了不同要素拥有者的政策选择偏好,也改变了他们在国内政治中的影响力。在国内政治中,可以跨部门甚至跨国境移动的要素(例如资本)所有者,能够在与无法移动的要素(例如发达国家的蓝领工人或者依赖地方资源的公司)所有者谈判时占有优势——因为前者可以以"离开"(exit)为威胁迫使对方就范。

换言之,贸易自由化能够通过改变要素所有者的政策选择偏好以及政治势力对比这两个因果机制,在国内政治中改变对外政策。当政策改变之后,制度也经常随之变化,进而造成更为深刻的影响。[2]在全球化时代,资本作为可以自由流动的要素在国内政治中的影响力空前提高,各种去规制化为美国带来了一个"金融资本主义"时代。[3]在增加股东价值的公司治理原则下,生产过程被分解成价值链,

---

[1] David A. Lake, "British and American Hegemony Compared: Lessons for the Current Era of Decline", In Jeffry A. Frieden, David A. Lake and J. Lawrence Broz, eds., *International Political Economy: Perspectives on Global Power and Wealth*, W. W. Norton & Company, Inc., 2010, pp.139-151; Cameron G. Thies and Timothy M. Peterson, *Intra-Industry Trade: Cooperation and Conflict in the Global Political Economy*, Stanford University Press, 2016.

[2] Helen V. Milner and Robert O. Keohane, "Internationalization and Domestic Politics: A Conclusion", In Robert Keohane and Helen V. Milner, eds., *Internationalizaiton and Domestic Politics*, Cambridge University Press, 1996, pp. 243-258.

[3] Gerald F. Davis, *Managed by the Markets: How Finance Re-Shaped America*, Oxford University Press, 2009.

大公司只保留最有效率的部分，其他生产环节在全球范围内进行资源配置。

这样一来，贸易的发展就对美国国内的分配产生了很大的影响。离岸生产和外包的浪潮导致了许多"锈带"的产生，这些地区有比较强烈的反全球化、反自由贸易的倾向，是特朗普赢得2016年大选的主要支持者。尽管这些问题在很大程度上是发达国家自身没有处理好国内事务的结果，但是政客们经常会把选民的注意力引向贸易伙伴国来回避自己的责任。

中国与发达国家贸易冲突加剧的另外一个重要原因，是随着中国对外贸易规模越来越大，产业间贸易带来的分工以及发达国家对中国世界工厂的依赖，增加了这些国家经济结构的脆弱和风险。早期的经济学家们认为自由贸易导致各国之间相互依赖的加深，将使国与国之间的关系进一步和谐，从而使这个世界变得更加和平。但是国际政治经济学则认为可能完全相反：产业间贸易会带来各国之间的分工，分工加强了各国之间的相互依赖；然而这种国际分工产生的相互依赖，不仅使各国对国际市场的变动更为敏感，而且也会使各国的经济结构一旦遇到危机就变得非常脆弱。[1]

这种在产品或原材料方面对他国的严重依赖产生的经济结构的脆弱，经常被视为是对国家安全的威胁。这种风险一方面体现在一旦出现国际政治危机，产品或原材料的供给出现中断将导致本国重大的政治经济后果；另一方面也体现在控制这些产品或原材料的国家会利

---

[1] Robert O. Keohane and Joseph S. Nye, *Power and Interdependence*, 2nd Edition, Longman, 1989, p. 10.

用他国的依赖和脆弱迫使他国做他们不想做的事情。[1]当相互依赖程度很深的双方对未来贸易的预期急速恶化，这种对风险的担心和由脆弱产生的恐惧就可能推动他们走向战争。[2]

这种由相互依赖和经济结构脆弱带来的对国家安全的恐惧，在2020年中美贸易争端和新冠肺炎全球流行中体现得十分明显。当美国利用其在芯片行业的垄断地位打压中国时，中国认为这是对国家安全的重大威胁，因此出现了芯片投资热。同样的道理，新冠肺炎疫情暴发后，各国对严重依赖中国供应链产生的恐惧来自两个方面：一个是中国生产的一度停摆使依赖中国供应链的外国生产受到影响；另一个是当中国恢复生产，他国生产停摆后不得不依赖中国供应链提供各种重要物资。这就是许多国家声言要采取措施减轻对中国供应链依赖的原因。尽管在短期内中国的出口会大幅度上升，但疫情过后中国出口是否会因各国为防范风险进行供应链转移而受到影响，还有待观察。

以上这些分析框架大略可以解释国际贸易变化带来的发达国家对中国的不满。而造成这种不满的象征性表现就是《中国制造2025》。在美国人看来，这份发展规划不仅要增加研发投资、鼓励研发能力以及经济效率，而且还有控制整个供应链的雄心。这一点让美国人极为警惕。中国官方是要坚决维护自由贸易和推进全球化的。但是，像中国这样大的经济体在产业升级换代过程中追求国产化，从美国人的视角来看却是去全球化和反对自由贸易的。可以预期，无论谁

---

[1] Cameron G. Thies and Timothy M. Peterson, *Intra-Industry Trade: Cooperation and Conflict in the Global Political Economy*, Stanford University Press, 2016.

[2] Dale G. Copeland, *Economic Interdependence and War*, Princeton University Press, 2015.

当选美国总统,未来西方国家在这方面对中国施加压力都应该是大概率事件,处理不当,"脱钩"的风险仍然存在。

脱钩的国际政治经济学原理

说到脱钩,国内的分析一般都很乐观。既然中国是一百多个国家的第一大贸易伙伴,那么从经济理性角度来分析脱钩是不太可能的。然而脱钩不是经济行为,而是政治行为,脱钩的实质是国际贸易秩序重新开始向冷战期间与政治军事同盟绑定的方向回归。

国际政治经济学的许多研究显示,国际贸易直接产生国家安全的外部性。对政府而言,与敌对国进行贸易将增加敌对国的国民收入,从而威胁本国的国家安全。因此,凡是有能力影响贸易条件的政府都会善待盟友,在盟国之间发展自由度更高的贸易,并对敌对国或者竞争对手国采取歧视性政策。企业也有动机在政府政策允许的范围内相应行事。这是因为一国政府对敌对国或者竞争对手国设置的贸易壁垒,会导致进口产品价格的上升和国内对该产品需求的下降,这样与进口产品竞争的本国企业就变得更有竞争力。进行跨国贸易的企业对政府的贸易政策十分敏感,因为它们必须确保贸易环境中的政治条件能够减轻企业在敌对国被没收或者预想外的贸易壁垒突然出现等风险。与此相比,在国际政治中结盟的两个国家在彼此之间的贸易中可以为从事跨国生产、配送和销售的企业减少潜在的风险。[1]

---

[1] Cameron G. Thies and Timothy M. Peterson, *Intra-Industry Trade: Cooperation and Conflict in the Global Political Economy*, Stanford University Press, 2016.

在 20 世纪的大部分时间里，西方国家的贸易都与政治军事同盟有强烈关联，无论是在二战之前的国际秩序混乱期，还是在冷战期间，均是如此。[1]冷战时期的政治军事联盟与贸易领域的最惠国待遇紧密相连，通常加入主要大国领导的联盟并获得最惠国待遇可以使一国的贸易总量增加 120%～200%。[2]在《关税与贸易总协定》与世界贸易组织的成员国中，美、英、法、德、加五个核心军事盟国之间的贸易比它们与其他国家的贸易多 15%；两个盟国中如果有一个是发展中国家，它们的双边贸易额要比与非盟国的贸易额多 42%。[3]

事实上，二战以后的多边贸易体制的建立本身就与冷战有直接的联系。当年美国在与英国谈判《关税与贸易总协定》时，即使在英国坚持维持英联邦范围内歧视性的帝国贸易体制的条件下，美国国务院仍然力主签约的重要原因是担心苏联利用美英之间的分歧对东欧各国和地中海沿岸地区施加政治压力。[4]二战以后美国主导的国际秩序有两个重要的基石：一个是世界范围内美苏对抗的冷战格局；另一个是美国主导的由各种多边制度安排支撑的西方联盟，包括以"北约"和一系列多边、双边军事协定为代表的安全防务合作，以

---

[1] Joanne Gowa, *Allies, Adversaries, and International Trade,* Princeton University Press, 1994. Gowa 的结论基于她对美国、苏联、英国、法国、意大利、德国和日本七国在 80 年间（1905—1985）的贸易数据分析。

[2] Edward D. Mansfield and Rachel Bronson, "Alliance, Preferential Trading Arrangements, and International Trade", *The American Political Science Review*, Vol. 91, No. 1(1997), pp. 94-107.

[3] Joanne Gowa, "Explaining the GATT/WTO: Origins and Effects", In Lisa L. Martin, ed., *The Oxford Handbook of the Political Economy of Trade*, Oxford University Press, 2019, pp. 19-36.

[4] Douglas A. Irwin, Petros C. Mavroidis and Alan O. Sykes, *The Genesis of the GATT*, Cambridge University Press, 2009.

《关税与贸易总协定》为代表的国际贸易合作，以及以世界银行和国际货币基金组织为代表的国际金融合作。这些制度对成员国之间的绑定从设计上就是为了强化盟友之间的全面合作。[1]《关税与贸易总协定》这一商业协定被美国用来组织了一个自由、民主和资本主义社会的政治联盟，[2]苏联主导的华沙条约组织和经济互助委员会的功能也是如此。

国际贸易秩序以世界贸易组织一统天下的局面，是后冷战时代才出现的。在当时"历史的终结"的幻觉中，西方国家认为民主政治与市场经济已经成为人类社会对政治经济制度的最终选择。在这种认知下，西方国家才建立了全球统一的贸易秩序，世界贸易组织的成员国于是由冷战末期世界上百分之五十几的国家上升到80%以上。[3]正是在中国的发展方向早晚也不会出现例外的预期下，西方才允许中国加入世界贸易组织。

然而，近年来，两个不同版本的回归趋势已经出现。一是特朗普时期一直在推动的贸易与军事联盟的重新绑定。正是在这种逻辑下，美国才强烈批评德国在指望美国提供军事保护的同时，却与俄罗斯签订大笔石油天然气订单；美国还在"5G"问题上向所有盟国施

---

[1] John G. Ikenberry, *After Victory: Institution, Strategic Restraint, and the Rebuilding of Order After Major Wars*, Princeton University Press, 2001.
[2] Arthur A. Stein, "The Hegemon's Dilemma: Great Britain, the United States, and the International Economic Order", In Charles Lipson and Benjamin J. Cohen, eds., *Theory and Structure in International Political Economy: An International Organization Reader*, The MIT Press, 2000 [1984], pp. 283-314.
[3] Christina L. Davis and Meredith Wilf, "WTO Membership", In Lisa L. Martin, ed., *The Oxford Handbook of the Political Economy of Trade*, Oxford University Press, 2015, pp. 380-399.

加压力，要求它们不买华为的产品。最近，在对华政策方面，德国和日本都有政府官员主张与美国加强合作，以此转移特朗普政府对贸易领域的压力。冷战时期，西方联盟的政治交易就是盟国以在政治军事上与美国合作换取贸易方面的利益。[1]

另一个版本在奥巴马时期已经出现雏形：日本前首相安倍晋三推动的价值观外交和美国当时开始讨论的"印太战略"都是以"民主国家"画线，并以TPP作为与此契合的贸易秩序安排。拜登当选后，更是联合欧洲、日本，以"民主国家"阵营为基础推进统一的对华贸易政策。迄今为止，许多亚洲国家之所以还能一直执行经济上靠中国、安全保障上靠美国的策略，是因为国际贸易仍然与国际政治有较大程度的分离，美国还没有来得及全力推动对多边贸易体制和政治军事同盟的绑定。如果单纯从经济上考虑问题，大规模的产业链从中国转移是不会发生的。然而从国际政治经济学几十年的研究成果看，如果美国与中国正式成为敌对国，其对抗程度发展到要求各种国际秩序重新全面绑定的话，各国选边站可能不可避免。虽然中国的经济实力、开放程度以及与世界经济的深度融合，与冷战时代的苏联完全不可同日而语，但如果发生西方国家把贸易秩序与政治军事同盟重新绑定的局面，对于中国这种"不结盟"国家将是非常不利的。

---

[1] Arthur A. Stein, "The Hegemon's Dilemma: Great Britain, the United States, and the International Economic Order", In Charles Lipson and Benjamin J. Cohen, eds., *Theory and Structure in International Political Economy: An International Organization Reader*, The MIT Press, 2000, pp. 283-314.

讨 论

2020年必将成为一个历史拐点。各国在百年一遇的疫情中迎来一场大考，新冠肺炎的全球流行不仅改变了人们的生活方式，而且也对国际国内政治经济的走向产生了深远影响。在贸易争端与疫情的双重夹击下，中美关系降到两国建交以来的新低点。然而，未来仍有改善的希望。中国率先从经济下滑中恢复，很可能成为近年实现经济正增长的唯一主要经济体，也将在未来几年里为世界经济的复苏提供主要推动力。美国则由于应对疫情增加了数万亿美元联邦债务，未来几年财政预算和军费开支都会受到影响，也已经出现各种要求进行战略调整的呼声。[1] 目前最大的危险是，在贸易争端与新冠肺炎全球大流行的冲击下，世界上的主要经济体日益转向自保，从而加速逆全球化的趋势。

上个世纪30年代的大萧条提供的深刻历史教训是，各发达国家为了确保本国经济的生命线，不仅放弃通过合作共度时艰的努力，而且为争夺势力范围大打出手，最后导致第二次世界大战的爆发。对中国来说，未来30年最重要的事情不是GDP何时超过美国，而是尽快打造一个能够支撑自身长期和平发展的国际环境。国际政治经济学的理论和中外历史上各种利用调节利益分配方式来管理冲突、推动贸易发展的经验教训，对中国应对后全球化时代日趋严峻的国际环境有重要启示。

---

[1] Hilary Clinton, "A National Security Reckoning", *Foreign Affairs*, Vol. 99, Iss. 6(2020); Stephen Wertheim, "America Has No Reason to Be So Powerful", *The New York Times*, Oct. 16th, 2020.

贸易争端使中国更难平衡产业升级换代与维护自由贸易和全球化之间的矛盾。本来，人们只是从经济的视角看待供应链与国内市场，许多中国企业生产的产品和零部件不受其他国家消费者和客户的青睐。然而，贸易争端迫使各国从国家安全的视角看待国内市场和供应链。这样一来，国家安全与自由贸易和全球化就可能产生正面的冲突。当所有国家为了国家安全都优先采购国内产品和本国供应商提供的零部件时，就会变成一个个互不往来的自然经济体，自由贸易和全球生产方式也就将寿终正寝。

任正非对这种可能性十分警觉，他一再呼吁不要因为爱国就不买苹果手机，并承诺只要外国贸易伙伴继续供货，尽管华为有许多"备胎"，也会继续从他们那里购买零部件。这种智慧正是要保持国内产品市场和供应链的开放，与外国贸易伙伴共享自己的发展带来的利益，从而为华为的继续发展争取一个和谐的外部环境。新冠肺炎的世界性流行对上述趋势显然是雪上加霜，它对全球化最大的打击不是供应链的一时中断，也不是频繁的人员流动带来病毒的传播，而是使各国对国际分工的信心发生了动摇。当各国纷纷认为供应链对国家安全有重大影响因而必须掌控在本土境内时，商品和零部件的跨国生产和贸易必然将大量减少。在这种逆全球化趋势日益明显的今天，中国作为世界第二大经济体是否能够发挥力挽狂澜的领导作用，将对未来的国际秩序有重大影响。

问题缘起

20世纪90年代后半期,通过写作《悖论》,我已经清楚地认识到日本经济逆转的因果机制:日本与美国的巨额贸易顺差引起日美贸易摩擦,日本面临美国要求日元升值的压力,而日元升值必然将导致日本出口下滑,这对严重依赖出口的日本经济造成很大的挑战;为应对经济下滑的压力,日本政府不得不采取积极的财政金融政策,然而当制造业在日元升值的条件下无法进一步扩大出口时,许多印出来的钱开始进入股市和房地产行业,房市股市在流动性过剩的条件下形成了泡沫经济,只要是泡沫,便很容易被央行加息戳破。日本的经济体制本来以高代理人成本和低交易成本为特征,体现在治理的层面就形成重视协调、轻视监控的特点。这样的体制在布雷顿森林体系崩溃,浮动汇率取代固定汇率,承担汇率浮动风险的责任从央行转嫁到企业和个人身上时,就很容易遭遇金融危机。

从另一个层面看,在写作《悖论》过程中,我在基欧汉(Robert Keohane)的建议下广泛阅读了国际政治经济学文献,注意到自由化对国内政治经济的影响是这一领域关注点极高的分支。由于《悖论》分析的是日本作为出口方受国际经济秩序变化的影响,书中没有空间就日本出口对进口方美国国内政治经济的影响展开更多讨论。然而,当时阅读形成的知识储备和我后来对相关文献的继续关注,在写作本文时发挥了非常重要的作用。

前文提到,在2004年12月通过《商业周刊》的特辑《中国价格》得知萨缪尔森那篇文章的信息之前,我就在《悖论》的中文版序言中明确指出中国经济的发展过程正在制造四个结构性条件：第一，中国出口严重依赖美国市场，迅速增长的中美贸易不平衡必然会加剧美国要求人民币升值和开放资本账户的压力；第二，以廉价劳动力为比较优势的世界工厂模式，不仅会加剧中国与他国在能源和资源方面的竞争，而且还会被发达国家认为是抢走它们的工作机会；第三，中国经济不断增高的贸易依存度正在加大来自国际市场的风险；第四，中国在发展过程中采取与日本完全相反的策略，在追求经济结构升级换代时经常以政治稳定为代价。当时我预测这四个趋势很可能随着2008年北京奥运会、2010年上海世博会、开发西部和振兴东北等大项目的上马，导致财政和金融政策方面的扩张并发生合流，从而增加中国重蹈日本泡沫经济覆辙的可能性。

  没过多久，我开始意识到，中国要面临的挑战可能比日本还要严峻。我在《社会学研究》2006年第1期发表的《新发展主义与古典发展主义：中国模式与日本模式的比较分析》一文中，专门分析了日本和中国与霸权国美国之间的关系，预测中国即将面临的国际环境要比当年的日本更为严峻。虽然两国都严重依赖美国市场，有巨额的对美贸易顺差，与美国的贸易摩擦不停，并且都面临美国的巨大压力，但是日本在冷战中始终是美国的盟友，而且在东欧剧变时，日本的经济泡沫破灭。因此，日本并未经历冷战以后美国在全世界寻找对手的局面，况且由于日本的政治制度和市场环境，美国的鹰派要付出更大的努力才能说服美国人支持对日本采取强硬手段。但是中国不同。而由于政治制度不同，中国与美国产生冲突的可能性要大得多。幸而到那时（2006）为止，中国一直依靠市场高度开放，以廉价劳动力参与国际生产分工，在分配贸易利益时一直处于取得利益较少的一方，美国的利益与中国的利益被绑在了一起，这在一定程度上对美国的鹰派起到牵制的作用。

2008年1月7日,我在《21世纪经济报道》上发表的《2008全球化选择》一文中警告:"很多人可能认为,中国现在面临的头等问题是国内的贫富差距、通货膨胀以及资产泡沫等,而不是贸易保护主义。这恰恰正是危险所在。人们可以为中国吸引巨额外资而自豪,却从未想到既然外资把工厂搬到中国,就必然会在其他国家把工厂关掉,把工人解雇。人们可以高兴地看到又有多少跨国公司把研发部门搬到中国,却从未想到那意味着其他国家高新工作的流失。人们可以对中国产品在世界市场上的攻城略地津津乐道,却从未想到那意味着对这些国家本国产业的威胁。人们可以对外资兼并中国企业感到恐惧,却对国外对中国兼并感到的相似恐惧无法理解。更要命的是,人们相信中国取得的这一切成绩无非是中国遵循比较优势原则发展的结果,却从未想到民主国家已经或担心即将失业的人们没有闲心听任何人关于比较优势的说教,他们的恐惧与愤怒将转化为反对自由贸易的强大政治压力。"

我在文中还指出:

> 从今算起,到2008年美国大选尘埃落定还有一年左右的时间。对中国而言,这是所剩不多的进行重大调整以应对后全球化挑战的机会窗口。错过这个机会,等待中国的将可能是一个急剧恶化的国际环境和日益狭窄的政策空间。中国面临的已经不是做不做调整的问题,而是做调整的速度与力度同外界变化是否匹配的问题。
>
> 要调整,我们必须认清什么是中国的根本利益。任何一种调整必然伴随着社会各利益集团之间的冲突。中国有两种选

择：一是回避政治风险，继续平衡国内现有的利益格局，继续执行"闷声发大财"，少说话，多赚钱，抓住有利时机发展经济的策略。在这种策略下，中国将继续把在国际贸易领域面临的冲突，解释成发达国家利用贸易保护主义打压中国的表现，并对此进行有理有利有节的斗争，而不去担心天会塌下来。笔者认为，这样做的短期后果可能是出口进一步发展，但中期后果则可能是，加速中国自身在过去30年里赖以生存的现行国际经济秩序的崩溃。这种短期内为了稳定不做大调整的结果是，当外部环境急剧恶化后，中国不得不在国内更大的利益冲突中进行调整。更坏的一个可能则是到那时，任何一种调整都无法有效阻止中国陷入一个大的困境。

另一种是看清后全球化时代正在到来这一趋势，拿出魄力在较短的时间内做大调整，为自身争取时间。这种调整可能会在短期内引起比前一种选择大一些的国内利益冲突。但是，把这种调整与在国际环境全面恶化后被迫进行的调整相比，这种调整的成本与风险要小得多。日本在上个世纪80年代中期日元急剧升值时犯的一个错误，就是没有利用当时由于日元升值带来的国富资源进行结构性改革，等到90年代泡沫破灭后，这些国富资源大幅缩水，想用它来改革也不再可能。

奥巴马上台一年后，开始推行TPP。这使我更强烈地感受到中国进行调整的迫切性。2010年，应北大《观察与交流》之邀转载《2008全球化选择》一文时，我写了后记，其中提道："两年前在写这篇文章时，曾经与责任编辑古重庆先生进行过数次深入的讨论。据他判断，当时在国内关心的优先顺序上，贸易保护主义最多只能排第七或第八。之所以在文中采取一种预设反论的写法，就是想通过直接反驳当时国内流行的想法来引起读者对这些问题的关注。我在文中特别指出，如果不在当时就加紧调整，等待中国的将是一个急剧恶化的国际环境和日益狭窄的政策空间。中国面临的已经不是做不做调整的问题，而是做调整的速度与力度能否跟得上外界变化的问题。读者今天在读这篇文章时，可能要比两年前更容易建立起它与现实之间的联系。两年前，贸易保护主义还是一个苗头或可能性，现在已经变成咄咄逼人的现实。在这个意义上，中美之间关于汇率的冲突如果导致世界性的贸易冲突，极有可能成为后全球化时代到来的一个具体路径。"

从 2010 年起，我开始了对欧亚大陆经济整合的研究，其出发点有二：首先，2008 年全球金融危机爆发后，发达国家市场对吸纳中国出口的能力可能会下降，中国不应该再对这些市场有太多的出口压力；其次，当 TPP 把中国排除在外时，中国仍然可以开辟欧亚大陆的新市场，形成对冲。

补　记

这篇文章虽然侧重于国际经济，但是是从国内政治的视角分析地缘政治发展的国内动力。文章的理论框架实际上在我搭建更大的用于分析"百年未有之大变局"的理论框架时，发挥了衔接逆全球化与霸权更迭地缘政治两个框架的桥梁作用。

如果我们简单回顾一下文章的内容，读者可以看到以下的逻辑推演。它的研究问题是，为什么中美之间近年冲突不断？修昔底德陷阱的观点往往从新兴大国与现有霸权国的视角解读。我主张从萨缪尔森陷阱的视角分析才更有帮助。萨缪尔森在2004年指出，随着中国开始拥有在低科技、中科技和高科技各个方面的竞争力，发达国家的比较优势到底为何，成为一个问题。风行经济学界200多年的比较优势理论已经无法帮助我们理解21世纪初的国际贸易。实际上，早在1941年，萨缪尔森就与斯托尔帕发表了一条有名的定理，即在贸易自由化的条件下，拥有丰富要素禀赋的人将有更多机会使用他们的禀赋，因而获得更多回报成为赢家，而拥有稀缺禀赋的人则失去使用他们拥有的禀赋的机会，因而回报减少成为输家。后来的国际政治经济学者又从两个方面探讨了赢家和输家在一个国家内部以何种形式出现：一方面，从社会阶层的视角把握；另一方面，从经济部门的视角把握。无论是社会阶层，还是经济部门，都是分析一国在贸易自由化过程中遭遇矛盾冲突的分析单位。然而，当矛盾激化到要改变一国贸易自由化的政策时，分析单位就不再是社会阶层或经济部门，而变成民族国家，因为贸易涉及其他国家，一旦一国政策变化，就会引起国与国之间的冲突。

本来问题的性质只是各国在全球化过程中的不同分工导致国内利益分配发生变化,但是当具体到中美之间时,美国的精英就开始从霸权挑战者的视角看待中国,这就是问题的实质。通过这个逻辑推演,中美之间的贸易关系始于全球化,目前进展到霸权更替周期中的地缘政治阶段。

关于贸易体系与地缘政治的关系,本书收集的数篇文章都有涉及。从美国的地缘政治视角分析其贸易战略的利弊可以看出,凡是为解决当下地缘政治挑战而做出通过提供贸易利益拉拢盟友的解决方案,似乎总是蕴含着制造未来竞争对手的种子。举例来说,20世纪五六十年代,美国与苏联在冷战中争夺霸主地位,美国依靠贸易方面的"非对称合作"来吸引盟友。这固然使美国获得了西欧和东亚国家,特别是德国和日本在冷战中的支持,但也使这些国家成为美国出口的强有力竞争者。美国的对华贸易政策也是基于类似的理由。无论是在80年代初,还是在冷战结束后,中国当时进行的改革开放都与当时美国的意识形态合拍,因为推动市场化、加入国际分工和跨国公司主导的全球生产体系完全是过去计划经济的对立物。然而,中国在美国主导的体系里发展到2010年后,美国突然发现中国已经在经济上有超越它的可能。目前为了制衡中国,美国又开始大力扶植印度,似乎又开始了另一轮新的类似循环。如果印度真的有一天变成能全面取代中国的下一个世界工厂,那离超越美国的阶段指日可待。

在长时期经历产业空心化之后,突然要把制造业转移回国,这到底在多大程度上是可能的?如果美国决定彻底锁国,实现经济上的自给自足,它如何避免高劳动成本带来的通货膨胀风险?如果它不彻底锁国,在国际贸易存在的条件下,美国又如何在效率上与发展中国家的低成本制成品竞争?

退一步说,目前许多人主张的友岸、近岸,仍然仅仅是将工作机会从中国挪走，这些工作机会很难回到美国。不仅如此，由于这些国家还处于经济发展的相对早期阶段，各方面的投入，特别是对基础设施的需求很大。从文化传统上看，美国的近岸国家也没有东亚国家人们酷爱储蓄的习惯。即使将产业都转到墨西哥，墨西哥也拿不出足够的贸易顺差来购买美国国债以支撑美元本位制必需的循环。

最初西方国家有人认为可以通过脱钩，向冷战时期的两大对立并行的国际阵营回归。如果考虑当时总的情况，西方国家有许多人向往这个方案并不意外。因为从几个层面而言，那是西方国家的黄金时代。首先，在保护社会的公共政策范式下，那是福利国家发展的黄金时代。对发达国家的工人而言，那是只要一个人工作就可以养活全家的年代。无论是作为提供出口市场的美国，还是作为扮演出口者的盟国，都是一个人人赚钱、皆大欢喜的年代。如今的问题是，支持当时西方经济盛景的结构条件已经消失，很可能再也不会回来。俄乌危机开始后，西方国家对俄罗斯的经济制裁体现的也是一种回归冷战体系的努力。然而当经过近两年的冲突，俄罗斯 2023 年的 GDP 增长率居然超过了西方主要大国，这就迫使欧洲各国开始意识到，这个方案最终的结局可能是"双输"。

然而，从科技革命的视角看，把制造业转移回美国并不仅仅是政客"忽悠"选民的空谈，其意义是一个十分值得研究的课题。这是因为在目前科技革命的态势下，用人工智能与机器人对传统制造业进行彻底改造实现升级换代是一个大趋势。当机器人开始大面积取代工人时，人工费用在一个公司总费用中的占比将大为降低。这将十分有利于发达国家。在过去全球化 40 年中之所以出现产业从发达国家向发展中国家转移的现象，其主要原因之一就是二者之间劳动力价格的巨大差距。当人工费用不再是问题，发达国家又有资本和技术的优势，它们重新在制造业建立国际贸易中的比较优势也不是不可能的。

5　对等开放：中国迈向发达国家的必由之路[*]

上篇指出萨缪尔森陷阱比修昔底德陷阱更有助于中国理解和处理与发达国家的矛盾及冲突。因为修昔底德陷阱是无解的，它透过零和博弈的眼镜看待一切，最后很可能把两国引向战争；相反，萨缪尔森陷阱是有解的，因为它聚焦国际贸易利益的分配。本篇认为，对等开放是在错综复杂的乱局中避免大国对抗的既关键又操作性强的解决方案。中国在国际贸易秩序中应该开始从发展中国家的身份"毕业"，按发达国家的标准打造国内贸易投资环境，迎接半个世纪以来改革开放史上的第四次飞跃。

中国一直深陷萨缪尔森陷阱的原因是对对等原则研究不够。这里有三方面原因：第一，长期以来对国际政治经济学关注不足，不了解对等原则诞生的历史背景和它在战后国际贸易秩序中发挥的重要作用。第二，在中国开始对外开放的1979年，《关税与贸易总协定》永久豁免了发展中国家按最惠国待遇对等征收关税的成员国义务，[1]直到2008年全球金融危机爆发之前，中国鲜有机会正面遭遇这个原则。第三，中美从2008年起、中欧从2014年起开始谈投资协定，欧美在

---

[*]　本文原刊《文化纵横》2021年第1期。
[1]　UNCTAD, "UNCTAD at 50: A Short History", United Nations, 2014.

中美、中欧之间各种级别的磋商中始终在要求中国对等；[1]然而中国一直将对等解释成互惠，没有准确地回应对方的关注。[2]

对等原则到底是什么？为什么西方国家近年要求中国对等？实施对等原则对中国又意味着什么？本篇通过分析对等原则的前世今生，来寻找这些问题的答案。

首先，本文通过美国和欧洲的历史经验，分析对等原则对发达国家的重要性。1934年，对等原则作为以邻为壑贸易政策的对立物，诞生于大萧条后的美国。战后，美国领导人将其视为发展多边贸易体制、避免再次发生世界大战的根本原则。对欧洲而言，对等原则是战后通过经济深度整合（deep integration）结束法德两国的百年缠斗、推动欧盟走到今天的指导方针。对等原则带来发达国家之间产业内贸易的大发展。产业内贸易不仅是西方联盟的黏合剂，也是发达国家彼此之间避免重大贸易冲突的重要原因。[3]

其次，本文通过日美贸易战和中美贸易争端，揭示缺乏对等原则与贸易冲突的关系。这两次贸易争端之间的共性在于，美国认为对方在成为经济超级大国后在市场准入方面仍未对等削减贸易投资壁

---

[1] 描述贸易和投资面临的障碍有各种繁杂的术语，这里采用欧盟与中国官方的提法。欧盟每年出版《贸易投资壁垒年度报告》（*Annual Report on Trade and Investment Barriers*），中国商务部也曾出版《国外贸易投资壁垒信息月报》。"贸易投资壁垒"这个术语中的"贸易"既包括货物贸易，也包括服务贸易；其中的"壁垒"则既包括国境的壁垒（barriers at the border），也包括国境内的壁垒（behind the border barriers）。

[2] 马晓野：《规制的"对等"——中美经贸关系40年后的调整》，爱思想网，2019年6月12日。

[3] Cameron G. Thies and Timothy M. Peterson, *Intra-Industry Trade: Cooperation and Conflict in the Global Political Economy*, Stanford University Press, 2016.

垒，并在关键产业里与美国的贸易仍然以产业间贸易为主。[1]

最后，中国加入世界贸易组织时经济体量很小，对等问题尚未提上议事日程。2004年萨缪尔森发表那篇前文提到的著名文章时，仍然认为主要问题是中国在高新技术领域开始发力，美国可能失去比较优势。经过十几年的辩论，特别是2015年中国政府发表《中国制造2025》后，发达国家终于认定关键在于中国的贸易投资壁垒使它们的企业无法公平竞争，因此对等成为美国和欧盟对华贸易政策的核心诉求。

从国际政治经济学的视角看，中国要走出萨缪尔森陷阱，意味着应当按照对等原则的要求，积极削减贸易投资壁垒，同时在那些资本和技术要素接近或赶上西方的产业领域，发展产业内贸易。目前，这两个问题都已经到了不解决就弊远大于利的阶段。

中国目前面临的最大挑战，与其说是外部环境，不如说是自身能否跨越发展中国家的思维定式与发达国家期待中国以世界主要经济体的姿态行事之间的心理鸿沟。在过去20年里，在WTO削减国境贸易壁垒的有利环境中，中国发展成世界第二大经济体。近年，日本、英国和德国的三份研究报告都把中国GDP超越美国的日期提前

---

[1] Bonnie S. Glaser, "Made in China 2025 and the Future of American Industry", Center for Strategic & International Studies, 2019; Mary Anne Madeira, "The New Politics of the New Trade: The Political Economy of Intra-Industry Trade", In David A. Deese, ed., *Handbook of the International Political Economy of Trade*, Edward Elgar Publishing, 2014; Laura D'Andrea Tyson, *Who's Bashing Whom? Trade Conflict in High-Technology Industries*, Institute for International Economics, 1992; U. S. Chamber of Commerce, "Made in China 2025: Global Ambitions Built on Local Protections", U. S. Chamber of Commerce website, Mar. 16, 2017.

到 2028 年。[1] 作为世界上坐二望一的经济体，中国要再往前走，就理应在规则、规制、管理体制和产业标准等方面，按发达国家的通行标准打造一个有利于自由贸易的环境。这不是向西方让步，而是中国在 GDP 成为世界第一时应该实现的国家治理现代化的实质性内容。到本世纪中叶时，衡量中国是否成为一个真正的发达国家，不仅要看 GDP，而且要看在贸易领域能否做到零关税、零补贴、零壁垒，[2] 能否做到货物、人员、服务和资本的自由流动且有效利用，以及是否与发达国家有较大规模的产业内贸易等一系列指标。

以邻为壑，还是对等开放？

对等原则是大萧条后美国吸取以邻为壑贸易政策的教训，对外战略思维从零和博弈转向双赢的产物。从那时起，对等一直是美国主导国际贸易秩序的基本原则，也是其国内政治中各种利益博弈的焦点。

在上世纪二三十年代，美国的处境与今日中国有几分相似。一方面，随着 1914 年第一次世界大战爆发与金本位崩溃，第一轮全球化开始逆转；另一方面，美国依靠大众生产流水线技术，在国际贸易

---

[1] Japan Center for Economic Research, "China to Overtake US Economy by 2028-29 in Covid's Wake", *Nikkei Asia*, Dec. 10, 2020; Larry Elliot, "China to Overtake US as World's Biggest Economy by 2028, Report Predict", *Guardian*, Dec. 26, 2020；据中国台湾地区的视频节目《正经龙凤配》报道，德国的《焦点周刊》援引德国的评估得出同样的结论，参见：《中国将提前超越美国，已是全球共识吗？》，2020 年 12 月 28 日。以上访问时间均为：2021 年 1 月 2 日。
[2] 黄奇帆：《中国实施零关税、零壁垒、零补贴等于第二次入世》，新浪专栏·意见领袖，2019 年 5 月 10 日。

中建立起强大的竞争优势。面对美国的挑战，英国、德国、日本等其他工业大国纷纷建立国际贸易联盟，试图通过各种贸易壁垒把竞争者挡在门外，确保本国的经济安全。[1]

日本在1923年就把朝鲜纳入自己的关税体系，1933年又把伪满洲国从中国海关剥离并对日本的一系列产品减税，1936—1938年又使汪伪政权在其控制地区内废除了中国关税，实现从日本进口的自由化。英国在1931年放弃了自由贸易，通过《进口关税法》（Import Duties Act）把关税提高了10%—33%。与此同时，英国还将帝国优惠（Imperial Preference）制度化，1932年的《渥太华协议》（Ottawa Agreements）标志着以英联邦为势力范围的贸易联盟正式建立。在该协议中，英国在保证帝国领地农业对自己开放的同时，对外国农产品增加关税并设定配额，它从英联邦各国获得的关税优惠在新西兰达22.5%，加拿大达20.2%，澳大利亚达19.3%，印度为5.6%，南非为2.6%。德国在1933—1936年与匈牙利、罗马尼亚、南斯拉夫和保加利亚先后签署贸易协定，规定这些向德国出口的国家必须购买德国产品以抵消贸易顺差。通过优惠的汇率和购买协议，这些国家可以绕过关税壁垒在德国以国内价格出售产品从而保证更高的利润。作为回报，这些国家必须通过操纵关税、配额和汇率，使德国产品在他们本国市场上更有吸引力。（Chase 2005：89，见注1）

美国曾经带头增加关税。1930年，美国通过《斯穆特-霍利关税法》（Smoot-Harley Tariff Act）把关税由1929年的40.1%提高到1932年的59.1%。这直接导致美国对外贸易的急剧下降。1929—1933

---

[1] Kerry A. Chase, *Trading Blocs: States, Firms, and Regions in the World Economy*, University of Michigan Press, 2005.

年，美国进口下降66%，出口下降61%，GDP下降53.9%，失业率从1930年的8%上涨到1932—1933年的25%。此举不仅打击了美国经济，而且对世界经济造成重大影响，1929—1934年，世界贸易下降了66%。[1]在美国的带动下，1928—1932年的关税，加拿大由23.3%升到27.4%，英国由9.9%升到23.1%，德国由7.9%升到23.8%，法国由8.7%升到17.5%，阿根廷由18.8%升到28.8%，意大利由6.7%升到23.5%，澳大利亚由22.4%升到41.2%。[2]

虽然大萧条不是《斯穆特-霍利关税法》引起的，但批评者认为它毒化了美国与其他国家之间的贸易关系，导致其他国家也纷纷提高关税，把世界贸易带进一个下行通道，使得一次原本温和的经济衰退演变成大萧条。[3]罗斯福上台后，民主党人决定以对外开放来对抗贸易保护主义。作为美国对外贸易政策一次重要改革，于1934年出台的《对等关税协议法》(Reciprocal Tariff Agreement Act)有三个主要内容。第一，它规定美国只能与其他国家对等降低关税。把国内国外降低关税绑定在一起，有利于在国内政治中聚集支持贸易自由化的力量。即使政权在两党之间轮替、现存国际协议的义务，以及如果单方面增税招致报复时对选区民众产生影响，也使政客们不敢轻易抵制。这延长了关税协议的生命。因此，这一立法不仅降低了关税，还

---

[1] Bureau of Census, "U. S. Department of State"，引自Wikipedia的"Smoot-Hawley Tariff Act"词条。
[2] Douglas A. Irwin, "From Smoot-Hawley to Reciprocal Trade Agreements: Changing the Course of U. S. Trade Policy in the 1930s", In Michael D. Bordo, Claudia Goldwin and Eugene N. White, eds., *The Defining Moment: The Great Depression and the American Economy in the Twentieth Century*, The University of Chicago Press, 1998, p. 339.
[3] Ibid.

使低关税制度化。[1]第二，国会授权总统启动与外国进行增减上限为50%的关税谈判。为躲避选区内贸易保护主义的压力，国会议员们基本上放弃了自己就关税立法的权利，让美国总统成为关税谈判的唯一权威。第三，不以条约而以协议的形式有利于在国会通过。因为协议在国会通过时只需要简单多数，而条约则需要2/3票数的支持。[2]这次立法改变了美国国内关于关税问题的政治格局。

当时美国国内对对等原则有两种不同立场。一种是当时的国务卿霍尔（Cordell Hull）代表的自由贸易理念，他主张美国应该带头削减导致各国冲突的贸易壁垒，即使有些自我牺牲，也要重建能阻止战争的经济繁荣。他还主张一旦美国对一个国家承诺降低关税，新的税率就自动适用于所有的贸易最惠国，这样将消除不同国家有不同待遇体现的歧视。[3]

另一种观点则把对等视为与他国讨价还价的工具。面对各种贸易保护主义工具，如关税、外汇管制、进口定额、双轨制价格及双边协议，美国必须用对等税协议来平衡经常账户。与一个国家谈成减税，就要将这个新税率适用于所有最惠国，等于是"在经济领域中无条件地放下武器"。这种观点主张当美国与一个国家根据对等原则在贸易协议中做出第一次让步时，这一让步只适用于那些对美国已经做

---

[1] Michael A. Bailey, Judith Goldstein and Barry R. Weingast, "The Institutional Roots of American Trade Policy: Politics, Coalitions, and International Trade", *World Politics*, Vol. 49, No. 3(1997), pp. 339-370.

[2] Douglas A. Irwin, *Clashing Over Commerce: A History of US Trade Policy*, The University of Chicago Press, 2017, pp. 431-432.

[3] Harold B. Hinton, *Cordell Hull: A Biography*, Doubleday, Doran and Company, Inc., 1942, p. 262; p.271.

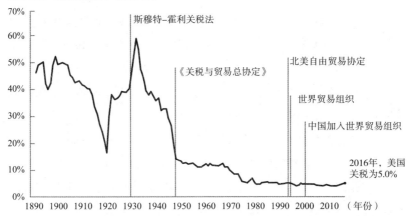

来源：U. S. International Trade Commission，转引自 Andrew Chatzky, "The Truth about Tariffs", www.cfr.org/backgrounder/truth-about-tariffs，访问时间：2021年1月2日。

图 5-1 《对等关税协议法》开启了美国关税大幅度下降的历史阶段

出不少于这个国家对美国做出的让步的国家。[1]

最终第一种观点取胜。《对等关税协议法》规定，美国谈判达成的新关税标准，将无条件地适用于所有拥有美国最惠国待遇的国家。[2] 至 1945 年，美国与 29 个国家签订关税条约。[3] 如图 5-1 所示，《对等关税协议法》开启了一个美国关税大幅度下降的历史阶段，进

---

[1] Arthur M. Schlesinger, Jr., *The Coming of the New Deal: The Age of Roosevelt 1933-1935*, Houghton Mifflin Company, 2003, pp. 255-256.

[2] Douglas A. Irwin, "From Smoot-Hawley to Reciprocal Trade Agreements: Changing the Course of U. S. Trade Policy in the 1930s", In Michael D. Bordo, Claudia Goldwin and Eugene N. White, eds., *The Defining Moment: The Great Depression and the American Economy in the Twentieth Century*, The University of Chicago Press, 1998，p. 335.

[3] Arthur M. Schlesinger, Jr., *The Coming of the New Deal: The Age of Roosevelt 1933-1935*, Houghton Mifflin Company, 2003, p. 259.

而积极推动了战后国际贸易的恢复以及后来全球化的进展。

国际政治经济学的霸权理论认为,美国的这种领导力是它成为世界霸权国的原因。由于国际经济秩序本身是一种公共物品,只有霸权国才能稳定地提供公共物品,因此霸权国是国际经济秩序稳定的保障。对霸权国提供这种公共物品的原因,学术界有不同解释。在金德尔伯格看来,提供这种服务不仅要付出成本,而且还要努力争取他国的支持,因此只能源于霸权国的无私和远见。吉尔平(Robert Gilpin)则从利益的角度解释霸权国提供公共物品的动机。他认为霸权国除了有强大的政治军事力量外,还有世界上最有效率的经济。既然它有最有效率的经济,就理应从自由贸易中获得最多的利益。[1]

战后格局:是独善其身,还是多边联盟?

美国在第二次世界大战中摧毁了德国、日本建立的封闭的地区性贸易集团。战后,美国领导人认为20世纪30年代世界贸易的卡特尔化与第二次世界大战的爆发有直接关联,只有建立多边贸易秩序才能防止世界大战再次发生。为此,它把前敌国德国和日本也纳入这个基于市场原则、限制政府干预、多边主义和非歧视原则的国际贸易新秩序。[2]

---

[1] Arthur A. Stein, "The Hegemon's Dilemma: Great Britain, the United States, and the International Economic Order", In Charles Lipson and Benjamin J. Cohen, eds., *Theory and Structure in International Political Economy: An International Organization Reader*, The MIT Press, 2000, pp. 283-314.

[2] Charles Lispon, "The Transformation of Trade: the Sources and Effects of Regime Change", In Stephen D. Krasner, ed., *International Regime*, Cornell University Press, 1983, pp. 233-272; p. 260; p. 284; p. 256.

《关税与贸易总协定》直接复制了美国根据《对等关税协议法》与他国签订的协议中与对等有关的条款，包括无条件最惠国待遇、政府采购和改变已定关税的补偿程序等。[1]

美国为建立和维持战后多边贸易体制付出了较高的成本。在关税谈判时，美国得到的始终比给出去的少。美国认为世界经济的恢复离不开欧洲内部贸易的重建，作为实施马歇尔计划的条件，美国坚持欧洲国家在贸易方面必须减少彼此之间的歧视，但允许它们作为一个集团歧视非欧洲国家。欧洲国家因此撤销了彼此之间的进口配额，却保留了对美国的限制。[2] 无论是19世纪英国霸权下的贸易体制，还是20世纪美国霸权下的贸易体制，都建立在非对称的基础之上，它允许歧视存在，特别是允许歧视霸权国。这种自由贸易体制虽然降低了关税，但实现的只是相对的自由贸易，而不是理想的自由贸易。[3]

战后美国愿意承担多边贸易体制的成本，除去历史的经验教训之外，还有两大原因。首先，美国有经济实力来负担这些成本。二战后，在主要工业国中，欧洲和日本被战火摧毁大半。即使在1952年，美国在十大工业国出口总量中的占比仍然达35%，制造业在美国出口总额中的占比达35%，美国当时在几乎所有的主要工业类别中都有贸易顺差。其次，冷战使美国国内普遍支持承担建立和维持多边贸易体

---

[1] Joanne Gowa, "Explaining the GATT/WTO: Origins and Effects", In Lisa L. Martin, ed., *The Oxford Handbook of the Political Economy of Trade*, Oxford University Press, 2019, p. 23.

[2] Arthur A. Stein, "The Hegemon's Dilemma: Great Britain, the United States, and the International Economic Order", In Charles Lipson and Benjamin J. Cohen, eds., *Theory and Structure in International Political Economy: An International Organization Reader*, The MIT Press, 2000, pp. 283-314.

[3] Ibid.

制的成本。[1]为了维持冷战联盟,美国不得不允许盟友搞贸易保护主义,让它们实现战后经济重建和充分就业。为此,美国既要暂时牺牲自由贸易的理想,还要部分牺牲自己的国内市场和就业机会。[2]

欧洲经济共同体:是深度整合,还是维持主权国家市场?

二战后,对等原则让欧洲各国走上深度整合的道路,不断减少各国经济政策和法律法规的差异,使它们更适合经济交换。深度整合一般有三个功能:保护外国企业的利益,打破贸易投资壁垒,以及为提高国际生产的效率协调国内的有关规则。[3]

战后美国对欧洲政策有两大目标——防止共产主义和防范德国军国主义复活。为此,美国主张欧洲国家应该尽快以多边结算体制降低关税和贸易壁垒,最终成立欧洲海关联盟(European Custom Union)。[4]

欧洲在推进经济整合时有两种不同的理念:法国主张建立一个超国家主义(supranationalism)的权威机构——欧洲煤钢共同体,永久性地解决法德之间的矛盾,这个组织将负责欧洲煤炭和钢铁生产的

---

[1] Robert E. Baldwin, "The Changing Nature of U. S. Trade Policy since World War II", In Robert E. Baldwin and Anne O. Krueger, eds., *The Structure and Evolution of Recent U. S. Trade Policy*, The University of Chicago Press, 1984, pp. 8-9.

[2] Thomas W. Zeiler, *Free Trade, Free World: The Advent of GATT*, The University of North Carolina Press, 1999.

[3] Soo Yeon Kim, "Deep Integration and Regional Trade Agreements", In Lisa L. Martin, ed., *The Oxford Handbook of the Political Economy of Trade*, Oxford University Press, 2015, p. 361.

[4] Andrew Glencross, *The Politics of European Integration*, Wiley Blackwell, 2014.

现代化，平等地向成员国提供煤炭和钢铁，推动向非成员国的出口，并提高这两个产业里工人的生活水准，最终向建立欧洲联邦迈进。联邦德国坚决支持法国的设想，时任总理阿登纳（Konrad Adenauer）尤其赞同建立一个超国家主义的权威机构，认为这种共享主权要比有限主权好得多。但这一动议遭到英国的反对，因为它在战后的贸易战略是一方面建立与美国的特殊关系，另一方面在英联邦范围内继续维持歧视性的关税政策。荷兰则想平衡法德在欧洲的影响力，提出应该建立一个政府间主义（intergovernmentalism）的协调机构。[1]

最后的组织架构是这两种理念妥协的产物。1951年，法国、联邦德国、意大利、比利时、荷兰和卢森堡签署《欧洲煤钢共同体条约》，[2]并于1957年签署《罗马条约》，建立欧洲经济共同体，向深度整合迈进。《罗马条约》规定：逐步降低关税并建立关税同盟；成立共同市场，保证货物、人员、服务和资本在成员国之间的自由流动；打造共同的农业政策和交通政策，并设立欧洲社会基金和成立欧盟委员会。《罗马条约》后来经过几次修改，于2009年以《里斯本条约》的形式成为《欧盟运作条约》（Treaty on the Functioning of the European Union）。[3]

欧洲经济共同体实现的深度整合，带来了产业内贸易的蓬勃发展。表5-1中产业内贸易在本国制造业贸易总量中的高占比，显示出欧洲各国经济之间的深度融合和交集——许多欧洲国家制造业产业内贸易高达制造业贸易总额的70%以上。战后欧洲国家经济深度整

---

[1] Andrew Glencross, *The Politics of European Integration*, Wiley Blackwell, 2014.
[2] Ibid.
[3] Ibid.

合和产业内贸易迅速发展的国际政治经济学意义是什么呢?

表 5-1　各国产业内贸易在制造业贸易总额中的占比（1972 年）

单位：%

国家	产业内贸易占比	国家	产业内贸易占比	国家	产业内贸易占比
法国	87.4	新加坡	71.4	墨西哥	54.8
英国	81.9	丹麦	70.3	巴西	49.8
荷兰	78.7	比利时	70.1	西班牙	49.1
瑞典	76.3	爱尔兰	64.5	葡萄牙	40.9
西德	76.0	瑞士	60.9	韩国	39.2
奥地利	75.0	澳大利亚	58.5	希腊	35.7
加拿大	73.5	美国	57.3	印度	22.9
挪威	72.5	南斯拉夫	55.3		
意大利	72.3	日本	54.8		

来源：Antonio Aquino, Intra-industry Trade and Inter-industry Specialization as Concurrent Sources of International Trade in *Manufactures, Weltwirtschaftliches Archiv*, Vol. 114, No. 2, 1978, 引自 Nigel Grimwade, *International Trade: New Patterns of Trade, Production and Investment*, Second edition, Routledge, 2000, p. 83。

对等原则通过削减贸易投资壁垒推动了经济深度整合，由此产生的产业内贸易对战后发达国家之间避免冲突发挥了重要的作用。比较优势理论追求根据要素禀赋进行国际分工带来的效率，产业内贸易则追求同一产品进入各国市场带来的规模经济。[1] 美国与欧洲

---

[1] Timothy M. Peterson and Cameron G. Thies, "Intra-Industry Trade and Policy Outcomes", In Lisa L. Martin, ed., *The Oxford Handbook of the Political Economy of Trade*, Oxford University Press, 2015, pp. 177-195; p. 179; pp. 177-195.

以及欧洲各国之间虽然拥有相似的要素禀赋，但通过产业内贸易也发展出巨额贸易量。[1]产业内贸易对一国的影响，打破了上文介绍的罗格斯基的社会阶级理论和弗里登的产业部门理论的预测。由于不涉及分工产生的调整，无论是阶级、阶层，还是单一产业内，要形成贸易保护主义的共识都更为困难。虽然产业内贸易对国内相关行业仍然有影响，因为产业内贸易自由化会在行业中重新配置资源，使有竞争力的企业走向国际市场，同时使缺乏竞争力的企业退场；但这种影响不再是由于国际分工使一个产业在一国完全消失，而产生政治上的调整代价。[2]由于产业内贸易自由化的成本最后落在没有竞争力的单个企业身上，因此游说政府实行贸易保护主义的更可能是单个的企业，而不是产业协会。如此一来，游说的力度和效果必然大打折扣。所以，产业内贸易在很大程度上改变了贸易自由化的国内政治。[3]

与产业间贸易相比，产业内贸易自由化引起的调整成本要低很多。产业内贸易既可以为消费者提供更多选择和更低价格，又帮助本国企业进入国际市场，它给经济增加福利，却对再分配只有较少影响。由于产业内贸易不取决于要素禀赋的充沛和稀缺，其自由化不会引起对稀缺要素需求的减少，因此也不会导致使用稀缺要素的产业走

---

[1] Charles Lispon, "The Transformation of Trade: the Sources and Effects of Regime Change", In Stephen D. Krasner, ed., *International Regime*, Cornell University Press, 1983, p. 260.

[2] Mary Anne Madeira, "The New Politics of the New Trade: The Political Economy of Intra-Industry Trade", In David A. Deese, ed., *Handbook of the International Political Economy of Trade*, Edward Elgar, 2014, p. 124.

[3] Ibid, p. 131.

向衰落。[1]即使一个国家某行业生产率不高,但是它的产品如果能增加花色品种,仍然会有一定的市场,而不会被彻底淘汰。当企业可以通过产业内贸易在海外扩大市场、实现规模经济,它面对来自他国同类产品时就不太会要求政府实行贸易保护主义。[2]对政府而言,无论是在维持税收还是在保证就业方面,与产业间贸易自由化相比,产业内贸易自由化带来的压力都要小很多。[3]这正是欧洲各国得以有效化解国内对贸易自由化抵触的重要原因。[4]

对等问题2.0:非关税壁垒问题的登场

根据国际政治经济学的霸权理论,当霸权国像19世纪的英国和第二次世界大战后的美国那样拥有强大的经济实力时,它们可以支撑一个开放的、自由主义的国际经济秩序。在金融和贸易领域,这种秩序会限制各国政府出于国内政治目的干预国际国内经济事务。这种秩序的强度取决于支撑它的霸权国的实力。当霸权国实力下降时,自由

---

[1] Mary Anne Madeira, "The New Politics of the New Trade: The Political Economy of Intra-Industry Trade", In David A. Deese, ed., *Handbook of the International Political Economy of Trade*, Edward Elgar, 2014, p. 123.

[2] Timothy M. Peterson and Cameron G. Thies, "Intra-Industry Trade and Policy Outcomes", In Lisa L. Martin, ed., *The Oxford Handbook of the Political Economy of Trade*, Oxford University Press, 2015, p. 179.

[3] Cameron G. Thies and Timothy M. Peterson, *Intra-Industry Trade: Cooperation and Conflict in the Global Political Economy*, Stanford University Press, 2016.

[4] Timothy M. Peterson and Cameron G. Thies, "Intra-Industry Trade and Policy Outcomes", In Lisa L. Martin, ed., *The Oxford Handbook of the Political Economy of Trade*, Oxford University Press, 2015, pp. 177-195.

主义国际经济秩序就可能开始支离破碎，最终被重商主义的制度安排取代。[1]随着美国的经济实力从顶峰开始下滑，要求贸易伙伴对等开放就成为美国国内政治的关注焦点。

20世纪五六十年代，以对等降低关税为特征的贸易自由化，引发了美国国内政治势力的两次重组。第一次发生在50年代初，民主党与共和党在贸易自由化的立场上换位：前者从贸易自由化积极推动者的立场退缩，开始成为国内受进口伤害的轻工业和能源业的政治代表；后者随着艾森豪威尔当选总统并控制国会，转变成贸易自由化的积极推动者，并得到了有强大国际竞争力的美国大企业的支持。第二次变化的意义更为深远。在60年代后期，美国最大的工会劳联－产联（AFL-CIO）放弃支持自由贸易的政策立场，开始支持对进口设定配额。[2]20世纪70年代，美国经济实力进一步下滑。在1960年至1979年期间，美国货物出口在15个最大工业国中的占比从25.2%降到18.3%，制造业在美国出口总额中的占比由22.8%降到15.5%，美国国民生产总值（GNP）在以上15国中的占比也由58.1%降到38.1%。[3]

发达国家在20世纪五六十年代大幅度降低关税之后，开始使用非关税壁垒来保护本国在国际贸易中的利益。从60年代开始，农业和石油等初级产品以及棉纺和钢铁等行业开始出现许多进口数量限

---

[1] John Gerard Ruggie, "International Regimes, Transactions, and Change: Embedded Liberalism in the Postwar Economic Order", In Stephen D. Krasner, ed., International Regime, Cornell University Press, 1983, pp. 195-232.

[2] Robert E. Baldwin, "The Changing Nature of U. S. Trade Policy since World War II", In Robert E. Baldwin and Anne O. Krueger, eds., *The Structure and Evolution of Recent U. S. Trade Policy*, The University of Chicago Press, 1984, pp. 5-32.

[3] Ibid, p. 22.

制。各国政府为改善国际收支状况，大量使用出口退税和进口保证金计划，为支持落后地区的经济增长或者发展高科技产业提供各种国内补贴。这些非关税壁垒削弱了降低关税带来的贸易利益。[1]

在1964年开始的《关税与贸易总协定》谈判的肯尼迪回合中，美国把欧洲经济共同体的关税同盟对贸易的负面影响提上议事日程。1973年，东京回合谈判开启，美国的产业界、工会和农业等利益团体十分担心非关税壁垒对美国出口的影响。美国国会一方面强化公平贸易法，另一方面要求总统与其他国家就非关税壁垒的新国际准则进行谈判。[2]东京回合第一次就非关税壁垒展开谈判，并达成了关于补贴和反补贴税守则、反倾销守则以及技术性贸易壁垒守则等。然而，在1973—1974年的第一次石油危机以及后续的经济衰退中，各发达国家都出台了贸易保护主义措施。各个产业部门——既包括钢铁和造船这类资本密集型的传统产业，也包括纺织服装、鞋和家用电器这类轻工业及耐用消费品制造业——都在大声抱怨进口带来的竞争。这一轮贸易保护主义之所以以非关税壁垒为主，不仅是因为它们比关税更有效，也是因为关税已经被降到很低，而且在东京回合谈判期间不允许变动。[3]

---

[1] Robert E. Baldwin, "The Changing Nature of U. S. Trade Policy since World War II", In Robert E. Baldwin and Anne O. Krueger, eds., *The Structure and Evolution of Recent U. S. Trade Policy*, The University of Chicago Press, 1984, p. 18.
[2] Ibid, pp. 23-24.
[3] Charles Lispon, "The Transformation of Trade: the Sources and Effects of Regime Change", In Stephen D. Krasner, ed., *International Regime*, Cornell University Press, 1983, p. 284.

日美贸易战的根源：缺乏对等和产业内贸易

日本在冷战的特殊历史条件下被纳入美国主导的国际贸易秩序中。1947年美国拉日本加入《关税与贸易总协定》时，不仅自身对日本进行重大让步，而且还对加拿大、丹麦、芬兰、意大利、挪威和瑞典等国做出让步，换取这些国家对日本的让步。[1]在这种不对称合作中，[2]美国向日本高度开放自己的市场，同时还容忍日本对美国投资设置的障碍。想去日本投资的美国企业被迫向日本企业颁发技术许可，失去了自己的技术优势。[3]

日本首相吉田茂制定的国策，是在冷战中坚决站在美国一边，以换取经济利益，专心发展。[4]战后，日本为集中有限资源发展高附加值的产业，没像欧洲那样发展福利国家，而是通过各种规制规则抑制竞争，维持就业，这使外资和外国产品很难打入日本市场。到80年代初，美联储用高利率遏制恶性通货膨胀，国际流动资本涌向美国导致美元大幅度走强，贬值的日元使日本产品在美国市场上的竞争力急剧提升。日本汽车和家电开始大量涌入美国市场，美国对日本的贸

---

[1] Robert E. Baldwin, "The Changing Nature of U. S. Trade Policy since World War II", In Robert E. Baldwin and Anne O. Krueger, eds., *The Structure and Evolution of Recent U. S. Trade Policy*, The University of Chicago Press, 1984, p. 256.

[2] Arthur A. Stein, "The Hegemon's Dilemma: Great Britain, the United States, and the International Economic Order", In Charles Lipson and Benjamin J. Cohen, eds., *Theory and Structure in International Political Economy: An International Organization Reader*, The MIT Press, 2000, pp. 283-314.

[3] Robert Gilpin, *U. S. Power and the Multinational Corporation: The Political Economy of Foreign Direct Investment*, Basic Books, 1975, p. 145.

[4] Bai Gao, *Economic Ideology and Japanese Industrial Policy: Developmentalism from 1931 to 1965*, Cambridge University Press, 1997.

易逆差大幅增长。[1]日美贸易战就是在这种背景下爆发的。

美国认真研究了两国贸易后认为,贸易投资壁垒是日美贸易不平衡的症结所在。日本有许多抑制竞争的政策和制度,例如标准和检验、知识产权保护、健康与安全方面的规制、竞争政策、研发的组织和支持、企业金融结构以及政府-企业关系等。这些制度并不一定是为歧视外国企业而设计的,但它们在实践上有这样的效果。美国以及后来的欧洲在与日本谈判时,把它们统称为影响贸易的"结构性障碍"(structural impediments)。[2]"贸易投资壁垒"开始作为比"贸易领域的非关税壁垒"更准确地描述两国之间经济冲突的概念登场。

"结构性障碍"的后果是日本与他国贸易的类型仍然以产业间贸易为主。有研究证明,与美国和其他OECD国家的贸易关系相比,美日贸易冲突之所以愈演愈烈,就是因为美国与前者的贸易类型以产业内贸易为主,而与后者的贸易则以产业间贸易为主。[3]

表5-2为美国政府在与日本政府交涉时使用的数据。它显示,无论是整车还是汽车零部件进口在销售总额中的比例,日本都远远小于其他发达国家;其他发达国家中整车进口比例最小的美国也比日本高8倍,汽车零部件进口比例最小的意大利也比日本高6.7倍。日本作为世界汽车主要生产国之一在汽车行业却基本没有发展产业内贸易,是美国发动贸易战的重要原因之一。

---

[1] Bai Gao, *Japan's Economic Dilemma: The Institutional Origins of Prosperity and Stagnation*, Cambridge University Press, 2001.
[2] Laura D'Andrea Tyson, *Who's Bashing Whom? Trade Conflict in High-Technology Industries*, Institute for International Economics, 1992, p. 30.
[3] Mary Anne Madeira, "The New Politics of the New Trade: The Political Economy of Intra-Industry Trade", In David A. Deese, ed., *Handbook of the International Political Economy of Trade*, Edward Elgar, 2014, pp. 113-134.

表 5-2 美国、日本和欧洲汽车与汽车零部件市场中进口占比

单位：%

	美国	日本	德国	英国	法国	意大利
进口汽车	33.0	4.0	39.0	54.0	38.0	55.0
进口汽车零部件	32.5	2.4	25.0	60.0	49.0	16.0

来源：Masao Satake, "Trade Conflicts Between Japan and the United States over Market Access: the case of Automobiles and Automotive Parts", ANU/Research Publications, 2000, https://openresearch-repository.anu.edu.au/bitstream/1885/40449/3/pep-310.pdf, 访问时间：2021年1月2日。

对等原则对发展中国家的豁免与多哈回合的僵局

在战后国际贸易秩序建立之初，发展中国家就积极维护自身利益。美国最初的设想是在世界银行和国际货币基金组织之外成立国际贸易组织。1947 年，56 个国家在古巴聚会通过国际贸易组织的《哈瓦那宪章》。美国起草的初稿强调自由贸易，发展中国家则主张为了本国经济发展，它们必须实行贸易保护主义，包括制定进口配额。最后的文件中加进了发达国家为发展中国家的新兴工业提供技术支持，以及在国际贸易组织批准的条件下允许采取保护措施等内容。然而，鉴于美国国内政治局面，美国总统杜鲁门拖到 1950 年才把国际贸易组织章程报到国会审批，最后在一片反对声中无疾而终。[1]

发展中国家履行关税领域对等原则的义务在 1979 年得到《关税与贸易总协定》的永久豁免，是在冷战背景下美国、欧洲和苏联三方角力的结果。苏联在斯大林去世后采取和平共处的外交政策，在联合

---

[1] UNCTAD, "UNCTAD at 50: A Short History", United Nations, 2014.

国从过去的一味否决开始变成积极推动议题。在去殖民化的过程中，联合国成员国由1950年的60国增加到1960年的99国。大量发展中国家的加入对美国控制投票数形成挑战。美苏出于各自的原因，都担心欧洲经济共同体的贸易保护主义倾向。苏联指责欧共体是封闭的西方经济小团体，不利于国际经济合作，一直要求召开新的国际贸易大会。美国既警惕欧共体的内部优惠关税，在肯尼迪回合与这些国家谈判，要求降低对美国产品的关税；又担心苏联拉拢发展中国家，不同意成立一个新的国际组织取代《关税与贸易总协定》。最后，美国同意成立一个专门供发展中国家讨论国际贸易问题的新组织，这就是联合国贸易发展会议（UNCTAD）的由来。[1]

1970年，联合国贸易发展会议优惠特别委员会确立了通用优惠制度（Generalized System of Preferences），18个发达国家和5个苏东集团国家与地区同意给发展中国家优惠的关税。1971年，18个发展中国家申请并得到10年的优惠关税。[2]通用优惠制度与最惠国待遇有很大不同：最惠国待遇意味着在某国有最惠国待遇的所有国家都将被征收同样的关税，而通用优惠制度却允许一个国家对发达国家和发展中国家征收不同的关税。联合国贸易发展会议对《关税与贸易总协定》形成了政治压力，1979年《关税与贸易总协定》通过"使能条款"（enabling clause），把对发展中国家实施通用优惠制度，作为一项对成员国实行最惠国待遇义务的永久性豁免。[3]

冷战结束后，世界贸易组织取代《关税与贸易总协定》，成为战

---

[1] UNCTAD, "UNCTAD at 50: A Short History", United Nations, 2014.
[2] Ibid.
[3] Ibid.

后覆盖国家和地区数最多的国际贸易组织。削减贸易投资壁垒时的对等问题很快开始困扰WTO，并成为多哈回合的主要障碍之一。

这背后的重要原因之一是全球生产方式的崛起。在20世纪后期，管理和技术创新不仅催生了丰田式的实时库存管理（just in time inventory management），而且由于信息、通信和交通成本的下降，许多服务开始进入国际贸易领域。发达国家的公司越来越倾向于打破国境的限制，追求分工程度更高的专业化和地域多样性。各国在服务业、外国直接投资、技术转让和无形资产保护等方面规则的不同，增加了企业的成本。企业要求各国将市场进入、运营和退出方面的规制降到最低，以减少运营成本和不确定性。[1]

企业内贸易最初源于20世纪50年代美国的跨国公司为避开欧洲国家的关税壁垒实行的离岸生产。20世纪80年代价值链理论催生的全球生产体制的普及，带来一个深刻变化：虽然发达国家的关税和贸易投资壁垒比较低，有利于跨国公司的资源配置；但由于发达国家彼此之间工资水平接近，因此它们的合作带来的降低成本的效果，不如发达国家与发展中国家合作明显。[2] 但在发展中国家组织全球生产，又面临着贸易投资壁垒这一障碍。这就是为什么发达国家越来越要求发展中国家在减少贸易投资壁垒方面做出更多承诺。

---

[1] Bernand M. Hoekman and Michel M. Kostecki, *The Political Economy of the World Trading System: The WTO and Beyond*, 3rd edition, The University of Chicago Press, 2009, p. 584.
[2] Ibid.

中美贸易冲突的根源：贸易投资壁垒与产业内贸易

为什么中美关系一度在过去几年里迅速恶化？中美贸易争端与日美贸易战相比，既有共同特征，即贸易投资壁垒和产业内贸易问题；又有两个巨大的不同，因此更为复杂。

先说不同。首先，日美贸易战发生在全球化钟摆运动转向释放市场力量、新自由主义影响日益增长的阶段。在这场争端中，美国的重点目标是削减日本的贸易投资壁垒，促进日本发展产业内贸易。中美贸易争端则发生在全球化开始逆转、各国公共政策走向保护社会的阶段，美国国内支持贸易保护主义的政治力量与20世纪80年代相比要强大得多。特朗普的"美国第一"反映的是与1930年通过《斯穆特－霍利关税法》时相似的民意，这也是特朗普同时与许多国家出现贸易争端的原因。

其次，中美政治经济制度的不同远远大于日美之间的不同。在冷战结束后的很长一段时间里，西方国家并没有将中国的不同视为威胁。然而过去十余年里，中国经济特别是高新技术产业的发展速度，在国土、人口和经济规模以及各种数量化指标反映的中美相对实力对比变化的影响下，把体制不同带给美国的危机感空前放大。美国在历史上还从未有过这样一个对手。当年美国从日本感受到威胁的战略产业只有芯片，如今从中国感受到威胁的产业则有人工智能、量子计算、5G、大数据、物联网、云计算、无人机、新能源，以及各种军事技术。这种挑战的广度和深度加剧了美国的恐惧。

尽管如此，中美贸易争端与日美战在贸易层面还是有两个相似之处，即贸易投资壁垒和产业内贸易的问题，这恰恰是萨缪尔森陷阱的当代意涵。

美国要求中国对等的过程有三个重要的时点：2008年、2010年和2015年。2008年北京奥运会的成功举办，向世界展现了中国改革开放以来经济实力的快速增长。同年，全球金融危机爆发，西方国家经济陷入严重衰退。也正是在这一年，美国开始与中国谈投资协议，试图在双边基础上谈市场准入和削减贸易投资壁垒的问题。2010年，中国GDP总量超过日本成为世界第二，美国开始认真地面对中国崛起带来的挑战，并于2011年公布重返亚太和TPP的组合战略。其中，TPP旨在建立一个第二代自由贸易协定，在多边基础上应对中国的崛起；其核心在于关税归零，并大幅度削减贸易投资壁垒，从根本上改善市场准入的条件。TPP在本质上仍然是一个消极的策略，即美国先率领其他11国建好一个涵盖世界GDP 40%的第二代自由贸易秩序，让中国看到如果不做出实质性改变就会失去什么，但美国并没有强迫中国改变自己。2015年中国公布的《中国制造2025》，成为压倒骆驼的最后一根稻草。美国反对《中国制造2025》，固然有打压中国高新产业发展的一面，但同时还应该看到与日美贸易战十分相似的另一面，即贸易投资壁垒与产业内贸易的问题。美国对《中国制造2025》的主要不满之一，是它认为中国政府采取的政策手段增加了贸易投资壁垒。[1] WTO与世界银行的一份报告也指出，这一文件进一步放大了由中国不像其他主要经济体一样开放所引起的担忧。尽管中国政府官员一再解释要求国产化只是指导性意见，并不是强制性目标，但还是引起了国际上对中国

---

[1] Bonnie S. Glaser, "Made in China 2025 and the Future of American Industry", Center for Strategic & International Studies, 2019; U. S. Chamber of Commerce, "Made in China 2025: Global Ambitions Built on Local Protections", U. S. Chamber of Commerce website, Mar. 16, 2017.

政府政策方向的认识混乱。[1]

中美贸易冲突的另一大原因，是美国认为中国拒绝在高新技术产业发展产业内贸易。一般认为，产业内贸易更多发生在要素结构相似的富裕国家之间。直到今天，中美两国要素结构的很大部分仍然不同，产业间贸易应属正常，这也是为什么美国对中国的诉求一直集中在让它具有优势的产业打开中国市场。然而，在高新技术产业，美国人是用发展的眼光看问题的。《中国制造2025》列出的10大产业中，有些与美国直接构成竞争关系，这种竞争关系意味着中国在这些产业的资本和技术要素已经或者即将与美国处于同一水平。但是美国看到《中国制造2025》对若干个行业设定2025年实现70%国产化的明确指标，这意味着中国即使在这些产业的资本和技术要素达到与美国相似的水平时，仍然没有显示出发展产业内贸易的意愿。让美国更担心的是，中国不仅在高新技术产业计划坚持产业间贸易，而且要在国内市场占据价值链高端，将来还要在国际市场取代西方企业。[2]战后的美国与欧洲吸取20世纪30年代贸易保护主义的教训，削减贸易投资壁垒，发展产业内贸易。日本和中国是例外，所以成为美国发动贸易争端的对象。

美国是全面反对中国产业升级换代吗？特朗普政府采取的各种打压中国高新技术产业的措施，的确可以解释为美国是要打压中国的产业升级换代。但与此同时，也有美国人认为中国经济进入成熟期

---

[1] World Bank, World Trade Organization, *Global Value Chain Development Report 2019: Technological Innovation, Supply Chain Trade, and Workers in A Globalized World*, World Bank Group, 2019, p151.

[2] Bonnie S. Glaser, "Made in China 2025 and the Future of American Industry", Center for Strategic & International Studies, 2019; U. S. Chamber of Commerce, "Made in China 2025: Global Ambitions Built on Local Protections", U. S. Chamber of Commerce website, Mar. 16, 2017.

后，通过增加研发投资和鼓励研发能力、经济效率的公共政策，追求一个基于创新的经济，是很自然的事情。[1]把德国"工业 4.0"与《中国制造 2025》进行比较后，美国人发现德国式产业规划并不构成对美国产业的直接威胁。因为与《中国制造 2025》相比，德国"工业 4.0"的政府补贴数量要小得多，而且集中于基础研究，更重要的是它既没有设定进口替代的具体指标，同时德国经济对外国的参与和竞争也更为开放。[2]这派观点认为，美国反对的不是中国产业升级换代本身，而是在这个过程中通过国产化和进口替代关闭国内市场，剥夺美国企业参与的机会。

理论上说，在一对双边贸易关系中，相对落后的一国经济发展后，增加的资本和财富本应为发展产业内贸易创造条件；因为只有当国家相对富裕后，消费者才能对同类产品有不同的品味。然而国际政治经济学揭示，发展产业内贸易离不开对等原则。相对落后国家的经济发展本身既不会自动保证双边关系的和平，也不能避免双边关系走向敌对，因为经济发展后如果仍然延续产业间贸易，就会增加贸易伙伴由分工带来的调整成本和相互依赖带来的风险。反之，不论双方贸易规模和贸易自由化程度如何，产业内贸易比例越高，双边关系就越和平。[3]

---

[1] U. S. Chamber of Commerce, "Made in China 2025: Global Ambitions Built on Local Protections", U. S. Chamber of Commerce website, Mar. 16, 2017.

[2] Bonnie S. Glaser, "Made in China 2025 and the Future of American Industry", Center for Strategic & International Studies, 2019; James McBride and Andrew Chatzky, "Is 'Made in China 2025' a Threat to Global Trade? ", Council on Foreign Relations website, May 13, 2019; U. S. Chamber of Commerce, "Made in China 2025: Global Ambitions Built on Local Protections", U. S. Chamber of Commerce website, Mar. 16, 2017.

[3] Cameron G. Thies and Timothy M. Peterson, *Intra-Industry Trade: Cooperation and Conflict in the Global Political Economy*, Stanford University Press, 2016.

为什么贸易在过去一直是中美双边关系的压舱石，如今却变成冲突的导火索？国际政治经济学现实主义的贸易期待理论提供了很好的解释："国家之间走向战争不是由于（国家）单位层面的力量（unit-level forces）不再受制约，而是对未来贸易预期的崩溃使它们对自己长期安全的前景变得悲观。依赖他国的大国不再相信国际体系对它有所帮助，并有理由认为预防性战争或更强硬的政策，也许能使它重新获得那些已经或即将拒绝它的资源、投资和市场通道。"[1]这正是从萨缪尔森陷阱通往修昔底德陷阱的因果机制。

讨 论

战后美国推行对等原则的根本原因，是吸取大萧条与二战的历史教训，通过建立多边贸易体制以避免大国之间由于经济矛盾再次走向世界大战。回顾战后国际贸易秩序的发展过程，对等原则演变的内在逻辑很清晰：发达国家有顺序地推进多边主义原则下的市场整合，它们最初减少像关税和配额等国境措施这类市场准入的障碍，然后开始处理像补贴和产品标准等国内影响贸易的政策，最近则以增强外国产品在各国市场竞争力为目的直接挑战像服务业这种国内规制体系。[2]对等削减贸易投资壁垒与发展产业内贸易对欧美之间以及欧洲国家之间避免重大贸易冲突发挥了非常重要的作用。

---

[1] Dale G. Copeland, *Economic Interdependence and War*, Princeton University Press, 2015, p. 7.
[2] Bernand M. Hoekman and Michel M. Kostecki, *The Political Economy of the World Trading System: The WTO and Beyond*, 3rd edition, The University of Chicago Press, 2009, p. 583.

当初中国加入WTO时，由于经济体量小，发达国家没有要求对等。但是当中国成为世界第二大经济体后，它们一致认为，再不要求中国按对等原则削减贸易投资壁垒，它们已经无法公平竞争。奥巴马时期，美国已经通过亚太地区的TPP和大西洋地区的TTIP准备另起炉灶。特朗普上台后虽然中断了这一进程，但是其逆全球化政策把国际贸易秩序与全球化双双推到一个历史的拐点。

从全球化钟摆运动的视角，不难看出中国解决对等问题的迫切性。这个世界又一次来到与1929年相似的阶段，特朗普在2020年大选中获得历史上第二高的支持票数以及2021年1月6日特朗普支持者对美国国会的冲击，充分显示与1930年美国通过《斯穆特-霍利关税法》时相比，今日美国国内政治与全球化之间的张力只多不少。今天，民主党与共和党在大部分重大议题上都立场相左，却唯独在对华政策上高度一致。美国对华政策包括许多议题，但是贸易投资壁垒和产业内贸易无疑是中美两国矛盾在经济领域里的焦点。在这个历史的转折点，拜登代表的民主党政权是否能拿出当年罗斯福时期的气魄，力挽狂澜，扭转逆全球化趋势，还不得而知。但是作为世界第二大经济体的中国，选择在《中欧投资协定》谈判中拥抱对等原则，必将对防止中美关系由萨缪尔森陷阱滑向修昔底德陷阱有积极影响。当欧亚大陆经济整合这一前景清晰地跃上国际政治经济地平线时，它势必与修昔底德陷阱描绘的中美对抗形成对冲，并推动未来中美投资协定、中日韩自由贸易协定以及中国加入CPTPP的谈判。如果《中欧投资协定》最终得以签署，30年后回头看，它将与RCEP一起，不仅对未来国际贸易秩序产生与美国1934年《对等关税协议法》不相伯仲的影响，而且很可能使中国在迈向发达国家的路上成功地回避修昔底德陷阱预测的战争终局。

中国对外开放的历史凸显了第四次飞跃的重要性。在过去的半个世纪里，中国的对外开放已经历了三次飞跃。1971年，在冷战仍然像一堵大墙横亘在中美两国之间时，毛泽东高瞻远瞩地接受了美国总统尼克松释放的信号，做出中国与资本主义阵营正式接触的历史性决定。1979年，邓小平领导中国开始改革开放，中美建交，中国加入西方主导的国际贸易秩序。即使后来在苏东国家发生剧变，中国面临西方国家各种制裁的艰难时刻，他仍然通过南方系列谈话推动改革开放的持续深化，迎来以跨国公司为主的外国直接投资的井喷式增长。1999年，当中国既面临艰难的国内改革，又遭遇亚洲金融危机期间人民币不贬值的承诺导致贸易下滑的严峻局面时，江泽民力主推动中国加入WTO，清除国境贸易壁垒，为中国成长为"世界工厂"和世界第二大经济体铺平了道路。今天，在各种新冷战和体制对抗的喧嚣中，习近平主席宣布中国要"深入推进高水平制度型开放"，这意味着中国对外开放的第四次飞跃即将开始。对中国的对外开放而言，《中欧投资协定》最终得以签署，将是具有里程碑意义的事件，它标志着中国在国际经济秩序中将从发展中国家的身份"毕业"，开始按发达国家的标准打造贸易投资环境，并以发达国家的心态更深地融入世界经济。

按发达国家的标准对等削减贸易投资壁垒，将为中国的改革提供远远超过当年加入WTO时的推动力。加入WTO的义务大部分限于削减国境贸易壁垒，而这次则意味着国内各种不符合第二代自由贸易协议标准的规则和规制都要做出改变。与1992年和1999年这两次飞跃用开放拯救改革不同，这次的动力机制完全相反：不改革已经无法继续扩大开放，只有进行深水区的改革，才能为中国经济打造出一个可持续的、和平的国际环境。按对等原则削减贸易投资壁垒，意味着中国要完成过去40年来尚未完成的改革攻坚战。中国此次应对疫情的突出表现以及至少2020—2021年两年经济迅速反弹增长，为推动深水区改革提供了有利的结构条件。

需要指出的是，在逆全球化、科技革命和国际政治经济秩序正在经历战后最深刻转变这三大趋势的影响下，对等原则也进入了一个在国际上各国之间和国内各种利益团体之间的博弈中重新进行社会建构的阶段。经过几年的贸易争端，各国对自由贸易和全球化的认识已经发生深刻变化。在"后贸易战"的国际环境中，如何在对等削减贸易投资壁垒与维护国家经济安全、补足产业链短板之间取得平衡，将是中国在政策层面面临的挑战。中美应该共同努力为高新技术产业的竞争与合作，制定国际上统一的多边主义规则；而不是各自搭建彼此独立的技术体系。因为后者势必给自由贸易、国际分工和全球化带来负面影响，使这个世界变得更为分裂，并增加战争的风险。国际政治经济学指出，对一国政府而言，贸易自由化是一个国际国内的"双层博弈"（two-level games）。[1] 这意味着在未来的对外开放过程中，中国政府一方面要应对发达国家提出的按对等标准削减贸易投资壁垒的压力；另一方面，还要同时面对国内受冲击的产业的保护要求，以及近年来受害于发达国家新增贸易投资壁垒的高科技行业要求清除这些障碍的压力。因此，为国际上接受世界中的中国寻找最低限度的标准，可以降低国内的调整成本；而为国内接受一个中国中的世界寻找最高限度的共识，则会推动更为深入的改革。

---

[1] Robert D. Putnam, "Diplomacy and Domestic Politics: The Logic of Two-Level Games", In Charles Lipson and Benjamin J. Cohen, eds., *Theory and Structure in International Political Economy*, The MIT Press, 2000.

问题缘起

由于中日发展主义之间的巨大差异，我在很长时间内没有认识到对等原则在国际贸易中的重要性。我曾经认为，中国经济与日本经济相比要开放得多，无论是对外国商品，还是对外国投资，中国经济的开放度从20世纪90年代初以来一直都是日本根本无法企及的。我虽然很早就认识到比较优势的问题与贸易顺差早晚会成为中国与发达国家之间爆发贸易冲突的导火索，但是与大多数国人一样，仍然是从"互惠"的视角来理解这种冲突的，即只要想全球化，拥有大量廉价劳动力的中国在结构条件上更容易成为世界工厂。虽然中国每年都与欧美有很大的贸易顺差，但是欧美国家也因此得以获得廉价商品；这不仅对他们控制通货膨胀做出贡献，而且也使他们的低收入阶层仍然买得到价廉物美的商品，保持很好的生活水准。

然而，我在写作这篇文章时最大的感触是，中国与日本遭遇的挑战其实很相似。这里的相似指的是两者面临挑战的性质相似。两国在经济高速发展阶段都以鼓励出口来带动国内经济增长，因此积累了大量的贸易顺差；与此同时，两国都没能从长远的角度从根本上解决保护社会的问题。当权宜之计的解决方案与特定的经济结构紧紧地绑定在一起时，任何一种可能打破这个结构的变化都会被认作对政治稳定的威胁。然而，由于东亚发展主义建立在鼓励出口的基础上，与欧美的贸易顺差早晚会导致欧美国家要求中日进一步开放国内市场。这个结构性障碍在国内政治中对进一步开放产生的抵抗或拖延将导致贸易冲突升级，最后发展成贸易争端。

当然，中日两国的经济快速增长期分别发生在全球化周期的不同阶段。这导致两国在处理经济增长与政治稳定之间的平衡时的解决方案也有很大区别。

日本是在上一轮全球化于1914—1945年全面逆转时走上军国主义道路并在二战中战败的。战后，经过40年代末到60年代初的曲折历程，日本的保守派认识到保护社会对于想在市场竞争不断产生的危机中维持政治稳定的日本经济而言是不可或缺的。换言之，即使在日本这样一个东亚发展主义的主要代表国，受全球化钟摆运动的影响，其公共政策范式也与其他发达国家一样，不得不在保护社会方面发展出自己的解决方案。然而，日本的问题在于，它的解决方案建立在不能改变原有经济结构中相对落后部分的基础之上。

我在写作《悖论》时，专门关注过日美贸易战与福利社会之间的关系。在阅读比较政治经济学的文献时，经常把日本与其他发达国家进行比较，来看日本与它们的区别。日本与欧洲相比最大的区别是，它有一个以追求经济发展为头等大事的政府，所有的资源都向支撑增长倾斜。从公共政策对社会福利的支持力度看，日本政府保护社会的功能与欧洲的福利国家没法比。然而，日本并不是没有保护社会的功能，而是做法与欧洲不同。在欧洲的福利国家，保护社会的功能由政府直接行使；当出现经济下行、企业裁员、工人失业时，福利国家直接接管。这种福利国家模式的缺点是，高福利需要高税收的支撑，在各种社会福利的保护下，人们没有太大的工作热情。而日本经济模式的一体两面就是以出口部门在投资方面的过度竞争与非出口部门的各种反竞争机制为特征。在日本，保护社会，特别是防止失业这部分功能由私人机构来承担。政府通过各种限制竞争的政策，尽可能让私人企业都可以生存下去，从而最大限度地避免失业的产生。这些机制大致分为三种。第一种，由大企业实行终生雇佣制，这保证了三分之一就业人口的就业稳定。第二种，允许中小企业组织卡特尔。企业之间通过卡特尔就最低价格达成协议，不会自杀式地一味靠降价竞争以致破产；这种实践特别是在经济危机期间，可以避免大面积裁员的发生。第三种，用各种政府规制限制竞争，保护小微企业。总而言之，日本模式是把在欧洲由福利国家行使的保护社会的职能交给了私人机构，通过各种反竞争机制来保护社会，维持政治稳定。正因为如此，我把日本模式称为福利社会。

这种模式的最大问题是，只有在没有外国企业进入日本市场竞争的前提下才能成立。举例来说，一旦外国企业入境办大型超市，各种受保护的商店街的夫妻老婆店就很难竞争。一旦它们破产，政府就必须解决这些人的生计问题。

在很大程度上，日本的福利社会模式是冷战前20年特殊历史环境的产物。如果没有冷战期间急于募集盟友与苏联对抗的需求，美国不可能长期允许日本在对美贸易中保持巨额顺差的同时，却维持着各种针对外资的贸易投资非关税壁垒。在20世纪五六十年代，美国经济强大到足以支撑这种"非对称合作"，日本经济也正是在这20年里发展出福利社会的模式。在80年代之前，全球化尚处于酝酿阶段。尽管西方国家已经有开放经济，但是各国之间开放的程度有很大差异。日本经济在向外方面极为开放，然而在向内方面开放度却十分有限。当美国在70年代初出现贸易逆差，要求日本开放市场时，福利社会赖以生存的外部条件开始发生巨大的变化，日本却无法撤销这些基于私人机构的保护措施，因为它没来得及建立欧洲式的福利国家来应对市场竞争和商业周期制造的失业问题。等到日美之间的贸易纠纷在80年代发展到贸易争端，美国专门要求对等开放时，日本的应对就显得疲于奔命。

回过头来看，中国经济体制与日本经济体制有相似的选择偏好。由于改革开放处于全球化钟摆运动向释放市场力量的方向转变的阶段，中国更晚注意到保护社会的重要性。中国的新发展主义与日本的古典发展主义一样，都是将有限的资源更多地用在经济发展，而不是社会福利上。然而，两者的不同之处在于，日本虽然没有发展福利国家，却一直用贸易保护主义和各种反竞争措施打造出了一个福利社会，一个很重要的原因是当时的冷战和国际经济秩序尚允许上一轮全球化逆转后各国出台保护社会的各种措施。而中国开始改革开放时，则是新自由主义当道，各国公共政策的范式由保护社会转向释放市场力量的时代。因此中国不仅没有发展欧洲式的福利国家，而且也没有采取有力措施发展日本式的福利社会，只是对国有企业的保护政策在一定程度上发挥了保护社会的作用。中国经济政策的逻辑是注重刺激经济增长，提供足够的就业机会，而不是对失业人群提供足够的保护。

实际上，早在奥巴马政府把 TPP 作为第二代自由贸易协定来重新塑造未来的国际经济秩序时，就提出了要求中国进一步开放的议题。当时美国的解决方案属于吸引式，即将中国先排除在 TPP 之外，如果中国不做出足够的改变，就会面临产业链向加入 TPP 的东南亚国家转移的压力。与 TPP 有关的议题当时在国内引起很大的争议，一个理由是中国在过去发展的 30 多年里，一直是通过经济的持续增长来保障就业问题，而暂时没有发展出足以应对外部环境迅速恶化、市场剧烈变动时的社会保障系统。

2018 年，注意到特朗普在贸易争端中反复提及"对等"的概念并得到欧洲的响应后，我开始对这个概念产生极大的兴趣，决定对国际政治经济学的相关文献追根溯源，看它在历史上是如何演变的。我最初的直觉是，对等的提法可能涉及贸易中公平公正的问题，但是仍然持有许多疑问：为什么在改革开放的头30年里，西方国家从来没有用对等原则要求中国，而现在它却成为焦点？为什么欧洲与日本相比就没有这个问题？为什么这个问题在东亚国家如此集中？对等问题与日美贸易战和中美贸易争端有何关系？

在重读罗伯特·基欧汉的《霸权之后：世界政治经济中的合作与纷争》时，我发现了线索。他指出，当全球化产生的相互依赖在国际政治经济中制造矛盾和冲突时，受损的人群对他们的政府施加政治压力，各国政府则想方设法将调整成本转移给其他国家。如果想降低民众的异议、避免严重的冲突，各国政府的政策必须要做相应调整。在战后头20年，这种调整经常由霸权国美国以单边的形式进行，但是美国的实力和资源自60年代末开始均被严重削弱。它依赖的另一方法是建立和维持一个既为其自身利益服务，又设法与他人的利益充分兼容并被广泛接受的国际秩序。基欧汉专门指出，美国这样做，不是为了国际主义者经常标榜的"世界福利"和"全球利益"，而是基于对自身利益的认识。

这句"既为其自身利益服务，又设法与他人的利益充分兼容并被广泛接受的国际秩序"是我从国际政治经济学文献中获得的最有价值的启发。关键不在于"为自身利益服务"，因为"为自身利益服务"是人性，关键在于找出"与他人的利益充分兼容并被广泛接受"的解决方案的能力，这才是处理外部关系的大智慧。它十分契合经济社会学中组织制度学派的基本观点，即经济活动是社会建构的。更重要的是，各国对自身利益以及对他国利益的认知在很大程度上会影响这种社会建构的结果。沿着这条线索，我很快就形成这篇文章的基本思路。

在考察了国际贸易中对等概念发展的历史后，我发现西方对落后的发展中国家一般持互惠原则，而对发达国家则更注重对等。中国目前面临的挑战，无非是中国已经从一个大而弱的发展中国家，发展成世界第二大经济体，并在许多高新产业上与西方国家进行着激烈的竞争，西方国家已经将中国视为在体量上与它们相同甚至超过它们的国家，它们要求对等就是很自然的。在经历了第二次世界大战之后，西方国家的领导人充分认识到贸易保护主义发生的危害，意识到狭隘的民族主义甚至民粹主义是把人类推向历史悲剧的重要原因，因此才大力搭建了多边自由贸易体系。由于欧洲在二战中处于中心战场，经济遭受毁灭式的打击，对贸易保护主义危害的感受也更为深刻。这正是它们从 20 世纪 50 年代初就追求对等原则，推动欧洲经济共同体发展的主要原因。

在日本与中国进入经济快速发展时，西方国家出于冷战中的种种考量，没有要求对等。而两国后来都由于在高新技术产业方面与西方国家直接竞争，被视为经济大国。如果明白各国对其他国家的认识都是随着客观条件的不断变化而不停地被社会再生产，原来被认为是落后的可以变成先进的，因此他国的要求会发生变化，就不难理解为什么对等原则是中日两国遭遇与美国的贸易争端的历史原因。

补　记

　　这篇文章发表后曾经引起一些争议。主要的不同观点是，在贸易争端日趋激烈，西方国家要与中国脱钩断链的时候，为什么中国还要讲开放？难道不是应该补齐产业链，做到完全自主可控吗？几年后回过头再看，在经历了一番认知方面的曲折后，认同中国必须积极对外开放这一观点的人已经越来越多。2023年，甚至有人认为已经不能等待对等开放，中国应该主动实现单边开放。就在笔者写这篇后记时，看到一条新闻：2024年2月23日，国务院总理主持召开国务院常务会议，会议指出，"要把稳外资作为做好今年经济工作的重要发力点，在扩大市场准入、优化公平竞争环境、畅通创新要素流动等方面加强服务保障，持续营造市场化、法制化、国际化的一流营商环境，巩固外资在华发展信心，提高贸易投资合作质量和水平"[1]。3月5日，新华社又发出以《全面取消制造业领域外资准入限制措施》为题的报道，指出"政府工作报告说，继续缩减外资准入负面清单，全面取消制造业领域外资准入限制措施，放宽电信、医疗等服务业市场准入。扩大鼓励外商投资产业目录，鼓励外资企业境内再投资。落实好外资企业国民待遇，保障依法平等参与政府采购，招标投标，标准制定，推动解决数据跨境流动等问题"[2]。

　　我对"对等开放"这个问题的进一步思考，有以下几个方面：

---

[1] 新华社：《李强主持国务院常务会议》，人民日报网，2024年2月24日。
[2] 新华社：《全面取消制造业领域外资准入限制措施》，新华社微博，2024年3月5日。

第一，国际贸易在本质上是利益的交换。既然是利益的交换，交易双方对公平公正的界定就涉及双方对各自和彼此利益的评估。国际贸易对企业或个人而言，可以是纯粹的商品交换；但是在国家政策的层面，它往往有更深刻的意涵。特别是当我们把国际贸易视为一国对外关系的重要体现时，它经常反映的是"综合利益"的交换，而不仅仅是商品本身的交换。

一国政府在制定自己的贸易政策时，可能会有两种情况：第一种，无论是从商品服务贸易本身而言，还是从综合利益而言，交易条件都是公平公正的；第二种，贸易本身可能不够公平公正，但是由于贸易体现的是综合利益的交换，虽然一国在商品交换中会失去某些利益，但是通过这种交换可以获得其他自己需要却没有替代性来源的东西，因此这种交换也可以进行。无视综合利益的存在，纠结于贸易本身是否公平公正，会失去许多商品以外的利益。

这样的例子很多。冷战初期，美国急需盟友，为此它对欧洲和日本实行"非对称合作"的贸易政策。美国获得了冷战中这些国家在政治和军事方面的支持，这些国家从美国获得了巨大的经济利益。在20世纪五六十年代，双方都觉得这种交易公正公平。然而随着美国国力相对衰弱，冷战的局面到80年代已不再像五六十年代那样紧迫，美国开始要求盟友实行公平贸易，与日本的贸易摩擦从20世纪70年代初就一直不断，在80年代后期达到高潮。日本在成长为第二大经济体后，仍然存在大量的贸易投资壁垒。美国认为与日本的交易不再公平公正，但是日本的认知变化却很缓慢，这成为日美贸易争端爆发的主要原因。在整整十多年的时间里，两国花费了大量的时间寻找交易关系的新平衡点。

这种交换关系的性质不仅限于贸易，对外资的政策是同样的道理。以中国关于外国直接投资的政策为例,最初在这个交换关系中,中国政府出钱兴建基础设施,提供各种免税减税的政策优惠及廉价的土地和劳动力,还开放国内市场。如果只从分配成果的视角看,这个交换对中国而言可能是不公平、不公正的,因为中国在这场交换中得到的只是很少的加工费,特别是在很长时间内工人工资增长缓慢,国内不仅产生大量的环境问题,而且大部分利润被外资赚走。这一度曾引起国内意识形态方面的对立。当时,中央决定不争议。最终,中国从这种交换中获得了很多其他利益,不仅包括资本和生产技术,而且包括管理能力、出口渠道,以及靠出口带动国内经济发展的机会。民营企业的资本积累、就业机会的增加、管理能力的不断提高、技术能力的外溢,以及扩大出口带动经济增长为政府带来的税收等,都进一步帮助中国实现了产业升级换代。在90年代,许多人从单纯的"算账"视角出发,批评对外资的全面开放,国内意识形态方面的冲突一度很激烈。在2008年全球金融危机之前,中美双方都认为这种交换是对自己有利的。对中国而言,这是推动国内经济增长的有效渠道。对美国而言,80年代中国走向市场化加强了美国在冷战中的地位,而90年代和21世纪初中国的全面开放则使美国分享了全球化带来的巨大红利。

第二,贸易冲突的发展是一个渐进的过程,没有哪一方在最初就一下子采取最极端的手段,是双方的战略互动把冲突推向深入。因此,对涉及的国家而言,如何在动态的过程中及时准确地把握变化中的国与国层面的综合利益,并发展出"与他人的利益充分兼容并被广泛接受"的新利益交换是能否避免国际冲突升级的关键。

2008年全球金融危机后,世界权力和财富的分配以及各大经济体之间的实力对比开始发生巨大的变化。相对于西方国家纷纷陷入经济衰退，中国的名义GDP在2010年超过日本，成为世界第二大经济体。2014年，中国按实际购买力衡量的GDP又超过美国，成为世界上最大的经济体，国际上越来越多的媒体和专家开始预测中国的名义GDP何时能超过美国。同时，2008年全球金融危机进一步激化了发达国家国内的矛盾，由于危机的爆发，这些国家国内政治中过去长期被掩盖的矛盾开始激化。中国与美国在全球化过程中发展出来的相互依赖，各自在国内都产生了受损害的社会阶层。2008年全球金融危机爆发之前，双方基本上还能够把国内的不满限制在不冲击双边关系的水平上。然而2008年之后，美国和中国与对方交易时评价自身利益和对方利益的标准都开始发生明显变化。

回过头来看，对中国而言，进行全面调整的最佳时机是2010—2014年。这期间，奥巴马政府开始推进TPP，施压中国做出改变。然而，相对于后来的特朗普和拜登政府，奥巴马政府的态度相对温和，是以提供激励机制的形式促进中国进一步开放。然而此时中国与美国和欧洲关于贸易公正公平的认知开始出现大的分歧，欧美开始强调"对等"，中国则仍然强调"互惠"。对等强调在每个具体的贸易投资议题上彼此要遵循同样的标准，而互惠则是强调根据综合利益测定的结果，强调各国在具体标准上的差异性。TPP对中国的挑战集中在政府规制的干预、劳工标准、环境标准和国有企业等议题上，而在这些方面存在的争议在很大程度上与过去30年的发展过程中一直依靠刺激增长，而未能发展出应对重大外部市场波动冲击时的保障系统有直接关系。

当时我意识到这可能是维持合作避免对抗的最后机会。我曾经在2015年的一篇文章中指出："大国之间走向对抗和战争的决策过程通常都很曲折，因为在巨大的代价面前各国体制都有较强的反战惰性。然而,同样的道理,当大国真正开始认真思考对抗,整个体制开始向战争动员的方向使劲,大众传媒开始认为只有战争是解决问题的唯一方法后,再想逆转也同样不容易。要避免陷入'修昔底德陷阱',在未来十年中对中国智慧的最大考验是能否既捍卫国家主权和领土完整,同时又避免刺激既存海上霸权美国的国家机器全面转向与中国的对抗和战争。对中国而言,最大的得不偿失将是为了战术上一时占上风而刺激美国的整个体制转向正式的对抗和战争。"[1]

第三,贸易冲突必然产生政治压力,对一直未经受过外部要求改变的巨大压力的国家而言,避免走向内向和孤立主义非常重要。

面临强大的外部压力时,各国的应对往往有两种完全不同的做法:一种是正面迎接挑战,进行深度调整。中国应对气候变化的挑战就是很好的例子。本世纪初的十余年里,中国的环境问题一直在遭受西方国家的批评。面对这个挑战,中国没有选择退缩,而是正面迎接,大力发展光伏和风能等新能源产业,以及各种新能源汽车。这样做的结果是在短短十多年里,中国的新能源产业、电池产业和新能源汽车产业都位居世界先进水平,发展出十分强大的国际竞争力。另一种做法则是出于对外部压力的恐惧,自觉或不自觉地转向防范,变得内向。日本就出现了有名的"加拉帕戈斯现象"。这种现象指的是为避免外国企业在本土市场的竞争,发展出一套独特的、与外部世界根本不接轨的产业标准、产品或实践,最后导致这种标准、产品或实践离开本土市场就会马上失去生存的空间,从而使得该产业不断萎缩或

---

[1] 高柏:《铁路与陆权:"丝绸之路经济带"战略的历史借鉴》,《中国国际战略评论(2015)》,世界知识出版社,2015年,第165页。

者无法生长。[1]

当然也有一种混合的例子，即正面迎接挑战与内向发展同时存在。2015年发布的《中国制造2025》就是一个明显的例子。一方面，这份文件彰显中国正面迎接人民币不断升值，外部环境不断趋紧的挑战，提出积极发展高新技术产业的应对措施；另一方面，这份文件为10个战略性高新技术产业设立了到2025年要实现70%国产化的目标，并且在发表这份文件的次年，在欧美展开大规模的高新科技企业的并购。本来通过跨国并购获得技术同样是西方企业的商业惯行，如果中国政府没有宣布实现大规模的国产化并集中出现并购行为，这本不应构成什么问题。但是在许多西方人看来，这份文件是中国经济正在转向内向、要与世界经济脱钩的迹象。虽然政府补贴高新技术产业的发展会引起西方国家的不满，但是这种不满不足以发展到"掀桌"的地步，因为一国政府支持本土企业发展新兴产业无可厚非，即使有问题也仅限于对外国企业不公平的范围之内。然而，如果这种商业行为的最终目的是在十年里通过实现70%的国产化，将外国企业逐出本土市场，这对西方国家来说就变成生死攸关的问题了。在2015年这份文件发表后的一个月，美国的中国问题专家大卫·兰普顿（David Lampton）就警告美中关系已经接近沸点，但是他的警告在中国仍然没有引起足够的重视。

尽管如此，在2020年底中欧成功签署《中欧投资协定》时，仍然存在一线维持原有多变自由贸易秩序的生机。中国当时已经认识到对等开放的重要性。虽然国内舆论普遍认为在这份协议中，中国对欧洲的让步远远大于欧洲对中国的让步，但实际上这个协定只是把中国

---

[1]吉川尚宏,『ガラパゴス化する日本』、講談社、2010。

企业在欧洲已经获得的便利提供给了欧洲的在华企业。如果欧洲议会在2021年春天最终批准这个协定，必然会在很大程度上影响中美之间的战略互动，中国仍然有机会在全球化的氛围内调整和巩固中外经济关系。然而，由于在审议过程中欧洲议会有人炒作"新疆问题"，中国的强烈应对又被西方普遍解读成"战狼外交"，这个本来就很微弱的机会也转瞬即逝了。从此，双方都转为更加内向。

对一个严重依赖国际贸易的经济体而言，走向内向是很危险的。对经济体量小，不可能生产自己所需全部产品的国家而言，走向内向意味着很快就会面临各种政治社会危机；对经济体量大的国家而言，有强大的本土消费支撑，依靠内需虽然可以基本完成经济循环，但转向内需也要面临通货膨胀的巨大压力。对所有东亚发展型国家而言，内需根本无法消化其强大的产能，需要一直依靠向国际市场的出口来支撑其国内经济的循环；这样的经济体如果为了防范国际竞争而走向内向型发展，就不可避免地带来正常的循环被扰乱、经济低迷的后果。

第四，如何把握对外关系中经济理性的界限是一大挑战。改革开放以来，国人，包括我自己，对中外经济关系的理解一直以经济理性为主。虽然我在上一篇"脱钩的国际政治经济学原理"一节中专门指出，战后西方国家的贸易和投资等经济行为一直受地缘政治的影响，但是仍然对过去这几年产业链转移的程度和速度，以及俄乌危机以来欧洲国家切断与俄罗斯能源联系的决绝程度严重估计不足。

我相信经济理性最终仍然会在一定程度上起作用，但是自从贸易争端开始，特别是新冠疫情大流行以来，国家安全正在日益成为各国贸易政策的价值取向。以为资本都是唯利是图的，提供一些利益，资本就会回来的想法可能过于天真。经济理性占上风的前提是对交易双方在国际经济秩序中行为可预期性的基本信任。一旦这个信任被破坏，交易的双方必然处处设防，追求效率的想法很容易让位于避险和追求安全的想法。

认知对维持信任是一个非常重要的影响因子。在出现矛盾的初期，双方如果对问题的认知出现问题，就不太可能去寻找解决问题的正确方案。中国的认知出现了哪些问题？那些认为中国经济发展主要依靠内部体制的优越性，与外部环境没有什么太大关系的观点，那些认为中国已经发展到"别国想捣乱也没用"的阶段的观点，以及那些认为中国有最完整的产业类别和最全面的产业链，世界早已离不开中国的观点，都在过去几年里在不同的程度上遭受着现实的冲击。美国的认知出现了哪些问题？那些认为依靠制裁就可以阻止中国高新技术产业发展的想法，那些认为在经历了全球化的鼎盛期后，国际贸易秩序仍然可以倒退回冷战期间两大集团的想法，那些离开中国生产的零部件也仍然能得到廉价产品同时又能避免通货膨胀的想法，也正在经历着现实的冲击。

第五，未来对各国而言，最大的挑战是由于各种认知的原因失去在现有国际秩序下的最佳调整期和最佳调整手段后，如何在不走向更大冲突的条件下，重新构建一个新的国际经济秩序，在哪些方面实践对等原则。这篇文章分析对等原则出现的历史环境和演变的过程，指出过去西方国家在各个方面占据优势的时候，出于冷战的原因，对发展中国家做出过让步，允许豁免发展中国家在对等原则方面的要求，而把对等原则的应用只限于它们彼此之间。90年代以来，远比冷战时期更多的国家被纳入到世界贸易组织的框架后，西方国家的态度开始发生变化，在它们认为不对等的领域要求对等。中国又是一个十分特殊的例子：一方面，如果按人均数值来看，中国恐怕在任何一个方面的量化测量中都还是一个发展中国家；另一方面，如果按 GDP 总量来看，无论是名义 GDP，还是按实际购买力计算的 GDP，或者在世界上的影响力，中国都已经成为巨无霸，远远超过了除美国以外的任何一个国家。在这种条件下，发达国家认为，至少中国应该提供它们已经对中国企业提供的条件。然而，随着矛盾的加深，它们开始实施一个新的原则，即开始从中国企业撤回它们认为在中国没有获得的东西，转为限制中国企业在它们国家的活动。在地缘政治的加持下，这种对中国企业的限制在有些方面已经开始超过外企在中国面临的限制。无论是脱钩，还是去风险，一个不争的事实是中国与欧美之间过去的互信已经不见，双方都在摸索如何在长期的竞争关系中，在尽可能不爆发战争的条件下共存。这正是未来国际经济秩序的难点。

下 编

转型中的中国经济

6　休养生息与强筋健骨
重新思考未来中国经济增长模式 *

卢西欧·巴卡洛（Lucio Baccaro）与仲纳斯·彭图逊（Jonas Pontusson）在《政治与社会》杂志2016年第2期发表题为"反思比较政治经济学：一个增长模式的视角"的文章。他们在文中重新挖掘米哈尔·卡莱斯基（Michal Kalecki，1899—1970）的宏观经济学理论，以增长模式为切入点，正面挑战"资本主义多样性理论"以企业为分析单位的静态分类和以功能分析为特点的主流研究范式，力主把各种增长模式背后的政治联盟之间的冲突作为未来研究的重点，并以1994—2007年英国、德国、瑞典和意大利的经济数据为基础，分析了四种不同增长模式的特点和利弊。[1]这篇论文的发表，不仅在西方比较政治经济学界掀起了一场大辩论，也预示着一个新的研究范式正在出现。

沃夫冈·斯特里克（Wolfgang Streeck）指出，巴卡洛与彭图逊对卡莱斯基的再发现，最重要的贡献在于他们凸显了资本主义与生俱来的冲突的意义。这种冲突，不是比较政治经济学中的主流观点所注

---

*　本文原刊《文化纵横》2018年第6期。笔者非常感谢文一教授和刘世定教授对初稿的评论和建议。
[1]　Lucio Baccaro and Jonas Pontusson, "Rethinking Comparative Political Economy: The Growth Model Perspective", *Politics & Society*, Volume 44 (2016).

重的技术官僚在关于什么是最佳协调形式方面的分歧，而是一国在国民收入分配过程中切实的政治冲突。在斯特里克看来，增长模式这一分析框架的长处在于它不是功能性的，而是历史的——因为支持特定增长模式的政治联盟会随时间发生变化。当现有的增长模式失灵，摸索新增长模式和建立支持新增长模式的政治联盟的过程必然伴随着矛盾和冲突。这个以增长模式的政治经济为核心的分析框架抓住了冲突这一资本主义的本质特征，有潜力发展为一个现代版的关于资本主义发展的历史制度学派。[1]

巴卡洛与彭图逊的文章对中国而言有重大现实意义。在国际环境严重恶化以及支撑中国经济发展的各种增长模式似乎都已经走向极限的今天，巴卡洛与彭图逊对卡莱斯基以实际工资上升为基础的消费驱动增长模式的再发现，以及对欧洲四国增长模式利弊的比较分析，为我们思考中国经济的未来提供了十分有价值的参考。

本文首先介绍巴卡洛与彭图逊对卡莱斯基的再发现和他们对欧洲四国的比较分析，继而讨论这一研究对中国的意义。近年的贸易争端带来的国际环境的深刻变化，进一步凸显中国既有增长模式面临的极限。本文主张以实际工资上升为基础的消费驱动增长模式，将是中国经济未来发展方向的最佳选择。虽然贸易问题在短期内对中国经济而言是一次严重的挑战，但是它也为中国提供了彻底转换经济发展模式的政治条件。

---

[1] Wolfgang Streeck, "Varieties of Varieties: VoC and the Growth Models", *Politics & Society*, Volume 44 (2016).

米哈尔·卡莱斯基的增长理论

米哈尔·卡莱斯基出生于波兰,在经济学界被认为是一个将新马克思主义和后凯恩斯主义结合的经济学家。卡莱斯基的理论诞生在20世纪三四十年代——上一轮全球化的全面逆转期。此前曾经蓬勃发展的自由贸易当时正在经历严冬,在应对世界性经济危机过程中诞生的美国罗斯福新政代表的自由资本主义、德意日代表的法西斯主义和苏联代表的社会主义国家之间正在进行第二次世界大战。在这样一种历史背景下,卡莱斯基以一个相对封闭的视角来看待一国经济的增长模式。从全球化的周期看,当时的国际环境恰恰与目前贸易争端和保护主义崛起的今天有相似之处。卡莱斯基与凯恩斯一样认为可以通过刺激需求实现充分就业。他本人认为基于预算赤字的政府支出、受低利率和特定减税政策支持的私人投资,以及在富人和穷人之间进行收入再分配是三个刺激总需求的主要方法。

新卡莱斯基学派的最大贡献在于发现实际工资上升,除了导致消费需求增加而刺激经济增长以外,还有另外一个刺激经济增长的机制,即促使企业在消费需求增加时为追求利润进行新的投资从而带动经济增长。

新卡莱斯基学派首先认为工资在分配中所占比例的增加会导致更多的消费并扩大企业对产能的利用。这一观点基于两个假设:第一,当工人与资本家在消费和储蓄倾向上没有不同时,工资在GDP中的占比增加对消费的影响是中性的;第二,经济中存在剩余生产能力,因此企业回应需求增长时是增加生产,而不是提高产品价格,因为如果不存在剩余生产能力,消费需求的增长将导致通货膨胀。

在过去的一般看法中,在劳动生产率不变的条件下,工资的增长率将等于利润的下降率，增加工资与投资是对立的，前者的上升会导致后者的下降。如果假设资本积累与预期的利润正相关，投资水平应该随着分配向工人倾斜而下降。

新卡莱斯基学派则认为当总需求增加时，企业投资也会增加。这一学派认为工资在 GDP 中的占比增加对投资有何种影响，取决于它是对利润的负面影响还是对消费的正面影响占主导地位。当对消费的正面影响为主时，工资上升既可以增加消费，也可以增加资本积累；而在对利润的负面影响为主时，将会出现消费增加、投资下降的局面。

新卡莱斯基学派最核心的观点，也是其马克思主义思想特征最明显的部分，是强调收入在资本与劳动之间分配的变化直接影响有效需求。这一学派假设低收入家庭比高收入家庭更有可能将增加的收入用于消费，从而增加新的总需求。在实际工资增加而劳动生产率不变的条件下，如果把实际工资增加部分都分配给富人，其对有效需求的影响可以基本忽略不计。换言之，工资占 GDP 比率的增加或减少对一国经济带来的影响不仅取决于该国采取何种增长模式，更取决于该国如何分配工资增减的部分。卡莱斯基不仅重视实际工资上涨与总需求之间的关系，而且特别强调在富人和穷人之间的再分配向穷人倾斜是一个创造总需求和实现充分就业的可靠途径。

卡莱斯基始终认为，权力与冲突是理解宏观经济关系与结果的关键。虽然卡莱斯基与凯恩斯都强调充分就业的重要性，但是他与后者的一大不同在于他认为充分就业的政策将受到资本和食利阶层政治联盟的反对。资本担心充分就业对劳动力市场的压力会加强工会的谈判实力，食利阶层则担心政府为制造有效需求而产生的预算赤字和债务会引发通货膨胀，稀释金融资产的实际价值。正是由于卡莱斯基直接把权力和冲突引进他的经济学分析，他的宏观经济学理论才被政治学界认为是政治经济学，而不是纯粹的经济学。[1]

四种增长模式

卡莱斯基总结了三种制造总需求的途径，即依靠预算赤字的政府支出、依靠低利率和特定减税政策刺激的私人投资，以及依靠在富人和穷人之间进行收入再分配来刺激家庭的消费支出。巴卡洛与彭图逊则在此基础上提炼出四种增长模式：第一种是出口驱动[2]；第二种是凯恩斯式的公共财政驱动；第三种是私人投资驱动；第四种是在信用扩张支撑下的消费驱动。在他们的实证研究中，德国是以出口驱动为主的代表，英国是一个以消费驱动为主的代表，瑞典则是一个出口和消费同时驱动的代表，而意大利则是一个既不能刺激出口也不能刺激内需的失败代表。

巴卡洛与彭图逊指出，在20世纪80年代之前这四个国家都采取了福特主义的消费驱动增长模式，即工会与资方通过强有力谈判，提高工人工资，带动国内消费与投资的增长。但是随着全球化的进展，工会的力量在1970年以后不断下降，这四个国家在20世纪80年代以来各自发展出完全不同的增长模式。

德国是出口驱动增长模式的代表，它依靠压制工资和国内消费

---

[1] Lucio Baccaro and Jonas Pontusson, "Rethinking Comparative Political Economy: The Growth Model Perspective", *Politics & Society*, Volume 44 (2016).
[2] 虽然日本代表的东亚发展主义早在20世纪五六十年代就已经显示出实力，但是出口驱动作为经济增长模式在卡莱斯基生前尚未被概念化。

来保证出口产业部门的国际竞争力。1994—2007年，德国的GDP年平均增长率仅为1.7%。但是出口年平均增长率却是7.7%，为四国中最快。然而与此同时，德国的家庭消费年平均增长率仅为0.9%，为四国中最慢。德国的出口之所以能够替代家庭消费变成经济增长的重要驱动力，最明显的原因是其出口产品对价格的敏感；1994—2007年，德国在任何一个收入段的不平等发展都比其他三个国家严重。

英国的增长模式主要依赖家庭消费，支撑它的是一定的实际工资上涨和家庭债务。1994—2007年，英国的GDP年平均增长率为3.3%，与瑞典一样是发展最快的。它出口的年平均增长率为5.2%，不如德国和瑞典，但是比意大利要快一个百分点。然而英国的家庭消费年平均增长率高达3.6%，为四国中最快。由于英国的出口集中在以金融代表的高端服务业（1996—2007年占总出口额的比重由34%上升到66%），对价格不太敏感；与德国相比，英国的不平等在高端收入段内也有较大发展，但是在低端收入段内却要少很多。

瑞典是出口与家庭消费双极驱动。1994—2007年，瑞典的GDP年平均增长率与英国一样为3.3%。它的出口年平均增长率达7.3%，仅次于德国的7.7%，但是高于英国的5.2%和意大利的4.2%。瑞典的家庭消费年平均增长率为2.7%，在四国中仅次于英国的3.6%，但是远高于意大利的1.6%和德国的0.9%。瑞典之所以可以实现出口与家庭消费并举，是因为它的出口追求高附加值的知识密集型的产品和服务，1996—2007年，瑞典出口的服务业在GDP中的占比由20%上升到37%。与此相应的实际工资上升提高了国内消费的需求，这种需求包括对低收入人口提供的服务。这使得瑞典在各个收入段内控制不平等的表现均好于德国和英国。

意大利则是这四个国家中表现最差的。1994—2007年，它的

GDP年平均增长率为1.6%，是四国中最慢的；出口的年平均增长率4.2%，也是四国中最慢；其家庭消费的年平均增长率为1.6%，仅高于德国的0.9%。意大利的出口始终没有实现升级换代，因此对价格极为敏感；由于经济长期低迷，产业没有实现升级换代，不平等问题倒是四国中最轻的。[1]

国际环境与中国经济增长模式

巴卡洛与彭图逊的研究对思考中国目前的增长模式转型有重大意义：第一，导致四国原有的福特主义增长模式崩溃并把四国推向不同发展方向的全球化也是推动中国经济增长模式在过去40年里发生变化的主要推动力；第二，在全球化的进程中，他们指出的四种增长模式中的三种在中国先后出现，并且目前都已经基本走到极限。虽然巴卡洛与彭图逊把中国视为投资驱动增长模式的代表，但像中国这样巨大的经济体，在过去二十多年里经常是几种增长模式同时存在。

中国的改革开放从一开始就赶上了席卷全世界的新自由主义和全球化的大潮。从20世纪80年代初对外开放到2008年全球金融危机爆发，中国经济的增长模式一直以出口驱动为主。这种增长模式导致中国经济发展严重依赖国际市场。2007年，中国GDP贸易依存度高达66.2%。与东亚古典发展主义的日本和韩国重视保护国内幼稚产业，依靠国内创新体系发展有完整知识产权和商标的产品不同，中国从一

---

[1] Lucio Baccaro and Jonas Pontusson, "Rethinking Comparative Political Economy: The Growth Model Perspective", *Politics & Society*, Volume 44 (2016).

开始就积极吸引外资，利用廉价劳动力的比较优势，积极参加全球生产体系的分工，通过出口来推动经济增长。与拉丁美洲国家的依附发展不同，虽然中国积极向外国资本和商品开放国内市场，但是在其教育体系和科研能力的支撑下，中国的高质量人力资本却支撑了产业升级换代。保罗·萨缪尔森早在2004年就得出结论，由于中国参与国际分工，比较优势这一西方经济学贸易理论在200年前确立的核心概念已经无法帮助我们理解21世纪的世界经济。[1]

2003年，人民币开始面对的升值压力是中国从出口驱动向创新驱动增长模式转变的重要推动力。2004年，北京大学路风教授关于汽车产业的研究报告在两会上掀起了对汽车产业缺乏自主创新批评的浪潮。同年6月，政府出台了第二份汽车产业政策，明确提出要发展自主品牌。同年7月，央视放映的关于"运-10"下马的纪录片引发全国讨论，最终导致中国政府在2006年决定上马大飞机项目。同年铁道部放弃自主发展的"中华之星"，全面引进外国高铁技术引发的辩论，导致2006年铁道部与科技部联合立项，发展中国有自主知识产权的国家标准动车组。2005年，中央文件正式宣布要把中国建成创新型国家。2008年广东省政府正式提出"腾笼换鸟"，全面推动产业升级换代。中国自2004年以来逐渐推动的创新驱动增长模式，在过去几年里带动了以物联网、大数据、云计算和人工智能为代表的新经济的强势发展。这个增长模式既重新挖掘了毛泽东时代独立自主的传统，也具有全球化时代国际合作的鲜明特征。

---

[1] Paul Samuelson, "Where Ricardo and Mill Rebut and Confirm Arguments of Mainstream Economists Supporting Globalization", *Journal of Economic Perspectives*, Volume 18 (2004).

2008年的全球金融危机推动中国经济增长模式从出口驱动向内需驱动转变。虽然以房地产为特征的投资驱动和各级政府兴建基础设施为特征的财政驱动早在20世纪90年代就已经出现，但是，直到2008年之后，这二者才变成中国经济的主要增长模式。政府从20世纪80年代初开始推动的基础设施建设，是出口驱动增长模式的重要组成部分；1992年以后，各个经济特区和沿海沿边以及内陆中心城市为吸引外资纷纷大力兴建基础设施。在1997—1998年亚洲金融危机期间，中国以加大对基础设施的投资来应对经济下滑。基础设施建设开始成为凯恩斯式有效需求管理的重要政策手段，既为中国加入WTO后迎来新一轮的外资流入，而且成为中国应对2008年全球金融危机期间的重要参考。以地方政府土地财政推动的房地产开发始于20世纪90年代中后期，但也是在2008年以后中国向内需驱动转变才真正在发展的速度与规模上出现高峰。在过去的10年里，房地产和基础设施领域的迅速发展的确使中国经济由出口驱动转向了内需驱动。中国GDP的贸易依存度从2007年的66.2%下降到2017年33.6%。

最近的贸易争端和保护主义兴起，是中国改革开放以来国际环境中前所未有的深刻变化——不仅如此，在未来的5—10年，国际环境进一步变坏的概率要大于变好的概率。首先，从经济周期看，美国经济已经经历了战后最长的扩张期。即使没有贸易争端，美联储加息早晚也会导致美国经济减速。2018年10月10日、11日两天之内美国股市大跌1300点，很可能预示着转折点即将到来。在美国失业率只有3.7%的时候，特朗普政权仍然把贸易问题归结为外国的错误，与多国同时发生贸易冲突。不难想象，如果经济萧条导致失业率上升，民粹主义在美国政治中进一步发酵对中国经济外部环境会带来的影响。其次，在经历了20世纪70年代末至2008年全球金融危机近

30年新自由主义运动的蓬勃发展后,全球化的周期从2008年全球金融危机时已经开始从释放市场力量转向保护社会。发达国家率先出现许多逆全球化趋势的征兆:英国脱欧,特朗普上台,右翼政党在欧洲各国的影响迅速上升,反移民和反自由贸易的运动此起彼伏。这一切显示全球化即使不全面逆转,也会从过去40年的发展程度大幅度收缩。国际环境的变化与保护社会的政治诉求结合必然迫使各国对自身的增长模式进行深入调整。

现有增长模式的极限

每一种既有增长模式都曾经为中国经济发展做出过重大贡献。然而任何一个增长模式都是历史的产物,是特定时空条件下的选择,并且每一个选择都有其相应的代价。国际环境的急剧变化凸显了中国既有增长模式的困境,并对它们的可持续性提出疑问。

中国既有增长模式有鲜明的中国特点。第一,中国有出口驱动,但是与德国的出口驱动相比,中国出口产品对价格更为敏感。第二,中国有投资驱动,但是在过去十年里中国投资驱动的核心产业是房地产(当然,2004年以后创新也开始推动高新技术产业的迅速发展)。第三,中国有凯恩斯式的财政驱动,但是政府投资集中在基础设施建设领域。

在现有的几种增长模式中,以创新为标志的投资驱动部分在未来无疑最有发展潜力。在数据成为生产资料的新经济中,以物联网、大数据、云计算和人工智能为代表的数字革命正在不断地为中国经济带来新技术、新产业、新模式和新业态。新经济的发展将不仅使智能制造和智能服务取代传统的制造业和服务业，帮助中国实现产业升级换代，避免陷入中等收入陷阱，而且将对传统的国际政治经济秩序和国内各项基本制度带来极大的冲击。如果成功地应对数字革命的挑战，中国将有可能实现在发展道路上的弯道超车，变成名副其实的世界强国。[1]

出口驱动增长模式早在本次贸易争端爆发之前就已经显出疲态，而贸易争端更是凸显其脆弱性。中国的出口由于以廉价劳动力为比较优势，对价格要比德国产品更为敏感，在抑制国内出口部门工资上涨方面比德国有过之而无不及。农民工一直是中国加工贸易生产部门的主力，但他们的实际工资在80年代末至90年代末除个别年份外基本没有上涨。与德国相似，中国的劳动力市场也有双层结构：一边是以廉价劳动力为比较优势的出口部门，另一边是城市地区的国有企业和服务业等非贸易部门。从20世纪80年代末到2008年全球金融危机爆发的20年间，中国劳动力市场的双层结构导致农民工与城市职工的工资比例持续下降，它是中国不平等程度发展的重要影响因子。[2]

2008年以后，由于发达国家对中国出口吸纳能力下降，再加上人民币升值、工资上涨，中国出口驱动的增长模式已经处于转型之中。在逆全球化趋势日益明显的国际环境中，这一模式的空间会更加缩小。如果美国对中国出口产品加征关税的做法长期化，跨国公司为了控制成本势必会将产业链向其他国家转移。中国固然可以借助

---

[1] 由于篇幅的限制，本篇只讨论消费驱动对创新驱动的影响，关于应该如何发展创新驱动的增长模式的论述，见本书《从"世界工厂"到工业互联网强国》《产业政策如何打造竞争优势》《中国电动汽车崛起的秘密》三文。
[2] 卢锋：《中国农民工工资估测：1979—2010》，"中国经济学人"微信公众号，2018年2月14日。

"一带一路"倡议开拓其他市场并争取和其他国家签订更多的自由贸易协定。然而，正像美国、欧盟和日本在2018年9月联合国大会上的联合声明以及美墨加2018年签署的贸易协定中的"毒丸条款"表明的那样，在未来国际经济秩序的建构过程中，发达国家一定会在WTO的规则方面更多地制衡中国的出口驱动增长模式。如果考虑到中美贸易争端还有可能向汇率领域延伸，未来的国际环境对出口驱动的增长模式将更为不利。

中国的投资驱动在2008年以后集中在房地产。从20世纪90年代末房改至今，中国81.4%的城镇家庭已经拥有至少一套住房。虽然城镇居民中不靠借款买房的家庭比例高达61.5%，房地产开销在可支配收入中的占比却高达90%以上：这意味着中国家庭把他们过去几十年积累的可支配收入用于投资房地产。虽然目前城镇有房家庭中只有1/4靠借钱买房，但他们在房地产投资上的杠杆率却高达213%以上。据上海财经大学的研究，2017年中国家庭债务与可支配收入之比已经高达107.2%，超过美国当前水平，逼近美国金融危机前的峰值。家庭债务对消费的挤出效应已经持续多年，其标志之一就是消费增速自2011年开始持续下滑，社会消费品零售总额的增速从2011年的20%下滑到2018年6月的9%，实际增速掉到7%。[1]

以房地产为主的投资驱动正在绑架中国经济的未来。首先，供应总量严重过剩与供求关系不平衡同时存在。在北京，一方面由于高收入阶层把房产作为保值投资而出现了90万套空置房；另一方面却

---

[1] 方正证券，引自卢亮亮：《中国家庭的加杠杆空间已到极限了吗？》，格隆汇网站，2018年8月1日；《上海财大：中国家庭债务是可支配收入的107%逼近承受极限》，界面新闻，2018年8月9日。

是租金快速上升，导致低收入阶层，特别是刚刚进入一线城市的年轻人付不起房租。收入不平等导致的两极分化已经成为房地产产业问题的关键。如果不从如何解决空置房源的利用入手，而是一味地发放土地，将造成用地和资源的极大浪费。其次，中国的出口本来就对价格敏感，高房价下工资上升的压力会迅速增加出口部门的运营成本，使得中国企业的国际竞争力进一步受损。在高房价的压力下，像华为这样的企业都不得不把研发部门迁出深圳。第三，高房价造成的生活成本急剧上升，房贷负担已经严重挤占其他消费，也成为年轻家庭不敢生育的重要原因，在中长期形成对劳动力供应的严重束缚。更为严重的是，许多民营企业在近年来纷纷以抵押股权的形式加杠杆投资房地产，"去杠杆"导致其资金流中断，而债权人强迫清盘使得这些企业陷入困境。

以基础设施建设为特征的财政驱动增长模式是导致政府在国民收入分配中占比过大的重要原因之一。其后果是公共服务投入过小，间接增加民间储蓄压力，加重企业和民间的税收负担，既限制了企业的活力，也限制了消费的发展。这一增长模式造成的更大麻烦是推动政府债务逐年攀升。

政府债务包括负有偿还责任的直接债务以及政府承担的或有债务（负有担保责任、可能承担一定救助责任）。2015年，政府债务中仅负有偿还责任债务部分，中央、地方、全国政府债务规模分别达到12.96万亿元、16万亿元和28.96万亿元。虽然债务风险指标总体上处在控制标准参考值范围内，但是进一步提升的空间很小。另外，由于中国政府介入社会经济生活的程度较大，也相应承担着范围极大、种类颇多的或有债务，而且这一部分规模巨大。考虑泛或有债务口径，中央政府或有债务达8.36万亿元，占其负有偿还责任债务比例的 64.5%，地方政府或有债务为 39.54 万亿元，则是其负有偿还责任债务的 2.5 倍。加入或有债务后更新的负债率、债务率指标，都明显超出了控制参考标准值。

中国的政府债务呈现出以下特点：第一，政府债务风险不仅以较快的速度增长，而且处在积累攀升的过程中。一般来说稳定状态下债务长期可持续的必要条件是债务实际增长率低于 GDP 增速。近年来 GDP 增长减速和政府靠债务驱动发展地方经济的做法对政府债务风险与财政可持续性提出严峻的挑战。第二，政府债务风险是全方位的。不仅地方政府债务规模庞大、风险较高，中央政府债务规模也不容小觑。随着对地方政府债务增强管控，对中央政府举债加杠杆的要求明显增加。第三，中国政府或有负债主要集中在地方政府上，地方政府或有负债规模大概比中央的大近 5 倍。这一方面是因为地方政府债务管理体制长期空缺带来的债务恶性膨胀，另一方面也反映了分税制改革以来地方政府支出责任不断扩大的客观现实。[1]

在贸易争端的大背景下，政府和家庭负债隐含的金融风险不容忽视。（1）如果出口订单大幅度下滑，将导致企业破产、员工失业，在目前家庭债务已经进入危险区域的条件下，必然导致大量房贷违约进而带来银行系统的危机。（2）不少评论认为贸易争端不排除演变成金融争端的可能。如果美元极度走强推动大量的资本外流，也会引爆房地产泡沫的破灭。房价急跌、房不抵债导致的违约不仅会导致银行系统的危机，而且还会使已经负债累累的地方陷入更大的困境。

---

[1] 胡祖铨：《我国政府债务规模及其债务风险的研究》，国家信息中心互联网门户网站，2017 年 12 月 21 日。

休养生息与强筋健骨：提高实际工资与实现消费驱动

世界范围内兴起的保护主义浪潮和正在进行中的贸易争端，要求中国必须思考在最坏情形下的生存之道。因此，中国在选择新增长模式时不妨持一种"贸易归零"的基本假设，重点考虑如何利用国内要素驱动，将经济增长的动力主要立足于内部循环的基础上。贸易归零的假设并不是要放弃国际贸易，而是把中国现有的巨大贸易量完全视为额外的安全赘余。这样，即使贸易争端长期化，甚至出现全球化全面逆转，中国经济也不至于遭遇灭顶之灾。立足于内部循环的新增长模式不仅不会导致闭关锁国，恰恰相反，它可以有效地对冲贸易争端和贸易保护主义带来的负面影响，并会为中国出口进一步扩大国际市场。虽然许多分析对中国经济的前景表示悲观，笔者倒是认为贸易争端更有可能推动中国经济增长模式向消费驱动和创新驱动转型，推动中国在经济结构、社会保障、公共服务、收入分配，以及产业的国际竞争力等各个方面向发达国家看齐，经过一场凤凰涅槃，20年后成为真正的世界强国。

在巴卡洛与彭图逊的分析中，瑞典的出口与消费双极驱动是四个发展模式中最理想的。把它延伸到关于中国的讨论，中国经济未来的增长模式也可以是双极驱动：一方面是创新支撑的投资驱动，另一方面是实际工资上升支撑的消费驱动——笔者将其概括为"强筋健骨"与"休养生息"。在本篇，笔者将聚焦"休养生息"。

首先，向消费驱动转变不仅可以稳住现有外资和吸引新外资，而且还可以对冲贸易争端，更是变成贸易强国的必由之路。

目前，为什么许多外资面对高关税的威胁还选择留在中国？第一，许多企业会认为贸易争端不会持续太久；第二，许多产品只有中国能生产，其他国家只能从中国进口；第三，中国完整的产业链无法被其他的发展中国家轻易取代。但是如果贸易争端长期化，美国对来自中国的产品长期征收高关税，跨国公司为了节省成本就必须考虑产业链转移。从长期的视角看，中国对外资最大的吸引力只有不断扩大的消费市场规模。

一个国家消费市场的规模与该国在国际政治经济中博弈的实力有直接的正相关关系。美国正因为有世界上最大的消费市场，所以它有资本与许多国家同时发生贸易争端。中国是世界上第二大经济体，有研究表明中国消费总额在2017年已经追上甚至超过美国。如果假设目前两国消费总额大致相等，而美国人口不到中国的1/4，那么中国国内人均消费总额只相当于美国的25%。目前，中国GDP总量是美国GDP总量的60%以上，如果把中国人均消费额从目前相当于美国的25%上升到60%，中国国内消费总量应该相当于美国的240%。与其计算中国何时可以赶上美国的GDP总量，不如算中国国内消费总额与美国之比何时能达到两国GDP之比。只要中国消费市场不断扩大，不仅跨国公司不敢轻易把产业链转出中国，而且还会有越来越多的外资进入中国市场。面对不断扩大的中国消费市场，西方各国根本无法结成针对中国的贸易联盟。

国际贸易主要有企业内贸易、产业间贸易与产业内贸易三种形态。如果贸易争端长期化或全球化全面逆转，跨国公司主导的全球生产方式中的企业内贸易规模将严重缩小，国际贸易将以传统的产业间贸易和产业内贸易为主。迄今为止，中国出口驱动主打的加工贸易一直以跨国公司主导的企业内贸易的形式进行。这种贸易形式本身是中美贸易不平衡的重要原因，也是贸易争端的政治根源之一。传统的产业间贸易指各国按比较优势生产不同的产品然后彼此进行交换。随着中国劳动成本不断上升，除非成功地实现产业升级换代，否则中国也很难再长期大规模依靠产业间贸易。产业内贸易指各国生产同类产品然后彼此进行交换，是发达国家之间贸易的重要形式。它们之所以进行产业内贸易，并不只是为了产品的多样性，更本质的原因是彼此都有发达的消费市场，相互开放市场是贸易利益的交换。

当前，无论是基于中国的 GDP 总量、贸易总量、贸易顺差和外汇储备总量，还是国际上对于中国早晚成为世界第一经济体的普遍预期，再指望他国继续把中国当作发展中国家给予特殊待遇是不现实的。在后全球化时代，管理贸易（即特朗普强调的公平原则）可能会大行其道。在这种国际环境中，要想进入对方的市场，就必须向对方提供市场。中国只有不断扩大国内消费市场，才会有在国际贸易中进行利益交换的筹码。只有当增长模式转向消费驱动，国内市场规模日益扩大，中国才可以在企业间贸易被大面积破坏的条件下仍然掩护出口结构中低端产品的产业间贸易的国际市场，并为产业升级换代后的高附加价值产品打开产业内贸易的国际市场。

其次，增长模式从重视出口、生产和投资向重视进口、分配和消费转变，不仅仅是解决过去 40 年来发展的欠债问题，更重要的是通过这些转变使中国向发达国家的标准迈进，成为真正的世界强国。

增加实际工资向消费驱动转型首先是弥补过去 40 年为经济发展付出的各种代价。

巴卡洛与彭图逊的研究显示，即使是像德国这种有强大的技术和质量优势的出口驱动增长模式，也仍然没有逃脱抑制国内工资和消费的命运。中国在这方面的问题比德国要严重得多。中国出口驱动增长模式的内在逻辑是把国内的分配问题拿到国际市场上去解决。中国农民工的工资水平在维持国际竞争力的名义下被长期压低。每当外国人用乘法来计算中国的综合国力，要求中国开放市场为其他国家的发展提供外部需求时，我们总是用除法来强调各项人均发展指标的低下。一方面在对外宣传中强调中国经济发展的各种成绩（有人甚至认为中国的综合实力已经超过美国），另一方面却坚持中国在国际贸易体系里的发展中国家身份。这种状况显然是不可维系的。

过去为了集中资源发展经济，政府的财政驱动向基础设施建设高度倾斜，而把医疗、教育、住房和退休金等多方面的公共服务市场化，其结果是"国民收入分配当中政府的占比偏高，居民偏低。政府占有了大量的国民收入，但是我们在社会保障方面的支出，医疗教育低于发达国家的水平。非常清晰的推理是宏观税负高，政府的收入占比高，大量的财政收入用于基建投入和财政供养"。[1] 在这样的宏观环境下，虽然中国拥有比发达国家还先进的基础设施，但是在经济结构、社会保障、公共服务、收入分配和生活质量上与发达国家仍然有巨大的差距。以房地产为特征的投资驱动虽然为大部分城镇居民提供了住房也促进了经济增长，但是基本"吸光"了城镇居民的可支配收入。

增加实际工资，向消费驱动转型是2008年以来中国经济从出口驱动向内需驱动转变的2.0阶段，它是中国变成发达国家的必由之路。中国政府已经提出在新中国成立一百周年时把中国建成世界强国的目标。世界强国到底体现在哪些方面？GDP总量、强大的军队、创新和技术支撑的国际竞争力，这些固然是世界强国应有的指标；但国内消费在驱动经济增长时的作用、第三产业在经济中的比重、公共服务体系和社会保障制度的健全、收入分配方面的相对平等，既是

---

[1] 任泽平：《我国单位GDP的财政供养偏高 有待改革》，新浪财经，2018年9月17日。

所有发达国家共同享有的特征，又是中国经济增长模式转型理应追求的重点目标。中国政府最近出台一系列措施来提高实际工资加强消费绝不仅仅是权宜之计，而且是向发达国家经济转变的一个切实步骤。现在离中国政府提出的把中国建设成世界强国的目标只剩25年。这些目标不可能在一夜之间实现，必须从现在起就作为行动纲领。"两个一百年"讲的绝不仅仅是GDP总量，而且是中国人民日常生活的质量。当中国成为世界强国时，高质量的日常生活必须不能仅限于少数富人，而是体现在大多数中国人的实际生活中。中国必须从"让一小部分人先富起来"向"共同富裕"的阶段转变。

向消费驱动的增长模式转变，也是中国作为一个世界强国对建设世界命运共同体应该做出的贡献。在过去40年里中国采用的出口驱动模式依靠的是国际市场为本国制造经济增长的外部需求。在全球生产方式中，发达国家的消费需求为参与全球价值链分工的发展中国家的经济增长提供了机会。现在中国已经成为世界上第二大经济体。在这种情况下，中国进一步开放市场，在使本国迈向发达国家的同时也得以用中国国内的消费需求为其他国家的经济发展提供机会。这是一个真正能够双赢的选择。

最后，向注重实际工资的消费驱动转变，增加公共服务和强化社会保障也是为应对以人工智能为代表的科技革命可能带来的社会冲击做好准备。

新经济的迅速崛起将从根本上改变支撑经济增长模式的制度基础。在西方的语境里讨论人工智能的冲击，最大的挑战是资本主义私有制。当机器人可以大规模取代人的劳动时，资本出于利润驱动的原则将会大幅度削减就业人数。当劳动力失去参与生产过程的机会，他们将以何种形式参与未来的分配？他们的生计将以何种形式得以维持？因此，与其再等20年，面对智能生产造成严重社会影响时再开始头疼医头式的改革，不如利用近年贸易争端带来的经济增长模式转型的机会，筹建中国应对人工智能时代挑战的制度。

中国由于各种结构和制度的原因，在发展以数据为生产资料的新经济时，有希望实现弯道超车。其中一条十分重要的原因是中国是世界上人口最多的国家——规模对发展数据经济十分重要。但也正因为如此，中国很有可能早于其他国家遭遇人工智能和机器人在生产过程中的广泛应用对社会造成的严峻影响。因此，中国必须尽早开始制定政策，把扩大公共服务和提高社会保障水平提到优先的议事日程上来（分配、公共服务与社会保障），是应对人工智能和机器人冲击的核心问题。目前已经有一些发达国家在讨论设立普适最低工资的制度。中国现在如果仍不解决过去40年发展在公共服务和社会保障上的欠债问题，等到这些问题与未来人工智能和机器人造成的失业问题叠加爆发，将为时过晚。

增长模式转型的政治经济学

巴卡洛与彭图逊对卡莱斯基的再发现的另一大意义是，他们重视分析增长模式背后的政治联盟这一政治经济学的核心问题。卡莱斯基十分重视利益冲突与增长模式转换的关系。任何一种经济增长模式都有附着之上的利益格局。这些利益格局通过增长模式中的机制和制度来获得和维护相应社会阶层的利益。既得利益者从来不愿意轻易改变增长模式，他们永远是改革在政治上的阻力。由于每种增长模式都有强大的惰性，在任何增长模式较大的转型过程中，危机经常是打破政治力量均衡的最好时机。

中国过去40年所处的国际环境从来没有为中国提供向真正的发达国家迈进的机会——只要出口驱动还可以利用，就连德国也没有能够从压低国内工资和消费的怪圈中走出来，中国更不可能彻底脱离吃廉价劳动力老本的惰性。近年中美贸易争端的烈度从根本上改变了中国国内增长模式转型以及对增长模式进行选择的政治环境。美国政府在贸易争端中的强硬立场既部分构成限制中国选择增长模式时的外部环境，也在客观上削弱了中国国内反对增长模式转型、反对变革的政治力量。

在中国面临经济下滑的挑战时，各种利益群体必然都在争取让政府的资源向自己倾斜。为了理解增长模式转型在政治上的难度和复杂性，我们不妨分析一下增长模式转型要求的政策对各个利益群体的影响。

要增加实际工资，向消费驱动转型必须要回答的首要问题是钱从哪里来？过去的出口驱动是靠外部需求，投资驱动和财政驱动都靠债务。如今这三种模式都走向极限，要提高实际工资推动消费驱动只能靠以下办法：

（一）减少政府在国民收入分配中的占比。这要求政府减少在基础设施建设中无效率的投资，真正摆脱GDP主义的影响，不再不计成本地维持特定的增长率；也要求政府进行深水区的改革，切实减少财政供养的规模。

（二）集中资源提高公共服务和社会保障。虽然这些不能直接导致实际工资的增加，却可以通过替代民间储蓄来间接增加民间可支配收入从而促进消费。

（三）降低企业税。中国的企业缴税负担过重已经成为社会共识。然而，目前中国面临着双重挑战：既要防止经济严重下滑，也要推动结构改革实现增长模式的转型。为兼顾这两个目标，并以后一个为主，企业减税虽然应该是普适的，但是也应该用来鼓励企业参与供给侧改革和向消费驱动转型。创新投资是供给侧改革，应该允许抵税。为防止由于工资上升造成企业投资减少对总需求带来的抵消作用，也应该允许企业把为员工涨工资的支出用来抵税。

（四）调节个人所得税。在税收政策上进一步向增加低收入阶层的实际工资倾斜，因为这部分群体实际工资的增加部分更有可能用于消费从而增加新的总需求。政府近年的政策已经在向这个方向努力。同时政府要加强征税能力。像2018年演艺界查税反映出的那样，政府无须通过为富人加税来开源，只要确保收缴应收的税就会增加税收。

（五）控制通货膨胀，防止房价进一步上涨，加大加快廉租房和公共房屋租赁制度的建设。由于房价对企业运营成本和中国家庭可支配收入的巨大影响，必须从向创新驱动和消费驱动增长模式转型的视角来审视房地产政策。

主流经济话语目前强调市场配置资源。市场配置资源的本意是，当有需求时就会有供给；离开增加消费需求，强调市场配置资源只能是一句空话。现在市场面临的最大挑战是消费降级、需求下降。没有实际工资的上涨，就没有消费需求的增加。即使给企业减税，即使让市场配置资源，企业能在没有需求的条件下增加投资吗？为了增加实际工资和消费需求，政府必须要通过公共政策有所作为，而不是把转型的任务交给市场。

对政府而言，最大的挑战是要认识到目前手里的资源可能是最后的资源：由于既有的生产机制在未来可能难以为继，必须把它用在能真正"救命"的地方。

迄今为止，中国政府手中资源的主要来源是靠超量发行的货币支撑的。货币超发一方面来自出口驱动带来的贸易顺差以及外汇管制衍生的外汇占款，另一方面来自投资驱动增长模式的基石之一——土地财政。在中美竞争长期化的前景下，贸易顺差与外汇储备不断减少应该是大概率事件，中国增发货币的机制将被严重削弱；在地方政府和家庭债务都已经接近极限的条件下，土地财政必将失去发展的动力。当提供充沛资源的条件正在迅速恶化时，如果政府仍然延续过去的思维惯性，把资源集中用在一时救急的刺激增长上，其前提是这种策略必须有效。一旦失败，再出现重大危机时，政府将没有进行补救的资源。这是日本在20世纪80年代泡沫经济期间留下的惨痛教训。

结　语

全球化的钟摆运动正在经历一个历史的轮回。七八十年前卡莱斯基在上一轮全球化逆转时发展出的宏观经济学分析框架，对我们现在面临的选择有重要的参考价值。卡尔·波兰尼曾经指出，资本主义的长程运动受方向完全相反的两个作用力的驱动：释放市场力量和保护社会。卡莱斯基理论的提出，正值发达国家的公共政策范式从释放市场力量向保护社会转变之际。他主张增加工资在分配中的比例，特别是增加低收入群体的实际工资，以实际工资的上升实现消费驱动，从而创造新的总需求。这正是在保护社会政策范式下的经济增长模式。目前愈演愈烈的逆全球化趋势代表着发达国家的公共政策范式正在又一次从释放市场力量向保护社会转型，中国政府现阶段的施策也应该反映这一历史的同时代性。

卡莱斯基的政策主张直接代表着当时发达国家公共政策范式保护社会的时代特征。巴卡洛与彭图逊揭示的欧洲四国的增长模式则出现在20世纪80年代发达国家的公共政策范式从保护社会向释放市场力量转变之后，因此他们分析的案例提供的都是相对市场化的解决方案——即使瑞典这样的国家也是通过产业升级换代在国际贸易中实现了实际工资的上升。从这层意义上而言，巴卡洛与彭图逊不仅仅是重新发现了卡莱斯基的理论，也有其当代意义——产业升级换代对解决不平等问题的间接正面影响。

本篇以巴卡洛与彭图逊提出的四种增长模式为出发点讨论中国未来的增长模式，虽然从"贸易归零"的基本假设出发主张中国要把资源相对集中在以消费驱动的增长模式上，但并不是彻底否认出口、财政和投资对中国经济的带动作用。放眼中国未来改革开放大方向中的增长模式，出口和投资将以"一带一路"倡议和创新为重点，而笔者主张的消费驱动在很多方面也需要财政的配合，即通过提高公共服务和加强社会保障体制来增加实际工资，并积极解决收入分配中的不平等。十余年前的大调整帮助中国基本实现了由出口驱动向内需驱动的转型，以房地产为核心的投资驱动和以基础设施建设为核心的财政驱动为中国经济带来了硬件方面的大幅度跃升。这次调整，最重要的使命是实现内需驱动向消费的转型，其重点应该是通过一系列有关公共服务和社会保障的制度建设在保护社会的同时大幅度缩小与发达国家的差距，迈出变为世界强国的实质性步伐。

问题缘起

简单地说，写作本篇的直接原因是写作《发展主义》和《悖论》时我对"日本失落的20年"的认识，以及对中国经济发展模式的反思。

由于我职业生涯的最初20年一直在研究日本，对这篇文章的相关议题——经济发展与政治稳定之间的关系——的关心由来已久。虽然过去我在关于日本的不同文章中曾经数次提及中国，但是一直没有机会系统地思考这个议题对中国的意义。日本出于维持经济增长的目的，在经历二战后近20年的国内对抗性政治后，终于在60年代中期发展出福利社会的模式：通过解决经济发展过程中的利益分配问题来维持政治稳定。

《发展主义》分析了在上一次全球化逆转的过程中，日本如何在各种历史条件的限制下，实现了政策范式和制度安排从释放市场力量转向保护社会的：在20世纪三四十年代，与英美的战争让日本的统治阶级意识到，日益激化的阶级矛盾再不缓和，日本将无法动员社会底层为战争卖命。日本在大萧条期间和之后对市场失败的解决方案是，通过强制性的卡特尔和产业协会减少市场竞争从而减少失业；在1937年日本进入全面侵华战争、开始战争动员后，日本政府不仅强制性禁止企业解雇工人，而且也禁止工会罢工，同时严格控制物价和物资分配。在二战后美军占领期间，占领军总部一批支持罗斯福新政的美国官员最初支持日本工会，这助推了当时马克思主义在知识界的强大影响。工人运动和劳资冲突成为日本企业五六十年代要加强质量管理和技术创新的最大阻力。在60年代初经历了长达一年以上的大罢工之后，自民党终于意识到只有正面解决国内的劳资矛盾，工会才会配合生产高附加价值的出口制成品，使日本在国际贸易中获得更大的利益。

我在写作《发展主义》时，对日本的经济意识形态同时强调经济发展与政治稳定留下深刻印象。之后，在写作《悖论》一书时，我开始用这两个概念来解读二战后整个日本经济体制发展的主要特点。从世界范围看，在二战结束后的头30年里，整个西方发达国家的公共政策范式仍然是保护社会，而保护社会正是政治稳定的前提。然而日本的独特之处在于，它同时还有一个极为重视经济增长的发展型政府。在保守主义意识形态的影响下，日本政府集中公共资源去刺激经济增长。与此同时，它又有一套保证政治稳定的做法：其竞争政策和各种规制具有比较强烈的贸易保护主义色彩，在经济下行时允许成立卡特尔来保护中小企业和个体户，这成为日美贸易战时的核心议题之一；同时日本依靠大企业的终生雇佣制来稳定1/3的就业。战后逐渐定型的日本经济体制通过一种特别的方式，把欧洲国家通常由政府行使的职能委托给民间制度和商业惯行，来维持经济增长与政治稳定之间的微妙平衡。西方比较政治经济学文献有比较强烈的欧洲中心主义色彩，而日本的案例则对欧洲式的福利国家论提出一个很大的学术挑战。我在书中使用"福利社会"的概念来强调日本与欧洲福利国家的区别。

由于有这样的日本研究背景，我很早意识到中国改革开放以来走过的路与日本有很大的区别。在《悖论》的中文版序言中我指出，中国与日本在处理政治稳定和经济结构升级换代之间的矛盾时采取的做法完全不同。日本自70年代以来，在面临各种外部挑战时，始终是以保证政治稳定为主；即使是泡沫经济在90年代初破灭以后，日本的企业也尽量避免大量解雇工人，宁可影响产业升级换代的速度。而中国模式的最大不同在于大胆引进市场力量，为追求经济结构的升级换代，经常不惜承担社会风险。

这种不同背后有一个重要原因，即中日两种发展模式出现在全球化的不同阶段。日本在30年代初到60年代末期形成的古典发展主义是在全球化第一次浪潮发生全面逆转、第二次浪潮尚未到达高潮时出现的；而中国在改革开放头30年形成的新发展主义则是在全球化第二次大潮迅速发展时期形成的。这两种发展模式出现在全球化钟摆运动的不同阶段，对它们的形成和发展有极为重大的影响。

在逆全球化阶段，市场普遍被认为是魔鬼，社会科学理论注重的是如何约束它，而不是将其释放出来。战后前30年，各发达国家的公共政策范式仍然处于限制市场力量的惯性中，仍然强调如何依靠非市场的制度和机制对经济主体的行为进行协调。从当时占主导地位的经济理论和经济意识形态来看，30年代至60年代日本流行的是德国历史学派、德国总体战争理论、马克思的计划经济思想、熊彼特的创新理论，以及凯恩斯的有效需求论，这些都与后来时髦的哈耶克的理论形成鲜明的对照。

中国的新发展主义模式出现时所面临的环境已经发生很大的变化。在70年代末期，当全球化开始加速释放市场力量，强调资源配置效率的新古典经济学不仅在西方发达国家成为显学，而且在发展中国家也变成有极大影响力的主流话语。在中国新发展主义出现的全球化迅速上升期，大家普遍关注的焦点是如何释放市场力量。新古典经济学之所以后来在中国成为显学，有着深刻的时代背景。中国的发展模式从一开始就受到新自由主义的影响。不认识或者不承认这一点，不仅会影响如何认识过去，更会影响未来的政策选择。

一国国际贸易的特点与该国在多大程度上重视保护社会有直接关系。在第一次全球化逆转后，一直到第二次全球化开始加速的20世纪80年代之前，国际分工基本上以最终产品为基础，国际贸易以最终制成品为代表的产业间贸易为主，只在少部分发达国家之间开始出现产业内贸易。而自从80年代全球生产方式出现，国际分工开始以生产要素为基础，国际贸易的很大部分变成跨国公司各分公司之间的企业间贸易。

国际贸易的分工基础与保护社会有直接的因果关系。当日本发展模式成型时，它的国际贸易类型仍然以最终产品为代表的产业间贸易为主。在产业间贸易中，如果一国企业无法造出有国际竞争力的最终产品，该国则无法参与国际贸易。这正是日本人不遗余力打造本国创新体系的强大推动力。日本模式之所以强调经济增长与政治稳定的平衡，是因为如果不解决发展过程中的利益分配问题，就无法调动工人参与技术创新和质量管理的过程，日本的企业无法生产出有国际竞争力的最终产品，也就无法实现经济增长。

然而到了中国开始改革开放的时代，由于全球生产方式的出现，国际贸易中已经开始出现以生产要素为主的企业内贸易。这种分工形式极大地减轻了发展中国家在参与国际贸易时发展本国创新体系的要求，它们可以只凭廉价劳动力来参加全球生产体系，仅负责劳动密集部分的生产环节。这在过去是根本不可能的。不仅如此，既然是依靠廉价劳动力参与国际分工，为了延续参与国际分工的机会，就不能大幅度提高工人的工资，这种模式本身在逻辑上就存在内生性地阻碍保护社会的功能。

由于长时间关注全球化钟摆理论并一直在寻找全球化逆转的迹

象，2018年3月特朗普发动贸易争端时，我马上意识到这可能是全球化钟摆运动的重要拐点，我们必须在一个更广阔的历史背景中，从资本主义长程运动的规律中去认识这个现状；不仅如此，由于中国的改革开放与全球化上升期几乎同步，当全球化发生逆转时，迄今为止的经济发展模式也将遭遇很大危机。沿着这个思路，我马上想到应该彻底反思目前的发展模式到底有多大的可持续性。正是在这样的思考过程中，我在阅读文献时偶然读到巴卡洛和彭图逊的比较研究，这再一次让我看到了《悖论》分析框架在分析当代政治经济时的适用性。

早在2008年，我呼吁中国必须汲取日本当年的教训，因为日本没有能够利用经济高速增长带来的巨额财富为未来保护社会的功能打下坚实的基础。我写道：

> 日本之所以没有能利用泡沫经济带来的国富为未来打好基础的部分原因在于，80年代的日本弥漫着一种与中国在2008年时很相似的乐观情绪，盲目地相信本国经济的突出表现是由于本国模式的优越性使然，而根本忽视了导致本国经济突出表现的外部因素和偶然因素。当时日本成功的标志是股市、房市的泡沫现象，日本作为世界第一大债权国的身份，以及日本在全世界到处砸钱买资产的形象。在这样一种氛围中，日本人以为他们的财富在未来仍然会像当时一样滚滚而来……
>
> 然而，事后人们才认识到，日本在80年代贸易顺差与外汇储备迅速增长的原因既不是由于日本的产业政策，也不是由于日本产品的竞争力（尽管他们与这二者都有关系）……日本的竞争力不全部来自日本，在80年代上半期在很大程度上来自美国的金融政策。美国在80年代上半期积累了巨额的正常账户赤

字，一个广岛协议就使得美国在 80 年代末实现了经常账户的基本平衡。……当人们相信自身的财富在未来还会和今天一样滚滚而来时，他们不可能记着准备应对危机。同样的道理，中国近几年贸易顺差与外汇储备固然有加入 WTO，以及廉价劳动力的比较优势等国内因素，但是如果离开在格林斯潘领导下的美联储为了应对互联网泡沫破灭后而采取的宽松金融政策带来的流动性过剩而导致的大量进口，离开美国在财政贸易双赤字的压力下从国际上大量融资过程中中国贸易顺差美元返还带来的对美国消费的刺激，以及离开在 2000—2006 年美元一路贬值带来的人民币兑其他货币的贬值，这期间的中国贸易顺差与外汇储备的数量就要大打折扣。即使抛开这些方面的影响，中国的出口依赖还是外部因素。由于跨国公司主导的外资在邓小平到南方视察后大量涌入，特别是在中国加入 WTO 后又掀起一个新的高潮，中国变成了一个深度参与全球生产体系的世界工厂。跨国公司带来的订单（包括企业内贸易中的零部件）与提供的销售渠道使得它们占中国对外贸易的近 60%。今天被当成中国模式重要支柱的国有企业在十年前还是被抓大放小的对象，还被广泛地认为是没有效率的负担。由于这些国有企业占据了基础设施产业，在中国的出口在上述外部与偶然因素的带动下出现高速增长时，他们凭借自身在行业中的主导地位而获得巨额的红利，成为中央政府税收的坚实基础。只要我们在讨论中国模式时认识到中国近几年国势兴隆的偶然和外部因素，就不难认识到，当这些偶然和外部因素消失时，国势兴隆的推动力也会减弱。假如美国这次真的因为汇率之争从贸易上制裁中国，上面描述的这个中国模式异常表现的因果链条就很有可能在最关键的一节被切断。到那时，中国模式的真正构成要件到底是什么，其根基是否坚固，换言之，国有企业的年利润是否还能达到一万亿，中央政府财政收入是否还能以每年一万亿的速度持续增长，才会面临一次真正的检验。[1]

---

[1] 高柏：《2008全球化选择：释放市场还是保护社会》，《21世纪经济报道》2008年1月4日。

补　记

　　回过头来检讨我对中国经济发展模式中的分配与消费问题进行的反思，似乎从"百年未有之大变局"的新视角更容易解释清楚这些问题。前边提到，"百年未有之大变局"是三大历史周期的同频共振，下面，我就从这三个历史周期的视角分析分配与消费问题的重要性。

　　首先从全球化钟摆运动的视角来看，目前国际上一个十分清楚的趋势是，西方发达国家从 2008 年全球金融危机开始，对 1990—2007 年新自由主义和"华盛顿共识"全盛期遭受很大冲击的福利国家进行反思，并在 2020 年全球新冠疫情大流行后迅速得出结论，即世界又进入彰显福利国家存在意义的历史阶段，同时开始出台各种有力措施去保护社会。

　　从 1870—1945 年全球化钟摆运动第一个完整周期可以看到，福利国家是逆全球化的产物，它的发展与 1929—1933 年大萧条以后西方国家纷纷推出各种保护社会的措施相关。这个趋势在二战以后继续发展，导致各种福利国家或福利社会模式出现。苏联在 30 年代急速的工业化过程中形成的社会主义计划经济体制，与罗斯福"新政"代表的自由主义和德意日代表的法西斯主义一起，是当时应对市场失败的三大解决方案之一。即使冷战结束、苏联解体，当年社会主义体制下建立的各项社会福利仍然延续下来。30 年代各主要国家在保护社会方面发生巨变，其背后有两个重要的推动力：一个是大萧条代表的市场失败，当这一重大的经济危机产生大量失业人口，社会各阶层都面临生存的挑战时，如果政府继续无视，必然会导致重大的政治危机，影响整个社会的稳定；另一个是全球化全面逆转后各主要大国陷入修昔底德陷阱的战争终局，正像《发展主义》中分析过的，为了动员本国底层民众参与民族国家之间的总体战争，各发达国家都开始通过各种公共政策减少不平等，控制各个社会阶层之间的差距特别是底层社会的绝对贫困现象。这正是后来西方国家有"战争国家必然是福利国家"之说法的根本原因。

然而，当20世纪80年代初以来全球化钟摆运动从保护社会转向释放市场力量，福利国家开始面临各种批判。从经济的视角批判福利国家的观点认为，社会不公平的存在对推动生产力增长十分重要，平等只能带来效率的下降，而且福利国家的政府政策面临一个三维悖论，即在限制政府预算、收入平等和工作机会增长这三个政策目标之间最多只能实现两个。要想实现收入平等，必然会降低私营部门投资的意愿，只能依靠公共部门或国有企业提供工作机会，但是这样做就无法控制预算赤字。如果想增加工作机会，就必须牺牲收入平等，因为只有这样，民营企业才有意愿提供就业机会。来自政治视角的批判指出，战后的欧洲福利国家已经完全被相关的利益集团在选举政治中绑架，民主政治对福利国家的改革已经处于一种完全免疫的状态，拒绝做出任何改变来应对正在出现的经济、社会和人口方面的变化。社会学视角的批评则认为，福利国家的各种项目和服务已经不成比例地被一些相对富裕的中产阶级享受，这些项目占用了福利国家设立之初要用于保护社会底层穷人的资源。[1]

逆全球化趋势的出现使福利国家的命运出现逆转。黑梅里克

---

[1] Anton Hemerijck and Robin Huguenot-Noel, *Resilient Welfare States in the European Union*, Agenda Publishing, 2022.

(Anton Hemerijck)和胡古恩弄特(Robin Huguennot-Noel)指出,"如果说福利国家在大衰退(Great Recession,即2008年全球金融危机)中的崛起还只是个'无名英雄'的话,新冠肺炎的大流行则带来了不可思议的后果:欧洲对21世纪福利国家的重新评估比我们想象的要坚定得多。无论是在欧盟层面还是在各成员国,对这一流行病及其不利经济影响的政治反应都明显更加积极。封城限制和保持社交距离导致的经济冻结被一系列停薪留职、工资补贴和财政刺激措施积极抵消"[1]。疫情暴发以来,美国政府不仅延长失业救助的期限,而且还给受到疫情影响的低收入阶层和中小企业发放各种补贴。为此花费的支出虽然大大增加了国债并助长了通货膨胀,但同时却减轻了社会底层遭受疫情冲击的力度。在疫情期间美国有好几个州实验"现金资助"项目,其中以伊利诺伊州库克县及芝加哥为期两年的实验项目最为有名。从2022年10月开始,该县从本县居民233000人的申请者中选择3250人加入这个项目,不要求接受现金补助的人工作,县政府每个月向这3250人提供500美元的现金。一年多来,一些原本不认为这个项目有用的人在亲身加入后开始认识到其重要性。这类项目目前主要依靠来自联邦政府的疫情补助和慈善捐款,但是库克县政府已经承诺在项目2024年9月到期后,仍然争取利用本县的资源使其持续下去,即便联邦政府不再提供疫情补助。这些项目不乏反对者,他们的主要观点是,白拿钱还不要求领钱者工作会养懒人。然而,跟踪这些现金补助项目的研究者们认为,这些项目对接受者是否继续工作没有显著影响,只是有些家长会少接一些零活,花更多的时间在小

---

[1] Anton Hemerijck and Robin Huguenot-Noel, *Resilient Welfare States in the European Union*, Agenda Publishing, 2022, p. 2.

孩身上。一个跟踪几个类似项目的研究团队发现,这个项目最大的影响实际上是心理健康。在接受现金补助 6 个月后,他们发现接受补助者的心理健康指标得到改善——心理压力减少。[1]

很明显,这次西方国家的疫情应对策略反映了其历史经验的积淀。在新冠疫情这样前所未有的大危机来临之际,如果发达国家没有出台各种失业、停业、房租等补贴,很可能会产生社会动乱。不过黑梅里克和胡古恩弄特还看到更积极的一面,他们指出"有弹性的福利国家不仅仅面对有效集中资源以备不时之需和准备面向未来的人力资本的问题,只有在共同的价值规范取向和文化归属感这些额外资源的大力支持下,社会政策才能有效地做出跨时段的取舍——要求人们忍受近期痛苦和并不明显的远期回报,更公平地分担福利成本,并赋能和帮助那些生活不太富裕的阶层,使他们变成日益多元化的社会里的正式成员"[2]。这句话的逻辑反过来也成立:只有当一个社会能够公平地负担社会福利的成本,切实地帮助低收入阶层,使他们过上有尊严的生活,才能真正地体现一个民族国家的确是一个命运共同体。

东亚经济发展模式的一个共同特征是尽可能推动所有人参与劳动过程,这种发展模式的共同特征是强调增长、强调出口、强调生产,而在保护社会方面相对较弱。东亚发展主义的社会后果也很相似,都是"内卷"与"躺平"共存,结婚率和出生率并降。当然,中日之间仍然存在很大不同。日本依赖冷战时期美国对盟友在贸易政策上的"非对称合作",发展出一套利用政府规制和竞争政策来发挥相

---

[1] Jennifer Ludden, "Places across the U. S. Are Testing No-strings Cash as Part of the Social Safety Net", NPR, Mar. 5, 2024.
[2] Anton Hemerijck and Robin Huguenot-Noel, *Resilient Welfare States in the European Union*, Agenda Publishing, 2022, p. 5.

应功能的"福利社会"。即使在泡沫经济1990年破灭后,日本也没有不顾一切地追求增长,而是让国内产能在长达20多年的时间里出清。与此同时,日本继续依靠它的福利社会来维持政治稳定。尽管日本没有发展出达到欧洲程度的福利国家,其福利制度毕竟在医疗方面给公民提供了较大的支持,而且在退休金方面也有一定程度的保证(虽然单纯依靠政府的国民年金仍然不够维持体面的生活,必须辅以企业的退休金和个人储蓄)。

在上一轮全球化逆转期,中国还处于连年战争的状态。1949年,新中国成立后虽然有计划经济的历史实践,但是对其历史意义的认知视角却与全球化钟摆运动完全不相关涉。中国经济进入高速发展阶段的年代正是全球化的高潮期。由于中国变成世界工厂,外部需求十分旺盛,这允许中国一直依靠经济增长的涓滴机制来代替解决收入不平等和地域之间发展不平衡等社会问题。依靠涓滴机制有一个前提条件,即必须保证经济的持续高速增长。但是自从2008年以后,这种维系持续高速增长的条件,特别是外部环境开始不断恶化。在欧美国家以国家安全的名义开始实施各种贸易保护主义措施的条件下,仍然想依靠高速经济增长下的涓滴机制来解决社会问题的思路就更难以为继。2008年全球金融危机以后,钟摆运动的逆全球化阶段正式开启。由于过去的准备严重不足,一旦挑战来临,中国与日本相比,自然处于一个更为困难的局面。

值得中国注意的是,在西方发达国家,"连那些通常倾向于把政府视为一切麻烦的根源的人,对国家干预的看法也发生了巨大转变"。2021年3月,一贯持市场派代言人立场的英国《经济学人》杂志,甚至发表了一个题为《反弹:后新冠疫情世界的福利国家》的特辑,其编辑部承认,"这场大流行病打破了社会福利支出的旧规则,其部分解决方案就是补足低收入工人的工资"。同年5月，英国的《金融时报》，号称市场建制派最好的财经报纸，也刊登其欧洲经济评论员桑布（Martin Sandbu）的评论，指出"竞争力对福利国家的依赖远超福利国家对竞争力的依赖"[1]。在某种意义上，对中国来说，保护社会和休养生息不仅仅是要偿还过去经济发展模式的历史欠账，更重要的是为迎接全球化全新的历史阶段和日益恶化的国际环境做不可或缺的准备。

其次，霸权周期体现在今天是围绕着地缘政治展开的贸易争端和科技争端。自从2018年贸易争端开始，美国对中国产品征收高关税，贸易问题的国家安全化和产业链从中国向其他国家的转移是不争的事实。一方面，许多人认为即使产业链转移到越南和墨西哥，仍然是中国公司在那里投资设厂，中国公司仍然掌握着产业链的高端。但是另一方面，随着产业链的转移，大量的工作机会从中国消失，这意味着改革开放以来中国一直依赖的经济发展涓滴机制，已经无法继续承担提供充分的就业机会的功能。

当霸权周期正在以地缘政治的形式影响国际贸易时，中国过去的经济发展模式在逆全球化保护主义兴起的基础之上面临更多一层压力。在全球化的加速期，世界贸易的增长速度大大超过世界GDP的增长速度，重视出口的东亚经济体通常是赢家，而严重依赖进口的欧美国家则面临国内产业外流、就业机会减少的压力。然而当逆全球化趋势兴起，贸易保护主义盛行时，过去以鼓励出口为主的东亚发展主义模式就开始承受更大的压力。当地缘政治成为影响国际贸易的重要

---

[1] Anton Hemerijck and Robin Huguenot-Noel, *Resilient Welfare States in the European Union*, Agenda Publishing, 2022, p. 7.

变量时，对已经被欧美视为"体制性竞争对手"的中国而言，还面临更多的外部压力。在这种新环境中，是否有足够强大的国内消费支撑的内需对中国经济有两方面重要影响：第一，它直接决定宏观经济运行的表现；第二，它直接影响中国市场对外资的吸引力。外资撤离是目前许多人关心的话题。我在文中指出，中国要想留住外资，根本的方法是不断做大国内市场的规模；离开分配和消费，这是不可能的。2023年，中国经济内需的疲软、外资撤离和外界唱衰中国经济未来的现象同时出现。这从反面证明当国际环境全面恶化，中国不得不面对贸易争端、科技争端和金融争端的多重挑战时，只有建立强有力的、不靠外部市场也能继续发展的内循环才能继续吸引外资和维持外循环。要建立这样一种内循环，不解决分配的问题，不提高低收入群体的可支配收入是很难有可持续性的。

  供给侧思维的关键问题在于，其基本假设是自由贸易体制下的全球化国际市场可以连续不断地吸纳中国的出口。然而一味强调供给侧的结果必然是国内的产能过剩，而国内的产能过剩必将导致国内企业争相扩大出口；如果他国经济也处于低迷状态，中国扩大对他国的出口就势必引起贸易保护主义更强的反弹。当欧美国家通过去风险纷纷减少中国产品的进口，中国过剩产能无法再被这些市场充分吸收时，中国经济在国内也会遭遇更为沉重的压力。在地缘政治和贸易保护主义已经成为影响国际贸易的重要变量时，如何发展本国内部的消费需求是中国经济政策决策者面临的严肃课题。

  在疫情过后重新开放的2023年，我对这个问题的认识更进一步，看到了本篇与《萨缪尔森陷阱》一文的强烈关联，即社会保障的严重不足迫使中国追求类似日本当年全体就业的策略，这也是中国深陷萨缪尔森陷阱的重要原因。

2023年来，在媒体关于政策的各种报道里，内循环似乎殊少被提起。这可以理解，因为内循环提供的动力似乎已经不足以支撑经济增长。这恰恰使我对《萨缪尔森陷阱》一文产生新的认识。本来我只看到中国经济在国际分工中全面开花，使发达国家认为它们已经不再具备比较优势，因而陷入萨缪尔森陷阱。然而到了2024年，国际政治经济发展的新局面则揭示了萨缪尔森陷阱的另外一个侧面，即中国的宏观经济政策一直强调生产和供给侧，从低科技、中科技，到高科技全面出击，但一直没有把通过提升国内消费来加强内需提到足够的高度来认识。即使中国在2008年后开始关注经济的内循环，强调的也是靠加强供给侧来满足房地产和基础设施建设代表的生产性内需。而生产性内需本身受经济周期的影响，现在都处于产能过剩的状态，已经成为问题本身，而不再是解决问题的手段。只有发展基于可支配收入增加基础之上的个人消费，才是让中国经济走出这个怪圈的解决方案。

最后，拙文更大的意义是应对正在进行的科技革命。文中，我提到人工智能将对就业和分配产生巨大的挑战，并从这个视角强调利用贸易争端的机会完成政策范式从释放市场力量向保护社会转变的任务。我曾经认为，中国在应对科技革命冲击时应该有体制上的优势来应对，毕竟社会主义在解决分配问题的挑战时要比资本主义经济体更为有力。我在文章里指出："新经济的迅速崛起将从根本上改变支撑经济增长模式的制度基础。在西方的语境里讨论人工智能的冲击，最大的挑战是资本主义私有制。当机器人可以大规模取代人的劳动时，资本出于利润驱动的原则将会大幅度削减就业人数。当劳动力失去参与生产过程的机会，他们将以何种形式参与未来的分配？他们的生计将以何种形式得以维持？因此，与其再等20年，面对智能生产造成严重社会影响时再开始头疼医头式的改革,不如利用近年贸易争端带来的经济增长模式转型的机会,筹建中国应对人工智能时代挑战的制度。……中国由于各种结构和制度的原因,在发展以数据为生产资料的新经济时,有希望实现弯道超车。其中一条十分重要的原因是中国是世界上人口最多的国家——规模对发展数据经济十分重要。但也正因为如此,中国很有可能早于其他国家遭遇人工智能和机器人在生产过程中的广泛应用对社会造成的严峻影响。因此,中国必须尽早开始制定政策,把扩大公共服务和提高社会保障水平提到优先的议事日程上来(分配、公共服务与社会保障),是应对人工智能和机器人冲击的核心问题。目前已经有一些发达国家在讨论设立普适最低工资的制度。中国现在如果仍不解决过去40年发展在公共服务和社会保障上的欠债问题,等到这些问题与未来人工智能和机器人造成的失业问题叠加爆发,将为时过晚。"

2024年,发达国家的传统燃油车企纷纷宣布推迟彻底转向电动汽车的节奏。这里不可忽视的一个重要因素是,汽车行业的就业可能受到来自向电动汽车转型时的巨大冲击。日本与汽车相关的就业人口有500多万,占全体就业人口近10%。欧洲的占比是6%—7%。美国作为人口大国,虽然汽车行业就业人口占比没有那么大,但是其绝对人口数字也有400万以上。美国民主党过去一直在强力推进新能源汽车的发展,2023年还通过了金额巨大的资助法案,但是这些政策的推行直接导致北美汽车工会组织的大罢工。欧洲与日本的汽车业最近纷纷向燃油车倒退,反映的是同样的道理。这个案例从反面证明,任何一个关于经济增长或技术革命的目标,在政治上都要考虑社会稳定的问题。

2024年,国内开始强调发展"新质生产力",当年的政府工作报告更是提出"人工智能+"的概念。然而，一个与此相关、十分重要却没有引起足够重视的议题是，当人工智能代表的先进制造业在实现远高于目前水平的自动化的过程中，将更多的劳动力排出生产过程之后，中国的经济体制将如何处理由此产生的分配和收入不平等的问题？换一个角度问，要想实现以内循环为主的经济增长，其需求，特别是消费相关的需求，以及与此紧密相关的低收入阶层的可支配收入问题应该如何解决？要想保持和扩大中国经济在世界经济中的地位，外循环和外资必不可少。而要想保证外循环的畅通和中国市场对外资的吸引力，就离不开一个以内需驱动为主的经济增长模式。打造这样一个模式，增加低收入阶层的可支配收入是关键。只有提供稳定的收入预期，消费者才有财务安全感，在这种条件下，消费才能真正地成为带动经济增长的有效需求。德拉姆在讨论工业革命对19世纪以来各种政治经济制度的深刻影响后，指出人工智能是另外一次重新界定21世纪人类社会各种政治经济制度的科技革命。[1]这里问题的实质何在？它在于随着人工智能和机器人的大规模应用，人类社会将进入物品极大丰富的时代。当物品处于紧缺的年代，按劳分配是必然的。然而人工智能和机器人的广泛应用将不仅导致物品的极大丰富，也同时把大量的人排除在生产过程之外。在这样的一个时代，如何分配将成为一国政治经济中十分重要的制度。中国，你准备好了吗？

---

[1] Kevin Drum, "Tech World", *Foreign Affairs*, July-August (2018).

7　东北新经济如何破局*

"十八大"以来,中共中央做出中国经济发展已经进入新常态的判断,强调要推进供给侧结构性改革。"十九大"更是指出中国经济要由高速增长转向高质量发展,加快建设现代化经济体系,培育新的经济增长点,形成经济发展的新动能。在这个数据成为重要生产要素的时代,以物联网、大数据、云计算、人工智能为代表的新经济正在迅猛发展,智能制造正在为传统产业提供一次重新洗牌的机会。在新经济正在成为世界各国争相打造的未来经济发展方向之际,北京大学新结构经济学研究院的"新经济与产业政策的重新建构"课题组分赴深圳、上海、杭州和沈阳四地调研。本篇即以课题组在沈阳的调研为重点,结合东北自改革开放以来的发展历程,将在其他三个地方的调研情况与之比较,讨论如何在东北实施推动发展经济新动能的战略。

去沈阳调研之前,我们按照一般常识的理解,认为发展新经济,特别是与装备制造业相结合的新经济,应该可以为东北的发展提供新动能,为在发展中解决东北长期以来的遗留问题创造条件。但是,在2018年、2019年两次去沈阳调研之后,我们发现,中国改革开放以来人们在潜意识里已经认为是理所当然的原则——增量改革和在发展

---

* 本文原刊《文化纵横》2019年第6期,与张强合作完成。

中解决老问题——在东北正面临着巨大的挑战。

调研发现，目前的战略在推进中面临四个难以绕过的主要矛盾：在当前阶段，东北到底是应该把主要投入用来发展新产业，还是用来维持旧产业？东北到底是应该等着在发展中解决老问题，还是马上与时俱进地进行供给侧结构性改革？改善营商环境的关键到底是企业还是政府？"走马灯"式的官员任期能否支撑政府推动任务艰巨的改革？

本篇将以新结构经济学的视角作为分析如上矛盾的出发点。新结构经济学强调，处于不同发展阶段的经济体，其经济结构内生于其要素禀赋结构。[1]这一理论主张，如果一个经济体根据与发展阶段相适应的资本密度来选择产业发展方向，就可以最有效地优化资源配置，使该经济体在最短的时间内实现资本积累的较快增长，为产业的升级换代提供物质条件。然而，现实中存在着各种影响要素（无论是资本还是劳动力）流动的障碍，在这一理论看来，最大的障碍来自基础设施与制度环境给企业带来的交易成本；较高的交易成本将阻碍资本进入经济体内适合要素禀赋条件的产业。因此，新结构经济学主张为了打造一个有效的市场必须要有一个有为的政府（有效市场以有为政府为前提，有为政府以有效市场为依归）。[2]这个"有为政府"主要就是通过产业政策来推动基础设施的建设以及为降低企业交易成本而实施各种制度上的改革，只有这样，一个经济体才能使它具有的要素禀赋被合理配置、有效使用，推动产业升级换代，实现经济增长。

---

[1] 林毅夫：《新结构经济学：反思经济发展与政策的理论框架》，北京大学出版社，2012年。
[2] 林毅夫：《政府有为是市场有效的前提》，刊《凤凰周刊》2017年第12期。

增量改革与发展中解决遗留问题

中国改革开放以来一个重要的经验就是采取双轨制的方式进行渐进式改革。一方面,由于计划经济时期建立起来的资本密集型重工业在开放经济中没有自生能力,[1] 在转型初期,政府必须为企业继续提供补贴以维持社会稳定,但是国有企业在市场化的过程中也应该与时俱进地逐渐加快改革的步伐。另一方面,要向内外资放开那些在计划经济时代被压制的劳动密集型产业。这些产业所需要的资源投入少,一旦放开就能快速地发展起来,进而为旧经济结构向市场化迈进提供转轨的支撑条件。这种增量式改革既能够把既得利益集团对改革的反对最小化,保障改革的顺利进行,同时也可以利用新增量带来的新动能,为消化计划经济遗留下来的负担提供物质保证。

然而,我们在调研中通过比较发现,增量改革和在发展中解决遗留问题的原则在实践中能否成功,与发展新经济结构时能否有足够的资本投入,其产品能否迅速找到新市场,以及其运作能否有新的制度环境降低企业交易成本直接相关。例如,深圳作为中国改革开放后建立的第一个经济特区,相当于在一张白纸上画新的图画。它从诞生起就与国际市场直接接轨,充分利用外资发展"三来一补",并由外资负责国际市场的销售。从1979年到1984年,深圳与外商签订协

---

[1] 新结构经济学认为,如果一个企业在正常管理之下,可以预期这一企业在没有政府保护、补贴的情况下,在自由、竞争的市场中可以获得为社会所接受的利润率。"缺乏自生能力"指的是,由于产业、产品和技术选择偏离了由经济体的要素禀赋所决定的最优选择,所以在正常管理之下的企业无法获得可以为社会所接受的利润率。

议数就达到 3495 项，协议投资额 181.534 亿港元，实际投入使用资金 46.383 亿港元。[1] 这期间，深圳实际利用外资金额的年均增长速度达到 92.9%，几乎每年翻一倍。更重要的是，深圳没有计划经济的遗产，其政府从一开始就为市场经济服务。外资带来的不仅仅是资本、技术和市场，而且还有微观层面的企业管理制度。只要特区政府在不同阶段根据发展具有比较优势产业的需要来建设基础设施，并确立适合市场经济的各种新制度，新经济结构很快就成为新动能，变成经济增长的发动机。

杭州的情况与深圳在大的方面很相似。改革开放以前杭州由于地处沿海前线，国家出于国防战略的考虑投入有限，因此计划经济遗产也很弱。改革开放以后的很长一段时间，杭州无论是在吸引外资方面还是在与国际市场接轨方面并不突出。然而，由于计划经济的遗产较弱，杭州和浙江的民营企业迅速发展壮大。杭州经济与浙江经济的发展一直主要受国内市场的驱动，这一点从浙江是市场大省，有众多的专业市场和产业集群就可窥见一斑。在这样的地方，建立为新经济结构减少交易成本的制度环境相对容易。由此产生的快速资本积累反过来更大地刺激了市场经济的发展。

把沈阳与上海进行比较最有意义。沈阳与上海都是计划经济的重镇，而上海在改革开放以来成功地实现了新旧动能的转换。作为计划经济时代的老工业基地，上海的公有制经济比重较大，它在转型初期的负担与沈阳相比不相上下，整个 20 世纪 80 年代的经济社会发展相对缓慢。然而，当中央在 1990 年做出开发浦东的重大决策后，上海与沈阳开始走向完全不同的发展轨迹。上海要发展的新经济结构，

---

[1] 数据来源：深圳经济特区年鉴（1985）。

即金融、航运、贸易和物流在计划经济时期的基础很弱。当上海决定将自身打造成这四方面的国际中心之后,资本投入既来自中央政府,更来自外资。中央对开发浦东给予了很大的政策支持,首先出台了浦东开发十条政策,如15%企业所得税、10年期两免三减半等财税金融优惠政策;[1]后来在此基础上又进一步给予相关的支持政策。[2]中央对浦东开发的支持主要集中在"八五""九五"期间,在"八五"时期,浦东先后从中央和银行获得资金217.5亿元人民币,"九五"期间则筹集到了200亿元人民币。[3]在浦东开发最初的五年,上海的实际利用外资金额每年以50.7%的速度增长。外资大量涌入带来的不仅仅是资本、技术和通往国际市场的渠道,而且还带来了国际上通行的市场规则和制度。在中央与外资等力量的共同作用下,浦东开发的新动能在快速发展过程中为当地创造了大量的新就业机会,这极大地帮助了上海解决原有的老问题,助推上海变成国际经济中心、金融中心、航运中心和贸易中心。

---

[1] 黄奇帆:《浦东开发:一盘大棋中的重要一步》,刊《中国经济周刊》2018年第50期。中央给予浦东开发的十条政策:一是15%企业所得税、10年期两免三减半;二是区内自用物资免进口关税、增值税;三是区内企业内销替代进口,可补税后销售;四是外资搞基础设施,所得税五免五减半;五是外资可办三产,对现行规定不许可的,经批准可办商业、金融;六是外资可办银行及分行、财务公司;七是可办保税区,可从事转口贸易、出口业务;八是区内中资企业也可减免所得税;九是区内土地使用权有偿转让50年至70年;十是新增财税留给浦东新区。
[2] 《国务院关于上海市进一步开发开放浦东和搞活国营大中型企业有关问题的通知》(国函〔1992〕5号)规定:财政方面,在1992—1995年从之前每年划拨2亿元开发资金的基础上提高到3亿元;金融方面,每年为开发浦东安排2亿美元的外汇贷款,每年发行5亿元的企业债券及1亿元的股票。
[3] 李长安:《完善公共服务设施,助力雄安新区》,中国网,2017年4月10日。

表 7-1 深圳、上海和沈阳在各主要时期实际利用外资情况（单位：万美元）

深圳			上海			沈阳		
年份	金额	增速	年份	金额	增速	年份	金额	增速
1979	1537	—	1990	77970	—	1994	81329	—
1980	3264	112.4%	1991	86595	11.1%	1995	66520	-18.2%
1981	11282	245.6%	1992	176892	104.3%	1996	78783	18.4%
1982	7379	-34.6%	1993	317500	79.5%	1997	86836	10.2%
1983	14393	95.1%	1994	398927	25.6%	1998	102081	17.6%
1984	21050	46.3%	1995	529807	32.8%	1999	103539	1.4%

数据来源：深圳经济特区年鉴（1985），各地统计年鉴。

反观东北，既缺少与国际市场接轨的机会，也缺少外资带来的要素投入和制度。即使在1992年全国开启新一轮对外开放和招商引资热潮时，沈阳在1995—1999年实际利用外资金额年均增长率也只有5.88%。即使是在中国加入WTO以及实施东北振兴战略这样的利好条件下，东北在2003—2014年固定资产投资中利用外资的比重不仅仍然远低于同期全国平均水平，[1]而且持续下降（靳继东和杨盈竹，2016）。虽然东北没有像深圳和上海那样，在打造新动能，建立与之相适应的新制度时得到外部条件的助推，但是与杭州相比，东北在理论的层面应该也存在发展劳动密集型轻工业的条件。根据新结构经济学的观点，此时地方政府应该积极建设与之相适应的基础设施，并确立公平公正的市场秩序以降低企业的交易成本。东北不是没有进行任何改革，而是严重地低估了自身在没有外力助推，又受计划经济旧制

---

[1] 中国在2003—2014年固定资产投资中利用外资的比重为2.57%，而东北的辽宁省为2.5%，吉林省为1.18%，黑龙江省为0.85%。

度环境严重制约的条件下所需要的改革的深度和难度。长期以来，东北的改革均停留在表层，改革也经常被与旧经济结构相连的制度环境严重侵蚀，既没能支撑新产业变成新动能，也没能帮助国有企业摆脱与日俱增的政策性负担。当2012年以后全国经济开始减速后，东北原来积累的矛盾全面爆发，发展动力日益枯竭。

新经济与装备制造业

在新一轮科技革命和产业升级换代的时代来临时，新经济成了代表增量改革和在发展中解决遗留问题的新手段。从要素禀赋的层面看，沈阳在发展大数据、云计算、人工智能等新经济方面具备一定的比较优势。东北具备雄厚的科研和人力资本基础。沈阳拥有大量的软件开发人才，其工业软件信息服务业相对发达；全市软件相关从业人员近20万，还有"东软"等万人以上培养规模的软件实训学校；软件业人力资源的成本优势也很明显，从业人员的平均工资仅仅是北京的40%—50%。[1] 东北大学在大数据、云计算等领域的基础研发能力比较突出，该校是1958年国内最早成立计算机专业的高校之一，并设有计算机软件国家工程中心、国家数字化医学影像设备工程中心。依托东北大学的雄厚科研优势，沈阳已经诞生了东网科技、东软集团这样的龙头企业。

中央政府与地方政府针对沈阳新经济的产业政策，都意图通过与

---

[1] 刘桂菊：《沈阳发挥优势深化京沈合作，浑南打造东北最大中国智谷》，《中国经济导报》2017年8月25日。

传统的装备制造业相结合的方式来打造新动能，以此解决长期以来存在的老问题。[1]从中央层面来看，沈阳由于"共和国装备部"的特殊地位一直受到关注和期待。中央对沈阳的政策部署已经形成了"点线面"的格局。"点"有《国务院关于中德（沈阳）高端装备制造产业园建设方案的批复》，将其明确定位为《中国制造2025》与"德国工业4.0"的战略合作试验区，希望将这个产业园打造成为具有全球影响力的高端装备制造业基地和东北地区对外开放合作的重要窗口。"线"有《国务院关于同意沈大国家高新区建设国家自主创新示范区的批复》，这个政策文件要求辽宁省政府建立协同、联动机制，将沈阳、大连两个国家级的高新技术产业开发区打造成为东北亚科技创新创业中心。"面"有《国务院关于沈阳市系统推进全面创新改革试验方案的批复》，鼓励沈阳在科技创新、转型升级、产业金融、国企改革、人才支撑、对外开放等改革的重点领域先行先试，打造具有国际竞争力的先进装备制造基地，并引领带动东北的全面振兴。中央对沈阳"点线面"的政策部署意图将新经济与传统的装备制造业结合，不仅为旧产业进行新的赋能，为沈阳的发展提供新动能，而且以此带动整个东北地区的振兴。

从地方层面的政策来看，沈阳也希望把握住新经济带来的机遇，实现弯道超车，并摆脱经济不断下滑的颓势。为此，沈阳制定了《沈阳市"中国制造2025"实施方案》和《沈阳市高端装备创新工程三年行动计划》，在汽车、机械装备、电子、航空等行业中筛选了100个智能升级示范项目，全面启动装备制造业的智能升级战略。从2016年开

---

[1] 沈阳作为东北老工业基地重镇，有着"共和国装备部"的称号，具有东北问题的典型性，也是中国最重要的以装备制造业为主的重工业基地。2018年，沈阳的装备制造业增加值占全市规模以上工业增加值的68.6%。

始，沈阳以智慧城市建设为中心，针对物联网、大数据、云计算、人工智能等新经济制定了一系列产业政策。在2015年6月，沈阳专门成立了大数据管理局，负责组织制定沈阳在新经济发展上的总体规划和实施方案，打破政府机构现存的数据共享壁垒。同时，由沈阳市政府和东网科技有限公司共同出资发起成立的沈阳大数据运营有限公司，也是全国首家由政府主导、市场化运作的大数据公司。这家混合所有制公司的任务是协助政府构建城市数据产业基础，促进数据创新应用，助力政务、行业、企业等各领域数据资源开放与产业化。[1]

新经济与装备制造业相结合的战略仍然沿用增量改革和在发展中解决老问题的思路。然而，从新结构经济学的视角来看，沈阳如果要使当地支撑新经济发展的要素禀赋变成比较优势，必须要有与其相匹配的制度环境以及必要的基础设施。虽然沈阳在人力资本上具有发展新经济的相对比较优势，但是严重缺乏能够带来新经济发展的资本投入和制度环境。增量改革的前提是必须有增量的资本投入，在发展中解决老问题的前提是必须积极推动新制度环境的发展。当这二者都缺位时，增量改革和在发展中解决老问题的原则显然遇到了绕不过去的坎儿。

是发展新产业，还是维持旧产业？

东北或者沈阳面临的第一个坎儿是严重缺少发展新动能的资本要素。由于地理条件的限制，东北的边境开放与东部沿海地区相比处

---

[1] 许嘉玥：《全国首家由政府主导的大数据运营公司在沈成立》，东北新闻网，2015年7月15日。

于相对劣势的地位，扩大开放对东北地区经济增长的促进作用也是有限的。[1]因此，沈阳也就无法像深圳和上海当年那样依靠外资来获得发展新动能所需要的资本，只能依靠财政等政策支持来撬动民间资本。然而，由于目前政府财政资源的大部分用在社会保障与就业方面，发展新经济的投入很少。

国有企业背负的政策性负担是沈阳缺少发展新动能的主要原因之一。计划经济时期东北地区建立了大量的重工业国有企业。在"一五""二五"时期，中央将156个重点项目中的6个放在沈阳。作为计划经济重镇，沈阳建立了门类较为齐全、独立完整的工业体系。沈阳的经济结构具有浓厚的计划经济色彩。截止到2017年，国民生产总值中公有制经济所占比重仍然维持在45%。改革开放以来，国有企业在开放的市场竞争环境中缺乏自生能力的问题由隐性变为显性，开始严重制约东北经济的发展。[2]

在没有剥离国有企业的政策性负担之前，政府为了维持社会稳定一直对它们实行持续的保护性补贴。从2017年的财政支出数据来看，沈阳市的一般公共预算支出有855亿元，其中用于社会保障和就业支出的份额达到25.6%，在所有领域支出中占比最高。同年，深圳在社会保障和就业上的支出为314.7亿元，占比为7.1%，即使在公有制经济比重比沈阳还高的上海市，[3]社会保障和就业支出为1061.03

---

[1] 王明清、丁四保：《东北地区扩大对外开放的地缘障碍因素分析》，刊《当代经济研究》2014年第1期。
[2] 林毅夫、刘培林：《振兴东北，不能采取发动新一轮赶超的办法》，刊《国际融资》2004年第4期。
[3] 上海市的公有制经济在国民经济中占据半壁江山的地位，2018年公有制经济增加值在国内生产总值中占比为48.6%。

亿元,在一般公共预算支出中所占比重也只是14.1%。

维持旧产业占用大量财政开支必然要挤占政府发展新产业的资源。2017年沈阳财政支出的公开数据显示,沈阳在科学技术方面的支出为16.17亿元,在全市的一般公共预算支出中占比仅为1.89%。而深圳在科学技术方面的支出为347.9亿元,占比为7.85%；上海在科学技术方面的支出为389.9亿元,占比为5.2%。这样的反差说明,沈阳市用于支持新经济发展所需的科技方面的投入严重短缺。从人才吸引的政策上也可见一斑,沈阳对引进人才的最高奖补额度大致分为50万元、100万元、300万元；而深圳最高可达1亿元专项资助,最高奖补额度大致分为300万元、500万元、600万元,仅2017年,深圳市发放各类人才补贴就达到54.5亿元。

表7-2 2017年沈阳、深圳、上海的财政支出情况

地区	一般公共预算支出（亿元）	社会保障与就业支出占比	科学技术支出占比
沈阳	855.0	25.6%	1.89%
深圳	4432.6	7.1%	7.85%
上海	7547.6	14.1%	5.2%

数据来源：各地统计年鉴。

以维持旧产业为主的资源配置必然影响沈阳打造新动能的努力。以独角兽企业[1]的数量为例,沈阳在全国的地位相对靠后。根据《2017年中国独角兽企业榜单及趋势研究报告》,2017年中国164家独角兽企业的分布为：北京70家（42.7%）、上海36家（22%）、

---

[1] 独角兽企业的定义为,设立时间少于10年、估值10亿美元的企业,主要集中在新经济领域。

杭州17家（10.4%）、深圳14家（8.5%），而沈阳仅有1家（蓝卡健康）。由于资源投入不足，沈阳的新经济在重点领域缺少龙头企业，没有形成围绕核心企业的产业生态体系。

显然，在政府可动员和配置的资源有限的条件下，如果将大量的资源用于维持传统产业、持续补贴国有企业，就没有足够的资源用于发展新经济，也无法指望新经济产生足够的新动能。这是东北地区的传统产业裹足不前、新产业的发展动力又严重不足的重要原因之一。从新旧产业的比重来看，东北的重化工业、资源型产业等传统旧产业的占比也是相对较高的，而新能源、新材料、高端装备制造、生物医药等战略新兴产业的占比则偏低。[1]

是发展中解决问题，还是与时俱进地进行供给侧结构性改革？

与此同时，沈阳发展面对的另一个问题是供给侧改革严重落后。东北在过去也进行了一些改革，但这些改革通常只限于对小型国有企业的关停并转和大中型国有企业管理人员的变动，在为企业减少交易成本、提供合适的制度环境方面远远不够。地方政府仍然追求以GDP为代表的发展，企业仍然追求以短期规模扩张为标志的发展。其结果是当经济进入减速期，过去存在的问题一起爆发，陷入增长乏力的困境。

20世纪90年代，东北进行了"国有企业抓大放小""三年脱困"

---

[1] 王业强：《新形势下老工业基地全面振兴的战略思考》，刊《经济纵横》2013年第12期。

等改革,面临着经济增长阵痛和国企下岗职工的社会保障与就业的压力。2003年中央开始实施东北老工业基地振兴战略,在小型国有企业关停并转之后,国有企业的改革方向变成了地方的大中型国有企业加入央企阵营。东北振兴之初的2002年年底,东北地区的央企及其子企业只有900多户,十年之后的2013年,央企及其子企业在东北地区达到了3183户,资产总额增加2万多亿元,达到了4.5万亿元。东北的地方国有资产的规模在不断变小。辽宁的国有企业数量在改革之初占全国的1/10,振兴东北之初的国有经济在国民经济中占比为64.5%,到2015年,地方国有资产为2.22万亿元,在全国只能排到第19位。[1]

迄今为止,振兴东北一直在走靠加大投入维持旧产业规模扩张的路。中央提出振兴东北老工业基地的战略后,在税收等方面给予了优惠政策。[2]除此之外,2003年,中央政府发行610亿元长期建设国债,启动了振兴东北的第一批100个项目,2004年中央政府继续实施第二批197个项目,总投资479亿元。这些大规模的投资主要投向采矿业和制造业,而这些行业又是以国有企业为主(靳继东和杨盈竹,2016)。此刻正逢中国经济高速增长、能源原材料价格快速上涨、

---

[1] 梁启东:《东北民营经济五问之一:谁是振兴东北的主力军?》,东北新闻网,2019年4月24日。
[2]《财政部、国家税务总局关于落实振兴东北老工业基地企业所得税优惠政策的通知》(财税〔2004〕153号)。主要内容:1. 对东北地区工业企业的固定资产(房屋、建筑物除外),可在现行规定折旧年限的基础上,按不高于40%的比例缩短折旧年限。2. 受让或投资的无形资产,可在现行规定摊销年限的基础上,按不高于40%的比例缩短摊销年限。但协议或合同约定有使用年限的无形资产,应按协议或合同约定的使用年限进行摊销。3. 东北地区企业的计税工资税前扣除标准提高到每月人均1200元(当时全国计税工资抵扣范围为1600元/月)。

装备制造需求强劲的时期，对以重化工业为主的东北是很大的利好。也正因为这个原因，东北的大量企业依靠旧产业的规模扩张实现经济增长。当2008年全球金融危机来临时，中央又实施了大规模的经济刺激计划，东北地区再次得到发展的机会。在这期间，沈阳市国有控股企业数量猛增，亏损企业占比也迅速下降。

表7-3 沈阳市2007—2016年国有控股企业亏损情况

年份	国有控股企业数	亏损企业数	亏损企业占比
2007	284	76	26.8%
2008	357	87	24.4%
2009	301	80	26.6%
2010	289	68	23.5%
2011	208	44	21.2%
2012	202	49	24.3%
2013	190	46	24.2%
2014	187	41	21.9%
2015	178	53	29.8%
2016	170	59	34.7%

数据来源：沈阳统计年鉴。

然而，随着刺激政策带来的增长效应消退，中国经济进入"新常态"之后，东北经济增速呈断崖式下降，经济结构转型升级压力越来越大。尽管沈阳的国有控股企业数量明显下降，但是亏损企业占比却在不断提升。国家信息中心2016年在东北地区调查发现，"僵尸企业"的问题在东北尤为突出。仅在辽宁省无资产、无生产、无偿债能力的"三无僵尸国企"就高达830余家。2003年开始实施的一系列振兴东北老工业基地战略有利于企业产值的扩张，但并不利于利润的提高，没有能够取得质量上的发展。[1]更为严重的是这种量的扩张阻碍了市场化改革的进程。振兴东北战略实施以来，东北地区在市场分配经济资源比重、减少企业对外税负负担、国有经济发展等市场化改革方面实际上呈现了下降趋势。[2]这些经验显示，东北的政府和国有企业将大量资源用于扩大传统产业的规模，并没有与时俱进地进行改革来解决真正的交易成本高和效率低的问题，这些问题反而变得更为严重，进一步加大了改革的成本与难度。

目前，东北地区用大量政府资源支撑的传统产业国有企业的大部分只是在维持现状。即使是符合当地比较优势的产业也经常无法发展壮大，甚至无法逃脱倒闭和撤离的厄运。比如哈尔滨的亚麻厂是苏联援建的项目之一，海伦糖厂是中国最大的甜菜糖厂，佳木斯造纸厂是亚洲最大的造纸厂，但是现在这些工厂都已经倒闭。辽宁省的营口市生产的友谊牌洗衣机在改革开放之初是国产洗衣机第一大品牌，但是现在与南方的家电厂相比早已经名落孙山。[3]沈阳的新松机器人依托中科院沈阳自动化所虽然全国领先，但是经过多年的发展，沈阳的总厂甚至不如长三角、珠三角等地的分厂经营得好。东软集团在软件和医疗器械上曾经走在全国前列，也是最早一批上市的软件企业，但发展的速度比不上华为、腾讯、阿里巴巴等类似企业，一直不温不火。即使是有基础的装备制造业，由于政府没有

---

[1] 董香书、肖翔：《"振兴东北老工业基地"有利于产值还是利润？——来自中国工业企业数据的证据》，刊《管理世界》2017年第7期。
[2] 樊纲、王小鲁、朱恒鹏：《中国市场化指数：各地区市场化相对进程2011年报告》，经济科学出版社，2011年。
[3] 张国宝：《东北困境的症结究竟在哪儿？》，澎湃新闻，2018年1月4日。

与时俱进地改革，至今也未能形成国际国内市场上的竞争优势，甚至被珠三角、长三角地区的装备制造厂商后来居上。下面我们以沈阳机床厂的案例来说明，政府必须进行为企业减少交易成本的改革的重要性。

沈阳机床股份有限公司（以下简称"沈阳机床厂"）是东北少有的能积极试图跟上市场需要新趋势的国有企业。早在2007年，沈阳机床厂在中央领导的建议下开始研发智能机床，接着在上海组建了一支研发团队。沈阳机床厂的这支团队历时五年，累计投入11.5亿元的资金用于研发。[1]其中，沈阳市政府在资金上也给予大力支持，尤其在最初的四年，沈阳市政府每年给沈阳机床厂1亿元用于开发这个项目，后来政府与企业各投入5000万元。[2]沈阳机床厂在2012年成功研制出i5智能机床，据说是世界上第一款拥有智能系统的机床。2014年，i5智能机床开始得到业界的认可，并正式进入全球市场，销量逐年上升。2015年，i5智能机床订单突破6000台；2016年，i5智能机床在低迷的机床市场中异军突起，订单达1.8万台，销售8400台，占沈阳机床厂当年销售额的半壁江山。[3]

然而，彼时中国政府的有关部门，并没有为沈阳机床厂这样在智能制造方面走在时代前面的企业在减少交易成本方面伸出更多援手。国内的生产厂商，不论是国有还是民营，经常面临的一大困境是在国内市场被外国厂商碾压，甚至得不到国内客户使用其产品的机会。沈阳机床厂i5遭遇的命运与此相似。i5在智能制造方面的步伐

---

[1] 黄超：《关锡友：让机床拥抱互联网》，新华网，2016年1月16日。
[2] 路风、王晨：《中国数控机床"逆袭"之路》，刊《瞭望新闻周刊》2016年第20期。
[3] 金晓玲：《沈阳机床"智能制造谷"布局全国》，《辽宁日报》2017年7月28日。

超前于国人当时的认识。如果i5机床诞生在2019年,其命运可能完全不同:一方面,举国上下力推智能制造,而沈阳机床厂的智能机床是智能制造中关键的基础设备;另一方面,贸易争端中出现的断供,使国内用户开始意识到不给国内替代品以机会,到头来可能自己会被"卡住脖子"。反观国外,美国从2008年全球金融危机时就开始强调政府采购必须买美国货,日本和韩国的产业政策向来注重支持国内装备制造业。对比高铁和5G的发展过程,中央政府对i5的欠缺支持十分明显。这并不是说政府应该强制企业用户买i5,而是说政府可以通过各种市场化的政策提供支持。

虽然沈阳市政府为沈阳机床厂的研发提供了大力支持,但是同时也在以GDP为政绩考核指标的压力下,对沈阳机床厂施加规模扩张的压力。"先做大,再做强"貌似是务实的选择,因为企业规模做大后能更容易获得银行的资金支持来做强。但是,沈阳机床厂在发展过程中没有与时俱进地改革,而是依靠大量的银行借款和政府扶持加速扩张规模。其后果是,它虽然在2011年坐上了世界机床行业营业收入第一的宝座,但是在盲目扩张过程中更加重了原来已经很沉重的包袱。

当市场环境发生变化之后,沈阳机床厂一路下跌,来之不易的新动能也无法代替如此沉重的旧动能。一方面i5智能机床销量在不断提升;另一方面企业却在持续地亏损,债台高筑,利息支出巨大。2017年,沈阳机床厂发生了重大的资金链危机,总额高达37.5亿元的债券到期而无法偿付,在此之前已经连续两年亏损,面临着退市的风险。最后,在地方政府的支持下避开了危机。之后,国务院8个部门联合发布《沈阳机床厂综合改革方案通知》,提出了"止血、输血、造血"的综合改良措施。[1]但是，这些改良型措施已经不足以拯救被债务等负担重压的企业。沈阳机床厂不得不在2019年7月27日发布公告，向辽宁省中级人民法院申请对公司重组。

这样一家积极探索新技术、试图打造新动能的老国企，由于交易成本的问题长期得不到解决，最后仍然被沉重的历史负担压垮。这一教训表明单纯讲经济规模和数量增长，而不讲通过制度方面的改革为企业减少交易成本，到头来是不能真正培养企业的市场竞争力的。

营商环境差的根本原因何在？

东北地区的经济问题集中地反映在营商环境差。我们认为扭曲的政企关系与腐败，是东北营商环境差的根本原因。

在改革开放初期的经济转型过程中，中国的地方政府为了打造以劳动力密集型为主的轻工业或服务业，应该建立公平公正的市场秩序。这种市场秩序的建立或者是像深圳和上海那样，由于外资企业影响巨大，为了与国际市场接轨，政府自然要强调竞争的公平公正；或者是像杭州那样，由于民营企业占主导地位，在国内市场的激烈竞争中，政府摸索出如何为企业减少交易成本的市场规则。然而，在沈阳这种历史包袱沉重，改革开放以来没有国际国内市场驱动的环境中，政府必须要做出远远大于深圳、上海和杭州的努力，进行更为深刻的制度性改革。

---

[1] 韩舒淋：《拯救沈阳机床：行业龙头是如何走向破产的？》，载《财经》2019年第23期。本篇关于沈阳机床厂的讨论主要参考这篇文章。

在市场化的过程中，权力很容易与金钱结合。在传统产业占统治地位的东北经济中，民营企业的生计经常依附于国有企业或者政府体制，寻租和腐败很容易成为获得商机和以权谋私的手段。以震惊全国的"辽宁贿选案"为例，涉案人员达到 842 人，多名省部级高官被双开。官员想贿选就必须寻租，要寻租就只能进行利益交换，这样必然破坏公平公正的市场秩序。据中纪委披露，涉案的政府官员所反映的最突出的问题就是为某些企业家谋取不正当利益。[1] 当地的民营企业为了从国有企业或者政府那里获得商机或资源，也被迫通过各种社会关系，甚至是官商勾结的方式垄断当地的商机。在涉案达 842 名官员的管理范围内，营商环境被大面积破坏，腐败与营商环境恶化之间形成恶性循环。

改革开放以来，沈阳的政府官员更多注重去南方发达地区进行招商引资，而忽视了为到沈阳来投资设厂的外资和外地民营企业进行减少交易成本的制度性改革。当外资和外地民营企业来沈阳投资设厂，沈阳是有机会利用它们提供的资本和市场机会打造新动能的。然而，在缺少公平公正的市场环境中，民营企业很难得到健康成长。从全国工商联发布的中国民营企业 500 强的区域分布就可以看出，东北的民营企业实力普遍不强，2016—2018 年连续三年只有 9 家东北的企业入围。不仅如此，外来的资本经常是坚持不了多久就只能撤资撤厂。根据欧洲智库布鲁盖尔（Bruegel）公开的 2012—2014 年调查数据，在东北地区 461 家受访的外地企业中，有 306 家企业"已实际撤资或停止在东北地区经营"或"在未来五年内有离开意愿"，且超过半数的企业（51.33%）认为"当地政府以及相关政策"是企业在东北

---

[1] 讲述人：辽宁省纪委第六纪检监察室主任王传国，孙玥、闫玉娇整理。

地区经营发展中遇到的最大阻力。[1]

简言之,东北的营商环境差的主要原因在于扭曲的政企关系,阳光行政及反腐监督机制的欠缺。在缺少公平公正的市场秩序时,外资和外地民营企业的撤离使东北进一步失去发展新动能的资本投入以及与国际国内市场接轨的有效渠道。在这种情况下,企业对当地仅存的有限资源和商机的竞争更加激烈,只能在更大程度上依靠社会关系或者不良的政企关系。其结果是东北长期以来无法培育有效市场,高昂的交易成本成为东北发展任何产业时的重大障碍。

艰巨的改革任务与"走马灯"式的官员任期

根据我们在调研中的了解,东北问题之所以长期得不到解决与决心有关,更与"走马灯"式的地方政府官员任期制有关。政绩是地方政府官员之间最重要的竞争机制。在短短的任期内,既要维持所在地区的经济社会稳定,又要实现经济总量的快速发展,这样的激励机制很容易导致地方领导追求短、平、快的项目,而不愿、不敢进行与时俱进的改革,啃改革中遇到的硬骨头。

"走马灯"式的地方政府官员任期制不利于改革的深化和推进。在现有的体制中,优秀能干的领导在一个地方或一个部门的任期通常很短。一般而言,地方领导一届任期为五年。然而,东北地区的改革是要"啃硬骨头",没有十年八年不可能见效。地方政府官员在更替

---

[1] 参见安虎森、肖欢:《东北经济问题解决的主要途径:人力资本重置》,载《南开学报(哲学社会科学版)》2017年第2期。

频繁、实际任期缩短，以及政绩考核的激励机制下，都希望在短期内取得立竿见影的绩效。这样的激励机制只能造成地方政府官员的短期行为，不利于对所在辖区实行深入的制度改革。从沈阳的主要领导任期来看，进入2001年以来不足20年的时间里，沈阳的市长经历了5人，平均任期4年；市委书记则经历了6人，平均任期3年左右。作为副省级城市且改革任务艰巨的沈阳，政府主要官员更替频繁，不利于政策的稳定性，也不利于深化改革的久久为功。

当前，中国的改革进入深水区，发展处于关键的转型期。要破解发展面临的各种难题，化解来自各方面的风险与挑战，除了与时俱进地深化改革别无他法。为达此目的，中央政府应该考虑建立支持"久久为功"的人事制度。

结　论

对东北发展新经济时面临的四大矛盾进行分析，我们得出如下四点意见。

首先，东北在资源配置上必须加大对新经济的投入，而不是将主要的资源用于维持旧产业。东北在大数据、云计算和人工智能等以数据为生产要素的新经济方面具有人力资本的相对优势，但严重缺乏能推动新经济发展的资本投入。相对于东部沿海发达地区，东北发展很难依靠外资，只能依靠政府的财政来撬动民间资本，形成内部的合力来共同助推新经济的发展壮大。当地政府能够动员和配置的资源有限。如果现有财政资源的分配仍然要优先用于维持旧产业，只能加大中央政府的资源投入，并向打造新动能的新经济领域大力倾斜，与此同时要动员外地民间资本的投入。

其次，东北必须深化国有企业的供给侧结构性改革，而不应该指望能在中央的支持下"先做大，再做强"。这种供给侧结构性改革包括把冗员和养老等社会性负担剥离，建立经理人利益与国家利益相容的激励机制和现代化的企业治理机制，以及避免企业受过多的行政干预。

再次，东北改善营商环境的努力应该从政府开始，实现阳光行政，简政放权，加强反腐败的监管机制，建立公正的市场秩序。东北的各级政府应该克服政府职能错位、越位、缺位的现象，把权力关进制度的笼子，让政府的权力依法而行。同时，东北的各级政府也应该为企业降低交易成本，为保证各类市场主体公平地参与市场竞争创造有利的环境。只有这样，东北才有可能通过吸引外地民间资本和外商资本获得发展新动能的资本投入，并以此打通进入国际与国内市场的新渠道。

最后，中央应该对东北的政府主管官员的任期制进行调整，以全面完成符合东北地区特点的供给侧结构性改革的需要来决定官员的任期。要完成东北这样的艰巨而复杂的改革任务，地方政府的主要官员不宜频繁更替，必须让政府中有能力、有作为的主管官员在同一岗位上有足够的时间进行"久久为功"的深化改革，同时提供容忍试错的空间。当然，在这种深化改革的过程中既要健全人事制度等正向激励机制，又要建立纠错和监督机制，既为主管官员提供干事情的机会，也要避免错误的政策越走越远。

在沈阳和其他城市关于新经济的调研，使我们对学术界关于新结构经济学的讨论和辩论有了进一步的认识。在中国经济从计划经济向市场经济转型时，新结构经济学因为不主张休克疗法，而是强调实行增量改革和在发展中解决老问题,经常被批评为不想改革。批评者没有认识到的是:新结构经济学的核心立场是要不断根据发展阶段审视要素禀赋的变化,并不断根据要素禀赋转化成比较优势的需要,来进行降低交易成本的制度改革。在当年中国的语境里谈增量改革,就是要发展符合当时以廉价劳动力为基础的比较优势的劳动密集型轻工业。具体到东北经济,在当时的语境下,在发展中解决老问题,并不是把国有企业束之高阁,而是在经济发展的过程中对它们进行与时俱进的改革,使之日益适合市场经济的新环境。在发展中解决老问题这一原则,之所以用"发展"而不用"经济增长"的表述,就是因为发展不仅仅包括GDP的增长,也包括制度的变迁。因此,新结构经济学不仅强调政府要建设为经济发展服务的基础设施,也强调打造为企业减少交易成本的制度环境,建立一个现代的市场秩序。

问题缘起

写作这篇文章的背景是，为研究中国数字经济的发展，我们在选择个案时根据国企—民企—外企和国际市场—国内市场这两个维度选择了深圳、杭州、上海和沈阳四座城市进行调研。沈阳在这里是民企和外企在地方经济中占比低、与国际市场连接性弱的代表。我们虽然在调研之前做了一些文献研究，对四座城市的经济发展状况有一初步了解，但对沈阳的认识仍然相对有限，只知道这个城市有一定的数字经济基础，但是整体经济发展滞后。当我们实地访问这四座城市时，不禁为地区之间发展不平衡的程度深感震惊。如果比较当地政府可以用于发展数字经济的经费规模，沈阳与其他城市相比至少是百倍以上的区别。我们在当地调研中得到一个强烈的印象：过去关于解决东北问题的思路一直强调增量改革和在发展中解决老问题，但是多年的实践证明这种思路根本解决不了东北问题。对东北而言，问题的关键在于经济发展动能的转换。如果实现不了这个转换，东北基本上既无法"有发展"可言，也不具备增量改革的条件，只能依靠中央财政的不断输血。

由于我们所研究的数字经济代表新经济动能，从这个视角看，沈阳马上呈现出一些突出的矛盾：中央政府在21世纪初就开始了振兴东北的项目，前后的经济投入并不少，但是问题是，这些钱大都花在维持原有产业上，而这些旧产业中的东北企业在与沿海地区新兴的民企和外企进行市场竞争时，无论是在资金上还是在技术上都处于劣势。与此同时，东北各大城市由于整体经济发展落后，地方政府的财政一直面临比较大的掣肘，根本没有财力支持企业向新经济转型。连沈阳机床厂这种一直有意追赶世界前沿的国有企业，也因为原有体制的各种束缚没能成功。

我们将上述四个城市的情况进行比较后，对沈阳的问题得以认识得更清楚。改革开放以来，东北与其他城市相比，一个最大的不利之处是始终缺少与国际市场的紧密连接。当然，这与营商环境有直接的关系。上世纪90年代，无论是外资还是东部沿海地区的民资，都曾经来东北投资，最终许多因为营商环境的问题选择离开。把沈阳与上海进行比较可以清楚地看到，改革与开放之间有一种彼此互为前提条件的关系：没有行政改革打造出好的营商环境，就无法吸引外资和其他地区的民资；而没有外资和民资带来的资本、技术、管理和市场需求，改革也缺少足够的支持条件。像深圳和杭州这一类本来国有企业占比很低的城市，从改革开放伊始就与国际国内市场紧密相连，其政府早已经适应开放经济环境下的运作，并发展出适合市场经济的治理方法。在改革开放之初，上海与沈阳的结构条件最为相似，但是二者最大的不同是，上海处于沿海地区，是外资关注的重要城市，一开放外资就带来资本、技术管理和海外市场的渠道，这些要素帮助上海迅速建立了新的经济发展动能，而这一新的经济增长动能"掩护"了上海进行改革所需要的时间，并提供了新的就业机会。对东北这种缺少与国际市场紧密联系的地区而言，政府必须要做出超出寻常的努力改善营商环境，才有可能吸引到外资和沿海地区的民资。

补　记

　　2024年年初哈尔滨冰雪节期间旅游业的爆火，为这篇文章的观点提供了一次检验。从当地政府为操办冰雪节做出的努力，我们可以清楚地看到改善营商环境对促进当地经济发展的积极作用。在冰雪节期间，已经有4000余名外地游客到哈尔滨购置了房产。这是哈尔滨开始出现长期吸引力，超越季节性的文旅业短暂吸引力的一个征兆，对未来吸引人才和企业投资而言是重要的第一步。关键在于当地政府能否把这一努力持续下去，实现改善营商环境的常态化。这次哈尔滨爆红揭示了我们当时没能意识到的一个侧面，即在营商环境大规模改善的前提下，东北的城市可以利用较少的资源发展文旅等比新经济成本更低的新产业。如果哈尔滨在2024年暑假和2025年亚洲冬运会期间再现2023年年末与2024年年初的旅游热潮，并在基础设施和深度挖掘旅游资源等方面做足功夫，文旅产业很可能会成为支撑哈尔滨经济未来发展的一个支柱。从改善营商环境支持季节性文旅业的发展到改善营商环境支持新经济的发展，还需要一个质的飞跃。因为对游客而言，来哈尔滨一游只是极短期的事情；对哈尔滨的政府、企业和市民而言，抛除开幕式的准备时间，为冰雪节进行的动员也仅有两三个月的时间；但如果外资和其他地区的企业去哈尔滨投资，则是长年累月的事情。哈尔滨通过这次冰雪节大幅改善的营商环境能否经受长期的考验，才是东北最终能否真正地实现振兴的关键。

8　建设经济特区振兴东北 *

振兴东北已经有近20年的历史，然而2020年东北地区的GDP增长率只有1.1%，低于中部的1.3%、东部的2.9%和西部的3.3%，在全国垫底。[1]

要扭转这一困局，必须在共同富裕的政策范式下推动东北的改革开放：参照当年的深圳模式在东北主要城市成立经济特区，通过税收、土地等政策优惠和东北—东部地区的对口合作机制，推动沿海地区企业（外资企业要去当然欢迎）到东北直接投资，利用它们的资本、技术、企业管理制度和市场渠道，帮助东北实现经济增长新旧动能的转换，降低地区间的增长不平衡。

以东北改革开放为抓手，共同富裕政策范式将推动中国更广义的历史变迁：它将扭转以沿海大城市为中心、造成地区间发展不平衡的城市化模式，通过发展东北缓解东部大城市人口过密和高房价带来的不平等、"内卷""躺平"和低出生率等社会问题，寻找地区间均

---

* 本文原以《建设经济特区振兴东北：以共同富裕应对五大挑战》为题刊《文化纵横》2021年第6期。笔者感谢沈原、冯秋实和王星诸教授提供的反馈和相关信息。

[1]《中华人民共和国2020年国民经济和社会发展统计公报》，国家统计局官网，2021年2月28日。

衡发展的新发展模式；它将在全球化倒退的历史转折点，使中国避免在释放市场力量与保护社会之间做过激的回摆，探索一条政府通过初次分配降低不平等程度，企业通过履行社会责任的方式盈利的市场经济新路；它将鼓励发达地区的企业跟上国际范围内高新技术产业在新冠疫情期间向远程工作发展的新趋势，通过在地理空间上重新布局公司业务，为推动地区间的共同富裕做贡献；它将促进发达地区的信息产业与东北地区的传统制造业加速融合，发展工业互联网和产业数字化服务业，推动制造业的升级换代，并打造未来服务业出口的竞争优势；它将帮助东北实现经济增长新旧动能的转换，为国有企业改革提供有利条件，通过共同富裕摆脱萨缪尔森陷阱，为迎接新的国际经济秩序做好充分准备。

建设经济特区振兴东北：走向共同富裕的重要方案

2017年国务院复制对口援疆的经验，出台《东北地区与东部地区部分省市对口合作工作方案》，推动江苏—辽宁、浙江—吉林、广东—黑龙江之间，以及北京—沈阳、上海—大连、天津—长春、深圳—哈尔滨之间的对口合作。这是促进地区间均衡发展和共同富裕的重要尝试。

四对主要城市的对口合作进度不一。北京—沈阳已经实施320个产业合作项目，协议投资280亿元，在沈阳高新区已经引进集成电路、航天航空、智能制造、人工智能、技术交易和服务体系等科技含量高、带动能力强、符合沈阳市产业发展方向的重要项目。两市高层还保持经常性互访和干部人才挂职交流。[1]深圳—哈尔滨已经落地规划面积达26平方千米的深哈合作产业园,并于2021年10月开园,引进了286家企业,注册资本101亿元。深哈合作产业园直接引进深圳各种行之有效的制度,在优化审批流程、减少审批环节、压缩审批时间等方面改善营商环境,实现了1天完成公司注册、36天取得施工许可、11天项目动工建设的"深圳速度"。[2]

尽管如此,对口合作迄今为止没能改变东北经济增速偏低的现状。东北需要以"经济特区"这样一剂猛药来扭转困局。

建设经济特区与实现共同富裕有两个内在联系。

首先,来自外部的直接投资为内部提供经济发展机遇。当年外资带来的资本、技术、企业管理制度和国际市场渠道,帮助中国企业参与全球生产分工,沿海地区不断扩大的出口带动了国内经济增长。在中国成为世界第二大经济体、人均GDP达1万美元、与发达国家之间的发展落差大幅度缩小的背后,跨国公司的直接投资是早期的重要影响因素,尽管其作用在逐渐减弱。

其次,经济特区的本土企业围绕跨国公司的价值链发展出各种产业集群。产业集群是内部有详细分工的产业链在一定空间内的高度聚集,它为众多中小企业提供了发展机会。产业集群是一个地区包容性发展的生产组织保证形式,而包容性发展是一个地区通过生产过程

---

[1] 王琪鹏:《市政府代表团赴沈阳对接京沈对口合作》,刊《北京日报》2020年12月19日;赵桂华:《京沈合作新成果:沈阳高新区与北京中关村共建园区》,中国新闻网,2019年11月30日。
[2] 邢路续:《深圳(哈尔滨)产业园区或将成为引领"飞地经济"发展新风口》,新华丝路网,2021年9月16日;《敢闯敢试 哈尔滨新区深化"放管服"改革营商环境不断优化》,人民网,2021年6月24日。

实现共同富裕的重要渠道。

国家建设与市场建设是一国经济长期发展、实现共同富裕的重要制度性保障。建立经济特区就是要借外部投资来促进内部的改革开放。当年中国先在经济特区打造出各种适合开放型市场经济的现代治理机制，然后将其不断向特区以外的广大地区推广。借加入世界贸易组织的东风，沿海地区进行的国家建设和市场建设充分适应了开放型市场经济的新环境。

中国今天应该做的，就是通过内循环的方式在东北复制当年经济特区的历史经验。

虽说在东北建立经济特区是复制当年的深圳模式，但二者的着眼点完全不同。当年建立经济特区意在提高资源配置效率：向沿海地区集中资源，通过外资参与国际分工，与发达国家的市场迅速接轨，依靠鼓励出口带动国内经济增长。而这次的目的则是促进共同富裕：把资源向东北地区倾斜，吸引来自发达地区的直接投资，利用它们在资本、技术管理以及市场渠道等方面的优势，带动东北地区的发展，降低地区间发展的不平衡。

共同富裕与改革开放并不对立。实现共同富裕的路径之一是推动落后地区的改革开放。

首先，在东北建立经济特区能打造一流的营商环境。"投资不过山海关"的主要原因就是营商环境。当年如果没有沿海地区的经济特区，就无法打破计划经济体制的束缚。在东北现有体制内靠修修补补改善营商环境费时费力，不如直接提供一块"政策飞地"。当东北经济特区在制度上与发达地区全面接轨，发达地区的企业到东北投资就不再有后顾之忧。

比照当年的深圳模式打造东北经济特区，将极大地推动东北地区的国家建设和市场建设。东北应该通过对口合作与东部地区进行较大规模的干部轮岗与挂职,先在经济特区建立适应开放型市场经济的管理体制,然后再不断把这种管理体制向特区以外的地区推广,用它来替代现有的管理体制,把经济特区做成深化改革开放的试验区和扩大改革开放的根据地。

其次,比照当年深圳给外资的待遇引进国内直接投资。东北一直没能实现经济增长新旧动能转换的关键,是缺乏打造新动能的市场主体。过去二十几年的实践证明,如果当地缺乏外部带来的经济增长新动能,想把国有企业改造成适合开放型市场经济的行动主体,同时又维持一定的增长速度,似乎是无法完成的任务。

东北地区最缺乏的是建立在分工基础上的以产业链和产业集群为代表的当代制造业生态系统。建立东北经济特区的目的之一,便是通过吸引发达地区的直接投资,5年内在东北每个省创造30万—50万个高新技术产业的就业机会,围绕向东北直接投资的发达地区各产业头部企业打造相关的产业链和产业集群,形成支撑产业长期发展的生态环境。

最后,以建设工业互联网为突破口,着重打造产业数字化服务业。发展工业互联网需要传统制造业工业机理的深厚积淀,而东北地区在这方面具有独特的要素禀赋。东北不缺制造业技术人才,缺的是信息产业的资本、技术、现代企业管理制度、创新孵化机制以及支撑初创企业的制度环境。发达地区信息产业头部企业在东北经济特区直接投资,可以迅速地改变这一切。沿海发达地区在信息产业的优势和东北在传统制造业的技术积淀和人力资本,是发展工业互联网的最佳要素组合。

以共同富裕回应五大挑战

以东北经济特区为抓手的共同富裕政策范式，可以帮助中国回应国内外的五大挑战。

（一）从根本上调整城市化发展战略

要实现共同富裕必须消除地区间的经济发展不平衡，在东北建立经济特区将扭转造成这种不平衡的城市化模式。

过去三四十年来，中国城市化战略片面强调资源配置效率，着重发展沿海地区大城市，其负面结果是农村的凋敝和东北、西北地区的经济落差不断扩大。这个发展模式内含的因果机制已经导致一系列社会问题的爆发：国家资源向沿海地区集中带来的大规模人口流入，使土地资源有限的一线城市房价飙升；当收入水平被房价远远甩在后面时，资产不平等日益严重，高收入行业的进入门槛急剧上升；当用人单位纷纷以"985""211"高校毕业作为录用标准时，人们被迫依靠教培行业来加强自己上名校的竞争力；即便是有幸进入高收入行业的从业人员，在无限的劳动力供给带来的淘汰压力下，也不得不忍受"996"的工作模式；当教育和就业等领域的"内卷"现象广泛出现，许多人决定索性"躺平"；当"内卷""躺平"者众，出生率必然加速下降。

走到出生率大幅度下降这一步，意味着中国在重蹈西方城市化模式的覆辙。联合国一份关于发达国家的研究报告指出，当出生率跌至低于维持人口规模再生产所必需的比率时，如果没有移民，有些国家到2050年时工作年龄组人口规模将出现26%—39%的缺口；假如通过移民把人口结构稳定在每三个工作的人养一个退休的人，在

2050年需要的工作年龄组人口中，1995年以后移民及其后代占总人口的规模，欧盟将达40%，日本将达54%。[1]这样一种因无法维持人口再生产而将由盛转衰的城市化模式，究竟是值得追随的文明最高形态，还是需要回避的自我毁灭陷阱？

中国城镇化率2019年已达60%。第七次全国人口普查显示，东北地区总人口比十年前减少1101万，平均出生率仅为0.608%，三省均进入深度老龄化阶段，面临着深刻的人口危机。从历史中看，东北人口变迁与经济发展直接相关。新中国成立后的国民经济恢复期和"一五"期间，东北是中国经济建设重镇，大型工厂搬迁和建立带来了大量科技人员、管理人员、产业工人及其家属，使黑龙江在"一五"期间的人口年平均迁入率高达1.074%。随着80年代初沿海地区变成发展重点，吉林和黑龙江由人口净迁入省变成净迁出省。1995—2000年间国有企业改革造成的大规模工人下岗，使吉、黑二省的人口净迁出率进一步上升。1990年以来，东北三省的出生率始终低于全国平均水平。2019年东北三省的人口自然增长率是全国仅有的三个负值。[2]这些都与东北缺乏经济增长动能直接相关。

在东北建立经济特区，打造高科技产业集群既可以减缓人力资本外流，还有助于吸引其他地区的技术移民。在房价只有沿海一线城市几分之一的东北城市工作，从业人员的工作环境和生活质量会得到较大改善。当人口和收入水平在全国更加均匀地分布，中国年轻人的压力才会减轻，"内卷"与"躺平"才会得到抑制，人口出生率才有可能

---

[1] United Nations Population Division, *Replacement Migration*, 2012, p. 98.
[2] 徐鹏远：《东北人口十年内下降1101万，人口滑坡背后究竟发生了什么？》，"燕京书评"微信公众号，2021年5月12日。

回升。而指望通过市场配置资源实现共同富裕只能是画饼充饥，要想消除地区间的发展不平衡，必须由政府出手扭转资源配置的优先方向。

（二）寻找后全球化时代新型政府 – 市场关系

在东北建立经济特区，通过调整生产过程实现共同富裕，将帮助中国在历史转折点对未来经济体制的发展方向进行有益探索。

当1929—1933年的"大萧条"打破人们对市场的迷信时，世界上出现了三种不同的应对模式：罗斯福新政代表的自由主义，苏联代表的社会主义，以及德、意、日代表的法西斯主义。[1]而到了冷战结束前夕的80年代末，福山提出"历史的终结"：人类社会已经结束对政治经济制度的探索，未来将属于民主政治与市场经济。[2]然而2008年全球金融危机以来，全球化再现逆转迹象，各国的公共政策范式从全球化上升期的释放市场力量向保护社会回摆，国际上不仅再次出现社会主义思潮，连受法西斯主义影响的极右翼也粉墨登场。

中国会像西方媒体预测的那样向计划经济回归，还是在经历计划经济和市场经济的双向历史实践后，探索一条新的道路？在过去40多年里，虽然全球化在各国具有历史同时代性，但中国的经验却一直保持着鲜明特点。既然在中国市场化激进程度超过大多数国家的90年代，中国政府仍然在经济生活中扮演重要角色，为什么当各国今天一窝蜂地转向大政府时，中国不能为市场保留一席之地？

共同富裕有两种不同的落地方式。一种以再分配和三次分配为

---

[1] Karl Polanyi, *The Great Transformation: The Political and Economic Origins of Our Time*, Beacon Press, 1957.
[2] Francis Fukuyama, "The End of History?" *The National Interest*, Vol. 16 (1989).

主，前者由中央政府通过转移支付把来自富裕地区的税收变成欠发达地区地方政府的财政收入，后者由企业捐钱做慈善。虽然这两种分配方式都有必要，但它们都没有充分利用企业这一重要资源。笔者并不反对再分配和三次分配，只是想强调另一种落地方式——初次分配和生产过程对促进共同富裕非常重要。当发达地区的高科技企业在东北经济特区直接投资时，它们履行社会责任的形式就超越了交税或捐钱，而是用资金、技术、企业管理制度和市场渠道，以市场主体的身份帮助东北发展工业互联网和产业数字化服务业，通过推动包容性发展为地区间共同富裕做贡献。对这些企业，政府不仅不应该扩大征税，而且还要为它们减税或免税。限制资本无序扩张并不是要扼杀扩张，而是要让扩张有序，为公共利益服务。

东北落后的重要原因之一，是国有企业采取福特生产方式，缺乏企业分工合作的产业集群。广东与浙江的例子充分证明，无论是产业集群，还是专业市场，都是规模经济与范围经济相互促进。同行业企业在空间上高度聚集产生的竞争压力，迫使它们不断开发细分产品和服务，由此增加的范围经济不断吸引客户向此集中，导致规模经济进一步扩大。[1]不断增多的市场主体推动了包容性发展，为共同富裕创造了物质条件。[2]让发达地区信息产业与东北传统制造业相结合，共同发展工业互联网和产业数字化服务业的产业集群，才是推动地区间共同富裕的双赢方式，是中国经济体制未来应有的发展方向。

---

[1] Bai Gao, "The Informal Economy in the Era of Information Revolution and Globalization: The Shanzhai Cell Phone Industry in China", *Chinese Journal of Sociology*, Vol. 11, No. 2 (2011).

[2] Guowu Li and Bai Gao, "Globalization and Domestic Coping Strategy: The Development of China's Industrial Clusters", *Istanbul University Journal of Sociology*, Vol. 40, No. 2 (2020).

（三）思考后疫情时代的企业发展战略

发达地区高科技公司在东北直接投资，不仅是企业为地区间共同富裕履行社会责任的重要方式，更有助于跟上国际范围内后疫情时代企业发展战略的新趋势。

新冠疫情在美国产生的一个后果，是人们更清楚地认识到以物联网系统代表的第四次工业革命带来的深刻社会变迁。疫情期间，由于美国政府抗疫措施不力，许多美国人被迫长期居家工作。一个始料未及的后果是，人们发现信息技术的发展实际上已经可以把人的劳动与地理空间分离，员工没必要每天面对面地工作，高科技公司也没必要留在硅谷。高科技公司为迎接这场劳动与产业的空间革命，纷纷调整技术发展方向，采用新的就业形态与工作模式，并在地理上重新布局公司业务。[1]

美国人发现远程工作有许多优点：员工可以自由选择居住地，不再为通勤苦恼，能更好地平衡工作与生活；公司也可以大幅减少房地产成本，从全球寻找高质量员工，提高生产率。[2] 推特、脸书和西门子宣布远程工作将成为公司永久性工作模式。各种企业远程通信软件、基于虚拟现实和增强现实技术的元宇宙以及共享办公空间等新技术、新业态和新商业模式蓬勃发展。

高科技公司更是向全美各地分散业务：特斯拉决定将总部从加州搬走，亚马逊在东海岸设立第二总部，苹果、谷歌、脸书和微软等众多头部企业纷纷在不同地区增设技术部门。美国高新技术产业在地

---

[1] Bernard Marr, "The 4th Industrial Revolution is Here-Are you Ready?", *Forbes*, Aug. 13, 2018.
[2] Prithwiraj (Raj) Choudhury, "Our Workfrom-Anywhere Future: Best Practices for All-remote Organizations", *Harvard Business Review*, November-December Issue, 2020.

理上的重新布局，导致得克萨斯州和科拉罗多州崛起，亚利桑那州正在变成电动汽车和半导体产业重镇，北卡罗来纳州的科研三角地区仅2021年就迎来了苹果公司提供的机器学习、人工智能和软件工程等领域的3000个职位和谷歌提供的云计算工程的1000个职位。美国高科技公司把业务向美国全国分散，推动了硅谷以外地区高新技术产业的发展，在客观上有减轻美国地区间经济发展不平衡，促进地区间共同富裕的效果。

在即将到来的元宇宙时代，中国的高科技企业不应该错过发达国家企业发展战略的空间革命带来的长期影响，中国政府也不应该错过高科技公司在地理上重新布局业务对减少地区间发展不平衡和促进地区间共同富裕的重要意义。

（四）打造工业互联网和产业数字化服务业

在东北发展工业互联网和产业数字化服务业，不仅可为落后地区提供高新技术产业的就业机会，还有助于中国制造业整体的升级换代，并为未来中国服务业的出口打造竞争优势。这是实现地区间共同富裕的物质基础。

中国产业升级换代目前有两个重要方向：一是以人工智能、5G、云计算、区块链、机器人、新能源汽车为代表的新技术，二是把上述先进技术与传统制造业相结合的工业互联网。目前，前者受市场重视的程度和发展速度远远超过后者；后者经常被企业认为可有可无，其发展呈现碎片化，缺乏主导力量。[1]

---

[1] 见本书《从"世界工厂"到工业互联网强国》一文；年勇：《我担心中国要为此而付出沉重代价！》，腾讯新闻，2021年7月15日。

然而，对共同富裕而言，工业互联网与产业数字化服务业的意义更为重大，因为它们可以让更多的人提高收入。没有工业互联网，中国只有高新技术产业少数人的"富裕"，而不会有制造业多数人的"共同"。市场不愿意做的事只能由政府来做。

从长期而言，没有产业数字化服务业，中国制造业将无法实现升级换代，并且无法在智能制造时代与发达国家竞争。在世界上四个制造业大国中，美国拥有一流的信息技术；德国和日本拥有一流的传统资本和技术密集型制造业的生产技术；中国虽然在这两方面与世界一流相比都有差距，但在信息技术方面仅次于美国，在传统资本和技术密集型制造业方面有庞大的产能。而工业互联网和产业数字化服务业需要把现代信息技术与制造业各个产业具体的工业机理相结合，再根据不同企业的具体条件实现生产过程的数字化、自动化和智能化，如果在这些方面落后，中国制造业在未来将无法与发达国家竞争。

同时，要保持与发展中国家之间的代差，中国制造业必须有强大的工业互联网和产业数字化服务业。在人民币升值和各国要确保供应链安全的长期预期下，后疫情时代部分产业链从中国转移是真实的挑战。正像近年越南虽然承接了部分从中国转移的产业链，但仍然要依靠中国生产的上游零部件一样，强大的工业互联网和产业数字化服务业是确保越南制造业未来即使走向数字化，仍然要依靠中国的不二法门。

东北不仅拥有传统制造业，还拥有哈尔滨工业大学、哈尔滨工程大学、东北大学和大连理工大学等优秀的理工科院校。在发展工业互联网和产业数字化服务业时，东北地区的工业机理积淀和人力资本与发达地区的信息产业将是一个最佳的要素禀赋组合。以华为为例，黑龙江是它在农业、林业、能源和煤矿等领域智能业务的大市场，如果它在黑龙江成立一个较大的业务部门，充分利用当地的人力资本发展出一个面向全国的产业集群，将会极大地帮助黑龙江缩小与发达地区的经济落差。

在东北建立经济特区，提供发展工业互联网和产业数字化服务业的大平台，将非常有利于集中领导、协同攻关、统一产业标准和打通各种产业集群。

（五）迎接国际经济新秩序

在东北建立经济特区，通过推动产业升级换代促进地区间的共同富裕，还将帮助中国摆脱萨缪尔森陷阱，迎接未来的国际经济新秩序。

萨缪尔森陷阱与中国高、中、低科技并存的经济结构直接相关。一方面，这种经济结构使中国产品在国际市场上下游通吃，既在高新技术产业方面追赶了发达国家，又利用劳动力密集型产业解决了本国的就业问题。但是另一方面，高、中、低科技并存的经济结构也常使中国在国际贸易谈判中陷入两难：发达国家紧盯高端市场，要求中国对等开放，消除贸易投资壁垒，扩大产业内贸易；而中国则紧盯中低端就业，担心一旦开放市场就会对国内形成冲击。[1]因此，大幅度缩小东北和中西部地区与珠三角和长三角之间在经济发展和富裕程度上的差距，是中国进一步开放市场的基本条件。

在逆全球化和科技革命的背景下，战后的国际经济秩序正经历十分深刻的转变。中美贸易争端引起的民粹主义和新冷战思维，正在

---

[1] 见本书《对等开放：中国迈向发达国家的必由之路》一文。

影响人们对国际经济秩序发展方向的判断。建构新国际经济秩序的路途可能很遥远,过程可能很曲折,但是其基本原则肯定是不同的经济体制共存,同时在拥有不同经济体制的各大国之间形成共同接受的行为准则。TPP是美国为中国量身打造的第二代自由贸易协定。无论中国申请加入CPTPP,还是与欧洲就投资协定重新谈判,或者与美国进行贸易谈判,国有企业改革都是躲不掉的核心议题。当年发达国家先让中国加入WTO,再借此推动中国开放市场,这次它们定会要求中国先改革国有企业,再让中国加入第二代自由贸易协定。

  经济增长新旧动能转换是国有企业改革成功的重要条件。上海的国有企业改革相对成功,这离不开中央对浦东开发的投入和政策扶植,更离不开外资的资本、技术、企业管理和国际市场渠道带来的经济增长新动能,为上海减轻了在改革国有企业的同时保持经济增长速度的压力。而东北的国有企业一直依赖政府保护,其改革不成功的重要原因之一是,一直把振兴东北的施策重点放在维持社会稳定上,而不是放在打造经济增长的新动能上。[1]通过经济特区的平台与发达地区高科技公司合作,进行脱胎换骨的产业升级换代,并探索新型股权结构与治理模式,是实现国有企业改革的一条新路径。如果国有企业改革成功,东北地区与发达地区的经济落差将会缩小,共同富裕程度将会增加,中国对外开放的条件也会更为成熟,迎接未来国际经济新秩序时就更有信心。反之,如果东北经济缺少经济增长新动能,就会长期拖中国对外开放的后腿。

---

[1] 见本书《东北新经济如何破局》一文。

结　语

中国正处于经济增长模式转型的关键时刻。生产者物价指数（PPI）急升、房地产和教培产业投资急降、疫情造成消费不振等各种因素的叠加，导致近年中国经济增长率有所降低。要扭转困局只能扩大投资。在既要维持经济增长，又要推动结构性调整，还要关注共同富裕等多重政策目标的约束下，投资东北不失为一个最佳选项。

在发达地区扩大投资，固然可以促进经济增长，但是既不能实现落后地区的结构性转型，还会进一步扩大地区间经济发展的落差。而在东北建立若干个经济特区集中投资，推动发达地区高科技公司来东北发展工业互联网和产业数字化服务业，将不仅刺激经济增长，而且还推动结构性转型，减少地区间发展不平衡，为共同富裕创造物质条件。

然而，本篇的着眼点并不是上述短期效应，而是从更广阔的视角看在共同富裕政策范式下建设东北经济特区的历史意义。它将从根本上扭转积弊重重的西方式城市化模式，探索一种以人为本的经济发展新模式；它将通过在后全球化时代构建新型政府－市场关系和企业社会责任，探索未来中国经济体制的发展方向；它将促使企业认清信息技术在疫情期间把人和企业从空间上解放出来这一深刻的社会变迁对企业长期发展战略的影响；它将通过发展工业互联网和产业数字化服务业，为未来的中国制造业打造最关键的基础；它还将通过促进产业升级换代，减少地区间发展不平衡，来摆脱萨缪尔森陷阱，为实现更大程度的对外开放和迎接未来的国际经济新秩序做准备。

问题缘起

2020年的新冠疫情使美国社会开启了长达一年多的远程工作模式。当生活节奏瞬间慢下来时,人们开始有更多的时间去反思过去的事情。在2021年年初疫苗未上市之前,我们每天都被中美应对疫情的各种信息所冲击。当美国的疫苗于2021年春季上市后,对隔离的管控开始放宽。2021年秋,美国的大学生开始返回校园,虽然还有在室内戴口罩的强制要求,但是上课已经回归面对面的模式。

2021年春,中国的对外关系开始出现更多的波折。本来在2020年年底,随着RCEP和《中欧投资协定》的签署,中国的对外关系出现了一线转机。然而好景不长,2021年3月,欧洲议会在审议《中欧投资协定》时,用涉疆问题杯葛,中方的反应也很强烈。杨洁篪、王毅与布林肯、苏利文在阿拉斯加的会谈中唇枪舌剑,第一次以视频的方式让全世界的公众看到中美之间直接坦率的交锋。

在这充满冲突的外部环境中,国内各种媒体上的讨论也出现了内向的倾向。2019年,在我写完关于"卡莱斯基"的文章后,国内关于"内卷"和"躺平"的讨论似乎变得十分热烈。十八大后提出的共同富裕,把与分配相关的地域之间发展不平衡和发展过程中各阶层之间的不平等问题直接提上政策的议事日程。从全球化钟摆运动的视角看,"共同富裕"口号的提出显然反映了历史的同时代性。

然而从国际到国内,疫情几年面临的一个共同挑战是,当这一轮全球化钟摆运动由释放市场力量转向保护社会时,是否要重新再走一次100年前走过的老路?西方国家的保护社会的公共政策这次以贸易保护主义的形式出现,显然没有汲取上一次全球化逆转的历史教训。如第五章指出,20世纪30年代初,以美国大幅提高关税开始的贸易保护主义,对刚刚出现的一个商业周期带来的经济衰退起到了推波助澜的作用,由此发展为世界规模的大萧条,导致第二次世界大战的爆发。从国际政治经济的现状看,显然至少在公共话语中,这个沉痛的历史教训未引起人们足够的注意。目前许多西方国家的精英认为,尽管这个世界已经经历了后冷战时期全球化的高度发展,各国经济相互融合的程度已经达到前所未有的程度,但世界经济仍然可能倒退到冷战时期两个对立贸易体系共存的局面。如此看来,在贸易保护主义严重地伤及自身之前,西方国家无法充分认识到回到贸易保护主义、回到分裂的世界经济并不符合它们自身的利益。

尽管未来的发展还存在高度的不确定性,但是我感觉《休养生息与强筋健骨》一文预测的趋势已经变得更为清晰。在文中,我对过去的经济发展模式进行了反思,认定中国经济已经无法继续依靠房地产、基础设施建设和不断扩大出口来提供主要的发展动力,提出休养生息应该是未来几年发展模式转型期的一个原则。当我回顾整个改革开放时期中国经济模式自我调整的历史时,发现中国自本世纪初就已经认识到,全球化钟摆运动释放市场力量的阶段已经导致许多问题,并提出要发展和谐社会和树立科学发展观。在建立和谐社会方面最具体的措施是取消农业税;而强调"科学发展观"的落地方案,一是加强出口与内需之间的平衡,二是大力发展新能源产业。然而,这一阶段的内需仍然是生产性内需,房地产固然有提高居民生活质量的一面,但是其主要功能则是通过大量的上游相关产业链的发展,提供足够的就业,带动经济发展,并吸纳居民手中随着经济发展而日益增长的收入,从而防止通货膨胀。第二个方面是基础设施建设,其作用不仅是为吸引更多的外资打造一流的基础设施条件,而且要带动相关产业的大量就业。

在逆全球化趋势不断加剧的今天,保护社会已经成为世界上各国公共政策的范式。然而随着相关的讨论不断进行,各国都开始出现内向或者极端的观点和做法。

补 记

中国面临的一个更大挑战是如何把共同富裕——这个反映全球化钟摆运动进入保护社会阶段,具有历史同时代性的公共政策范式在实践上落地。在20世纪30年代全球化逆转时,苏联实行的计划经济作为市场经济的对立物,成为社会主义解决方案的代表。这个解决方案在包括中国在内的许多国家实践了几十年。冷战结束后,不仅苏联东欧国家普遍抛弃了这种实践,即使是中国,在改革开放以来也把原来的计划经济变成了与世界经济高度接轨的市场经济。当然,由于过于强调效率,市场经济的确产生了地域经济发展不平衡和各阶层之间收入不平等的问题。在全球化钟摆运动进入保护社会的阶段,无疑需要解决这些问题。现在摆在决策者面前的难题是,是重新走一次上一轮全球化逆转时已经走过而后来又被抛弃的老路,还是在汲取上次历史教训的基础上进行政策创新,使历史在螺旋中上升,而不是在两个极端之间摇摆?

美国政府在应对疫情时的杂乱无章在中国是人尽皆知的事情,而美国社会和企业在疫情中展现的另一面,给我以很大的启发。由于居家工作长达一年多,美国社会基本已经完全接受远程工作,由此产生的变化意义深远。在远程工作的条件下,许多高科技公司从硅谷离开,以减轻高房价高工资的负担。这些高科技公司的新地点必然迎来一批高收入的工作机会,对减轻地域发展不平衡有极大的助益。

研究中国的电动汽车产业时,我发现比亚迪在中国实际上也在发挥着类似的作用。设有比亚迪乘用车生产工厂的城市有西安、常州、长沙、合肥、深圳、郑州和抚州,生产客车的有西安、长沙、承德、大连、桂林、杭州、青岛、汕尾、太原、武汉、银川、广州和天津,生产卡车的有长沙和淮安,等等。通常这些生产基地都不仅仅是一个总装厂,而且有完整的产业链。这对带动各地的经济发展有非常积极的影响。

正是基于这些观察,我在文章中明确指出,在推动"共同富裕"这个政策上,我并不反对二次或三次分配,但是认为通过一次分配,即通过政府的政策来鼓励头部企业在经济发展落后地区设立工厂来实现共同富裕是更好的选择。如果因为单纯强调二次或三次分配,导致民营企业失去投资的愿望,富人纷纷移民,把资产转移国外,就会得不偿失。之所以提出在东北建立经济特区,改善营商环境,由政府在税收等政策层面提供优惠条件,鼓励沿海发达地区的高新技术企业来东北设立分公司,就是因为与向企业征收更多的税来解决共同富裕的问题相比,鼓励它们积极参与解决地域发展不平衡的方案,不仅从根本上促进东北地区的产业升级换代,实现新旧发展动能之间的转换,更重要的是这是在深刻汲取上一次全球化逆转的历史教训,避免使改革开放40多年里形成的发展势头遭受重大挫折。

目前,世界各国正处于全球化钟摆运动由释放市场力量向保护社会回摆的关键时期。在70年代末那次由保护社会向释放市场力量回摆时,各国主流社会对问题的认识和受这种认识深刻影响的国内政治经济,决定了一国在后来的全球化大潮中的应对策略,并决定了该国其后40年的国运。世界上有这么多的发展中国家,改革开放以来为什么唯独中国能变成世界工厂?我们现在已经可以清楚地看到,与其他大国相比,中国与美国在全球化的应对策略方面是比较激进的。美国信奉追求效率的价值链理论,鼓励跨国公司实行全球生产方式,把工作机会大规模地外包到发展中国家；中国为追求效率，也曾在国企改革中让两千多万职工下岗。美国政府为穷人提供的社会福利一直在削减；中国政府在90年代也曾经在教育和医疗等基本公共服务领域大力推行市场化。以激进的态度和方式追求效率的结果是，在全球化过程中，美国长期为全球吸引外资最多的国家，中国也长期是发展中国家中吸引外资最多的国家，并且在包括发达国家在内的所有国家中名列第二，甚至在个别年份还超越美国成为全球第一。在过去10年，在中美两国都出现了反思激进的全球化策略带给社会负面影响的思潮，许多人都认识到此前义无反顾的激进做法正是产生目前许多弊端的重要原因。

因此，今天中国面临的挑战是：这次在全球化钟摆运动的作用下，各国公共政策范式再次向保护社会回摆时，我们明知上次向释放市场力量回摆时走过的激进道路在很大程度上是今天许多问题的起因，是否还要再走一次激进的道路，以"翻锅烙饼"的姿态向保护社会的方向回摆？

9 从"世界工厂"到工业互联网强国
打造智能制造时代的竞争优势*

中国制造业的竞争优势正在面临多重挑战。逆全球化带来的贸易保护主义对中国出口产品的国际市场形成了挤压。贸易摩擦则增加了中国产品在美国市场的销售成本，迫使一部分跨国公司把面向美国市场的生产功能从中国转移到其他发展中国家，在一定程度上削弱了中国相对完整的产业链带来的竞争优势，并使中国在发达国家并购和进口先进技术时面临日益艰难的局面。然而，与逆全球化和贸易摩擦相比，以工业互联网和智能制造为代表的科技革命给中国制造业带来的挑战要更为深刻。这是因为，工业互联网和智能制造将颠覆现代工业生产过程的组织形式，重新界定生产者与消费者的关系，重新确立21世纪制造业国际竞争的游戏规则。

这些挑战正在冲击中国企业过去40年来打造的以规模和范围经济为主要特征的竞争优势。只有当中国在工业互联网和智能制造方面居世界领先地位时，中国才有可能由世界制造大国变成世界制造强国。如果中国在这场国际竞争中应对不力，中国制造业在未来就可能面临来自发达国家和发展中国家的双重夹击：前者继续扩大对中国的技术优势，继续在产业链中占据高端地位，而后者则既有可能大批承

---

* 本文原刊《改革》2020年第6期，与朱兰合作完成。

接从中国转移出去的生产能力，又有可能发挥后发优势，跨越传统制造业的发展阶段，通过从西方引进外资一步到位地实现智能制造。中国能否成功地发展工业互联网和智能制造，将直接决定中国制造业和中国经济的未来。近年来中国一直大力推动工业互联网和智能制造的发展，但与部分发达国家相比仍然存在一定差距。在有限的资源条件下，发展工业互联网，打造中国在智能制造方面的竞争优势，应该成为中国经济迎接未来各种挑战的战略举措。

产业政策与竞争优势：分析框架的构建

为了分析的便利，这里提出一个以产业政策和竞争优势为核心概念的分析框架。它受新结构经济学"有效市场以有为政府为前提，有为政府以有效市场为依归"的观点启发，[1] 但是对其逻辑进行调整，提出操作性更强的"宏观六力模型"，即一个经济体内部的要素禀赋、基础设施、制度环境、市场规模、产业集群和行业竞争这些结构条件，直接决定该经济体内的企业在与其他经济体内的企业在市场中的竞争优势，而该经济体的产业政策则应以在该经济体内打造这六个结构条件为主要内容。这里的分析单位是经济体，讨论的重点是，在经济体层面，政府如何通过产业政策加强一个经济体内的企业或产业相对于其他经济体内的企业或产业的竞争优势；它并不涉及企业层面在同样的结构条件支撑下竞争时各自具有的竞争优势，后者需要在微

---

[1] 林毅夫：《新结构经济学：反思经济发展与政策的理论框架》，北京大学出版社，2014年。

观层面讨论。本书在使用以上六个概念时对它们在新结构经济学、制度经济学、比较政治经济学和经济社会学文献中的原始内涵进行了重新调整和融合。图9-1是政府通过产业政策增强国家竞争优势的六力模型示意图。

第一，加强要素供给，意在提高企业在生产过程中使用的要素类型与要素质量。这里提出的加强要素供给与新结构经济学使用的要素禀赋概念不同。后者指的是在特定发展阶段中已经存在的资本、劳动力、自然资源等要素之间的相对比率，是新结构经济学建构其理论的逻辑起点；而前者指的是提供目前尚不存在或者存在严重不足且发展特定产业必需的人力资本、物质资本、风险资本等资本类型，它是产业政策要追求的目标，并有产业升级换代的意涵。[1]

第二，建设基础设施，意在降低企业的运营成本。一个经济体如果在电力、土地利用、通信和物流等方面能够帮助企业降低运营成本，就能吸引更多资本流入。本篇对新结构经济学用语中"交易成本"的内涵进行分割，将其与"硬的基础设施相关的交易成本"归为基础设施的内涵，而把交易成本的涵盖范围仅限定于软的基础设施，

---

[1] 新结构经济学主张特定发展阶段的要素禀赋结构决定哪些产业具有比较优势，而这些产业才应该是经济体选择的产业发展方向。本篇的分析框架注重的是如何打造产业的竞争优势，更加重视产业政策的操作层面。我们认为，就产业政策而言，真正有用的是操作性较强的测量。比如，在分析具体产业时，资本类型比资本密集度要更为有用，具有特定技能的技术人才或者专业人才比使用教育年限或者学历测量人力资本更有用。这是因为，在给定的资本密集度条件下，具有比较优势的产业有很多种，发展不同产业所需的资本类型和人力资本类型都不同。发展高新技术产业最初需要的更多的是风险投资，而不是银行贷款和股票市场，它需要的高技能人才与发展化工产业或者汽车产业需要的人力资本也存在很大的差异。产业政策的重要任务之一是通过各种措施，引导特定产业需要的资本类型和人力资本进入该产业。

9 从"世界工厂"到工业互联网强国

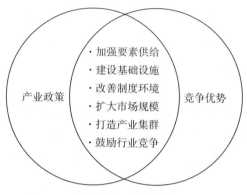

图 9-1 产业政策与竞争优势的六力模型

即制度经济学主张的制度环境。[1]

第三,改善制度环境,意在降低企业的交易成本。制度经济学只从产权和企业之间的关系等层面界定交易成本。这里则拓宽交易成本涵盖的范围,包括比较政治经济学和经济社会学讨论的产权、合同、政府与企业的关系、企业之间的交易规则、企业之间合作和竞争的关系、雇主和雇员的关系、特定产业的治理结构与规则等等。对这些关系等进行清晰界定,有助于减少企业的交易成本,而模糊的界定则可能增加各行为主体之间出现矛盾和利益冲突的可能性,增加企业的交易成本。[2]

---

[1] 这样做的原因有二:一方面,自从威廉姆森(Oliver Williamson)的制度经济学问世后,"交易成本"的内涵在国际学术界有约定俗成的共同理解;另一方面,这样可使每个理论自身的辨识度更为鲜明,有助于凸显哪些是借用其他学派的概念,哪些是真正的原创性贡献。

[2] 这里涵盖的交易成本比威廉姆森的要更宏观和中观,既包括诺斯(Douglass North)强调的产权,又包括比较政治经济学中资本主义多样化文献强调的各种主要经济制度。

第四，扩大市场规模，意在通过增加规模经济直接降低企业单位产品和服务的成本，从而增强企业在市场上的竞争能力。大的市场容量可为企业提供更多的盈利机会，有更充裕的时间提高生产率和资本积累。市场规模过小不仅会使企业单位产品和服务的成本变高，很难在价格方面进行竞争，而且有限的盈利空间会使企业面临更大的破产压力。[1]

第五，打造产业集群，意在通过分工和专业化增强企业协作的效率。本篇在波特（Michael Porter）关于产业集群的论述基础上进一步从经济社会学的视角凸显规模经济和范围经济之间的良性互动带来的内生增长机制。产业链在空间上的集聚为企业带来沟通的便利，更便于了解交易伙伴的信息，从而减少企业的交易成本。产业集群带来的竞争压力还会推动企业不断细分市场，由此产生的范围经济使买方向该产业集群的专业市场集中，这又会导致规模经济的进一步扩大。[2]

第六，鼓励行业竞争，意在促进经济体不断提高生产率。文中在借鉴波特关于行业竞争的概念时加进经济社会学讨论寡占竞争的内容。正确的产业政策不鼓励依靠一个巨无霸全国冠军的垄断地位参与国际竞争，它鼓励同行业企业之间的竞争，因为竞争是促进它们不断提高生产率和不断创新的重要推动力。但与此同时，发展中国家的产业政策应该鼓励的是寡占竞争，寡占结构既可以避免垄断，又可以避

---

[1] 波特关于竞争优势菱形理论中的市场需求内容更多，本篇只侧重经济体内部市场规模带来的规模经济对企业竞争优势的意义。
[2] 波特强调产业集群对特定产业的支持，我们在此进一步加上产业集群中规模经济与范围经济互动产生的积极效应。

免浪费有限资源的过度竞争。[1]

新结构经济学倾向于把以上六力分为三个层次,前三个因素与比较优势有关,后三个因素与竞争优势有关。其中,与发展阶段相适应的要素禀赋决定了潜在比较优势。现实中存在影响要素价格机制正常运行的障碍,而最大障碍在于基础设施与制度环境给企业带来的价格扭曲和额外经营成本。当政府清除了基础设施和制度成本方面的障碍之后,潜在比较优势才能变为比较优势。[2]但是,比较优势并不等于竞争优势。到了 21 世纪初,新结构经济学认识到比较优势已经无法解释中国经济的竞争力,遂引入波特竞争优势菱形理论(Michael Porter diamond Model)的分析框架,提出政府应该制定因势利导型产业政策,促使比较优势转变为竞争优势,但是只将菱形理论中除要素禀赋外的三个侧面概念化为第三层次。

笔者认为,这种三层次的概念化方式有以下不足:

第一,虽然要素禀赋对新结构经济学的比较优势和波特的竞争优势理论都很重要,但二者的性质有很大不同。比较优势的定义在时态上是已然的,它依据的要素禀赋是既存的。然而,竞争优势在时态上虽然经常是已然的,但也经常是未然的。竞争优势概念中要素禀赋常指打造尚不存在但能带来更多贸易利益的客观条件。正因为如此,比较优势体现着强烈的结构特征,而竞争优势则体现着强烈的能动特

---

[1] 与波特单纯强调竞争对刺激企业创新有别,我们在此从日本产业政策强调寡占竞争的实践中获得启发,强调在鼓励竞争的同时也要防止过度竞争。
[2] 以中国经济发展过程为实证分析基础的新结构经济学把要素禀赋、基础设施和交易成本在改革开放以来出现的时间序列概念化成潜在比较优势和比较优势两个层面。从潜在比较优势到比较优势的前提在于市场是完全竞争的,要素相对价格能够反映要素市场的稀缺性。因此,政府的作用首先在于维护市场的竞争性和规则,使价格机制正常运行。

征。加强要素供给对六力模型的其他五个因素并不具备决定与被决定的关系，笔者把上述六个因素作为对一个经济体竞争优势同样重要的内容。

第二，建设基础设施和降低交易成本不应该只被处理成把潜在比较优势变为比较优势的措施。它们都是竞争优势的重要组成部分。世界上不是哪个国家想建设基础设施和降低交易成本就能办到的，更不是每个经济体想办就能办出与中国同样的效果。有效地提高人力资本，扩大融资，提供与产业特点相应的融资形式，本身就是中国竞争优势的实质性内容。

第三，21世纪初以来，特别是中国加入WTO以来，市场规模、产业集群和行业竞争已经成为中国经济竞争优势的重要基础。它们不仅一直是中国各级政府产业政策的施策重点，而且是人民币升值后外资坚守中国市场的重要原因。如今中国经济的发展阶段已经使这三个侧面成为竞争优势无时不在的内涵，其重要性已经与要素禀赋、基础设施和制度环境同等重要。

本篇把竞争优势直接作为分析框架的因变量的一个重要原因是，传统贸易理论只强调一国应该根据既存的要素禀赋选择产业，它在主张各国基于各自的要素禀赋选择产业时，完全忽视了生产要素以外的各种结构条件对能否进行这种生产的约束。同样，新结构经济学看到只有要素禀赋结构还不能构成比较优势，还需要政府提供合适的软硬基础设施，似乎要素禀赋加上软硬基础设施已经构成有效市场。笔者则主张，在开放经济的条件下，一个经济体的企业不仅与同一经济体内部的其他企业竞争，更重要的是它们还要与其他经济体的企业竞争，而在经济体之间的竞争中，市场规模、产业集群和行业竞争是分析任何竞争优势时都不可或缺的结构条件。

虽然波特也认为政府对竞争优势菱形理论的每一个侧面都有重要影响，但是他在建构其竞争优势菱形理论时把政府排除在外，只提供了对竞争优势菱形理论的描述性框架。本篇的分析框架则在竞争优势的操作化方面将波特讨论过的四个侧面加上新结构经济学提出的基础设施和制度经济学提出的制度环境，共六个侧面的竞争优势模型整体作为因变量，将政府的产业政策作为自变量，来解释帮助经济体打造竞争优势的宏观结构条件。与新结构经济学主张的因势利导相比，笔者提出的分析框架更强调产业政策的能动性，即政府在为经济体打造竞争优势方面可以发挥的作用。与此同时，本篇虽然强调产业政策的作用，但着眼点绝不是要把政府变成市场主体，更不是用政府的产业政策取代企业的创新，而是在经济体的层面打造有助于企业发展竞争优势的结构条件。

改革开放以来中国制造业的竞争优势

改革开放以来，中国通过积极的产业政策发展中国制造业竞争优势的六力模型，即加强要素供给、建设基础设施、改善制度环境、扩大市场规模、打造产业集群和鼓励行业竞争，取得了较好的效果。

就要素供给而言，政府一方面大量地引入外资，克服资本要素对产业发展的约束；另一方面持续加大对教育、医疗卫生、文教体育、环境保护等方面的支出，提高人力资本水平。中国国家统计局发布的相关数据显示：1995—2018年，中国实际利用外资金额从375亿美元上升到1383亿美元。其中，1995年利用外资进行的固定资产投资占固定资产投资总额的11.19%，这说明外资对中国早期的产业培育和经济发展具有重要作用。另外，中国财政教育经费支出从2000年的15887亿元增加到2018年的32222亿元，其他关系到人力资本的财政支出，如科学技术、文教体育与传媒、医疗卫生与计划生育、环境保护等，均有明显的上升。

就基础设施而言，中国在建设基础设施方面的投入为中国经济增长奇迹提供了重要支撑。世界银行数据显示，中国航空运输的货运量从2010年的160亿吨左右上升到2017年的240亿吨左右，电力使用人数占总人口比率达到100%。中国高铁运行速度从2007年的旅客列车时速每小时200—250千米提高到2017年标准动车组的每小时350千米。新一代信息技术使网络、电脑、手机等成为产品生产和销售的重要载体和端口。大规模的宽带建设和网络普及使2017年中国每百人的宽带申请量、网络使用人数、手机使用人数与2010年相比均有大幅上升。发达的交通运输和通信网络降低了中国产品的物流成本，使企业能以更低的总成本定价销售产品，消费者能以相对低廉的价格购买商品，从而提高了产品的市场竞争力。

就制度环境而言，中国通过一系列制度改革降低了企业的交易成本。有研究显示，2004—2013年，中国生产转换部门交易成本占营业收入的比重呈下降趋势。[1] 各项衡量宏观制度环境的指标不断改善，中国的腐败指数从2007年的50下降到2015年的46，[2] 中国的脆弱指数从2007年的80下降到2015年的75。[3] 在此期间，国家稳

---

[1] 刘朝阳、李秀敏：《交易成本的定义、分类与测量研究——基于2004—2013中国总量交易成本的经验证据》，刊《经济问题探索》2017年第6期。

[2] Samuel Standaerts, "Divining the Level of Corruption: A Bayesian State-space Approach", *Journal of Comparative Economics*, 43(3) (2015).

[3] Haken N, et al, Failed States Index 2006-2018, The Fund for Peace, 2018.

定指数上升。在世界银行发布的《营商环境报告》中,中国从2005年的108位快速上升到2019年的第31位。2016年中国物流绩效综合分数与2007年相比明显提高,这不仅表明贸易和运输相关基础设施的质量和追踪查询货物的能力明显提高,而且表明中国清关程序的效率、物流服务的能力和质量、货物在预定或预期的时间内到达收货人处的频率等指数均明显提高。

就市场规模而言,中国通过加快城镇化和完善"三农"政策不断扩大市场规模,为中国企业带来了规模经济方面的竞争优势。改革开放以来,中国不断改革户籍制度,完善社会保障体系,推进城镇化战略,提高城镇人口占比,扩大城镇市场规模。与此同时,中国进行了农业税费制度改革,提高农村人口收入水平,实施"家电下乡"等促进农村消费的政策,增加国内消费需求。按照中国国家统计局数据,2018年中国社会消费品零售总额超过38万亿元,相较于2001年的4.3万亿元增加了近8倍,超过美国社会消费品零售额。2010年中国国内需求结构出现拐点,消费率首次超过投资率。[1] 2010—2018年中国人均居民最终消费支出年均增长率为9%左右,2018年中国消费对经济增长贡献率达到76.2%,成为经济增长第一驱动力。

就产业集群而言,发展具有完备产业链的产业集群是地方政府支持本地制造业企业打造竞争优势的重要举措。通过发展乡镇企业、兴建工业园区、承接发达国家产业、鼓励特色小镇发展、实施一体化战略、引导产业集聚等多种措施,中国形成了完整的工业体系,拥有联合国产业分类规定的39个大类、191个中类、525个小类。据联合

---

[1] 郭熙保、朱兰:《中等收入转型视角下的中国需求结构演变》,刊《世界经济文汇》2019年第1期。

国贸易和发展组织统计,世界500余种主要工业品中,中国出口超过220余种产品,产品遍布世界230多个国家和地区,是全球最重要的"世界工厂"。

就行业竞争而言,鼓励行业竞争为企业创新提供了重要的动力。一个产业集群的密度越高,即企业的数目越多,竞争就越激烈,单个企业在竞争中生存下来的几率就越小。中国规模以上的工业企业,不论是在劳动密集型行业还是在资本密集型行业,数目都比较多。以企业数最多的非金属矿物制品行业为例,1999年该行业有多达14366家企业,到了2016年该行业的企业数进一步增加到35062家。企业数最少的烟草加工业1999年也有352家企业,2016年该行业的企业数虽然有所降低,但仍然有128家。激烈的竞争促使企业不断加强创新,降低生产成本,提高产品的竞争力。据美国《财富》杂志报道,美国中小企业平均寿命不到7年,大企业平均寿命不足40年;而中国中小企业的平均寿命仅2.5年,集团企业的平均寿命仅7—8年。美国每年倒闭的企业约10万家,而中国有100万家,是美国的10倍。在这种国内市场激烈的竞争中生存下来的企业,在国际市场上也往往具有较强的竞争优势。

外部风险对中国制造业竞争优势的挑战

世界上出现的三大趋势正在冲击中国制造业现有的竞争优势。逆全球化、中美经贸摩擦以及以人工智能、区块链、云计算、智能制造等新一代信息通信技术为代表的科技革命,均对中国制造业的生产方式、产业链、市场规模等提出了新的挑战。

(一)逆全球化恶化了中国产业链的外部环境

在2008年全球金融危机带来的经济压力下,反自由贸易和反移民运动兴起,这成为全球化逆转的导火索。[1]英国脱欧、美国退出跨太平洋伙伴关系协定、欧洲移民危机等一系列事件成为此轮逆全球化浪潮的标志,其特征就是在全球化进程中鼓励商品、资本、技术和劳动力的自由流动方面开始设置各种显性和隐性障碍。[2]

自2008年全球金融危机以来,逆全球化的趋势日益明显,它体现在如下方面:双边国际投资协定缔结数目锐减;限制外资流入的规定大幅度上升;发达国家参与全球价值链的意愿大幅度下降;各主要经济体贸易在GDP中的占比下降。[3]首先,世界上双边投资协定条约和包含投资条款的条约签署数目在1996年达到230多项的顶点后开始逐年下降(2001年和2009年出现过增长),2011—2018年年平均签署数目只有40多项,已经低于1990年的数字。全球化的一个重要内容是资本的自由流动。促进资本流动的双边投资协定条约签署数目的下降,意味着各国对全球化的态度发生了较大的改变。

其次,各国在投资政策方面出现了促进资本自由流动的法规大幅度减少,而限制监管资本自由流动的法规大幅度上升的现象。截至2018年,各国限制和监管外资的政策已经占新出台的有关外资政策总数的34%,达到2003年以来的最高点。特别是当政府通过刺激法案时经常会明确地提出要购买本国产品,这在政府采购方面尤为突

---

[1] 见本书《为什么全球化会发生逆转?》一文中的相关分析。
[2] 佟家栋等:《"逆全球化"与实体经济转型升级》,刊《中国工业经济》2017年第6期。
[3] United Nations Conference on Trade and Development, *World Investment Report 2019*, United Nations, 2019.

出。各国限制外资的流入并加强对外资的审查,是一个明显的逆全球化现象。

再次,各主要经济体的全球价值链参与程度大幅度下降。2000—2010年,欧盟、美国和日本全球价值链参与年平均增长率分别为12%、7%和9%,而2010—2017年这一数值分别降到了1%、1%和0%。非洲、亚洲、拉丁美洲与加勒比海地区三个区域的全球价值链参与程度年平均增长率从2000—2010年的14%、14%和11%降到了2010—2017年的1%、4%和1%。相较而言,转型期经济体的全球价值链参与程度年均增长率下降幅度最大,从2000—2010年的19%下降到2010—2017年的2%。全球生产方式是全球化最重要的内容之一,这种参与度的下降显示全球化的推动力已经明显减弱。

最后,世界主要经济体(除德国外)的商品贸易占GDP的比重在2014年以后均出现了下降。韩国和印度的商品贸易占比下降趋势最为明显。商品贸易占GDP比重的下降意味着有关国家对外经济联系的减弱,即经济全球化的趋势减弱。

(二)中美经贸摩擦可能引发中国产业链部分流出

2005年人民币的升值导致中国劳动力成本不断上升,部分劳动力密集型产业开始向其他国家转移。由于中国的产业链相对完整,多数外资不愿意轻易转移。即使是2008年之后的压力进一步加大,也没有出现产业链大规模转移的现象,尚未构成对中国经济的主要威胁。

2018年以来,中美经贸摩擦不断加剧,加征关税成为其中的主要措施之一。2018年1月,美国对中国出口美国的钢铝等产品发起"232调查",对洗衣机与光伏产品发起"201调查",并对洗衣机征收3年高达50%的保护性关税,对光伏产品征收4年高达30%的保护性关税。2018年3月，美国宣布对进口钢和铝分别加增25%和10%的关税之后，又先后对价值约340亿美元、160亿美元、2000亿美元的中国输美商品征收高额关税，包括航空产品、高铁装备、新能源汽车和高技术产品等1300多个税项。2018年9月18日，美国政府宣布实施对从中国进口的约2000亿美元商品加征关税的措施，自2018年9月24日起加征关税税率为10%，2019年1月1日起加征关税税率提高到25%。虽然这最终由美国消费者买单，但是中国厂商为了保住在美国市场的份额，也可能通过降价的形式分担，而这势必会影响到公司的盈利状况。如果经贸摩擦长期化，中国产品将持续面临高关税压力，跨国公司为了降低成本可能会将面向美国市场的产能向其他国家转移。

加大中国对美投资的审查是经贸摩擦的另一大措施。2018年美国国会通过了旨在限制中国企业赴美投资的《2018年外国投资风险审查现代化法案》（FIRRMA）以及《2018年出口管制改革法案》（ECA），这两项法案的生效给中国赴美投资高科技行业以及从美进口高科技产品带来了更大阻力。投资审查的重点包括AI技术、AI芯片、微处理技术、计算机技术、机器人、量子计算等14项前沿技术。

（三）科技革命重塑制造业生产方式

新一代信息技术与制造业的深度融合，推动了工业互联网在全球范围内的蓬勃兴起。IoT Analytics的一项研究分析了工业互联网的六个核心组成部分，即硬件、联结、云平台和分析、应用、网络安全、系统集成，以及六个支撑技术，包括三维打印、强化和虚拟现实、协作机器人、互联机器视觉、无人机、无人驾驶汽车。研究结论表明，在未来的几年里，与工业4.0有关的产品和服务将以每年平均累计增长率27.04%的速度增长，从2020年的1190亿美元增长到2023年的

3100亿美元。[1]工业互联网将影响制造业的所有环节,极大地改变整个产品生命周期的每一个阶段,包括产品设计、制造、送达、销售、维护等。[2]采用工业互联网与编排分析、商业智能、质量管理、移动技术和利用互联网传感器进行实时监控的制造商将以比市场更快的速度增长,并在此过程中能比他们的竞争者们进行更多的创新。

工业互联网和智能制造的兴起给全球价值链带来了深刻的变化:在全球出口结构中制造业比重下降,服务业比重上升;全球价值链从以硬件为主向以软件为主倾斜;全球价值链呈现地区化。

第一,随着技术的不断进步,全球制造业和服务业出口结构发生变化,对依赖廉价劳动力和技术引进的中国制造业竞争优势形成威胁。据麦肯锡全球研究机构(Mckinsey Global Institute)发布的报告,2007—2017年制造业全球出口额占GDP比重下降了1.2%,而服务业全球出口总额占GDP比重上升了0.4%。[3]就细分服务业而言,2007—2017年,知识驱动的电子信息、商务服务、知识产权、旅游、金融和保险行业出口额占GDP比重的年均增长率超过了2.4%的制造业平均水平,电子信息、商务服务和知识产权交易超过了服务业的平均水平。就制造业内部而言,不论是创新驱动的计算机、交通设备、汽车、机器设备、电子机械和化工行业,还是劳动密集型的纺织、家具等其他制造业行业,2007—2017年出口总额占比的年均增长率均

---

[1] "New Market Report Uncovers 9 Disruptive Trends and Ranks 12 Key Use Cases Transforming Smart Manufacturing", IoT Analytics, Nov. 14, 2018.
[2] Giacomo Veneri and Antonio Capasso, *Hands-on Industrial Internet of Things: Create a Powerful Industrial IoT Infrastructure Using Industry 4.0*, Packt, 2018.
[3] Susan Lund, James Manyika, Lola Woetzel et al., *Globalization in Transition: the Future of Trade and Value Chains*, McKinsey Global Institute, Jan. 16, 2019.

出现了负增长。

第二，在技术含量不断上升的过程中，全球价值链正在呈现由硬件向软件倾斜的趋势，这对中国长期以来在硬件制造方面的竞争优势构成了直接挑战。根据麦肯锡全球研究机构的分析，在创新驱动的机械设备、计算机、电子和电子机械等行业，全球价值链呈现有形资产比重不断下降、无形资产比重不断上升的趋势。2016年，上述三大类产业在无形资产方面的支出已分别占其总收入的36.4%、25.4%和16.4%。中国在这些行业的出口基本以硬件为代表的有形产品为主。

第三，在创新驱动的制造业中，全球价值链变得日益地区化，这给中国"世界工厂"的地位带来了挑战。随着自动化的推广，劳动成本的重要性日益降低，企业在选择生产地点时将会更多地考虑将产品送至市场的速度，这种地区化趋势在创新驱动产业尤为显著。从地区分布来看，亚洲和欧洲的产业链地区化趋势最为明显。在这种全球价值链地区化的大趋势中，可以预期目前作为中国出口最大市场的欧洲和美国都将会出现价值链进一步地区化的趋势。欧洲的价值链将在欧盟和欧元区的地理范围内进一步地区化，而墨西哥也将在北美的价值链中扮演日益重要的角色。总之，虽然中国制造业在过去的几十年里成功打造出在全球价值链中硬件生产方面的竞争优势，并作为"世界工厂"在国际产品贸易中占据重要的地位，但工业互联网和智能制造给全球价值链带来的深刻变化正在挑战中国这个传统的竞争优势，具体表现在：制造业贸易的比重下降对"世界工厂"的出口形成巨大压力；全球价值链中以软件为代表的无形资产的比重上升，要求主要依靠有形资产的中国企业实现迅速的升级换代；价值链在中国企业目前的成品和半成品出口的两大主要市场——北美和西欧的地区化必然对目前仍然以跨洋贸易为主的中国出口形成挑战。

中国发展工业互联网、打造制造业新竞争优势的紧迫性

工业互联网是新科技革命下提高一国制造业竞争力的关键。当前，美国、德国、日本等制造业大国均从政策支持、经费资助等多维度持续推动工业互联网发展，全球工业互联网领域竞争日趋激烈。中国工业互联网近年发展迅速。根据中国工业和信息化部的统计数据，中国规模在5000万元以上的平台企业接近80家，具备一定行业、区域影响力的平台企业超过50家，部分平台企业工业设备连接数量超过10万台。然而，根据国内外的相关研究，中国的智能制造在云计算能力和工业互联网的内容方面，以及在关于工业互联网的认识和未来的商业模式方面与先进发达国家相比还有一定差距。

（一）中国与发达国家在云计算能力方面的比较

目前，公有云的分类包括作为基础设施的服务（IaaS）、作为平台的服务（PaaS）以及作为软件的服务（SaaS）。IaaS是云的第一层，它为客户提供的服务是计算基础设施，包括数据处理、存储、网络和其他基本的计算资源。客户可以在云上部署和运行任何软件，包括操作系统和应用程序。PaaS是云的第二层，它为客户提供的服务是各种开发语言和工具开发环境，用户不需要自行安装各种平台。SaaS是云的第三层，它让大多数用户通过网页浏览器接入云平台，直接运行云平台上的各种应用程序，客户不需要管理或开发平台以及任何软件。

不同层的云服务对经济体的影响不同。从资本投入和人力资本这两个生产要素来分析三种不同的云服务，可以发现：SaaS的优势在于可通过减少安装、管理和升级软件等烦琐任务所花费的时间和金钱，让企业的技术人员花更多时间来处理组织内更紧迫的事情；PaaS

的优势在于既能减少管理开发适用本行业平台的成本，又能根据企业自身的需要开发个性化的软件；而IaaS只提供最基础的服务，企业必须自己投入大量的资金和人力资本来实现PaaS和SaaS可以提供的功能。从这层意义上讲，SaaS和PaaS所占的比重越大，这个经济体的云计算能力越强；反之，IaaS所占的比重越大，该经济体企业云计算的能力越弱。

根据国际数据公司（IDS）统计，从三种云服务估值占比来看，2019年中国的公有云市场上IaaS的估值为368亿元，约占公有云市场的60%；PaaS的估值为89亿元，约占15%；SaaS的估值为151亿元，约占25%。[1]而同一年在国际公有云市场上，IaaS的估值为529亿美元，占整个公有云市场的24%；SaaS的估值为872亿美元，占近40%；PaaS的估值占36%左右。从以上数据对比可以看出，中国的云计算产业与主要以发达国家为主的国际市场相比还有一定差距。从增长速度来看，2018—2019年中国公有云市场IaaS季度增长率为74.1%，PaaS季度增长率为101.9%，而SaaS只有40%多。按照这个发展速度，SaaS在中国云计算产业中的占比将继续低于发达国家的水平。中国高端工业软件高度依赖国外进口，本土工业软件集中在经营管理类，与工业场景和行业经验结合不够紧密。目前，中国工业互联网平台提供的工业APP数量总计不超过5000个，无任何工业机理模型的工业互联网平台占比接近30%。[2]中国工业软件的相对落后会放慢中国工业互联网和制造业发展速度。

---

[1] IDC咨询：《2019年一季度，中国公有云市场热闹开局》，"IDC中国"微信公众号，2019年8月2日。
[2] 李燕：《工业互联网平台发展的制约因素与推进策略》，刊《改革》2019年第10期。

(二)中国与发达国家在工业互联网内容方面的比较

在发达国家的顶尖企业中,96%的企业已经开始生产可进行维修预测的产品,94%的企业已经在使用控制生产过程的制造执行系统,100%的企业已经实现综合的供应链端对端规划,97%的企业已经上云,94%的企业已经实现产品和生产线的数字孪生,90%的企业已经实现人与机器人的互动、智能机器人和机器人过程的自动化。[1]IoT Analytics的一项研究指出,国际上,工业互联网和智能制造领域被最广泛利用的技术是先进数字产品开发,即企业利用三维打印、增强现实和虚拟现实、数字孪生等技术来减少产品开发的成本和时间。这背后是强大的工业软件部门的支撑。2018年,就企业运营中充分利用物联网的比例而言,中国为23%,而美国是44%,英国是41%,德国是35%,法国是32%。[2]

(三)中国和发达国家企业在工业互联网认知方面的比较

中国和发达国家在工业互联网方面的差距既表现在物质层面上,又表现在认知层面上。根据毕马威(KPMG)2018年对不同国家企业高管进行的一项调查,在面对"未来三年里哪些产业可能出现最大的颠覆性转变?"的问题时,英国企业家选择工业/制造业的比例最高,达到15%,其次是日本的13%,美国的10%,印度的8%,而中国只有4%。相比之下,中国企业高管认为将会发生颠覆性转变的产业比例最高的是汽车/交通,其次是电信,然后是消费市场/零售。

---

[1] PwC, "Digital Champions: How Industry Leaders Build Integrated Operations Ecosystems to Deliver End-to-end Customer Solutions", Strategy &, May 14, 2018.

[2] Capgemini Digital Transformation Institute, *Unlocking the Business Value of IoT in Operations*, Capgemini, 2018.

其中,中国选择汽车/交通和消费市场/零售的百分比在各国中最高,选择电信的仅次于日本(表9-1)。[1]

表9-1 未来三年全球及部分国家主要行业发生颠覆性变革的百分比(%)

	全球	美国	中国	印度	日本	英国
汽车/交通	13	13	18	14	13	16
消费市场/零售	11	13	14	9	7	8
教育	8	13	8	5	13	5
能源	8	5	6	14	0	10
健康护理	12	11	11	6	17	11
工业/制造业	10	10	4	8	13	15
媒体	14	18	11	6	13	18
电信	10	7	16	12	23	5

注:表中仅截取部分数据,加总不等于100%。
数据来源:KPMG Technology Innovation Findings,2018。

表9-2 主要国家企业高管对物联网、人工智能和机器人的态度(%)

	中国	印度	日本	美国	英国
物联网	11	14	13	13	21
人工智能	13	22	7	11	12
机器人	11	9	10	10	8

注:表中仅截取部分数据,加总不等于100%。
数据来源:KPMG Technology Innovation Findings,2018。

---

[1] KPMG, *The Changing Landscape of Disruptive Technologies: Tech Disruptors Outpace Competition*, KPMG, 2018.

表9-2进一步列出了主要国家企业高管对物联网、人工智能和机器人的态度。从中可以看出，与发达国家的企业高管相比，中国企业高管普遍更看好人工智能，而相对轻视物联网。在毕马威的同一研究成果中，中国、美国、英国、日本和印度企业高管在回答"在未来三年里对企业影响最大的是物联网（工业互联网）、人工智能还是机器人技术"时，美国、英国和日本的企业高管均选择了物联网（工业互联网），而中国和印度的企业高管选择了人工智能。这说明，相较而言，中国企业高管更加看重人工智能，而不是工业互联网。

从产业链的视角来看，必须先有物联网，而后才有大数据、云计算和人工智能。就制造业而言，只有先实现数字化，才有可能谈人工智能。而在中国企业高管的思维中，人工智能比物联网或工业互联网更重要。一些制造业的企业高管没有认识到：为了采用工业互联网，他们必须像一个高科技公司一样思维和规划。这一点凸显着工业互联网打破行业障碍的程度。[1] 不同国家企业高管的不同态度背后反映了一个现实：以美国、英国、日本为代表的发达国家的公司，已经清醒地认识到制造业正在面临一场前所未有的挑战，工业互联网将会成为拉大发达国家与低成本国家在制造业方面的竞争力的一个新的机会，它们将打造工业互联网视为提高制造业竞争力的唯一生存之道。由于发达国家本身已经具备在数字领域的比较优势，即拥有更多的数字化制造设备，它们愿意拿出更多的资源继续推动技术变革，从而进一步强化在智能制造时代的竞争优势。与此同时，像印度这样迄今为止还尚未拥有大规模制造业的发展中国家则希望利用后发优势，通

---

[1] PwC, *The Industrial Internet of Things: Why It Demands not Only New Technology-But Also a New Operational Blueprint for Your Business*, PwC, 2016.

过吸引外资直接实现制造业的数字化。而中国作为"世界工厂",在实现制造业数字化时同时面临来自发达国家和发展中国家两方面的竞争。因此,正确认识到工业互联网对中国制造业的重要程度,是维持中国未来竞争优势的前提。

(四)中国和发达国家在未来商业模式方面的比较

商业模式可以从两个层面讨论:一是从工业互联网的前中后端的侧重点;二是与万物互联对应的新型企业运营。

工业互联网的前端指的是消费者或使用者与生产商之间的连接;中端指的是生产商的内部管理、供应链管理、研发与生产过程;后端指的是生产商在售后阶段与消费者或使用者的连接,它既包括把商品送到消费者或使用者所处的物流环节,又包括售后服务。对生产商而言,在产品中装上传感器监控产品的使用情况并提供损坏预警和预防式保养服务在技术上也相对容易。智能制造的关键在中端,其中企业管理和生产过程的监控相对容易,如果以难易程度由易向难和从基础条件向高端条件迈进来排序,应该是设备的数字化、网络化、自动化、智能化。

从技术层面来看,中国企业在前端有优势。中国的电子商务平台和社交媒体平台已经收集了生产商与消费者的海量数据。虽然与发达国家相比还有一定的距离,但是已经有中国企业开始在后端发力。在中端,中国企业一般向管理的数据化努力,但是能在数据分析的基础上提高研发质量并利用大数据支撑新产品研发和改善生产工艺的企业还不多。德国"工业4.0"重视中端,因为德国在制造方面有强大的竞争优势。美国工业互联网虽然也在讨论中端,但是更重视前端和后端。美国工业软件的实力列世界第一,美国企业在中端也有很强的国际竞争力。发达国家的大企业已经实现数字化的质量控制、预测性保养,以及设备或者工厂的效率优化,通过集中全力发现客户的痛点,来确保工业互联网和智能制造带来的投资回报。中国的《中国制造2025》虽然与德国的"工业4.0"呼应,但中国企业在设备数字化方面与德国和日本相比还有一定距离。中国的"互联网+"虽然与美国的工业互联网呼应,但由于工业软件的薄弱,在用数据驱动研发、改善生产过程和工艺方面还有较大的距离。

工业互联网与人工智能、云计算、大数据相比,在吸引人才的竞争中也处于不利地位。人工智能、云计算和大数据等领域的产业组织形态一般是新型高科技公司,在产权和激励机制方面已经完全市场化。从事工业互联网和智能制造的专业人才则仍然每天与传统制造业的产业组织打交道,后者在激励机制方面比前者稍逊一筹。前者的专业人员通常有良好的工作环境,而从事工业互联网和智能制造的专业人员则需要经常去生产现场工作,其工作环境难以与从事人工智能等领域工作的人相提并论。由于这些原因,工业互联网领域在人力资本方面与其他新经济领域竞争时亦处于劣势。

对中国的企业而言,一个更为深刻的挑战是企业必须有一个与数据架构匹配的运营架构。唯此,才能在工业互联网时代最大限度地扩大客户的参与。工业互联网实际上是一把"双刃剑"。一方面,它的确带来了向客户推销远程设备监控、提供预测保养维修,甚至卖保险等增值服务的新机会,这些新的服务可能为企业带来巨大的利润。另一方面,如果企业没有在运营和客服能力方面进行大的投入,也有可能出现完全相反的结果,即由于企业没有能力处理工业互联网和智能制造带来的新问题而失去客户。当制造商实现它们长期以来的梦想,与其客户紧密互动时,客户会期待企业在各项业务,包括客户关系、产品设计、供应链、利润、服务模式等方面都做出深刻的变革。在工业互联网时代，企业不仅要建立和保持与客户使用的产品之间的双向实时互动，而且要有效地抓住由于与客户互动增强带来的机会。目前中国各地对工业互联网的推动基本只是停留在敦促企业上云的阶段，离商业模式的转变还有较长的路要走。

打造以工业互联网为基础的制造业新竞争优势

改革开放以来，中国通过增强要素禀赋、建设基础设施、改善制度环境、扩大市场规模、打造产业集群、鼓励行业竞争为制造业建立起竞争优势。中国目前拥有全世界最多的制造业产业门类和最完整的产业链。然而，除少数例外，中国制造业在产业和产业链两个层面上都未能占据高端地位，而且还把资金和就业长期绑定在这些并不先进的产业和产业链中。在制造业向智能制造和工业互联网急剧转型时，尤其要注意防止这些产业和产业链成为科技革命的阻碍。对中国而言，新一轮的科技革命既提供了赶超发达国家的重要机遇，也带来了在全球制造业重新洗牌过程中被淘汰出局的风险。鉴于中国当前制造业的发展状况，笔者根据产业政策和竞争优势的六力模型，提出打造以工业互联网为基础的制造业新竞争优势的相关举措。

（一）寻找支撑智能制造的最佳金融形式，强化要素禀赋的供给

加大对智能制造的投资，首先需要分清平台投资与企业设备数字化投资之间的区别。互联网投资属于轻资产，只要找准产业能提供的有效服务，就可以较快地获得回报。相比之下，工业互联网与智能

制造涉及大量的数字化设备，需要的投资数量大，而且往往属于重资产，回报时间比互联网投资长。同时，中国企业生产设备的数据化程度较低，即使乐观估计也只有 30% 以下。虽然这种设备数据化是自动化和智能化的基础，但是风险投资可能由于回报慢而投资动力不足。工业互联网和智能制造中数字化设备的融资问题，是亟待解决的重要问题之一。

（二）认清工业互联时代新型基础设施的特殊性，加快实现企业生产设备的数字化

支持传统制造业发展的基础设施与支持智能制造、工业互联的制造业发展的基础设施有很大不同。传统制造业需要的基础设施通常与企业内部无关，一般指的是所在地区能源、通信、交通、物流等方面的公共物品；而支撑智能制造的基础设施工业互联网既包括由 IaaS、PaaS 和 SaaS 等部分组成的各种云计算平台，又包括在企业内部进行采集数据的数字化设备。换言之，企业内部的数字化设备既具有作为生产设备的职能，又有作为工业互联网采集数据的基础设施的重要职能。这种认识对政策制定有十分重要的意义：把数字化设备视为智能制造的基础设施，意味着政府在制定逆经济周期的调控政策时应该把制造业的设备数字化列入考虑的范畴，这比继续集中投资高铁、机场、地铁等项目更具长期意义。

（三）重塑传统制造业与信息产业融合的组织形式，有效降低交易成本

交易成本过高是中国制造业发展智能制造的一大障碍。根据 2019 年笔者暑期调研的发现，由信息产业推动的智能制造项目在效果上不如直接由制造业推动的项目。然而，由于中国的制造业企业在多数领域中还处于产业链的中低端,无论是在对智能制造重要性的认识上,还是在实施智能制造项目的能力上,都还有较大的提升空间。信息产业与制造业在工业机理和产业组织的运作逻辑上有很大不同。信息产业的激励机制更侧重依据个人职业发展规划以及与此相应的奖金和股权等分配方面的制度安排。这与美国 20 世纪 80 年代以来硅谷出现的趋势基本吻合,也得到了信息行业从业人员的高度认可。而传统制造业,特别是国有企业,更多地依靠传统大公司的科层制管理。这使得制造业难以吸引足够的高级软件人才进入这一需要高度创新的领域,成为制造业推动智能制造发展的瓶颈之一。为了打破这种传统科层制企业组织形式的限制,有必要成立新的公司,将制造业的生产要素与信息业进行重新组合,以新的管理体制和激励机制来促进二者的合作,共同推动工业互联网与智能制造的发展。

(四)降低企业投资成本,确立行业标准,扩大市场规模

如果把智能制造设备(哪怕是一部分)认定为智能制造的基础设施,政府采购就具备合法性。既然地方政府可以动用财政和金融政策修公路、机场、高铁、城铁和地铁,当然也可以支持企业的智能设备的更新。这不应该完全由政府买单,而应通过低息或无息贷款,以投资入股,或为企业的数字化投资予以减税等措施来实现。市场规模的另一大杠杆是尽快确立工业互联网和智能制造的产业标准。产业标准指对一个行业发展具有普适性的顶层设计。尽快采用一致的产业标准,企业的投资才不会由于不符合标准而造成浪费。无论企业在产业链的哪个环节投资都不必担心市场的规模问题。统一产业标准下的投资必然带来市场的迅速扩大。智能制造离不开数据,在理想状态下数据采集标准最好是全产业通用。企业在统一的数据采集标准下实现设备的数据化,将很快通过竞争实现产业的相对集中,并通过集中带来的规模经济进一步扩大市场规模。

(五)发展完整的产业链,积极打造产业集群

中国工业制造服务业与发达国家相比有较大的差距,在落后的情况下迎接智能制造的挑战,建立强大的全产业链的智能制造服务业,成为成功的关键。在工业互联网行业中,中国的 IaaS 部门相对差距较小,阿里云居世界第三,腾讯云居世界第六。工业软件 SaaS 是中国工业互联网中最薄弱的部分。下一步的重点是大力发展工业软件和具有较快迭代能力、通用性较强又符合特定产业工业机理的 PaaS,即行业云计算平台。就工业互联网而言,网络安全是重中之重。帮助企业实现数字化、智能化的专业服务公司必不可少。展望未来,工业互联网与智能制造必将极大地改变未来生产过程的组织形式。智能设备租赁、智能设备支撑的 OEM 云工厂、产业链管理、客户关系管理、大数据市场消费性向调研、产品研发售后服务等都需要大力发展,如此方能有效支撑起智能制造。

(六)双向和多渠道培养复合型人才,加大工业互联网人力资本供给

培育智能制造人力资本最重要的任务是填补传统制造业与信息产业之间的知识断层。中国是"世界工厂",传统制造业有数量最多的产业种类和最完整的产业链。制造业的"静默知识"是工业互联网和智能制造的关键。然而,中国的制造业在多数领域中还处于产业链的中低端,数字化程度较低,其人力资本也停留于与产业链相应的水平上,缺乏足够的信息技术与技能。虽然中国的信息产业与世界一流的差距相比传统制造业方面的差距而言要小一些,但是,信息产业的人力资本基本没有受过传统制造业工业机理和生产过程方面的训练，这导致中国同时具备制造业工业机理知识和 IT 知识的复合型人才较少，这一点成为制约工业互联网发展的一大障碍。因此，填补知识鸿沟，培养符合信息化时代的制造业人才，是打造工业互联网的关键。人才培养可以依靠多种途径，如高校或者高职高专设置智能制造专业，通过本科辅修、远程教育、技能培训等方式加强传统制造业学生或人才的计算机能力，也可以鼓励 IT 人才进入制造业垂直行业，了解具体产业的工业机理，加快培养兼具智能制造和工业互联网信息技术的复合型人才。

问题缘起

从经验的层面讲，之所以关注工业互联网，是因为从产业链的视角看问题。观察美国数字经济发展过程，我得到的印象是，数字经济的产业链各环节是沿着互联网、大数据、云计算和人工智能的顺序发展的：有互联网才有数据，为处理大数据，才出现统计学与计算机科学相结合的数据科学。处理大数据虽然可以依靠超级计算机，但是大部分人并没有渠道使用超级计算机；在这种情形下，云就成了个人微机的替代物。把各种软件集中在云上，不仅能更有效地存储和分析数据，而且还开启了分布式计算和存储这一革命性的变化，大大增加了算力。这些环节加在一起从各方面为人工智能的发展打下了基础。

中美两国的数字经济长期以来都以面向消费者为主。中国的数字经济在极具中国特色和优势的电商、共享单车和手机支付等领域出现了蓬勃发展。然而，当进入物联网阶段后，与美国的数字经济侧重消费者的智能家居（smart home）不同，中国作为世界工厂显然在工业互联网方面有更大的发展余地。这正是德国的"工业4.0"计划对中国的影响不仅大于对美国的影响，甚至也大于对德国本土的影响的根本原因。正是受德国"工业4.0"计划的影响，中国政府于2015年出台了《中国制造2025》。

2018年，中国政府第一次提出要加强人工智能、工业互联网、物联网等新型基础设施建设。"新基建"的概念使工业互联网成为七大"新基建"项目之一。从那时开始，鼓励企业"上云"成为中国地方政府产业政策的重要内容之一。

然而，同年我在美国看到的一份材料中提及，中国的工业设备中，只有18%实现了数字化，而发达国家的平均水平一般为70%。这显然是中国工业互联网发展面临的一大瓶颈。我在调研时发现，当时的情况比预想的更不乐观。大部分企业根本没有钱来推动数字化设备的更新，在这种薄弱的数字化基础上，更多的管理者却更重视人工智能，而不是工业互联网。

补　记

2020年4月，国家发改委对"新基建"给出了官方的说法，它主要包括三类：第一类是信息基础设施，包括5G、物联网、工业互联网、卫星互联网的通信网络基础设施，以人工智能、云计算、区块链为代表的新技术基础设施，以数据中心和智能计算中心为代表的算力基础设施；第二类是融合基础设施，包括深度应用互联网、大数据、人工智能等技术，支撑传统基础设施转型升级，进而形成的融合基础设施，比如算力网、车联网和能源互联网等；第三类是创新基础设施，主要指支撑科研、技术研发、产品研制的具有公益属性的基础设施。2024年春，国家发改委关于"新质生产力"的官方解释指出："生产工具的科技属性强弱是辨别新质生产力于传统生产力的显著标志。新一代信息技术、先进制造技术、新材料技术等融合应用，孕育出一大批更智能、更高效、更低碳、更安全的新型生产工具……特别是工业互联网、工业软件等非实体形态生产工具的广泛利用，极大丰富了生产工具的表现形态，促进制造流程走向智能化，制造范式从规模生产转向规模定制，推动生产力跃上新台阶。"[1]

这篇文章发表后，最重要的后续发展莫过于华为成为中国工业互联网的领军者。当我们分析2018年前后的华为时，它刚刚转向云计算，华为云当时的规模还很小，在工业互联网领域并不突出。文中

---

[1] 发改委：《新质生产力的内涵特征和发展重点（深入学习贯彻习近平新时代中国特色社会主义思想）》，中华人民共和国国家发展和改革委员会网站，2024年3月1日。

指出，企业的商业模式是决定政府产业政策成效的重要影响因子。当时，华为一直限定自己的业务范围，避免与合作伙伴进行竞争。而特朗普发动的对华为的制裁彻底地改变了华为的商业模式。在被制裁前，企业服务和手机业务是华为主要的利润来源。被制裁后，这两者都受到重大影响，生存成为华为的主要考虑。在这种极端不利的外部环境中，为了生存下去，华为成立了多达20个军团。

全球领先的IT市场研究和咨询公司国际数据公司（IDC）在2023年年底接连发布的三份工业领域重磅报告显示，华为云夺得多项第一，成为行业的领跑者。在《IDC MarketScape：中国工业互联网平台（企业侧）2023年厂商评估》报告中，华为云名列"领导者"类，取得市场份额和平台能力两项第一。在《中国工业互联网平台企业侧——PaaS平台及应用解决方案市场份额，2022》中，华为的Fusion Plant工业互联网平台，继续名列整体市场份额和资源能源市场份额两项第一。在《中国工业云IaaS+PaaS市场份额，2022》报告中，华为云Stack又获得企业自建云市场和资源能源市场份额两项第一。华为云持续领跑工业互联网平台、工业云市场，聚焦工业智能、工业软件、工业大数据和产业生态的融合，为行业带来数字化转型的全新动能。由于华为长期服务企业用户，在硬件方面有非常强大的竞争优势，同时积累了丰富的数字化经验，它不仅能把自身的技术、方法和流程沉淀到其工业互联网的平台，向全行业开放，而且还通过自己的工业互联网架构，提供工业云边协同、工业数据采集、工业数据融合、工业智能中枢和工业应用开发五大核心能力。[1]这也正是华为

---

[1]《持续领跑，华为云斩获工业互联网平台、工业云市场四项第一》，华为云网站，2023年11月3日。

能在新能源汽车智能化的各个方面全面领先,并使得与它合作的赛力斯拥有最有竞争力的工厂,大大提高了生产效率的根本原因之一。

华为对工业互联网未来发展方向的定位是工业装备数字化、工业网络全连接、工业软件云化和工业数据价值化。它以工业软件为"大脑"——调度和优化设计、生产、供应、销售和服务等所有环节;以工业云底座为"心脏"——提供算力和存力,汇聚大量的工业软件,提供研发工业软件的根服务,实现经验、技术和基础设施即服务;以数字工业装备和工业边缘引擎为智能体的"四肢"——通过引入数字化技术,实现更高速度、更高精度、更高质量的制造;以先进工业网络为贯通全身的"神经"——通过5G、F5G等技术,提供全面泛在连接,满足移动性、确定性和大带宽的工业需求;以工业数据为无处不在、流动全身的"血液"——既在企业范围内全量采集、高效治理和科学利用,也要在跨企业、跨行业的更大范围去流通和共享,创造更大的价值;以端到端的安全为"免疫系统"——帮助工业企业经受数字化时代的严峻考验,为生产活动的安全性和连续性保驾护航。基于新四化的趋势判断,华为提出与合作伙伴共同构建工业智能体,加速数字化、智能化转型。[1]

---

[1]《持续领跑,华为云斩获工业互联网平台、工业云市场四项第一》,华为云网站,2023年11月3日。

10 产业政策如何打造竞争优势

杭州与深圳云计算产业的比较研究 *

数字经济已成为中国经济转型的动力,它占中国 GDP 比重从 2014 年的 26.1% 跃升至 2018 年的 34.8%。[1]数字经济的重要组成部分——云计算产业在中国发展迅猛,2018 年第一季度至 2019 年第一季度,云计算的基础设施即服务(Infrastructure as a service, IaaS)增长了 74%。中国成为仅次于美国的全球第二大云计算市场。2018 年全球云计算前十大公司中有四家来自中国,阿里巴巴排名第三,腾讯排名第六,中国电信排名第七,金山软件排名第十。在阿里巴巴和腾讯的带动下,杭州和深圳已成为中国云计算行业的两强城市。

虽然云计算在杭州和深圳都得到快速发展,但二者之间存在着显著差异。首先,深圳早在 2010 年就出台了支持云计算的产业政策,

---

* 本文基于 Gao Bai and Ru Yi, "Industrial Policy and Competitive Advantage: A Comparative Study of the Cloud Computing Industry in Hangzhou and Shenzhen", In Bert Hofman, Erik Baark and Jiwei Qian eds., *Innovation and China's Global Emergence*, National University of Singapore Press, 2021。感谢新加坡国立大学出版社授权使用。中文版由茹怡翻译,高柏校对,对原文进行了部分删减,原刊《文化纵横》2021 年第 4 期。需要说明的是,本文主体完成于 2019 年 9 月,而在贸易争端背景下本文涉及的企业云计算战略发生了较大变化。

[1] 新华社:《我国数字经济规模达 31.3 万亿元,占 GDP 比重达 34.8%》,中国政府网,2019 年 5 月 6 日。

而杭州直到2014年才开始行动。其次，尽管深圳云计算的产业政策比杭州出台要早，但它设定的目标却温和得多。相反，杭州最初对云计算的发展持谨慎态度，但从2014年起支持力度急剧加大。最后，深圳只是把云计算作为几个战略性产业之一，而杭州则把云计算产业作为发展战略的核心。就市场规模而言，杭州的云计算产业已经超越深圳。

产业政策在多大程度上可以解释中国云计算产业的发展？中国地方政府采取了哪些产业政策来发展数字经济？中国各级政府的产业政策与其他国家政府的产业政策有何不同？中国发展数字经济的产业政策对自身和国际经济的未来有何影响？

本篇聚焦阿里巴巴和腾讯，分析在杭州、深圳云计算产业发展过程中，产业政策对民营部门的影响。首先回顾产业政策的现有文献，并根据产业政策目标的不同，区分四种不同类型的政府。然后通过对新结构经济学和波特的竞争优势理论进行重要修正和重组，提出"打造竞争优势型政府"的理论。与"中国政府强势"的刻板印象相反，打造竞争优势型政府在数字经济中专注于加强要素供给、建设基础设施、降低交易成本、创造市场需求、打造产业集群和鼓励行业竞争。这类政府实践产业政策的主要目标是创造有利的结构和制度条件，为民营企业发展竞争优势赋能。它的确甄别前沿技术，但非常注意利用产业政策来吸引民间投资；它并不引领从0到1的突破，而是重点推动从1到100的产业化。打造竞争优势型政府的产业政策经常受民营企业创新的启发，同时也受民营企业在数字经济中主导地位的制约，其有效性往往取决于政府有效动员民营企业的能力。

政府与产业政策的分类

发展型政府以 20 世纪 50—70 年代经济高速增长的日本和韩国为代表。为通过鼓励出口获得更多贸易利益，两国政府瞄准本国企业尚未获得竞争优势的高附加值行业，在分配有限的资源时向这些行业倾斜；为培养本国企业的竞争力，它们设立各种关税和非关税贸易壁垒。[1] 日本的发展型政府鼓励寡头竞争，因为它认为同一行业中参与者过多将导致"过度竞争"，将分散国家有限的资源和限制国内企业规模的扩大。然而，没有竞争，国内企业永远也不会发展出在国际市场上的竞争力。日本的产业政策只关注战略产业，并不试图控制所有行业。[2]

保护社会型政府将政治稳定作为主要政策目标。这类政府的产业政策关注国内企业已经或即将失去比较优势的夕阳行业，[3] 其主要特征是限制竞争。为保护就业和延缓夕阳行业的衰落，日本和欧洲多国政府实施各种反竞争条例，一些国家甚至允许中小型企业在经济衰退期间组织卡特尔。[4] 在中国改革开始后对原有产业的管理模式

---

[1] Chalmers A. Johnson, *MITI and the Japanese Miracle: The Growth of Industrial Policy, 1925-1975*, Stanford University Press, 1982; Bai Gao, *Economic Ideology and Japanese Industrial Policy: Developmentalism from 1931 to 1965*, Cambridge University Press, 1997.

[2] Bai Gao, *Economic Ideology and Japanese Industrial Policy: Developmentalism from 1931 to 1965*, Cambridge University Press, 1997; Bai Gao, *Japan's Economic Dilemma: the Institutional Origins of Prosperity and Stagnation*, Cambridge University Press, 2001.

[3] Mark Tilton, *Restrained Trade: Cartels in Japan's Basic Materials Industries*, Cornell University Press, 1996; Robert Uriu, *Troubled Industries: Confronting Economic Change in Japan*, Cornell University Press, 1996.

[4] Bai Gao, *Japan's Economic Dilemma: the Institutional Origins of Prosperity and Stagnation*, Cambridge University Press, 2001; Mark Tilton, *Restrained Trade: Cartels in Japan's Basic Materials Industries*, Cornell University Press, 1996.

中，政府也经常实行反竞争政策，限制市场准入，并频繁进行行政干预。[1]

企业家型政府的代表是美国国防部的国防高级研究计划局（DARPA）。[2] 该类政府的产业政策旨在通过降低与研发相关的巨大投资风险来支持颠覆性技术领域的创新。与美国的技术创新由民营企业主导的传统形象相反，美国联邦政府"在风险投资缺位的情况下提供早期融资的同时，还委托私营部门开展高水平的创新活动，如果没有高瞻远瞩的公共政策目标，这些活动根本不会发生"。[3] 鼓励创新的常见做法还包括政府补贴和政府采购。一般而言，这种产业政策只针对前沿技术，美国政府通常不参与这些技术的商业化过程。

因势利导型政府的政策目标主要是促进经济增长。新结构经济学将中国经济特区的发展经验概念化，主张要素禀赋结构是一个经济体选择经济增长道路的最重要标准——一个经济体只有在投资符合其要素禀赋结构（通常以该经济体当下的资本-劳动力比率来衡量）的行业时，才能具有比较优势。根据这个理论，缺乏基础设施和高昂的交易成本往往是阻碍一个经济体将其要素禀赋转化为比较优势的主要障碍。如果单纯等待市场力量发挥作用，潜在的比较优势可能迟迟不能变成现实中的比较优势，政府必须主动消除这些较难通过企业自身解决的外部性障碍，"市场有效以政府有为为前提，政府有为以市

---

[1] 陈清泰：《中国产业政策地位之高前所未有 已成转型障碍》；吴敬琏：《产业政策抑制竞争 违反公平竞争原则》，均载新浪财经网，2016年11月27日。
[2] Mariana Mazzucato, *The Entrepreneurial State: Debunking Public vs. Private Sector Myths*, Public Affairs, 2015.
[3] Ibid.

场有效为依归"。[1]直到21世纪初，除了极少数例外，由于其背后的驱动力并不是发展特定产业，因势利导型政府的政策并不是严格意义上的产业政策，而是一种横向促进增长的政策。

打造竞争优势型政府的产业政策致力于通过提升要素质量和丰富要素类型来加强要素供给，建设基础设施以降低企业运营成本，改善制度环境以降低企业交易成本，扩大市场需求以提高规模经济，发展产业集群以深化分工和推进专业化，以及鼓励行业竞争以提高生产率和鼓励创新。[2]

这个六力模型在两方面对新结构经济学和波特的竞争优势理论使用的比较/竞争优势概念进行重要的修正和重组。首先，它以波特强调的高级生产要素代替新结构经济学强调的要素禀赋。波特把生产要素区分成初级和高级两种，前者指古典贸易理论强调的自然禀赋、劳动力和资本等，后者则指通过人类努力获得的要素，如高技术人才和大学。[3]新结构经济学以与发展阶段相适应的资本－劳动力比率作为逻辑起点，虽然它强调有为政府，但有为政府只应在现有资本－劳动力比率允许的范围内选择产业发展方向，即结构条件决定政府的选择。与此相反，笔者重点关注波特讨论的高级生产要素，强调在中国经济进入创新驱动阶段后政府在创造和提供高级生产要素方面的能动作用，即政府行为改变结构条件。其次，六力模型通过建立产业政策和竞争优势之间的因果关系，将政府直接引入波特竞争优势的分析框架。尽管波特承认政府与竞争优势菱形理论中的每个因素都相关，

---

[1] 林毅夫：《政府与市场的关系》，刊《国家行政学院学报》2013年第6期；林毅夫：《政府有为是市场有效的前提》，刊《凤凰周刊》2017年第12期。
[2] 见本书《从"世界工厂"到工业互联网强国》一文。
[3] 同上。

但他在将竞争优势概念化时并未将其四个方面与政府联系起来。与波特不同,我们强调政府产业政策对竞争优势的重要影响。

打造竞争优势型政府的政治经济学原理如下:在市场经济中,生产商和服务商相互竞争。一个经济体如果因为其产品和服务的竞争力而获得额外的外部需求,就会加速其资本积累,刺激新的投资,增加居民可支配收入,并改善政府税收和整个经济体的福祉,继而在政治层面增强政府的合法性。然而,产品和服务的竞争优势并不是凭空产生的,其发展受到各种结构和制度条件的影响。如果没有政府干预,竞争优势的六个方面仍然会在市场力量的推动下发展,但这需要更长的时间,并存在较强的不确定性。面对经济体之间的竞争压力,打造竞争优势型政府选择通过创造结构和制度条件,加速发展本国企业的竞争力。

数字经济中的"打造竞争优势型政府"

上世纪90年代以来最深刻的工业变革之一,是数据成为重要的要素禀赋。斯尔尼切克(Nick Srnicek)指出,"就像石油一样,数据也是一种需要提取、精炼和以各种方式使用的原材料。数据越多,利用这些数据的可能性就越多"。[1]数据具有深刻的经济意义:"它们训练算法并赋予算法以竞争优势;它们协调和外包工人,使生产过程更加优化和灵活;它们使低利润商品转变为高利润服务;数据分析本身

---

[1] Nick Srnicek, *Platform Capitalism*, Polity, 2017, p. 40.

就是数据的生成,循环往复。"[1]

重视基础设施使中国在国际数字竞争中具有特殊的优势。互联网、光纤、智能手机和卫星是保障数据生产最重要的基础设施,中国在这些领域都处于世界领先地位。截至2018年,光纤宽带占中国电信网络的82%,中国拥有6亿接口和2.6亿用户;4G用户占总人口的比例是全球平均水平的两倍多,中国有7.6亿手机用户,居世界首位;而中国、美国和俄罗斯是世界上仅有的三个拥有全球定位系统的国家。[2]此外,中国拥有202台超级计算机,占世界总量的43.8%,而美国拥有116台,占比23.2%。[3]

2010年,中国政府将杭州、深圳、北京、上海和无锡列为云计算试点城市。[4]阿里巴巴和腾讯,这两家中国最大的平台公司,分别成为杭州和深圳这两座城市发展云计算产业的主力。

作为领先的电子商务平台,阿里巴巴早在发展云计算之前就已经收集了大量数据。与亚马逊和京东同时买卖商品不同,阿里巴巴只为买卖双方的交易提供平台,这些平台严重依赖数字生态系统。阿里巴巴为其电子商务平台开发了两个不可或缺的基础设施:支付系统支付宝和物流系统菜鸟。这些基础设施使阿里巴巴的数据收集范围涵盖消费者金融和物流领域。菜鸟是一个物流信息平台,在这里,消费者直接面对物流服务提供商。因此,阿里巴巴的数据采集范围涉及整个

---

[1] 见本书《从"世界工厂"到工业互联网强国》一文。
[2] 王济武:《中美之争:人类第5次科技与产业革命的终极竞争》,"启迪控股"微信公众号,2018年8月31日。
[3] 中存储:《最新2019年6月超级计算机排名,Top500强中国219台,大幅领先》,中国存储网,2019年6月19日。
[4] 详见《国家发展改革委、工业和信息化部关于做好云计算服务创新发展试点示范工作的通知》(发改高技〔2010〕2480号)。

物流行业。

腾讯以提供即时通信工具起步。其早期的商业模式是通过门户网站为中国移动提供流量并分享利润。2005年与中国移动的合作结束后,腾讯采取了"在线生活"战略。[1] 2010年,腾讯90%的员工仍在从事产品和服务的PC版本工作,它复制行业内每一款成功的应用程序并将它们整合到一个一站式平台上,通过各种服务满足客户的需求。在2011年微信发布之前,腾讯就已经搭建了QQ、QQ空间、QQ游戏、腾讯网络等多个平台。腾讯为其平台开发了存储和共享功能,并为这些服务提供各种技术支持。[2]

在市场经济中,生产商和服务商相互竞争。当一个经济体由于其产品和服务的竞争力而获得额外的外部需求时,它将加速经济体的资本积累,刺激新的投资,增加居民可支配收入,并改善政府税收和整个经济体的福祉。这反过来在政治层面加强执政党的合法性。

然而,产品和服务的竞争力不是凭空产生的,其发展受到各种结构和制度条件的影响。如果没有政府干预,支撑竞争优势的六个方面可能仍然会在市场力量的推动下发展,但将需要更长的时间,并存在较强的不确定性。面对经济体之间的竞争压力,打造竞争优势型政府选择通过创造结构和制度条件,来增强经济体内企业的竞争力,与其他类型的政府(包括发展型政府、社会保障型政府、企业家型政府和因势利导型政府)相比干预得更多,但是其行动的边界在于帮助企业打造竞争优势,而并非取代企业直接控制市场竞争。

---

〔1〕见智报告:《复盘腾讯二十年》,"华尔街见闻"微信公众号,2019年3月2日。
〔2〕吴晓波:《腾讯传1998—2016:中国互联网公司进化论》,浙江大学出版社,2017年。

（一）加强要素供给

发展数字经济需要风险投资和高度专业化的人力资本。打造竞争优势型政府实施的产业政策注重利用政府投资基金吸引民间风险投资进入高科技产业，从而提高资本要素的供给。杭州为高新技术产业投融资需求提供了四种金融工具——投资引导基金、天使投资基金、担保贷款和融资周转资金，以支持中小型创新企业的不同融资需求。

投资引导基金对杭州新兴产业创业有重大帮助。截至2016年，投资引导基金旗下的合作创投项目达47个，总规模66亿元。合作创投累计已投资项目293个，投资金额33亿元，并带动社会资本联合投资23亿元。在已投项目中，2/3投向了本地企业，71%投向了初创企业。杭州政府还提供融资担保和短期流动资金贷款，为科技型中小企业降低贷款成本，缓解融资压力，维持企业续贷到款空档期间的资金周转。在融资担保方面，2007—2016年，杭州市累计为企业提供融资担保金额逾70亿元，累计担保企业近2000家次，为企业节约成本2亿元。杭州市的融资周转资金在2013—2016年设立的四年间，累计为800家次企业提供融资周转50亿元，其中95%以上为科技型中小企业，为企业直接节省融资成本逾2亿元。

深圳通过两个国资背景的投资机构——深圳创新投资集团和深圳投资控股公司——为高科技产业创新提供资金。2015年，深圳设立总规模为1000亿元的政府投资引导基金，由深创投作为基金管理人。深创投为一支基金提供至多30%的总投资资本，其余70%必须从市场筹集。政府产业政策成功的前提是被市场接受。政府30%的投资虽不足以支持创新，但这是政府向市场发出支持这笔投资的信号，经常有助于说服风险投资跟投。

截至2017年年底，深圳政府投资引导基金协议参股子基金达到

133只，子基金总规模3573.7亿元，政府提供763亿元并通过吸引社会资本，将基金总量放大近5倍。这些基金合计投资项目已达681个，投资金额428亿元，其中投资深圳项目的金额达177亿元，投资领域涵盖信息科技、生物科技、健康、新能源等，占深圳在这些领域全部投资项目数量的53%。为助力深圳战略产业与未来产业初创企业的早期融资，2018年深圳市政府设立了首期规模为50亿元的天使投资引导基金，由深投控和深创投共同管理，一般为一个项目提供总资本的40%。2018年11月，该基金与8家民间风险投资公司签署合同，在这些公司承诺的49亿元基础上再提供19.6亿元。虽然政府分担了与投资相关的风险，但只收回原来的投资额，并不分享利润。

人力资本是杭州、深圳政府着力提升的另一个要素禀赋。

杭州从2004年开始实行人力资本政策。[1]领英2017年的一项研究显示，在中国城市中，杭州的数字经济人才数量排名第四，占全国技能劳动者总数的3.4%，仅次于上海（16.6%）、北京（15.6%）和深圳（6.7%）。[2]截至2019年9月，杭州吸引了5.5万名各层次海外大学毕业生和3万名外国人。这些人才拥有41700项专利，创立了2754家公司。自2016年以来，杭州在人才流入、海外人才流入和互联网相关行业人才流入方面一直位居全国第一。

2008年广东省启动"腾笼换鸟"计划。同年，深圳首次出台吸引高新技术产业高级人才的政策。2011年，即出台云计算政策的同年，深圳宣布了著名的"孔雀计划"。截至2017年，深圳已成功吸引

---

[1] 详见《中共杭州市委、杭州市人民政府关于大力实施人才强市战略的决定》（市委〔2004〕13号）。
[2] 领英、清华经管学院互联网发展与治理研究中心：《中国经济的数字化转型：人才与就业》，Linkedin Economic Graph，2017年11月。

研究团队14个、海外人才4309人。从引进人才的行业分布看，人工智能占35.7%，大数据和物联网占28.6%，云计算占7.1%。深圳还注意吸引受过高等教育的年轻劳动力，仅2017年一年，深圳就吸引了17.4万名大学毕业生、18307名从学士到博士学位的海归，以及935名博士后。[1]

（二）建设基础设施

建设基础设施是打造竞争优势型政府产业政策的一大特色。数字经济的基础设施指支持物联网、大数据、云计算和人工智能发展的公共服务平台。

2016年，杭州开通了国内首个工业数据交易平台——钱塘大数据交易中心。该平台面向政府机构、工业企业和个人用户，发展高效、便利和开源的数据库，致力于大数据的收集、交易和服务。深圳则搭建了公共服务平台，涉及共性技术开发、质量认证、计量检测、数据挖掘、信息服务、共享设备、管理服务和熟练劳动力培训。2015年，深圳国家超级计算中心建立了深圳工业设计云服务平台。

向公众开放政府数据也是支撑云计算发展的基础设施，这些数据有助于企业改进技术。开放数据意味着企业可以通过云调度资源和清理数据，提高业务分析能力，增加应用程序价值，加强人工智能培训。2015年9月，浙江省政府宣布开放数据平台，其数据来自68个政府机构，涉及经济、环境和国家资源、城市发展、交通等8个主要领域。截至2018年，深圳已在交通、金融、文化与休闲、教育与科

---

[1] 深圳市人力资源和社会保障局：《2017年深圳市人力资源保障工作总结和2018年工作部署》，深圳市政府网，2018年4月28日。

学、自然资源等14个领域，向社会公开涉及42个政府机构的7900万个项目和1094个数据集。

（三）降低交易成本

数字经济的发展需要基础研究、研发、知识产权交易和产业化等各环节的紧密合作，而改善制度环境有助于降低不同参与者之间合作的交易成本。

浙江省注重保护知识产权。2011—2016年，浙江法院共受理知识产权案件7.6万件，占长三角地区案件总数的51.3%；其中专利案件8364件，占全国法院收案总数的1/6。2017年9月，经中国最高法院批准，杭州成立了知识产权法院。

深圳则注重鼓励学术机构与民营企业合作。深圳高等教育资源相对缺乏，研发能力一直集中在民营企业。为降低学术机构与民营企业合作的交易成本，当民营企业与大学或研究机构联合建设新实验室或升级旧实验室时，政府可提供高达总成本40%的补贴，金额可达每项500万元。[1] 2017—2018年间，深圳已建成物联网、人工智能、大数据等相关实验室、工程中心、技术中心近40个。

深圳政府还启动了一项名为"创新链＋产业链"的融合专项扶持计划。高新产业的发展需要双链融合，因为这些产业对前沿技术所需要的基础研究、共性技术研发和商业模式示范有强烈的需求。深圳通过鼓励协同创新，加强了"产学研"的联系。在该扶持计划下，每个项目年度资助金额不超过1500万元，支持年限一般不超过3年，资助总额不超过总投资的30%。

---

[1] 详见《深圳新一代信息技术产业振兴发展政策》（深府〔2011〕210号）。

（四）创造市场需求

规模对数字经济而言至关重要。规模越大，数据越多，云计算产业规模也越大。打造竞争优势型政府的一个重要作用是创造对云计算的需求。

杭州通过促进政府采购和鼓励企业向云计算转型来创造对云计算的需求。杭州要求下辖区（县）政府在智能交通、智能城管、智能治安、森林生态安全监测等方面向企业购买云计算服务。杭州2018年公布的一项三年计划敦促政府机构根据民营企业的行业特点，为它们转向基于云计算的IT基础设施提供指导。2017年，杭州推动超过41500家公司向云计算转型。

深圳一直专注于智慧城市计划，其核心是政务和城市管理数字化。深圳建立了全面的数据库和统一平台，为土木工程项目审批流程和地下管网管理提供所需的基础信息服务，还制定了数据收集标准，明确了数据库结构和内容要求，并规定了数据更新和共享的机制。公共管理数据的集中和数字化会带来对云计算的巨大需求。深圳推动政府IT系统从本地维护向云端转变，以及政府数据库从业务记录向业务分析转变。2011—2018年，深圳实行了175个数据数字化项目，涉及92个机构，耗资156亿元。

（五）打造产业集群

产业集群，即价值链的空间集聚，是极具中国特色的做法，是中国企业竞争力的重要基础。为推动云计算产业发展，杭州着力打造平台生态系统。与数字经济中的其他行业一样，云计算行业的特点是众多小企业形成各种生态系统。2013—2015年，杭州为强化电子商务平台与相关价值链投资3.13亿元，并为44个提供公共服务的平台投资 48 亿元。2013 年，杭州市与阿里巴巴合作创建云栖小镇，这是中国第一个云计算和大数据的产业集群。截至 2018 年，杭州已聚集云计算相关企业 645 家，年税收 10 亿元。

深圳填补产业链空白的主要策略是招聘高科技团队。2011—2017 年，深圳通过"孔雀计划"招募了机器人与智能信息技术、数据管理、芯片、3D 传感器、人机交互、机器视觉与机器学习、机器人、基于 5G 的物联网等领域的高级研究团队或初创团队。例如，云技术芯片制造商云芯一号提供全面的大数据产品和解决方案，拓展了云计算产业的价值链，带动了相关产业的发展，是广东省继华为、腾讯、中兴之后第四家获得工信部大数据认证的企业。

（六）鼓励行业竞争

在中国，政府机构或国有企业与民营企业之间的公平竞争一直是一个重大问题。杭州于 2017 年建立了公平竞争审查制度，要求政府机构或履行公共职能的组织采取的任何法规、行政命令或政策，在涉及市场准入、产业发展、外商直接投资、招标、政府采购、商业监管或行业标准时，都必须经过公平竞争审查。更重要的是，它把政府机构能否兑现这些承诺作为政府官员绩效评价体系的一部分。[1]

两座城市都采用了首轮投资资金分配或补贴的统一标准，只要符合政策扶持资质，即可获得资金资助。然而要获得后几轮融资或补贴，企业必须满足一套门槛更高的标准，这意味着企业必须在市场竞争中生存下来才能获得政府的进一步支持。

---

[1] 详见《杭州市人民政府关于在市场体系建设中建立公平竞争审查制度的实施意见》（杭政函〔2017〕133 号）。

打造竞争优势型政府的政治经济学

杭州和深圳成为中国云计算两强城市，离不开打造竞争优势型政府的产业政策。然而，单靠产业政策还无法完全解释二者之间的不同结果。2019年在云计算行业的基础设施即服务（Iaas）领域，阿里巴巴排名第一，占据45.5%的市场份额，遥遥领先于腾讯的10.3%。在平台即服务（PaaS）领域，阿里巴巴也位居第一，占中国市场的27.3%，而腾讯甚至没有出现在前五名。同样受到政府产业政策的支持，为什么产业发展的情况仍然不同？

要回答这一问题，我们需要考察打造竞争优势型政府面临的结构性约束。

首先，这类政府体现政企关系的权力分配，它通常出现在民营企业占主导地位的地方。其次，民营企业的选择偏好对这类政府产业政策的形成和执行效果至关重要，而企业的选择偏好则受其商业模式的直接影响。再次，虽然龙头民营企业不配合会影响打造竞争优势型政府产业政策的施策效果，但是产业政策带来的市场变化也经常使那些最初不愿参与的企业改变主意。

（一）政企关系中的权力分配

为什么打造竞争优势型政府出现在杭州和深圳？部分原因在于所有制结构体现的政企关系中的权力分配：民营企业在这两座城市占主导地位。深圳是经济特区，截至2000年年底，外资企业（含港澳台）的数量和产值占深圳全市工业总产值的近80%。2000—2017年间深圳发生的重大转变，是内资民营企业的数量从15%增加到近70%，这些企业的产出则增长到工业总值的50%以上。在深圳，国有企业的份额几乎可以忽略不计。

与历史上外资企业众多的深圳不同，内资民营企业在杭州一直占据主导地位。在 2000—2017 年间，杭州外资企业数量长期稳定在 17% 左右，其产值占工业总产值的 30% 左右。

自 20 世纪 80 年代初以来，深圳企业的生产活动完全受国际市场驱动，而杭州则受国内市场驱动。计划经济的遗产在这两座城市都很薄弱，这使得地方政府几乎不可能采取强硬措施实施产业政策，它们只能以一种与市场相适应的方法实践产业政策。

（二）民营部门的商业模式和选择偏好

为什么杭州在云计算方面领先于深圳？答案是，每个城市的产业政策都受到行业龙头企业选择偏好的严重影响，而后者往往与企业的商业模式紧密相关。

在 2010 年 3 月的一次 IT 峰会上，中国三大平台公司——百度、阿里巴巴和腾讯的创始人就云计算展开了一场著名的辩论：阿里巴巴 CEO 马云非常乐观，他预期云计算将成为未来信息技术的发展方向；腾讯 CEO 马化腾和百度 CEO 李彦宏则相对悲观。三家企业的领导人对云计算领域的认识，在很大程度上预示了他们的公司在今天云计算行业的地位。

当时阿里巴巴电子商务业务的快速增长面临着 IT 基础设施的瓶颈，而解决这一问题的急迫性直接推动了它对云计算技术的研发。在 2008 年之前，阿里巴巴的 IT 基础设施主要依赖 IOE，即 IBM 的服务器、甲骨文（Oracle）的数据库和易安信（EMC）的数据存储。当时，阿里巴巴的业务正以每年 30% 以上的速度增长，服务器每天几乎都满负荷运转。尤其是 2009 年启动的"双 11"销售给阿里巴巴的网站带来巨大的挑战，每秒涌入的大量订单极易导致系统崩溃。

阿里巴巴在 2008 年即开始发展云计算，但阿里云的发展过程相当坎坷。在三年多时间里，云计算在集团内部并不受欢迎，各个业务部门都不愿意试用，80% 的研发团队成员由于对项目失去信心而辞职。尽管如此，马云仍坚定支持阿里云项目，宣布未来十年每年将投资 10 亿元人民币开发阿里云。

腾讯的云计算之旅是由偶然事件触发的。2010 年，奇虎 360 对腾讯发起诉讼。尽管腾讯胜诉，但其复制软件的行为却使得腾讯在公众舆论中的形象趋于负面。同年，腾讯发布微信。2012 年，中国互联网产业发生深刻变化，智能手机用户数量超过 PC 用户数量。微信普及度的进一步提升标志着以社交媒体为主导的新时代的开始。随着数字经济变得日益复杂，封闭式独立开发变得愈发困难。在竞争压力下，腾讯被迫对外开放，允许第三方公司使用自己的平台。当然，腾讯仍然通过提供通往用户的入口和基础设施服务，从这些合作企业的利润中分一杯羹。

虽然对云计算的不同看法和商业模式使阿里巴巴拥有先发优势，并决定了杭州在行业中的地位，但是疑问仍然存在：为什么深圳比杭州早几年就采取支持云计算的产业政策，在后续发展中却落后了？为什么深圳对中央政府的产业政策反应迅速，却只为云计算产业发展设定相对温和的目标？

（三）结构条件约束与政府的能动性

答案是，企业行为经常影响产业政策，产业政策的有效性往往取决于民营企业是否愿意遵循政府的指导。

2010 年，中央政府将杭州确定为云计算的五个试点城市之一时，杭州市政府向阿里巴巴提供了 4.5 亿元的支持，阿里巴巴则决定投资 30 亿元。从 2011 年开始，浙江省政府为阿里云的发展提供了一些支持，但直到 2014 年，杭州市政府基本上持观望态度。即使到了 2014 年年中，杭州的发展方向仍不明朗。在此之前，杭州经济主要依靠低技术、高能耗、廉价劳动力的传统商业模式和中小企业。这一发展战略在 2012 年遇到瓶颈：杭州结束了连续 21 年两位数的经济增长，仅取得 9% 的增长，2013 年进一步降至 8%。虽然杭州是中国云计算五个试点城市之一，并被中央政府明确指定为全国电子商务中心，但彼时杭州尚未将这些新兴产业视为自身经济发展战略的核心。

阿里云 CEO 王坚的建议改变了杭州官员的想法。在一次政府官员就促进经济增长的新兴产业征求意见的会议上，王坚提出，以大数据、云计算、物联网、移动互联网和智能制造为代表的数字经济是杭州经济未来的发展方向。2011 年"双 11"期间，阿里云首次测试即实现了同时承接 100 万个订单。到 2013 年的"双 11"，阿里云已经实现同时联网 5000 台服务器，承担了当天 350 亿元订单中 80% 的交易。此后，杭州市政府迅速提出一个雄心勃勃的综合规划：把通过建设六大中心发展数字经济作为杭州的"一号工程"。自 2014 年起，杭州将资源向数字经济集中；大幅重组政府内部分工，在经济和信息化委员会内成立中国地方政府首个云计算和大数据局；制定两个电子商务三年发展规划（2013—2015 年和 2015—2017 年）；2018 年又宣布人工智能将是云计算未来产业升级的中心。

深圳对中央政府的政策反应迅速，在 2010 年被指定为云计算试点城市仅一周后，就公布了相关政策。2011 年，深圳进一步提出了云计算专项政策，包含支持该行业发展的各种具体措施。然而，深圳设定的目标相当温和：只是建设"华南云计算中心"。[1]缺乏雄心壮志的部分原因是，一旦地方政府设定过高的目标，中央政府就可能根据这个目标评估绩效，然而本地的主要企业腾讯和华为当时对发展云计算并不热情。

人们可能会认为，既然腾讯是中国最大的平台公司，通过腾讯云运营的第三方公司可以同时访问其所有平台，腾讯云应该很快就会超越阿里云。然而，即使在启动云计算计划后，直到2017年，腾讯对云计算的态度一直不够认真。云计算只是腾讯社交网络事业群下属的子团队，在既没有外部客户使用，也没有内部业务部门支持的状态中苦苦挣扎。腾讯曾经是一家to-C公司，它缺乏to-B业务的基因。转机出现在2018年。这一年，腾讯云在一次重大事故中丢失了客户数据，云功能也一度中断。在2018财年第四季度利润下滑35%之后，腾讯终于开始认真对待云计算，将腾讯云升级为云与智慧产业事业群。[2]

深圳的另一家云计算主力华为也遇到过类似情况。华为在2010年就启动了云计算计划，但它的姿态是只"公布计划，但不努力"。因为与其他互联网平台公司不同，发展云计算有可能直接损害华为的利益。根据华为内部的计算，当客户在华为的服务器上进行计算时，华为获得的利润将比客户在华为云上进行相同计算时的利润大5倍。直到2016年，在阿里巴巴和腾讯抢走中国云计算市场近60%的份额

---

[1] 详见《深圳市人民政府关于印发优化产业结构加快工业经济发展方式转变的若干意见》（深府〔2010〕158号）和《深圳市人民政府关于印发深圳新一代信息技术产业振兴发展政策的通知》（深府〔2011〕210号）。
[2] 牛耕：《中国云计算十年逆袭：马化腾的救命稻草，任正非的"下个荣耀"》，"财经天下周刊"微信公众号，2019年10月1日。

后,华为才最终做出了赶超竞争对手的决定。[1]

深圳的云计算产业政策在结构上受到这一领域两家龙头企业的制约。当民营企业对发展云计算不热情时,政府官员也无能为力。与此同时,深圳市政府并不担心自己的经济发展:第一,深圳有许多大公司,腾讯只是其中的一家;第二,云计算只是深圳几个重要产业中的一个,华为虽然没有积极发展云计算,但其硬件业务仍可为深圳带来大量税收。

结　论

本研究显示,杭州和深圳的打造竞争优势型政府实施的产业政策,充分借鉴了其他类型的政府产业政策的手段。与发展型政府相比,它同样进行产业甄别并鼓励出口,但它对外资的流入更加开放,并使用更多的政策工具支持民营企业。杭州和深圳支持云计算产业发展的投融资机制超越了传统的政府补贴,以政府投资引导基金带动民间风险投资。在分担前沿技术的投资风险并通过政府采购创造市场需求方面,打造竞争优势型政府更接近美国式的企业家型政府,并与保护社会型政府形成鲜明对比,因为它鼓励行业竞争,对那些在数字经济竞争中表现不佳的企业并不留情。打造竞争优势型政府也采取了一些因势利导型政府的做法,如建设基础设施和降低交易成本,但它绝不仅仅满足于打造一个有效市场,而是要打造本地企业在任何市场中

---

[1] 牛耕:《中国云计算十年逆袭:马化腾的救命稻草,任正非的"下个荣耀"》,"财经天下周刊"微信公众号,2019年10月1日。

的竞争优势。更重要的是，打造竞争优势型政府通过鼓励风险投资和在全球范围内招揽科技人才，积极加强高级生产要素的供给，从根本上超越了因势利导型政府只是根据资本－劳动力比率选择行业的做法。

在分析中国整体时，打造竞争优势型政府能否作为一个统一的解释变量尚无定论；甚至在分析中国各地情况时，它也未必普遍适用，因为中央政府各部门之间以及地方政府之间在实践产业政策时存在很大差异。然而，上述六个着力点在中国经济中最具竞争力的产业和最有活力的城市却是明显可见的。与把经济发展的命运留给市场决定的政府不同，打造竞争优势型政府积极地干预经济，在宏观和中观层面创造有利的制度和结构条件，使企业通过企业家精神和市场战略提高自身竞争力。尽管如此，它并非由政府挑选赢家，也不是让政府取代民营部门，其产业政策实践仍然充分体现着中国改革开放以来的市场导向和民营经济扮演的重要角色。

问题缘起

写作这篇文章是受新加坡国立大学东亚研究所的邀请,参加其于 2019 年 2 月举办的关于中国创新的国际研讨会。文章原为会议文集 *Innovation and China's Global Emergency* 中的一章,以中文发表时做了缩写。

当时已经有许多媒体都在关注阿里云。我对阿里巴巴在王坚的高瞻远瞩和马云的鼎力支持下,在国内第一个发展云计算并成为中国云计算产业的领军者这一过程留下深刻印象。我一直感叹,中国的高新技术产业终于开始向谷歌代表的模式发展了。在美国的高科技公司中,谷歌开启了一个新模式,即利用在本行业的强大竞争力赚取巨额利润,然后进行业务扩展,跨领域大笔投资各种相关的下一代高新技术。就云计算而言,与本业关联性的大小直接决定了在云计算方面的投入力度。亚马逊因为必须要有强大的算力和软件去处理海量的数据,一直坚决发展云计算并持续名列第一。微软虽然走过一段执着于个人电脑的弯路,但最终还是意识到其原有的本业在云的加持下仍然可以盈利,开始发力云计算并依靠其海量的企业和个人用户量成为第二。谷歌虽然有海量的数据并大力投入人工智能的研发,但是在云计算公有云方面的排名一度不如阿里巴巴。阿里巴巴是中国最先向谷歌模式学习,在电商领域取得成绩后向其他各个领域拓展的新型高科技企业;达摩院成立之后,一度气势如虹,在短时间内聚集了许多领域的一流专家并开始产生一些成果。

从研究日本开始,我认识到比较优势的视角在分析国际贸易和经济发展战略时的缺陷，因此一直想如何从新的视角将比较优势无法解释的国际贸易和经济发展的经验概念化。在很长一段时间里，我只注意到改革开放以来中国的经济发展模式与日本有很大区别，也意识到这与两国形成自己独特模式的时点和处于全球化不同阶段紧密关联。自从2004年以来中国政府由过去的强调出口转向注重自主创新，中国才开始有真正意义上与日本发展型政府相似的产业政策，但是二者之间的区别是什么？中国与日本相比，真正以发展具体产业为目标的产业政策在哪些方面反映了中国所处的全球化新阶段的特征？这篇文章代表一个初步的尝试。它首先对现有文献中各种历史上存在的政府类型和与其相对的产业政策类型进行分类，在此基础上初步提出"产业政策 – 竞争优势"六力模型的各个侧面。我之所以用六力模型来概念化中国政府的产业政策，是试图把握2004年以来一些由部分地方政府实践的产业政策与经典文献中讨论的产业政策的不同之处。从理论的层面讲，它是把新结构经济学重视的基础设施建设、新制度经济学重视的交易成本和迈克尔·波特的竞争棱形理论结合起来的一个分析框架。总体而言，这种产业政策代表在中国经济经历从传统制造业向高新技术产业急剧转型的过程中涌现出来的一种全新的政府与市场关系的模式。它与日本重视保护本土市场、靠外汇配额、各种规制和政府官员的所谓"窗口指导"的产业政策相比，已有很大不同。这是因为这种具有中国特色的模式出现在全球化的快速上升期和以开放经济为主导的国际环境中，其产生的历史条件与日本全然不同。

补 记

后续的发展又一次印证文章所强调的观点，即企业的商业模式对政府产业政策的落地效果有重要的影响。当二者不一致时，产业政策效果不佳。当二者一致时，产业政策效果倍增。华为这几年在云计算、工业互联网，以及智能汽车几方面的发展都充分地证明了这一点。在2010年中央政府开始鼓励云计算产业的发展时，华为并不积极，直到2016年才开始认真投入云计算。等到被美国制裁后，华为的手机和通信设备的收入受到严重影响。为了生存，华为展开跨行业、涵盖全产业链的战略突围，不仅涉及各种终端，例如手机、平板电脑和可穿戴设备，而且还涉及操作系统、工业软件、存储和通信等硬件。数字经济的产业链始于互联网，然后才有大数据、云计算，最终到达人工智能。在这个突围的过程中，华为把工业互联网作为突破口，先后成立了20个产业军团，帮助各行业的企业实现数字化。工业互联网依赖的是云计算和通信设备，后者一直是华为的强项；而前者不仅对华为，而且对整个中国而言，与美国相比仍然是弱项，尽管远远超过其他发达国家。目前华为手机的回归与智能驾驶的迅速发展还只是一个个人消费者很容易见到的开始，华为云的实力，特别在其人工智能、工业软件和信息通信硬件的加持下，将会在很多工业领域中引领潮流。据目前的报道，华为的盘古大模型已经被应用于气象预报、汽车、矿山等领域。

从后续发展来看，就文章中分析的三家云计算企业，即阿里巴巴、腾讯和华为而言，我们当时有两点没能认识到。第一，华为自从2010年设立云计算项目后一直用力不多，除了商业模式的原因，还有经营策略的原因,即华为一直严格限定自己的业务边界,不做云计算的运营商,避免与合作伙伴发生竞争关系。第二,华为在2016年开始重视云计算,也不仅仅是由于阿里云和腾讯云攻城略地,还有更为深刻的技术原因。在这前后,云计算正在从1.0阶段进入2.0阶段。在1.0阶段,云计算是一种生产工具,其应用能够帮助企业提高生产效率,降低生产成本。在2.0阶段,云计算正在变成一种应用生态。随着物理世界和企业的数字化,人工智能即服务,云计算的边界得到前所未有的扩张,云计算的发展成为催生自动驾驶和智能制造等颠覆性技术变革的重要基础。这样一场技术革命对一直生产硬件的华为来说可能是一次降维打击。正因为如此,任正非在2020年年底指出,华为必须在内部的IT领域优先选择以云方式为客户提供IT基础平台服务,而且在外部也要让客户优先选择华为云服务。这包括三个方面。首先,当客户有算力和分布式存储(不含企业存储)的需求时,要引导它们优先使用华为的云服务,包括服务器、分布式存储、虚拟化、私有云等各个方面。其次,混合云要以云服务的商业模式优先。最后,行业解决方案的底座要以华为云优先。华为提出云计算为"黑土地"的概念,视华为云为自家硬件和软件融合的重要支点。这一战略转变对后来的鸿蒙生态和智能驾驶有根本性的影响。[1]由于人工智能的迅猛发展,云计算将变得日益重要,华为宣布将为人工智能打造算力底座正是基于这种认识。

阿里云在当年阿里巴巴创业"18罗汉"之一的吴泳铭接手后,鲜明地提出"公有云优先"的战略方向。目前,公有云在中国云计算市场的占比只有28%,而美国公有云的市场占有率则是60%。随着人

---

[1] 王古锋:《四年云战争,华为打出了什么结果?》,"连线Insight"微信公众号,2021年1月10日。

工智能技术的应用，美国"软件即服务"（SaaS）的科技企业的创新速度与过去相比正在大幅度加速。由此可以推断，未来人工智能的创新应用，也一定是在云上诞生。这时公有云的效率就成为一个优势。目前大量中国企业自建云，依靠托管的互联网数据中心的平均资源使用率只有5%，而公有云的集中式数据中心的资源使用率可以达到25%—40%。公有云对人工智能时代在算力方面的竞争而言非常重要。当前，中国大量的人工智能大模型训练都是在阿里巴巴的公有云上完成的，公有云提供的各种服务使一些不拥有庞大算力的创业者也具有了快速赶超美国大模型的可能性。〔1〕

阿里巴巴云计算2024年的降价举措也有深刻的战略含义。它在2024年2月底决定其100多项云计算产品——涉及500多个产品规格，涵盖计算、存储和数据库等所有核心产品——的官网售价平均降低20%，最高降幅55%。降价后，阿里云的核心产品价格成为全网最低。阿里云的降价被视为中国云计算路线之争中的重大战略行动，意义深远。其背景是人工智能时代的竞争对算力的要求。

另外一个与云计算高度相关的是"东数西算"网络的建设。据欧洲的一项研究报告预测，到2027年，全世界的人工智能耗费的电力将达到85—134太瓦时（1太瓦时=10亿千瓦时，1千瓦时=1度电），将等于目前阿根廷、荷兰和瑞典一年的用电量。实际上在2022年，全世界的数据中心就已经耗费全世界发电量的1%—1.3%，比特币的挖矿机耗费另外的0.4%。〔2〕2022年2月，中国政府发文，批准

---

〔1〕张广凯：《阿里云在打一场关于社会效率的价格战》，观察者网，2024年2月29日。
〔2〕Belger Erdenesanaa, "A. I. Could Soon Need as Much Electricity as an Entire Country", The New York Times website, Oct. 10, 2023.

在京津冀、长三角、粤港澳大湾区、成渝、内蒙古、贵州、甘肃、宁夏8个地区启动建设国家算力枢纽，并设立10个国家数据中心集群，正式启动"东数西算"工程，构建全国一体化大数据中心协同创新体系。"东数西算"作为一个国家级算力资源跨域调配战略工程，针对我国东西部算力资源分布的不平衡局面，旨在引导中西部利用能源优势建设算力基础设施，服务东部沿海等算力紧缺区域，缓解我国东西部算力资源供需不均衡的现状。[1]

"东数西算"在跨云调度不同云厂商和云形态时的多方协调是对云计算行业的一大挑战。单一的云环境既无力满足数据量迅速增加带来的算力要求，也无法满足用户对计算资源多样化的需求，这就需要在跨云环境下调度计算资源。然而，当算力资源属于不同的提供商时，不仅需要打通对接多个服务管理平台的接口，而且需要对不同算力资源的安全性进行认证和保障。不同云形态之间的资源调度既很难对结构上有明显差异的算力资源进行统一的分配、调度和部署，也难以在不同云环境之间的网络隔离，无法敏捷快速响应跨云组网和在不同云服务商之间部署工作流的请求。目前，云计算产业内的企业和第三方服务商开始建设大型多云管理平台，以此屏蔽底层异构资源之间的差异性，实现跨云资源的无缝对接。许多多云管理技术架构能够支持多种云资源池的接入，实现了对多云资源的统一接纳管理、认证和监控，为客户提供无服务器模式的业务访问能力，使他们无须关注底层资源的调度、分配，而把主要关注点放在业务流程的开发上。[2]

---

[1] 单志广、何宝宏、张云泉：《东数西算下新型算力基础设施发展白皮书（2022年）》，数字菁英网，2023年4月10日。
[2] 同上。

11 中国电动汽车崛起的秘密*

2023年，中国电动汽车在世界上掀起一阵旋风。上半年中国电动汽车的销售量占世界销售总量的64.3%，在销售量前20名的车型里，中国品牌占12位。[1]汽车产业一直是世界经济强国的标配，也是主要发达国家工业能力的综合体现。中国汽车不仅在2023年上半年超越日本，首次拿下出口的世界第一，而且还在积极对外投资设厂，成为国际汽车产业中的主要玩家。为什么中国政府2001年将电动汽车立为"863计划"重大专项后，它在短短的20余年里就走到世界的前沿，把发达国家一众著名燃油车企甩在身后？答案是中国政府的产业政策。继高铁、特高压和光伏风电产业之后，电动汽车已经成为中国政府产业政策取得显著效果的新领域。

产业政策正在成为后全球化时代的显学。美国国家安全顾问杰克·沙利文（Jake Sullivan）2023年4月27日发表重要演讲，公开推翻强调"过于简单化的市场效率"的新自由主义教义，呼吁采取以产业选择和国家补贴为特征的产业政策，以应对美国面临的"根本性挑

---

* 本文原刊《文化纵横》2023年第6期。
〔1〕万莹：《上半年全球新能源车市三大关键词：涨、卷、变》，中国汽车报网，2023年8月17日。

战"。在全球化时代，美国在意识形态上曾经强烈地排斥产业政策。如今沙利文对产业政策的热情拥抱标志着一个新国际经济秩序的开始。沙利文将他对产业政策的倡导部分归因于中国，认为中国一直在依靠产业政策应对"百年未有之大变局"。[1]电动汽车恰恰是其中一个重点。

本篇以产业政策－竞争优势六力模型来解释中国电动汽车产业的迅速崛起，[2]认为中国各级政府为发展电动汽车一直在大力增强要素供给、建设基础设施、降低交易成本、扩大市场规模、打造产业集群和鼓励行业竞争，帮助自主品牌打造出其他国家无法企及的竞争优势。

电动汽车产业与产业政策－竞争优势六力模型

产业政策－竞争优势六力模型强调，一个经济体内部的要素禀赋、基础设施、交易成本、市场规模、产业集群和行业竞争状况，直接影响其企业与其他经济体的企业在市场竞争时的竞争优势；因此，产业政策应以打造这六个结构制度条件为主要内容。

社会科学界一直存在一个分歧：到底是结构因素还是能动因素决定人的行为？六力模型强调人的能动性。它指出，一个积极打造企业竞争优势的政府，在看到目前尚不存在但有重大战略意义的产业前景时，会使用各种产业政策从上述六个方面打造本土企业在这个产业

---

[1] "Remarks by National Security Advisor Jake Sullivan on Renewing American Economic Leadership at the Brookings Institution", The White House, Apr. 27, 2023.
[2] 关于六力模型，见本书《从"世界工厂"到工业互联网强国》《产业政策如何打造竞争优势》两文。

的竞争优势。

首先，六力模型重视驱动产业政策的能动因素而不是结构因素。这一点有充分的史实依据。虽然要素禀赋对产业选择有影响，但是用人均 GDP 和劳动力/资本比率测量要素禀赋，并以此预测产业选择，则完全无法解释东亚发展主义。日本通产省早在 1957 年就认定电子工业将是引领新工业革命的战略产业，并出台著名的《电子产业振兴临时措置法》支持其发展。然而，按目前美元价格计算，1960 年日本的人均 GDP 只有 475 美元（世界排名 29），不及美国（3007 美元）的 1/6，甚至低于许多南美国家。韩国在 1973 年决定大力发展钢铁、造船、石油化工、汽车制造和电子工业时，其人均 GDP 只有 407 美元（世界排名 77），远远少于美国的 6726 美元、德国的 5047 美元和日本的 3975 美元。同样，当中国在 1994 年出台第一份汽车产业政策时，人均 GDP 只有 473 美元（世界排名 138），远远少于美国的 27695 美元、日本的 39934 美元和德国的 27077 美元。如果按照人均 GDP 或劳动力/资本比率推测，中国在 90 年代根本就不应该发展汽车产业；即使在 2022 年人均 GDP 达到 12720 美元，中国的世界排名也才是 67，并非一定能在电动汽车领域把德国和日本抛在后面。[1]

其次，六力模型认为，产业政策的目标从来就不是打造有效市场，而是要打造本经济体内企业的竞争优势。产业政策体现的是一个民族国家实现工业化或发展战略性产业的意志，而不是对普世市场原则的皈依。为打造竞争优势，各国政府经常限制市场力量。李斯特（Friedrich List）早在 19 世纪就指出，如果盲目信奉市场原则，处于幼稚产业中的本国企业会轻易地被外国公司击垮。如果产业政策的目

---

[1] 以上数据均来自 World Bank。

的是打造有效市场，欧盟就不会对中国的电动汽车进行反补贴调查，美国也不会规定只有在美国本土生产的电池和电动汽车才能拿到政府补贴。打造竞争优势的政府也不会选择"冠军企业"，而是根据需要鼓励竞争：当国有车企不积极发展电动汽车，就将市场向民营企业开放，让造车新势力与它们竞争；当本国企业不争气忙于"骗补"，就积极引进特斯拉做"鲶鱼"。

最后，六力模型认为，单纯注重以廉价劳动力为基础的比较优势的分析框架，只适用于2004年之前的中国。在那个阶段，只要政府通过建设基础设施降低企业运营成本，使廉价劳动力与国际资本接轨，中国就可以通过出口带动经济增长。当中国在2004年提出"自主创新"，开始发展资本和技术密集型产业后，组织生产变得更为复杂，只靠建设基础设施已经远远不够。特别是2018年美国打响对华"科技争端"后，高级要素禀赋、市场规模、产业集群和行业竞争对中国高新技术产业发展的作用更为明显。

增强要素禀赋

比较政治经济学文献对美国与德国创新体系的比较显示，虽然美国与德国在人均GDP和劳动力/资本比率方面很接近，但两国的资本和人力资本类型的区别才是导致两国选择不同产业的重要原因。

德国企业融资主要依赖银行，而不是金融市场，风险投资发展有限。德国人力资本缺少流动性，雇员们基本上在一家企业度过几乎全部的职业生涯，鲜有工程师和高级技工在企业之间频繁流动。德国企业更偏好渐进式创新，即系统地将特定技术发展成适合各种市场的高质量产品。因此，在机床、汽车、发动机、材料加工这些涉及复杂制作过程、长期售后服务以及紧密客户关系的产业，德国企业表现优异，但在生物技术、通信和信息产业等变化节奏快、金融风险高的颠覆式创新技术领域，它们却很不适应。[1] 日本的情况基本上大同小异。

美国企业融资主要依赖资本市场，为颠覆性技术融资的风险投资非常发达，股权决定企业治理和对企业的控制。在非规制化的美国劳动力市场，大多数企业只提供有限的雇用合同，不仅雇员跳槽司空见惯，猎头们也在高科技产业集群十分活跃。美国企业的专利向高风险、高回报的生物技术和信息通信技术等高新科技产业严重倾斜。[2] 在强大的风险投资的支持下，美国创新从20世纪80年代起的一大特点是永远由新的企业组织，而不是由老巨头发展新技术，新的初创企业经常开创一片新天地：从雅虎到谷歌，从亚马逊、脸书、推特到Open AI。

在过去20多年里，由于大量"海归"从美国进入中国的信息通信产业，大量美国风险投资积极参与了中国信息通信产业的发展过程，中国自身也发展出强大的信息通信和风险投资产业。虽然中美之间在人均GDP或劳动力/资本比率方面的差距悬殊，但是两国在这两个产业的资本与人力资本类型却十分相似。正因为如此，中国也呈现出新初创企业带来新技术或新商业模式的鲜明特征：从阿里巴巴、腾讯、百度和美团，到拼多多、京东、字节跳动、大疆和小米。

---

[1] Steven Casper, Mark Lehrer, and David Soskice, "Can High-Technology Industries Prosper in Germany? Institutional Frameworks and the Evolution of the German Software and Biotechnology Industries", In Bob Hancke, ed., *Debating Varieties of Capitalism: A Reader*, Oxford University Press, 2009, pp. 200-220.
[2] Ibid.

中国政府通过两个途径为发展新能源汽车产业增强要素禀赋：一是产业政策本身，二是鼓励地方政府建立政府引导基金。

2014年7月国务院发布《关于加快新能源汽车推广应用的指导意见》，提出制定新能源汽车企业准入政策，支持社会资本和具有技术创新能力的企业参与新能源汽车科研生产。向民营企业开放电动汽车市场这一政策转变引导大批风险投资进入这个行业，带来了一众造车新势力的诞生。在产业政策的带动下，积极行动的第一类资金来自独立风险投资（IVC）和私募基金（PE），其中既包括红杉、高瓴、IDC等美国投资机构，也包括大量中国本土的风投公司。第二类资金来自企业风险投资（CVC），其中不仅包括北汽、上汽和广汽这种国有整车大厂，更包括信息通信企业。有评论指出，百度、阿里巴巴、腾讯和美团对蔚来、小鹏、理想和威马的投资力度，连老牌私募基金和风险投资都自叹不如。[1]中国造车新势力的资金来源与特斯拉初创时十分相似：后者的早期资金来自一众风险投资，而互联网大佬马斯克之所以当上特斯拉CEO是因为他带来了大笔投资。

在发展政府引导资金方面，发改委、财政部和商务部2008年发布的《关于创业投资引导基金规范设立与运作的指导意见》催生了一大批地方政府引导基金，许多成为造车新势力的投资方。2011—2016年，每年新增的政府引导基金数量由49只暴增到493只，认缴规模由416.14亿元暴增到17885.68亿元。即使这一热潮2017年后开始回落，2019年仍然新增127只引导基金与7102亿元的认缴金额。[2]

---

[1] 鲍有斌：《高瓴错失30倍股，美团和阿里、腾讯笑了！烧掉2000亿后，这个板块暴涨……》，证券时报网，2020年11月13日。
[2] 倪华：《从安徽新兴产业集群的崛起，解析"合肥创投"模式成功的原因》，东方财富网，2022年9月25日。

地方政府引导基金还经常与其他措施配套。上海市政府为吸引特斯拉，不仅以 1/10 的市场价格向其出售了 1297.32 亩土地，而且连买地的钱也是上海市借给它的。此外，上海市还以 3.9% 的利率为特斯拉提供了 185 亿元人民币贷款，并为本地特斯拉车主提供一年的免费充电，特斯拉生产的车还可以免征购置税并获得国家补贴。[1]

2004 年，合肥成为中国第一个国家科技创新型试点城市。2007 年，合肥专门出台《合肥市风险投资损失补偿暂行办法》，对投资高新技术企业的风险投资发生损失的部分，财政给予 30% 的补偿。[2] 合肥建投集团专门负责引领战略新兴产业投资的重任，在投资新能源汽车之前，就已经以投资京东方出名，还投资过晶合、维信诺、颀中封测等半导体产业。2020 年，合肥以投资 70 亿换得蔚来中国总部入驻。[3]

中国发达的信息通信产业也为电动汽车产业提供了大量人力资本。互联网经常被视为在信息革命时代改变其他产业的基本工具。不仅互联网企业在各个产业攻城略地，互联网产业的人力资本也经常打入其他行业的领地创业。以阿里巴巴为例，淘宝和天猫、蚂蚁、菜鸟在零售、金融、物流等行业，都掀起了外来户迅速彻底改变原有行业游戏规则的革命。与美国的互联网大佬马斯克造车同理，生产手机电池出身的王传福、在阿里巴巴做 IT 的何小鹏、做网站出身的李斌和李想、在华为负责手机业务的余承东，以及做软件和手机出身的雷军，是中国信息通信产业人才闯入新能源汽车行业打天下的代表。在

---

[1]《特斯拉与上海的对赌协议，现在怎么样了？》，财文馆网易号，2023 年 3 月 9 日。
[2]《安徽省合肥市开始实施风险投资损失财政补偿制度》，新华社，2007 年 6 月 20 日。
[3] 倪华：《从安徽新兴产业集群的崛起，解析"合肥创投"模式成功的原因》，东方财富网，2022 年 9 月 25 日。

德国和日本的汽车行业很难看到类似现象。

中国的案例证明，真正助力中国电动汽车赶超德日的，不是人均GDP与劳动力/资本比率所代表的资本数量，而是资本类型。属于高新技术产业的电动汽车与属于传统制造业的燃油车之间有本质区别。电动汽车是一个高风险的颠覆性技术产业，一国是否有发达的风险投资直接影响它能否获得足够的初始资金。电动汽车的智能化与来自信息通信产业的人力资本紧密相关，一国是否有发达的信息通信产业也直接影响电动汽车的发展速度。中国的信息通信产业既是电动汽车智能化不可或缺的技术来源，也是电动汽车产业资金和人力资本的重要提供者。发达的风险投资与信息通信产业恰恰是德国和日本不具备的，这才是导致中美与德日在电动汽车发展方面有巨大差距的重要原因。

建设基础设施

自改革开放以来，中国政府一直把建设基础设施当作经济发展的前提。发展电动汽车不仅要求充电网络的覆盖面和充电速度，而且要求电网必须适应大量电动汽车同时充电的超负荷现象；这使智能电网成为支持充电桩的重要条件之一。另一大基础设施是车联网，车联网的技术基础则是5G网络。

中国政府在推动基础设施建设时充分利用体制在协调方面的优势，积极发展产业标准和解决方案。电动汽车在发展初期基本以公共部门为主，充电桩的发展也以集中式充电站为主，主要服务对象是企业的大规模电动用车。这时的纯电动汽车一次充电续航里程只有250

千米。国家电网与南方电网以"电池替代"为主要商业模式，即以换电为主，插充电为辅，集中充电，统一配电。在2012年中国政府正式将纯电动和插电式作为电动汽车主攻方向，并鼓励电动汽车进入私人消费。之后，国家电网于2014年1月提出新的商业模式"主导快充、兼顾慢充、引导换电、经济实用"，强化充换电服务网络规划和布局，以适应电动汽车进入私人消费市场的新发展。为配合发改委向民营企业开放电动汽车市场，国家电网还向民营企业开放了分布式电源并网与电动汽车充换电设施市场。这个举措引爆了充电行业的发展，吸引了大量资本涌入。[1]

出台各种产业标准和理清各方职责，是中国政府电动汽车产业政策的两大方面。2015—2019年，政府先后发布涉及电动汽车充电桩接口及通信协议、充换电服务信息交换等一系列标准，规范充电行业。国家电网还打造了智能充电平台——e充电，以统一的通信规约实现充电设施无障碍直接连接。e充电为充电桩制定了严格标准，只有符合标准的厂家才能进入平台。2020年，中国政府正式把充电基础设施建设纳入"新基建"的范畴，进一步带动了各方资本的投入。[2] 2015年国务院发布《关于加快电动汽车充电基础设施建设的指导意见》，2016年发改委等五部门又共同发布相关细则，明确划分用户、电动汽车企业、供电公司、物业等各方职责，同时规范了小区内充电桩建设等相关流程。各地方政府也随之出台各种鼓励充电桩进小区的奖励补贴细则。[3]

---

[1]《一文了解我国充电站发展史》，EV充换电搜狐号，2021年7月27日。
[2] 同上。
[3] 王政：《多项政策措施促进新能源汽车消费》，《人民日报》2020年6月5日。

在产业政策的支持下，中国电动汽车充电桩网络在世界上处于绝对领先的位置。据"德国之声"的一项统计，中国的充电桩总量为176万个，韩国20.1万个，美国12.8万个，荷兰12.4万个，法国8.4万个，德国只有7.7万个。[1]据中国的一项统计，至2023年8月，全国公共充电桩保有量为227.1万个，私人充电桩保有量为493.5万个。比较发展电动汽车需要的基础设施，电动汽车与充电桩之比是一个很好的指标，比率越低表明充电桩的供给充足度越高，对发展电动汽车越有利。2022年下半年，全球平均车桩比为15.9，中国为7.1，欧洲为17.1，美洲为14.6，除中国外的亚洲为12.7。[2]

据全球大数据网，中国45%的新能源汽车用户常用的充电方式是家用慢充配合公共慢充，慢充占比超过50%；37%的用户经常使用公共快充，问题是排队时间很长。48%的用户希望充电等候时间越短越好，近半用户愿意为超级充电的便捷性额外支付5%—10%的溢价。要大规模建设快充电桩，离不开电网的支持。充电器，特别是快速充电器，会消耗大量电力。这要求频繁升级电网的变压器、变电站和输电线路。2022年发改委出台《关于进一步提升电动汽车充电基础设施服务保障能力的实施意见》，责成电网企业做好电网规划与充电设施规划的衔接，加大配套电网建设投入，合理预留高压、大功率充电保障能力，要求各地政府在用地和空间等资源上给予保障，加大工程建设协调推进力度。

智能电动汽车充电管理是解决电网压力的重要手段。当数量众

---

[1] DW News, "How China is Driving the Shift to Electric Vehicles/Transforming Business", YouTube, Oct. 28, 2023.
[2] 崔东树：《全国充电桩市场分析——2023年1—8月》，懂车帝网，2023年9月26日。

多的电动汽车同时充电，电网必然出现超载现象。使用人工智能来加强电网、充电站点运营商和汽车电池系统之间的沟通，就可以在电动汽车电网平衡、电动汽车充电负载平衡和动态电动汽车充电负载管理等方面实现优化。举例来说，如果一个住宅区100辆电动汽车晚上都需要充电，没有智能充电管理系统，它们都会集中在睡觉前的几个小时以全功率充电；有了智能充电管理系统，用户可以设定第二天早7点之前完成充电，智能充电管理系统会根据用电量需求的峰谷以及电网的状态进行调节，这样既可以降低电网的压力，减少电网的扩建和延长组件的更换周期，也在满足用户充电需要的同时为用户节省充电费用。[1]

电动汽车要实现智能驾驶，离不开先进驾驶辅助系统和车联网。2016年以来，中国政府的汽车、交通、通信和住建主管部门一直积极参与车联网的建设和试验验证活动，完善了国家车联网产业的标准体系。[2]车联网首先需要一个车载信息交互系统与车联网互动。中国发展出来的拥有完全自主知识产权的长期演进无线通信系统（LTE-V2X）处于世界领先地位。工信部印发的《关于推动5G加快发展的通知》提出促进"5G+车联网"协同发展，推动车联网纳入国家新型信息基础设施建设工程，促进LTE-V2X的大规模部署，建设国家级车联网先导区。至2023年5月，已获批成立的7个国家级先导区、17个车联网测试示范区和16个双智试点城市（智慧城市基础设施与智能网联汽车协同发展）已经对7000多千米的道路进行智能化升

---

〔1〕Luka Zorko：《电动汽车充电基础设施和智能充电的挑战》，Tridens Technology，2022年2月23日。
〔2〕树森、玖柒：《专访中信科智联胡金玲：中美C-V2X产业都已进入快速发展期》，赛文交通网，2023年10月27日。

级改造。目前，全国已经开放的智能网联汽车测试道路里程已达 1.5 万千米。[1]

电动汽车的智能驾驶离不开发达的通信技术。中国的通信产业，特别是 5G，与电动汽车相关的数据中心、云计算、大数据和物联网等新兴业务，在过去的五年里一直飞速发展。至 2022 年中国的 5G 基站已经达 231.2 万个，5G 移动电话用户达 5.61 亿户，在移动电话中占比 33.3%，是全球平均水平的 2.75 倍。移动物联网的发展也进入重要发展期。代表"物"连接数的蜂窝物联网终端用户达 18.45 亿户，其中用于车联网的蜂窝网联终端用户已达 3.75 亿户。[2]

打造产业集群

产业集群首先指同一产业链上下游企业在空间上的高度聚集，其次指相关产业在空间上的高度聚集。波特在讨论竞争优势时强调，在本国有强大的零部件产业，不仅可以使企业迅速获得低成本的零部件，加强企业与供应商的协调，更重要的是能在创新和产品升级换代过程中更快地获得信息，学习新的方法和应用新技术；而且，如果一国在一组与某个产业相关的产业都有竞争优势，那么该国的该产业更有可能成功。[3]

虽然在分析电动汽车产业时，这两种产业集群均十分重要，但

---

[1]《2023年国内新增自动驾驶测试道路与示范区一览》，新战略低速无人驾驶搜狐号，2023年9月14日。
[2]《工信部公布45个国家先进制造业集群名单》，中国工业新闻网，2022年12月1日。
[3] Michael Porter, *The Competitive Advantage of Nations*, The Free Press, 1990.

要解释中国与德日之间的区别，第二个侧面更为关键。电动汽车与燃油汽车之间有两大区别：动力来源和智能化程度。决定第一个区别的是电池行业，决定第二个区别的则是电子工业、互联网、通信、物联网、大数据、云计算以及人工智能。尽管中国的人均 GDP 或劳动力/资本比率远远低于德日，但影响电动汽车智能化的相关产业中国却远比德日发达。

产业集群是中国企业在应对全球生产方式的挑战时发展出来的特殊组织形态。聚集在广东深圳和东莞的产业集群，通常被解释为当年中国以廉价劳动力的比较优势参与全球生产分工，承接外资大量生产功能时的结果。而浙江以及其他许多地方出现的与外资没有直接关系的产业集群，则显示着中国企业独特的行动原理。[1] 产业集群与价值链不同。以外包为特征的价值链生产，是西方跨国公司在全球化时代的主要生产组织形式，它们依靠信息技术、廉价石油以及管理价值链方面的优势，在世界范围内配置资源，并通过企业内贸易整合整个生产过程。发展中国家的企业缺少这些优势，因此难以实行跨国、跨地区的价值链生产。作为一种替代物，中国企业发展出产业集群这一在空间上聚集整个产业链的生产组织形态。它不仅使组装厂省去大量物流成本，也大幅度降低了获得人力资本的成本，还大大提高了搜集信息的效率。[2]

中国政府鼓励产业集群的发展有两种渠道。第一种是明确规定

---

[1] Li Guowu and Gao Bai, "Globalization and Domestic Coping Strategies: The Development of China's Industrial Clusters", Istanbul Universitesi Sosyoloji Dergisis, Vol. 40, No. 2(2020).

[2] Gao Bai, "Informal Economy in the Era of Information Revolution and Globalization: The Shanzhai Cell Industry in China", Chinese Journal of Sociology, Vol. 31, No. 2(2011).

发展产业集群的目标。早在 2008 年，国务院《关于进一步推进长江三角洲地区改革开放和经济社会发展的指导意见》就提出"促进企业向产业带集中，向园区集聚，引导关联企业集聚发展"，"形成以大企业为龙头，中小企业专业化配套的协作体系，提升产业整体素质，增强竞争能力"。

在以江浙沪为中心的长三角，新能源汽车产业群目前已经聚集了 100 多个年工业产值超过 100 亿元的产业园区，以及数千家的大型企业。[1] 上海提供芯片和软件，江苏常州提供动力电池，浙江宁波提供一体化压铸机，长三角的新能源整车厂在四小时车程内可以解决所需的各种配套零部件供应。其中，常州覆盖了动力电池生产 32 个主要环节中的 31 个，产业链完整度达 97%；多家国内头部动力电池"链主"企业的生产基地，带动了 130 多家规模以上配套企业的发展。目前常州新能源汽车产业链已经覆盖传动系统、制动系统、转向系统、电气仪表系统、灯具、车身、饰件等十几个领域，聚集了 3000 多家相关制造企业，形成 3000 亿的产值规模。[2]

安徽省为发展汽车产业链，由省政府专门组建了超千亿元的投资基金，设立专项并购子基金和科技成果转化基金，支持技术、人才和产业向省内聚集。安徽提出了新能源汽车和智能网联汽车产业"双招双引"的实施方案，目标是到 2025 年打造出价值万亿、零部件本地配套率超过 70% 的世界级汽车产业集群，并培育出若干家具有国际竞争力的大型零部件企业集团，孵化或引进一批行业隐形冠军。在未来

---

[1] 李志勇：《中国汽车产业集群触发"链式效应"竞争力》，《经济参考报》2021 年 6 月 25 日。
[2]《长三角一体化发展 形成新能源汽车产业集群》，人民网，2023 年 7 月 25 日。

五年里安徽将把200亿元财政资金专门用于产业集群的生态建设。[1]合肥市新能源汽车产业已聚集规模以上企业305家，包括比亚迪、蔚来、大众（安徽）、江淮汽车、合肥长安、安凯汽车6家整车制造企业，以及国轩高科、中创新航、巨一科技等关键配套企业，形成覆盖上中下游的完整产业链。目前产业链的集群效益已经显现，在蔚来总部搬到合肥之后，一辆车的综合物流成本能下降4000—5000元。

广东省则以珠三角新能源整车基地为龙头，引导关键零部件产业聚集，打造全球先进的新能源汽车产业集群。省政府每年组织召开1—2次新能源汽车产业对接会，积极引导整车企业与关键零部件、材料企业合作，提升产业链上下游的融合水平。在工信部2022年认定的45个国家先进制造业集群名单中深圳占了四个，其中的新一代信息通信集群、智能装备集群和先进电池材料集群与电动汽车密切相关。如果再加上广州-佛山-惠州的超高清视频和智能家电集群与东莞的智能移动终端集群，珠三角与电动汽车相关的产业集群实力十分强大。无论是在电动汽车发展的上半场还是在下半场，引领行业的头部企业都出在深圳。电动汽车发展的上半场是电动化，电池是关键，比亚迪带动了一批电池企业在深圳发展。等到了下半场的智能化，深圳更是作用非凡：中国现有企业名称或者经营范围包含"自动驾驶、智能驾驶、无人驾驶"的超过5700家，深圳就占1100多家，占比接近20%。深圳在全栈式解决方案、操作系统、车联网、智能座舱、激光雷达、车规级芯片、自动驾驶等方面，形成了全新的智能电动汽车产业集群。

---

[1] 韩忠楠：《打造万亿级世界汽车产业集群 安徽多措并举成效显》，《证券时报》2023年9月14日。

中国政府鼓励产业集群发展的第二个渠道是通过促进相关产业的发展，为电动汽车提供支撑。燃油车和信息通信产业的人力资本是发展电动汽车的主要劳动力来源。自中国1994年对外资开放汽车市场，世界上主要汽车生产商都来中国设厂。在造车新势力大批诞生前的2013年，中国汽车产业的从业人数达到3399万人，这为后来电动汽车的发展提供了巨大的人力资源池。[1]

中国在所有与电动汽车相关的产业都具有竞争优势。在电动化阶段，中国有以宁德时代与比亚迪为代表的极富竞争力的电池产业。当电动汽车向智能化发展，进入软件定义汽车的时代，软件工程师成为发展电动汽车的重要人力资源。而中国的软件工程师人数是世界第一，为700万，远高于其他造车国家，如美国的440万、日本的120万、德国的90万。[2]

降低交易成本

与其他各节的讨论不同，本节将侧重讨论比亚迪、华为这样的头部企业通过垂直整合来降低交易成本的策略。这并不是说在这方面中国政府的产业政策不重要，恰恰相反，这两家企业之所以能够实行垂直整合策略，离不开在中国政府产业政策影响下相关产业的大发展。

---

[1] 数据来自CEIC数据库。
[2] Coztanza Tagliaferri, "How Many Software Developers Are There in the World?" Distant Job, May 12, 2023.

目前电动汽车行业的一大特点是，三大头部企业——比亚迪、华为、特斯拉都采取垂直整合的发展战略，虽然它们的实践在理论上有不同的意义。比亚迪直接否定了支撑全球生产方式达30多年之久的价值链理论，强调通过垂直整合来降低交易成本，控制整车价格，并靠价格引领策略赢得市场竞争。华为的垂直整合则直接否定了美国技术体系代表的模块化模式，向日本技术体系代表的整体型模式靠拢，从软硬件同时入手追求智能技术的最优化。

汽车行业的垂直整合模式经历了百年的兴衰。福特汽车公司最初采用的垂直整合不仅涵盖汽车所有零部件，甚至还进入了橡胶、煤矿和运输行业。后来通用汽车公司把垂直整合的范围限制在与汽车直接相关的领域，那些用途不局限于汽车行业的部分则被排除在公司的垂直整合范畴之外。[1]福特代表的垂直整合模式在20世纪80年代受到丰田生产方式的巨大冲击。丰田依靠外部零部件供应商的商业模式，诠释了当时正时髦的价值链理论，成为以外包为标志的全球生产方式的代表。90年代初微软和英特尔代表的Wintel生产方式开创了一个新的商业模式，即专门生产关键零部件，通过掌握行业标准来盈利。[2]进入移动互联网时代，中国"山寨手机"又开创了一个新的生产方式，即发展中国家企业将关键零部件的研发和系统集成逆向外包给发达国家企业，而自身仍然生产最终产品。[3]后来的国产品牌手机改良了"山寨手机"生产方式，自己研发操作系统和打造品牌，但关

---

[1] Richard Durant, "Technology and Vertical Integration", Substack, May 20, 2022.
[2] Michael Borrus and John Zysman, "Wintelism and the Changing Terms of Global Competition: Prototype of the Future?" *BRIE Working Paper 96B*, 1997-2.
[3] Gao Bai, "Informal Economy in the Era of Information Revolution and Globalization: The Shanzhai Cell Industry in China", *Chinese Journal of Sociology*, Vol. 31, No. 2 (2011).

键零部件的生产依然依赖外包。今天许多电动汽车品牌的商业模式更进一步发展，自身负责更多的研发，但仍然把制造部分外包。

垂直整合的目的在于降低交易成本。美国吉普在从燃油车企向电动车企转型时发现，主要挑战来自丰田生产方式，因为85%的高成本来自外部的零部件。如果没有垂直整合，与零部件供应商的谈判会产生大量的交易成本。如果不把降低生产成本的压力转嫁给零部件供应商，整车厂根本无法将电动汽车的价格控制在消费者可以接受的范围内。[1]中美两国在电动汽车的发展上跑在前面，是因为两国与电动汽车相关的产业都有竞争优势。比亚迪、华为和特斯拉之所以在行业里鹤立鸡群，正是因为它们通过垂直整合，把母国相关产业链的所有竞争优势都整合进一个企业。这不仅大幅度地降低了交易成本，也极大地提高了产品的规模经济和技术优势。

比亚迪自制大量成本占比高的零部件，包括电池、电机、汽车电子、模具、功率半导体、内外饰等。有媒体曾经形容，比亚迪加上福耀玻璃、中策的橡胶轮胎和宝钢的钢板，就等于完整的产业链。2020年比亚迪将这些业务打包成立独立的弗迪系公司，还鼓励这些公司向其他整车厂供应零部件。显然，比亚迪不仅想成为一家世界级的整车厂，而且还想成为新能源汽车领域像博世那样的世界级零部件供应商。这将大大增加比亚迪自产零部件的规模经济，从而有力地支持其整车在市场竞争中采取价格引领策略。比亚迪采取垂直整合有先天优势：它在2003年进入电动汽车领域时已经是世界排名第二的主要手机电池生产商，曾经占据23%的全球市场；由于电池成本占电

---

[1] Wheel Wise, "Huge News: Jeep CEO Shocking Warning to All EV Car Makers!", YouTube, Oct. 26, 2023.

动汽车整车成本的至少 40%，比亚迪有其他车企无法比拟的优势。比亚迪还是许多电子通信产品的代工制造商，因此掌握了许多电动汽车相关零部件的生产技术。

交易成本理论可以完美地诠释比亚迪通过垂直整合战略打造竞争优势背后的逻辑。交易成本理论主张，当企业依靠外部零部件供应商的治理成本高于在企业内部生产零部件时，企业应该通过并购进行垂直整合，把外部关系变为内部关系。在新产品市场刚起步时，生产成本通常居高不下，会抑制需求。这时企业依靠价格引领的竞争策略，可以通过低价争取更多的市场需求和销售额。而要想大幅度降价，企业必须先实现规模经济；要想实现规模经济，就必须摆脱外部零部件供应商的机会主义价格策略。这时，垂直整合就成为重要手段：它不仅可以从内部严格地控制各种零部件成本并增加经营方面的杠杆，还可以更快地提高产品质量，竞争对手通常很难模仿这种策略。[1]

交易成本理论的命运，随着全球化的钟摆运动发生深刻变化。这一理论在全球化时代一直面临着价值链理论的挑战。主张外包的价值链理论在新自由主义的氛围中横扫北美各大商学院，成为推动全球生产方式的重要理论基础。当全球化在 2008 年全球金融危机后开始逆转，诺贝尔经济学奖评委会终于注意到交易成本理论，于 2009 年把桂冠授予这个更适合后全球化时代生产方式的理论。在各国纷纷强调供应链安全的今天，交易成本理论已经取代价值链理论，成为头部企业新的竞争策略的理论基础。

华为垂直整合背后的逻辑则与日本的整体型模式十分相似，即通过产品内部的不断调试，实现每个零部件设计的最优，从而确保产

---

[1] Richard Durant, "Technology and Vertical Integration", Substack, May 20, 2022.

品整体性能的最优。这与美国技术体系以提高生产效率为目的，将零部件或模块连接界面标准化，使不同功能的通用零部件组合在一起，系统集成为最终产品的模块化模式截然不同。[1]华为采用这个模式有先天优势。在进入电动汽车领域前，华为是世界第一的5G通信设备制造商，世界第二的手机生产商，并有强大的工业互联网业务。华为打造出支持万物互联的鸿蒙操作系统，其应用程序接口（API）适用于"1+8+N"（手机＋平板电脑、PC、VR设备、可穿戴设备、智慧屏、智慧音频、智能音箱、车机＋各种物联网终端），这大大提高了智能电动汽车的舒适度和娱乐度。[2]华为进行了电动汽车智能化的全栈创新：其高压电动平台为智能电动汽车带来最有效率的充电和续航能力及最优的驾驶体验；基于鸿蒙操作系统的智能座舱为车载场景打造的语音控制、视觉感知、车载支付、无缝流转等核心能力与各种应用深度集成；其高阶智能驾驶辅助系统ADAS 2.0不仅提供以算法为核心的全栈解决方案，而且配备了强大的硬件设备，实现了360度全覆盖的融合感知能力。[3]华为在芯片设计、大数据、人工智能、软件等方面的强大能力，都将进一步扩大华为与其他竞争者的差距。

尽管目前有人质疑华为造车的前景，但从长远视角看，随着电动汽车日益向智能化发展，华为将会展现其他车企无法匹敌的竞争力。道理很简单：在电动汽车发展初期，由于各家企业产能都很小，

---

[1]高柏：《中国高铁创新体系的三个理论问题》，载高柏、李国武、甄志宏等：《中国高铁创新体系研究》，社会科学文献出版社，2016年。
[2]贾丽：《华为军团取得实质性进展将持续下沉行业现场 业务架构或再整合》，证券日报网，2022年11月7日。
[3]戴畅、董晓彬：《华为汽车专题研究：六大领域布局＋三种模式合作》，未来智库网，2023年3月9日。

市场对产品的判断能力有限，涌入市场的众多企业都可以找到生存空间。当电动汽车开始向智能化发展，能否坚持长期大笔投入前沿技术的研发将成为关键。在这种竞争中，越来越多的企业将被淘汰出局，只有少数发展出核心竞争优势的企业才能生存。可以预见，电动汽车越向智能化发展，越来越多的企业将会把与华为合作视为生存之道。当名不见经传的赛力斯率先认识到这点时，一线国有大车企及其高管还在担心与华为合作将会失去企业的灵魂。仅仅一两年后，第二梯队的地方国有车企长安、奇瑞和北汽就已经看清形势，开始加入用华为技术造车的行列。等到国外一线车企开始与华为合作的那天，国内市场的洗牌将变得更为惊心动魄。

与比亚迪和华为等后来者相比，虽然传统头部燃油车企目前仍然有品牌和市场营销渠道的优势，但其遗产也在严重困扰它们向电动汽车转型。越来越多的造车新势力开始按"工业 4.0"的标准建设全自动化工厂，传统车企可能会失去生产效率方面的优势。这对发达国家那些工会势力强大的传统车企而言，几乎是无法回应的挑战。

扩大市场规模

中国庞大的人口规模决定了国内市场极具潜力。然而，这并不能保证每一种新产品都会得到消费者的认可。

现有研究显示，由政府补贴来降低企业开发颠覆性技术的风险，并依靠政府采购扩大应用这些新技术的市场的产业政策始于美国。与日、韩侧重支持出口的商用民用技术不同，美国政府的产业政策主要关注前沿的颠覆性技术。玛祖卡托（Mariana Mazzucato）称美国政府为"承担风险的政府"(the risk-taking state)和"企业家政府"(the entrepreneurial state)。"美国政府为这些风险投资都避之三舍的领域提供早期融资,并委托私人部门进行这些高级创新。离开公共政策对这种战略和眼界的支持,这类创新活动根本不会发生。"[1]当政府愿意直接介入一个不确定的世界,在新技术发展的早期投资,它实际上是在创造一个新产品的市场。玛祖卡托眼中的美国政府的角色远远超越了因势利导,它是"在条件根本不存在的时候硬是想象出互联网和纳米技术的可能性。通过预见新空间,创造新使命,政府是在领导(新技术的)成长过程,而不是仅仅提供激励机制或者保持成长过程的稳定"。[2]

电动汽车的案例显示,中国政府也确实是在它不存在的时候就想象出这种颠覆性技术的可能性,并一直在领导这个产业的发展过程。2001年,中国才刚刚开始实行燃油车"市场换技术"的政策,这一年燃油汽车的产量只有207万辆,乘用车更是只有61万辆。在这样的条件下,中国政府就把电动汽车立为"863计划"重大专项,并实行饱和跟踪纯电动、混合动力和氢能源电池三大不同发展方向,全面开发电池、电机和电控三项关键技术的"三纵三横"战略。

通过政府采购率先在公交和出租车领域使用新能源汽车,是最早出现的帮助颠覆性技术扩大市场的政策工具。2009—2013年,"十城千辆工程"在全国推广新能源汽车48000辆,其中公交、公务、出

---

[1] Mariana Mazzucato, *The Entrepreneurial State: Debunking Public vs. Private Sector Myths*, Public Affairs, 2015, p. 79.
[2] Ibid., p. 64.

租等公共部门的占比达70%以上。[1]例如，为了扩大电动汽车的市场规模，广东省政府2018年出台的《关于加快新能源汽车产业创新发展的意见》提出公交电气化的目标，并规定纯电动公交车应占85%以上；鼓励电动汽车进入出租、环卫和物流等领域，规定从2018年起珠三角地区每年更新或新增的出租车、接入平台的网约车以及市政、通勤和物流等车辆全部使用新能源汽车；取消对新能源汽车的限牌限行，对其排放检测设置绿色通道，在城区划定夜间专用停车区，允许大型新能源客车使用公交车道；等等。

政府补贴在扩大中国新能源汽车市场时发挥了极为重要的作用。2014年政府开始引导新能源汽车产业向私人消费的方向发展。该年开始执行新能源汽车购置补贴和免征购置税，目的是通过降低消费者购车成本，帮助这项颠覆性技术扩大市场。新能源汽车补贴一直持续到2022年年底；免征购置税从2014年开始执行，并多次延期，截至2023年年底累计免税额预计超过2000亿元。其间，中国新能源汽车销量从5294辆增长到688.7万辆，产销量近8年稳居世界第一。

保护本土幼稚产业是提供补贴时的重要考量。工信部2015年发布的《汽车动力蓄电池行业规范条件》，将搭载获批企业生产的电池作为获得新能源汽车购置补贴的基础性条件。至2019年该规范被废除为止，工信部先后发布四批动力电池生产目录，入选的57家电池厂商均为本土企业，松下、三星和LG化学等外资企业均不在列。这种补贴不仅为本土动力电池企业降低了研发成本，也将消费者引向使用本土动力电池的国产电动汽车。宁德时代作为第一批入选的八个企

---

[1] 李苑：《新能源车购置税减免政策延长至2027年底》，《上海证券报》2023年6月22日。

业之一，享受了这种保护政策带来的巨大优惠，这几年的毛利率高达32%—43%。[1]

双积分政策是中国政府2018年4月开始执行的另一项鼓励新能源汽车发展的重要举措。双积分政策同时对企业平均燃料消耗量积分和新能源汽车积分进行管理，前者只能自行结转或转让给关联企业，不能用于新能源汽车负积分的抵偿；后者则可以自由交易，可抵偿新能源汽车的负积分和企业平均燃料消耗量的负积分。[2]双积分政策鼓励企业尽可能降低燃油车的油耗，生产高性价比的新能源车。如果双积分负值在核算报告发布后90天内未能抵偿，将会对企业产生负面影响。[3]随着新能源汽车的发展，政府为促进电动汽车的高质量发展，不断下调新能源汽车单台可获得的积分。2022年7月公布的《关于修改〈乘用车企业平均燃料消耗量与新能源汽车积分并行管理办法〉的决定（征求意见稿）》规定，与2021—2023年度32%—52%的下调幅度基本一致，将2024—2025年度新能源乘用车标准车型分值较上一阶段平均下调40%左右。这份文件将新能源汽车积分考核比例设定为28%和38%，并对应调整了积分计算办法和分值上限。2022年，由于电动汽车的大发展，乘用车的平均燃料消耗量已经降到4.11L/100km，比2016年下降了40.8%。[4]由于新能源汽车积分可以买卖，为特斯拉、比亚迪、理想等众多新能源汽车企业提供了卖分变现、提升利润或弥

---

[1] 翟亚男：《外资也能获补贴！动力电池市场正式开放 国产新能源汽车腹背受敌》，"华夏时报"网易号，2019年12月22日。
[2] 秦兰芝、安锋：《2021中国乘用车双积分研究报告》，能源基金会网，2021年10月。
[3] 小七汽车冷知识：《政策起底 | 什么是双积分？》，知乎，2021年6月14日。
[4] 郭博昊：《"双积分"政策再修订！新增积分池管理，新能源车获取积分变严了》，证券时报网，2023年7月6日。

补亏损的机会，理想在2021年度就出售了价值两亿元的积分。[1]

另外一个极具中国特色的鼓励电动汽车发展的政策工具是绿色车牌政策。2016年年底，新能源汽车绿牌政策开始在上海、南京、无锡、济南、深圳五个城市实行，2018年起正式在全国范围内推广。根据这一政策，符合条件的纯电动车和混合动力车型可获得绿色的新能源牌照。由于车辆过多，中国许多大城市采取限制措施，为新车上牌照需要通过摇号或竞价的方式获得指标。绿色新能源车则不受限制直接获得牌照，这对消费者而言是一个巨大的诱惑。随着新能源汽车完全被市场接受，一些城市已经开始调整绿牌政策，如从2023年1月起上海不再为插电混动车发放绿牌。[2]

鼓励行业竞争

波特指出，每个真正有国际竞争力的企业都有几个本国的竞争对手，即使在小国亦如此。相反，那些在母国占据统治地位的"冠军企业"在国际市场上一般都没有竞争力，因为它们通常都是享受大量补贴或受严密保护的。同一国家内部企业的竞争有几大好处。首先，强大的国内竞争对手会给彼此带来明显的压力，一个企业一旦成功，等于向其他企业证明进步是可能的，这经常导致新一轮竞争。其次，国内的竞争对手们如果共同把改善产品质量和创新，而不是静态的效率，

---

[1] 证券时报：《汽车"双积分"政策大调整有何影响？》，新浪汽车，2022年7月8日。
[2] 叶俊杰：《渐变绿车牌2年内取消！与专属政策共成发展历史》，新车评网，2023年3月28日。

当作该产业竞争优势的根本，它们很容易就会超过外国竞争者。[1]

中国政府积极鼓励电动汽车产业的竞争。2009—2019年，中国政府的竞争政策在与国有车企、民营车企和外资车企之间的互动中有两次大调整。第一次调整是2014年，当国有车企不积极跟进政府的产业政策，中国政府对民营企业开放市场，让造车新势力登上历史的舞台；第二次调整是2018年，当本土企业不积极追求开发新技术，用各种手法"骗补"，就放进外资特斯拉当"鲶鱼"。

纵观这十年，特斯拉的大动作与中国政府电动汽车产业政策的大变化一直如影相随，这表明国际竞争始终是中国产业政策背后的推动力。奥巴马上台的2008年，特斯拉交付了第一款电动汽车Roadster，揭开了一个新时代的帷幕：这辆纯电动汽车，单次充电续航里程达到彼时破纪录的394公里，由0到100公里的加速只需要4秒，最高时速高达200公里，更重要的是它不排放任何尾气。受特斯拉的鼓舞，奥巴马政府于2010年取消了布什政府一直以来对燃料电池的研发资助。由于当时中美两国在发展电动汽车全球示范城市方面有紧密合作，美国政府对电动汽车技术路线认识的变化，自然也影响了中国政府。2012年6月22日，特斯拉正式开始交付Model S，在国际媒体上引起强烈反响，被誉为汽车工业史上的一个里程碑。仅仅六天后，中国政府就发布了《关于印发节能与新能源汽车产业发展规划（2012—2020年）的通知》，这是自2001年确立"三纵三横"的电动汽车发展战略之后，第一次对中国新能源汽车发展的技术路线进行重大调整。它明确提出"以纯电驱动为新能源汽车发展和汽车工业转型的主要战略取向，当前重点推进纯电动汽车和插电式混合动力汽

---

[1] Michael Porter, *The Competitive Advantage of Nations*, The Free Press, 1990.

车产业化"。自此,从 2000 年以来一直被视为发展重点的燃料电池,开始为纯电动汽车让位。

然而,2009—2013 年,尽管政府积极推动电动汽车的发展,国内的企业却并不十分积极。主要的国有车企偶尔在地方政府的压力下做些姿态,合资企业基本都在观望。[1]国有车企不积极有一定的道理:一方面,它们作为合资的主要承担者一直在生产外资合资方的燃油车型,可以轻松地盈利;另一方面,国资委对国有企业有明确的盈利要求,并将其作为考核标准,花大笔利润投资高风险的颠覆性技术并不符合它们的利益。

2014 年特斯拉的另一个大动作让中国政府倍感压力。6 月 12 日,马斯克宣布开放特斯拉的所有技术专利,他指出:"我们曾经被迫发展专利,因为担心大车企会复制我们的技术,然后用它们庞大的制造和市场营销能力压倒特斯拉。然而,我们不能错得再离谱了。不幸的现实恰恰相反:大车企的电动汽车项目(或任何不燃烧烃的汽车项目)都小到几乎不存在,甚至平均远远小于总销售量的 1%。"[2]马斯克对传统车企对待发展电动汽车态度的批评,显然引起了中国政府的共鸣。指望国内的传统车企发展新能源汽车,可能会导致中国在国际竞争中被远远地甩在后边。中国政府决定打破汽车行业以国有企业占统治地位的局面,引进新的行动主体承担发展电动汽车的历史使命。

2014 年 7 月 14 日,国务院发布了《关于加快新能源汽车推广应用的指导意见》,提出制定新能源汽车企业准入政策,支持社会资本

---

[1] 王金玉:《新能源汽车发展十年回望:产业政策的功与过》,中国汽车报搜狐号,2019 年 6 月 30 日。
[2]《中国车企有今天,全靠抄特斯拉专利?》,"差评"微信公众号,2023 年 10 月 18 日。

和具有技术创新能力的企业参与新能源汽车科研生产。这份重要文件不仅打破了原来国有车企占统治地位的产业结构，还强调要建立全国统一大市场，打破阻碍市场竞争的地方主义藩篱。受此影响，一众造车新势力诞生。然而，随着政府对电动汽车的支持力度加大，由于监管机制缺位，电动汽车领域出现大面积的"骗补"现象。根据政府公布的时间表，2016年对新能源汽车的补贴减少了20%。2015年年底，纸面上新能源汽车的销量开始猛增：同年11月，新能源商用车单月产量超过其他国家总和；12月产量又翻了两倍，纯电动商用车居然出现同比翻六倍的超常速增长。这引起业界普遍的质疑。中央政府四部委于2016年1月启动联合"骗补"调查。财政部宣布，2017—2018年新能源汽车的补贴标准将比2016年下降20%，2019—2020年将下降40%，2020年以后补贴政策将退出。[1]

2018年特朗普挑起对华贸易争端，导致中国经济外部环境发生巨变。5月23日，美国宣布将调查中国进口汽车，虽然这对中国的整车厂影响很小，对零部件的影响却很大。因为2017年中国对美国汽车零部件出口额达170亿美元，占全部零部件出口的25%（国际金融报社，2018）。中国政府认识到，单纯提供过度保护无法实现政策目标，只有进一步开放才能应对贸易争端的巨大压力。中国政府于2018年4月宣布，将在5年内逐渐取消汽车行业外资股比限制，其生效期对新能源专用车而言为2018年，对商用车而言为2020年，对乘用车而言为2022年。[2]

当时的产业链存在不少问题。动力电池的生产开始向头部企业

---

[1] 崔文苑：《对新能源汽车骗补"亮剑"》，《经济日报》2016年9月9日。
[2] 李振兴、张畅：《汽车业合资股比限制五年后取消》，人民网，2018年4月18日。

集中，宁德时代与比亚迪两家头部企业占据60%的市场份额，其产品供不应求；大量中小厂商却因为技术落后，产能难以被消化。在电控领域，占成本40%、对各项指标要求很高的核心零部件IGBT，仍然严重依赖进口；虽然已经有国内企业开始生产，但是在安全性、可靠性和耐久性方面仍然处于迭代追赶的阶段。

然而，这次政策调整却基于一个判断：即使开放市场放外资进来竞争，也不会再次出现当年在燃油车行业实行"市场换技术"政策的后果。当时中国电动汽车已经出现有竞争力的企业。2017年比亚迪新能源汽车的销售量已达11万辆，连续三年为全球新能源汽车销售冠军。比亚迪当时不仅在动力电池方面已经处于全球领先地位，在电机和电控等核心技术方面也颇有竞争力。[1] 2018年，中国生产的新能源汽车已经超过其他所有国家总和。[2]

2018年，中国政府为了鼓励新能源汽车产业发展，不仅允许特斯拉独资，也开始向外资和合资厂提供补贴。在2019年特斯拉在上海建成独资电动汽车工厂之前，政府补贴一直是本土品牌的护身符，它既提供了源源不断的资金支持，也帮助它们建立了成本优势，以抵御进口新能源汽车的挑战。2019年特斯拉获得的补贴金额仅次于比亚迪，成为全国第二。这项新政策的出台也推动了上汽大众、华晨宝马、一汽大众、上汽通用、北京现代等合资车企纷纷推出国产纯电动汽车。与此同时，政府不断提高补贴条件，减少补贴金额。这些政策措施共同发力，大大提升了中国自主品牌打造自身竞争优势的意愿。[3]

---

[1]《比亚迪股份有限公司2017年年度报告》，新浪财经，2018年3月28日。
[2] 界面新闻：《新能源汽车产业发展前景及产业链分析》，新浪财经，2022年11月20日。
[3] 濮振宇：《调查丨12年近1500亿元 新能源汽车补贴的"国家账本"》，经济观察网，2021年12月3日。

讨 论

本篇显示，一个打造竞争优势型政府有强烈的能动性，一旦认清一个产业对国民经济的战略意义，它就会竭力调动一切可以利用的资源，没有条件，创造条件也要发展。没有实现国家工业化的坚强意志，没有强大的执行和协调能力，中国电动汽车不可能发展得如此迅速。打造竞争优势型政府不仅可以重新发现被忽视的要素禀赋，还会努力创造和增强原来没有或比较弱的要素禀赋。

这样一个打造竞争优势型政府，诞生于中国经济进入自主创新的发展阶段和开放经济的环境中。它的作用既不是包办代替，指定"冠军企业"，也不是完全指望市场这只"看不见的手"，而是通过各种政策手段打造有利于企业发展竞争优势的制度环境和结构条件。这并不是说这个政府全知全能，而是它有试错和及时调整的能力。

本篇的分析显示，中国之所以在发展电动汽车方面能超越德日，是因为90年代以来信息通信产业及与此紧密相关的风险投资产业获得了长足的发展。电动汽车是一个研发生产颠覆性技术的高风险产业，其核心是由信息通信技术支撑的智能化。如果中国在90年代没有开始发展信息通信产业和风险投资，就不会有后续的工业互联网、大数据、云计算和人工智能的大发展。在中美德日四个汽车大国中，美国虽有一流的信息产业，却已经失去传统制造业的优势。德日虽有一流的传统制造业，但信息产业相对落后。中国虽然在这两大产业里都位居第二，但并没有明显的短板，在两大产业里都有足够的人力资本与技术积累。强大的传统燃油车制造能力加上风险投资和信息通信产业前沿技术的支撑，在很大程度上构成中国发展电动汽车独特的竞争优势。

产生这样有利结构条件的背后，是独特的制度安排。中美和德日分别从正反两面证明，要推动一个产业不断出现新技术，必须在竞争政策上鼓励新的产业组织不断发展。而要想有多样化的产业组织结构，融资和所有制带来的激励机制的多样性是根本。离开强大的风险投资和高流动性的人力资本市场，美国不会诞生特斯拉，中国也不会诞生一众造车新势力。制度条件的约束同样反映在创新领域。2021年发表的一份研究报告显示，中国在测量新能源汽车积分时，自主品牌为大赢家，2020年平均积分比例达64%，而合资企业仅为9%；2019年及之前，自主品牌产生了约90%的正积分，而合资企业产生了80%以上的负积分。究其根本，合资企业是外资和国企这两大传统燃油车的利益载体。如果2014年没有对民营企业开放电动汽车市场，中国政府即使有再前卫的电动汽车产业政策，也根本无法推动其迅速发展。[1]

本篇还显示，只有保持与世界前沿技术的接触，并积极参与和外国企业的直接竞争，中国的产业政策才能及时调整电动汽车产业的发展方向。此外，比亚迪、华为和特斯拉代表的垂直整合战略，以及交易成本理论在后全球化时代的命运转折则表明，随着逆全球化的持续演进，"脱钩"和"去风险"日益成为企业的忧虑，企业竞争优势的关键来源，正在由全球生产方式代表的资源配置效率，转向垂直整合代表的组织经济活动效率。

---

[1] 秦兰芝、安锋：《2021中国乘用车双积分研究报告》，能源基金会网，2021年10月。

问题缘起

过去几年，关于中国电动汽车的各种信息不断。最初注意到中国电动汽车是几年前在油管（YouTube）上看到蔚来汽车在德国纽伦堡附近的专业汽车测试道上跑出号称"当年电动汽车最快速度"的视频。当时，蔚来汽车时髦的造型和速度，以及那个视频拍摄的现代感给我留下很深的印象。电动汽车再次进入我的视野，是2021年"蔚小理"三家汽车公司在美国股市的新闻。那一年，随着特斯拉在中国投产后股票价格大涨，新能源汽车在美国股市一度出现大热的情形。但是尽管如此，看过就忘掉了，并没有研究它的冲动。

真正出现研究中国电动汽车的冲动，是2023年春天看到上海车展的视频。比亚迪U8和U9的超能力展现，包括前者的原地转圈和下水一米深不受影响，以及后者的四个轮子离地的跳跃和在只有三个轮胎的情况下仍然得以行驶如常的情景给我留下非常深刻的印象。令我吃惊的是，德国大众集团专门包机把全部董事会成员拉到上海观摩车展。2023年夏季，我时隔近三年在疫情后第一次回国，与上海的一些学者谈到这些消息时，大家都认为值得研究。上海大学的甄志宏教授专门联系了与业界人士的座谈。8月初，我就开始动手搜集材料。没过多久，中国电动汽车在2023年9月的慕尼黑车展引起了更大的国际性轰动，更让我充分认识到这个研究的价值。

由于之前在云计算和工业互联网的研究中已经发展出"产业政策–竞争优势"六力模型的理论框架，用它分析关于新能源汽车的材料很适用，因此顺利完成了写作。

补　记

　　新能源汽车行业自 2023 年年末发展相当丰富，从中可以看到科技革命与逆全球化之间的冲突、霸权周期驱动的地缘政治对逆全球化的加持，以及地缘政治对科技革命的制衡。

　　首先，当新能源革命威胁到传统燃油车行业的就业，保护社会的要求就会成为阻碍科技革命的政治因素。在欧洲 2023 年要对中国新能源汽车进行反补贴调查和北美汽车工会举行大罢工时，这个行业出现贸易保护主义已是不可避免。汽车行业一直是发达国家的支柱产业，其就业会严重影响它们的国内政治。2024 年恰逢美国大选，政客们对这种能够影响选票的敏感议题自然会采取强硬立场。在逆全球化的阶段，发达国家的公共政策范式均转向保护社会。在这种大环境中，来自国外的新技术，特别是能对本国相关产业形成挑战，对就业有重大影响的，必然要成为被限制的对象。

　　其次，从另外的一个层面看，拜登政府宣布对中国新能源汽车进行国家安全方面的审查，也是地缘政治受霸权周期影响加剧，在激化全球化逆转的一个例子。在技术层面，任何新能源汽车要想实现智能驾驶都必须要有强大的数据搜集能力。正因为如此，说它有危及国家安全的风险也不为过。然而这直接与全球化时代的典型标志——全球生产方式形成对立。在地缘政治开始严重影响国际贸易的时代，对国家安全的担心必然使政府与企业认真对待供应链的安全问题。无论是近岸，还是友岸，都会对未来的国际贸易秩序涂上新冷战的色彩，导致一种以国家安全为名的贸易保护主义倾向。

写本书《对等开放：中国迈向发达国家的必由之路》一篇时，国家安全和地缘政治对国际贸易的影响尚未如此强烈。我当时提出以发展产业内贸易来减轻各国在全球化过程中进行国内调整的负担，从而维持后冷战时代形成的国际经济秩序。然而，近几年，地缘政治开始成为影响国际贸易的重要变量，对国家安全的担忧使任何与信息通信技术有关的商品在贸易争端中都首当其冲。其中，手机和智能驾驶的新能源汽车作为这种技术的集大成者必然要成为牺牲品。在目前的阶段，要想在发达国家与中国之间实现新能源汽车行业的产业内贸易恐怕仍有较大的政治阻力。未来大概率可能发生的演变有两种：或是通过自身之间激烈的竞争，中国与西方国家之间逐渐达成共识，只有产业间贸易才符合双方最大的利益；或是中国的新能源汽车与新能源产业一起，率先挺进全球南方国家的市场。换言之，如果以国家安全为名义的贸易保护主义加剧，新能源汽车国际竞争的主战场可能既不是中国，也不是发达国家，而是全球南方。相较于进入发达国家市场，中国新能源汽车进入那些自身没有汽车制造业的发展中国家市场的政治阻碍相对要低一些。

最后，地缘政治对科技革命的制衡也充分显示在新能源汽车行业。新能源汽车的第二阶段是智能驾驶。实现高阶智能驾驶离不开人工智能，而有效的人工智能离不开高质量的大数据训练；然而，这样的大数据只能由装上各种传感器的汽车来获取。这就形成一个悖论：传统燃油车如果不解决电池容量不足的问题，就无法支撑更多的用于智能驾驶的传感器；没有更多的智能驾驶传感器，就无法获得更充分的与智能驾驶有关的大数据；没有充分的大数据，就无法进一步有效地训练人工智能。不仅如此，操作智能驾驶的人工智能对通信硬件的要求也非常高，特别是直接影响信息传递速度的 5G。如果从地缘政治的视角看待这一切，它们都会成为阻碍中国与西方国家在智能驾驶方面合作的因素。

由于电动汽车的生产模式属于"软件定义硬件"，在这方面，欧美除了特斯拉，并没有真正能够与中国企业竞争的车企。电动汽车代表的是一场颠覆性的技术革命。它的工业机理与传统燃油车相比完全是两个不同的产业。那种认为把智驾系统变成一个模块加在传统燃油车上就会实现智能驾驶的思维根本没有理解电动汽车的本质。智能电动汽车的电子电气架构与传统燃油车的设计之间的根本差异，不仅涉及汽车的动力系统和能源管理系统，也涉及汽车的驾驶辅助系统乃至信息娱乐系统等。[1] 即使在新能源汽车产业内部，那些严重依赖外包的车企产品，也根本无法与华为这种在智驾系统中实现彻底的纵向整合，即用自己的软件来定义自己的硬件，使其系统的功能达到最优的企业竞争。有人认为只有传统燃油车企才懂得如何造车并有更高的造车效率，殊不知只要看看中国造车新势力那些按"工业 4.0"标准建造的工厂，马上就可以明白这些已经实现 90% 以上自动化程度的工厂比传统燃油车的流水线在生产效率上高出一个层次。

如果欧美国家的一众传统燃油车企由于地缘政治推迟发展电动汽车，它们与中国新能源车企的距离将会进一步拉大。与中国新能源车相比，传统燃油车在智能驾驶方面处于劣势。对传统燃油车而言，它的硬伤在于其电池只有在发动机运转时才能充电，储电量仅有一度左右，根本无法满足支撑智能驾驶的传感器和控制系统等一系列硬件所需的耗电量。与此同时，由于传统燃油车的动力系统在本质上是机

---

[1] 一蓑烟雨：《深度：解密智能汽车产业的 3 个世纪之问！》，"数据猿"微信公众号，2023 年 6 月 5 日。

械结构，即使装上智能驾驶的设备，其动力传导过程也需要通过一套复杂的机械程序，免不了会产生一定的时延。虽然时延按一般标准很短，但是对于自动驾驶的车辆来说，会成为影响安全的大问题。[1]

当然，中国的新能源汽车行业也面临一系列亟待解决的问题，不仅包括电池的高成本问题、原材料的可持续性问题，以及与电池回收相关的污染问题，也包括配套基础设施的建设，特别是电力问题及售后服务的问题，等等。在进一步使用绿色能源的发展过程中，中国的新能源产业与新能源汽车产业之间的衔接还存在许多脱节的部分。鉴于电动汽车的未来将实现高度智能化，而高度智能化又严重依赖电力，电力短缺也将会成为限制人工智能和电动汽车智能化发展的一个影响因素。在既要提高电力的供应，又要追求清洁能源的背景下，光伏和风能显然具有比较大的竞争优势。为了控制光伏和风能发电的不稳定性，储能将成为重大攻关的方向。

对中国新能源汽车走出去，特别是面对全球南方的市场时，可能有必要认识新能源汽车在电动化阶段对消费者的意义是什么。对许多发展中国家的消费者市场来说，即使没有高阶智能驾驶，电动汽车本身就有其独特的意义，例如解决能源短缺、使用清洁能源。在这层意义上，对许多全球南方国家而言，如果能有光伏发电加储能作为电动汽车充电的解决方案，这可能是最有价值的突破口。海尔已经为非洲市场开发出不用耗电、全靠光伏的空调。如果中国也能发展出靠光伏发电或制氢的系统，再将其与汽车连接起来，整个非洲将会成为中国新能源汽车的大市场。

---

[1] Carlos：《"被时代遗弃"的燃油车，还有多少智能化余地？》，"首席智行官"微信公众号，2022年6月27日。

展望

12 建设福利国家
"百年未有之大变局"与未来中国经济发展模式的选择

中国经济如何走出低谷和选择什么样的未来增长模式，是社会各界2024年关注的焦点。本篇主张的福利国家并不是指一种特定的国家类型或属性，而是所有现代国家都应具有的一个重要职能，即发展强大的社会保障体系，按公平公正原则帮助全体公民应对现代经济中的各种风险，通过鼓励消费扩大需求和提高人民生活水平。建设福利国家与"百年未有之大变局"有什么关系？考虑到中国巨大的人口规模和发展不平衡的地域城乡格局，建设福利国家现实吗？建设福利国家是否与中国以制造业立国的国家战略背道而驰？本篇正是要论证：只要看清"百年未有之大变局"的实质，就会理解建设福利国家是中国未来经济发展模式的不二选择；正因为中国的人口规模巨大和地域城乡发展不平衡，建设福利国家才能支撑中国经济未来几十年的发展；建设福利国家不仅与以制造业立国没有矛盾，恰恰相反，它是中国成为制造业强国必不可少的前提条件，福利国家将为先进制造业保驾护航，先进制造业将为福利国家提供强大的税基。

讨论中国未来的经济发展模式，从历史的纵深与比较的视野把握方向非常重要。"百年未有之大变局"，说到底是全球化钟摆运动、霸权更迭和科技革命这三大历史长周期，在时隔一个世纪以后，又在经历与20世纪上半叶十分相似的同频共振。要充分理解世界正在经历的深刻变化与选择中国经济的未来之路,我们不仅要看看一个世纪前到底发生了什么,"百年未有之大变局"的前世与今生有何相似之处,而且还要看看世界大国,特别是西方发达国家,是如何应对这两次大变局的,以及中国在这两次大变局中走过的路对今后的选择有何启示。

本文的主要观点如下:首先,无论是一个世纪前,还是2008年全球金融危机以来,每当全球化钟摆运动由释放市场力量向保护社会回摆,霸权更迭周期驱动的地缘政治使国家安全变得比效率更为重要,以及各国为发展科技革命带来的新兴产业激烈竞争时,发达国家对外都采取贸易保护主义措施,通过提高关税来防止他国产品冲击本国就业,并力图确保万一战争爆发时本国对能源、资源、供应链和市场的控制,以及通过建立排他性贸易集团在防范主要外国竞争对手的同时扩大本国新兴产业的规模经济。

其次,发达国家在一个世纪前的逆全球化过程中,普遍建立了以内循环为主的经济发展模式。这个内循环模式有两大支柱:一个是世人皆知的凯恩斯财政政策,在经济萧条期通过增加公共开支创造有效需求;另一个则是国内关注较少的福利国家,通过强化各种社会保障来降低民众在现代经济生活中面临的风险,从而促进消费和刺激需求。在福利国家的赋能下,二战以后西方各国的经济发展模式均以消费带动需求为主,并大大提高了人民的生活水平。

再次,西方国家在1870—1914年全球化钟摆运动释放市场力量的阶段建立了各种现代市场经济制度,又在1930—1970年全球化钟摆运动明显转向保护社会的阶段,为应对市场失败带来的各种危机建立了强大的社会保障体系。福利国家在西方从发端到普及,一直是自由资本主义与社会主义为争夺人类社会基本政治经济制度地位,通过对自身进行重大修正而做出的政治妥协。在全球化钟摆运动中进行双向的国家建设是西方国家迄今为止能够安然度过三大历史长周期的波动并维持其世界优势地位的根本原因。

最后，中国在应对三大历史长周期的波动时，先是在1949年后选择了社会主义，采用计划经济为主的内循环模式，同时为国有部门提供全面的社会保障；然后在90年代初至2008年全球金融危机前又选择以世界工厂为代表的外循环模式，并通过市场化减少政府在教育、医疗、住房和退休等方面的作用，依靠经济发展的涓滴效应代替社会保障。虽然中国经济在2008年后开始向内需驱动调整，但仍然以政府投资的基础设施建设和以民间投资的房地产代表的供给侧为主，需求侧的消费一直相对较弱。尽管在2001年加入世界贸易组织以来，中国开始注重搭建社会保障体系，但是其发展水平与中国经济的体量和其在世界上的地位相比相距甚远，尤其是对各社会群体的覆盖程度存在较大的不平等。

简言之，中国的国家建设亟须一次历史性补课，对改革开放以来渗透经济社会方方面面的效率至上原则做出重要修正，发展能在逆全球化时代各种严峻的挑战面前以公平公正为原则有效保护社会的福利国家，更关键的是彻底打通福利国家与以内循环为主的经济发展模式之间的任督二脉，让前者成为支撑后者运行的基础。能否完成这个历史使命在很大程度上将决定本世纪中国式社会主义能否应对自由资本主义的挑战，也将决定中国的市场经济能否避免走计划经济的回头路。

为有效应对"百年未有之大变局"，中国需要一场认知革命，打破近半个世纪以来看待经济问题时的三个思维定式。第一是，放弃全球化会一直向前发展的线性历史观，严肃对待全球化钟摆运动，在心理上接受中国经济在逆全球化的历史阶段只能中低速增长这一新常态。第二是，放弃以外循环为主时一谈经济就是供给、生产和出口的思维方式，认清在以内循环为主的经济发展模式中，没有强大的需求、消费和进口，就无法长期支撑供给、生产和出口；只有提高收入在分配中的占比，全面加强社会保障，不断提高国内消费水平，才能继续吸引外资并对冲海外的各种贸易保护主义，进而支撑制造业立国的战略。第三是，认清中国经济在这一阶段需要的绝不仅仅是一些临时刺激措施，而是现代国家的制度建设，当务之急是以建设福利国家为抓手，促进经济发展模式向以消费驱动的内循环为主转型。

三大历史长周期的同频共振与贸易保护主义的兴起

当逆全球化冲击本国就业时，各国都倾向于提高关税，把进口商品挡在境外；当地缘政治激化时，各国看待经济问题时都用国家安全取代效率；当科技革命带来各种新兴产业时，各国也都力图通过贸易集团化赢得国际竞争。日趋恶化的外部环境迫使各国不得不从外循环模式转向内循环模式。

逆全球化与贸易立国的困境。一个世纪前，逆全球化过程中出现的一个标志性指标是关税战。如今关税战不仅再现，而且正在不断削弱世界贸易组织代表的多边自由贸易秩序。全球化意味着商品的自由流动，不断降低的关税曾经是测量全球化的重要指标。然而，当市场失败带来的经济危机迫使各国保护本国产业和就业时，提高关税限制商品的自由流动就成为重要的政策工具，关税因此成为测量逆全球化的重要指标。在第一次世界大战爆发、金本位制崩溃后，世界贸易已经在下降，在世界产出中的占比由 1913 年的 27% 降为 1923—1928 年的 20%。[1] 1930 年美国通过了《斯穆特-霍利关税法》，把近 900 种商品的进口关税一举提高到 60%。这个法案及其引发的各国反制导致世界贸易量在四年内下降三分之二。特朗普 2018 年开启的关税战是本轮逆全球化的重要转折点。发展到如今，不仅欧盟刚刚通过提高中国新能源汽车进口关税的决议，许多发展中国家也开始提高中国产品的关税。如果特朗普 2025 年 1 月回到白宫后真的将对华关税提高到 60%，并把对其他国家的关税提高到 10%—20%，不仅有可能使中国对美贸易顺差归零，而且将在世界范围内进一步加重逆全球化的趋势。从全球化钟摆运动的周期来看，这是中国经济未来 10—20 年里必须面对的国际环境。

地缘政治与国家安全至上原则。 全球化逆转通常带来国际经济秩序的崩溃，并削弱既存霸权国在其中的地位。当霸权国日益担心自己可能被新兴大国取代，地缘政治的竞争就变得十分激烈。在奔向修昔底德陷阱的路上，国家安全取代贸易带来的效率和福利，成为大国管理经济的新原则。地缘政治的激烈竞争彻底改变了各国对全球化时期形成的相互之间经济依赖的看法。在 20 世纪 20—40 年代，"生存空间"是许多国家主导对外政策的原则，最近几年其翻版开始以"脱钩""去风险""友岸"或者"近岸生产"的新形式出现。从国家安全的视角看经济现象的另一个后果是把经济依赖武器化，既存霸权国经常依靠经济制裁来压制新兴大国。英国在一战期间对德国实行了广泛的禁运；30 年代末期美国对日本的石油禁运，是日本决定

---

[1] Matthew C. Klein and Michael Pettis, *Trade Wars are Class Wars: How Rising Inequality Distorts the Global Economy and Threatens International Peace*, Yale University Press, 2020, p. 20.

偷袭珍珠港的主要原因之一。俄乌危机爆发后,西方国家把俄罗斯踢出 SWIFT,并对它实施了数以万计的经济制裁。俄乌危机以来西方冻结俄罗斯外汇储备的行为,导致许多国家开始寻求去美元化,这正在削弱以美元为关键货币的国际金融秩序。在这种日趋严峻的外部环境中,各大国之间必然会进一步降低对潜在敌对国在经济方面的依赖性,并确保万一爆发军事冲突时本国供应链的安全。

科技革命与贸易集团的出现。科技革命带来的新兴产业在发展初期通常需要大量投资,但是同时国内市场又比较小。只有新兴产业的公司进入更大的国际市场,才能实现规模经济并获得投资回报和利润。当逆全球化开始影响国内就业,地缘政治竞争日趋激烈时,国与国之间的技术竞争,特别是在地缘政治中属于不同阵营的国家之间的竞争,会推动各国组成按地缘政治划界的贸易集团。这种贸易集团的目的是既能扩大本国新兴产业的规模经济,又能用关税防范地缘政治中的对手。1932 年,英国率领英联邦国家缔结了《渥太华协议》,随后几年里德国与一系列东欧国家也签订了类似的协议,日本与亚洲的殖民地,包括其扶植的伪满洲国及汪伪政权签订了相关的关税协议。这些协议的目的都在于扩大其新兴产业产品的海外市场,扩大规模经济和提高投资回报率和盈利。[1] 在本轮科技革命的国际竞争中,中国企业依托本土超大规模的市场,彼此之间进行激烈的竞争,胜出的企业不断扩大规模经济,在光伏、风电、新能源汽车和无人机等若干产业建立起强大的竞争优势。面对中国企业的竞争优势,欧美国家对中国各种新兴产业的出口纷纷祭出高关税,防止中国企业占领它们的本

---

[1] Kerry A. Chase, *Trading Blocs: States, Firms, and Regions in the World Economy*, The University of Michigan Press, 2005.

土市场，摧毁其新兴产业；同时，为扩大本国企业的规模经济，它们也在建立各种联盟。

三大历史长周期的同频共振与福利国家的发展

无论是逆全球化对国际经济秩序的冲击，还是科技革命改变了国际政治经济中的力量对比，最后都导致既存霸权国的相对衰落和地缘政治矛盾的激化。在充满危机的国际环境中，建设福利国家成为各国向以内循环为主的经济发展模式转型的必然选择。

大萧条与福利国家。在大萧条的冲击下，大多数西方人都认识到，缺少束缚的市场已经成为带来经济危机和不平等的破坏性力量，必须要建立对它的反制。当时的共识是只有政府才有足够的体量、资源和意志来扮演这个角色。[1]

罗斯福新政在三个方面重新定义了美国政府在经济中的作用。一是在金融领域通过各种立法约束市场力量，包括1933年分离商业银行和投资银行，并为个人储蓄者在商业银行的存款提供保险，1934年限制商业银行使用保证金购买股票，并成立联邦证券交易委员会来监督金融市场。二是在市场失灵时找到它的替代机制，例如政府通过扩大财政开支支持各种公共投资项目，《全国工业复兴法》试图支持强制性卡特尔，虽然最终被最高法院判定为违宪。三是与福利国家有关的各种项目。

---

[1] Peter J. Munson, *War, Welfare & Democracy: Rethinking America's Quest for the End of History*, Potomac Books, 2013.

美国建设福利国家的第一大举措是向民众提供救济。美国于1933年成立了联邦紧急救济署，这个机构在大萧条期间先后开支达40亿美元，覆盖了两千万的人口，而当时美国的人口规模才1.25亿。为避免州政府的腐败和漫长的审查手续，联邦紧急救济署在各州福利机构之外另建一套救济系统，并规定其工作人员必须接受社会工作专业人士的监督。[1]

第二大举措是提高工资，扩大劳动收入在分配中的占比。要实现经济的内循环，消费是需求的主要支柱，而要增加消费就要提高工人工资。大萧条之前，美国的资本一直抵制工会提高工资的要求，工会经常诉诸罢工来对资本施加压力，劳资对立在大萧条期间达到新高潮。民主党意识到，只有建立一个能约束雇主权力、增加劳工职场权利的新型劳动关系，才有可能实现劳资之间的妥协。为此，罗斯福成立了国家劳工关系委员会，监督雇主与工会的谈判。在民主党政府的扶植下，美国劳工运动迅速发展，工会会员总数由1932年的不到300万人增长到1945年的1500万人，在工业雇员总数中的占比从不到10%增长到35%。工会不断扩大的政治力量迫使资本不得不拿出更大比例的利润与工人分享，[2]为发展美国式的基于雇主的社会保障体系奠定了重要的政治基础。[3]

第三大举措是建立社会保障体系。美国于1935年成立社会安全

---

[1] Robert Leininger and Leslie Leininger, "Social Policy of the New Deal", In James Midgley and Michelle Livermore, eds., *The Handbook of Social Policy*, Sage, 2009, pp. 133-150.

[2] Gary Gerstile, *The Rise and Fall of the Neoliberal Order: America and the World in the Free Market Era*, Oxford University Press, 2022.

[3] Robert Leininger and Leslie Leininger, "Social Policy of the New Deal", In James Midgley and Michelle Livermore, eds., *The Handbook of Social Policy*, Sage, 2009, pp. 133-150.

（social security）系统，从失业保险和老年退休金这两个主要方面帮助美国人降低现代生活中的风险。

虽然全球化从80年代初又转向释放市场力量，福利国家在全球化过程中也经历了诸多改革，但它不仅没有像许多人预测的那样走向衰落，反而展现出比较强的韧性。一项涉及53个发展中国家与14个发达国家的比较研究，考察了各国在1972—1995年社会保障与福利支出在GDP中占比的变化。其中发现发达国家与发展中国家之间出现较为明显的反差。OECD国家的社会保障与福利支出在GDP中的占比在1972年的平均数为12%，到了1995年则变为16%。而发展中国家的这一数字在1972—1974年为3.2%，到了1996年则降为2.5%。在此期间，无论是发达国家还是发展中国家，贸易和资本流动都呈现上升状态，只有社会保障与福利支出出现不同的走向。这显示即使在全球化加速后，发达国家对社会保障和福利支出的重要性仍然有清醒的认识。[1]

美国应对新冠疫情的措施，充分地体现了罗斯福新政在重大危机中果断救济的政策遗产。《纽约时报》指出："在疫情暴发初期一片恐慌的日子里，美国政府做了一件以前难以想象的事情：它在几周之内就把自己转变成一个欧洲式的福利国家，为穷人慷慨地提供医疗救助和食品券，提供新的有薪病假和看护病人假，并扩大学校免费午餐等联邦福利，还使一些与疫情相关的福利——比如来自刺激法案的发给个人的支票和儿童税收减免——扩大到近于普适的程度。"自从2020年3月起，美国政府据估算先后花费了5万亿美元来帮助个人

---

[1] Nita Rudra, "Globalization and the Decline of the Welfare State in Less-Developed Countries", *International Organization*, Vol. 56. No.2（2002）, pp. 411-445.

和企业。1500万名以上通常不符合社会保障与福利标准的人，如非全职雇员和依靠独立合同为生者，被覆盖了整整一年半。[1]无需赘言，这些措施导致联邦债务的急增，许多人担心未来美国是否会爆发债务危机，而且这些短暂措施结束后美国经济出现了消费下降的趋势。然而，美国经济在疫情以来的运行状态，至少迄今为止，仍然好于其他所有大国。

科技革命与福利国家。福利国家背后的推动力，是工业化与城市化给人们带来的一系列风险。首先，工业化需要大量灵活的、可流动的劳动力。在经济发展的早期，工人基本上来自农村。当农民离开过去的大家庭和邻里，就失去了传统的社会支持，只能依靠劳动力市场维持生计。其次，工业化带来复杂的分工，使工人学习的专业技能，在很多情况下只能在特定的工厂使用，一旦失业，再就业就成为很大的挑战。最后，随着城市化使核心家庭成为主要家庭形式，老年人的赡养也成为一个挑战。所有这些与工业化、城市化相关的风险，都要求公共的解决方案。[2]

20世纪初电气化和流水线技术的广泛采用开启了批量生产的时代，这从消费端呼唤福利国家的诞生，因为要想支撑大量生产持续运行，必须不断扩大消费市场。这不仅需要远高于仅能维持基本生计且不断增长的可支配收入，还要对未来收入和抵御风险的能力有充分的信心。美国在20世纪20年代发明了分期付款后，曾一度依靠前所未

---

[1] Claire Cain Miller and Alicia Darlapiano, "The U. S. Built a European-Style Welfare State. It's Langely Over", *The New York Times*, May 11th, 2023.
[2] Harold Wilensky and Charles N. Lebeaux, *Industrial Society and Social Welfare: The Impact of Industrialization on the Supply and Organization of Social Welfare Services in the United States*, The Free Press, 1965［1958］.

有的金融扩张带来奢侈品消费的增长和商业繁荣，但是工资却没有跟上消费增长的速度。资本在只顾赚取巨额利润的同时，也在不知不觉中为走向大萧条准备了条件。当工资和消费无法跟上新技术的应用，科技革命带来的一时繁荣只能被周期性的萧条平衡。这正是各种只强调供给侧的发展模式看待经济循环时的一大盲点。[1]

在大萧条的巨大冲击下，科技革命带来的产业结构变化，为美国建设福利国家提供了有力的政治环境。当时美国和国际投资者都放弃投资劳动力密集型制造业和农业，转而投资汽车、钢铁、化工等资本密集型产业。与前者把工会视为巨大威胁不同，后者对资本支出中占比较小的劳动力成本没有那么敏感，它们需要的是规模更小、更稳定、素质更高的劳动力。对资本密集型的大企业而言，民主党推行的全国社会福利改革相当于在所有企业之间平摊改革的成本，这非常符合它们的利益。[2] 于是，资本密集型产业成为民主党建设福利国家的政治盟友。欧洲各国的情况也与美国十分相似。

对今天的中国而言，工业机器人的广泛应用和人工智能的迅速发展，使建设福利国家必须提上中国的议事日程。从2022年起，中国工业机器人装机量位居世界第一，近两年，中国工业机器人的需求一直占世界总需求的一半以上；其中2023年中国在世界工业机器人装机量中的占比电子工业为62%，汽车为48%，这两个行业在2018—2023年每年都以平均11%的速度增长。[3] 中国新能源汽车造

---

[1] Peter J. Munson, *War, Welfare & Democracy: Rethinking America's Quest for the End of History*, Potomac Books, 2013.

[2] Ibid.

[3] International Federation of Robotics, "Record 1.7 Million Robots Working in China's Factories", *International Federation of Robotics Press Release*, Sep 24, 2024.

车新势力搭建的"工业4.0"标准的"黑灯工厂"充分显示，新质生产力的发展将不可避免地对就业产生冲击。人工智能带来的最大挑战是，当更多的人被排除出生产过程时，如何解决分配的问题。迄今为止，世界各国的经济制度一直是按劳分配，但随着机器人日益取代人的劳动，越来越多的人将会失去参与按劳分配的机会。这将是人类社会在21世纪面临的最重大的政治经济课题之一，在此背景下，福利国家的作用将变得空前重要。

两次世界大战与福利国家。一个世纪前的霸权更迭周期驱动的地缘政治冲突，引发了两次世界大战。这两次规模空前的军事冲突，对福利国家的发展起到了巨大的推动作用。

一项关于两次世界大战如何影响了福利国家发展的14国比较研究有诸多发现。第一，战争对福利国家的影响因战争的烈度而有所不同，对发动战争的国家影响最为深刻。同时，与发生在海外战场的战争相比，发生在本土战场的战争导致更多的破坏，对福利国家的需求更强。第二，大国和准备发动战争的国家在战争准备期更关心福利国家的建设。第三，战时经济管制和战争动员极大地加强了国家能力，政府权力的集中、财政的强化以及强有力的官僚机构的建立，都提高了政府管理福利国家的能力。第四，一场全民战争要求集中权力、大众的忠诚以及消除等级制，不仅政企之间、执政党和在野党之间不得不合作，而且由于兵源和工源都处于短缺状态，工人阶级和长期被边缘化的社会群体在国内政治中的地位上升，资本或者中产阶级则要为战争埋单。第五，战败、战争动员和战争引起的国内政治群体势力对比发生的变化，经常成为民主化和选举改革的导火索。公民为国家做出的牺牲必须平等的逻辑，不仅导致税收的强化和税率的累进制，而且把选举权推广到社会的大部分群体。第六，战争结束后，做出各种牺牲的各国民众要求政府满足各种战后需求，其规模与战争的烈度（动员比率、战争造成的破坏和人员伤亡）直接相关。战后的社会需求在发动战争的国家尤其强烈，因为这些国家在战争后期在本土战场有大量死亡的士兵和平民、大量被破坏的房屋和基础设施，以及战争带来的经济萧条、食品短缺、无家可归与大规模失业等问题。欧洲国家在战后初期出现大量社会立法，证明这些国家发展福利国家的原因之一，就是它们深度地卷入了两次世界大战。[1]

即使在第二次世界大战结束后，地缘政治仍然深刻地影响着福利国家的发展，最明显的标志是冷战的压力一直把美国共和党往左翼的方向推。共和党的强硬派在40年代末和50年代初面临一个痛苦的选择：是开罗斯福新政以来各种福利国家举措的倒车，还是向工会做出更多的让步。如果坚持其信仰，共和党就应该削弱工会的政治势力，结束政府对经济的规制，大幅度削减政府开支，重建19世纪版本的自由放任。然而，如果这样做，共和党也必须承担失去选票的风险。仔细观察这一时期的美国政治就会发现，共和党为了反共，往往对工会做出比民主党更多的让步。冷战把罗斯福新政开始的自由主义政策，从一个临时的政治运动变成持久的政治秩序。[2]

战争与福利国家的关系在俄乌危机中也得到凸显。俄乌冲突后俄罗斯面临为扩充兵员而提升参战人员福利待遇的急迫需要。在

---

[1] Herbert Oblinger, Klaus Peterson, Carina Schmitt, and Peter Starke, "War and Welfare States Before and After 1945: Conclusions and Perspectives", In Herbert Obinger, Klaus Peterson, and Peter Starke, eds., *Warfare and Welfare: Military Conflict and Welfare State Development in Western Countries*, Oxford University Press, 2018, pp. 426-463.

[2] Matthew C. Klein and Michael Pettis, *Trade Wars are Class Wars: How Rising Inequality Distorts the Global Economy and Threatens International Peace*, Yale University Press, 2020.

2026年前,俄罗斯要将军队编制增加至150万人,其中合同制军人的数额将增加至69.5万人。为解决前线兵力短缺和兵员征集面临的难题,俄罗斯政府开始大幅提高参战人员的福利待遇,并开出高额报酬吸引更多的俄罗斯人参军参战。2023年10月,俄罗斯通过法律,规定参战人员的工资自当月起增长10.5%,支付给阵亡军人遗属和伤员的抚慰金也相应增加。目前,莫斯科市给合同兵的单人一次性奖励已经增加到230万卢布,加上工资、津贴以及家属补助,一名合同兵服役第一年可以拿到520万卢布,是莫斯科人均收入的4倍多。[1]

以上分析显示,一个世纪前西方发达国家为应对三大历史周期同频共振带来的挑战,普遍建立了以保护社会为目的的福利国家,并实现了以消费驱动需求、以内循环为主的经济发展。在当今中国,2008年前形成的世界工厂模式仍然有强大的惯性,向以内循环为主的经济发展模式转型在认知层面仍然面临巨大挑战:为什么世界工厂模式将难以为继?建设福利国家为什么可以帮中国的制造业摆脱困境?

世界工厂模式与萨缪尔森陷阱

从全球贸易平衡的视角可以看到世界工厂模式在逆全球化时代的限界。根据OECD的统计,2020年中国制造业产量占世界制造业总产量的35%,是美国的3倍,日本的6倍,德国的9倍,超过后面

---

[1] 亓林才、谢思强:《俄罗斯增加国防预算的多重考量》,《解放军报》2024年10月17日。

八个国家的总和，中国制造业附加价值在世界制造业附加价值总量中的占比也达到29%。关键问题在于，中国出口在世界出口总量中的占比从1995年的3%增长到2020年的20%，[1]而2020年中国进口却只占世界总量的11.5%。[2] 2023年中国与美国的贸易顺差为3361亿美元，与欧洲的贸易顺差为2910亿欧元。世界工厂模式意味着中国必须依靠其他国家的需求消化自己巨大的产能，而这会直接影响其他国家的就业。世界工厂模式的问题不是产能过剩，而是萨缪尔森陷阱，即通过维持高中低科技所有产业的工作机会实现日本式的"全体就业"。[3]如果中国的进口远远小于出口，别的国家就失去出口的机会，这正是萨缪尔森指出比较优势理论已经无法帮助人们理解21世纪国际贸易的原因。在逆全球化时代，各国都争相保护本国就业，继续维持世界工厂模式必然引起与其他国家无穷无尽的贸易摩擦。

世界工厂模式的一个前提条件，是压低工资和社会保障水平，以确保产品的竞争力。而低工资加上须从收入中节约储蓄以应对生活中的各种风险，导致国内需求的不足。这就形成一种恶性循环：越想增加出口，就越要压低工资；越缺少社会保障，就越要维持所有产业的就业；越要维持所有产业的就业，就越不敢与发达国家实行对等开

---

[1] Richard Baldwin, "China is the World's Sole Manufacturing Superpower: A Line Sketch of the Rise", The Center for Economic Policy Research, Jan. 17, 2024.

[2] 中华人民共和国商务部综合司、国际贸易经济合作研究院：《中国对外贸易形势报告：2021年春季》，2021年。

[3] 日本的"全体就业"指为刺激经济增长采取低税政策，政府在缺少资源发展社会保障的限制下，在鼓励大企业实行终身雇用制的同时，允许中小企业在经济萧条期组织卡特尔限制竞争，同时通过政府规制严格保护城市零售业的夫妻店，这也是依靠经济增长的涓滴效应代替社会保障的一种表现形式。请参考高柏：《日本经济的悖论：繁荣与停滞的制度性根源》，商务印书馆，2004年，第五章。

放，也越要继续与发展中国家争夺低端制造业市场。在地缘政治影响日益严重的国际环境中，贸易失衡不仅使中国经常陷入与逆差国的贸易纠纷，也使国内消费市场失去对外资的吸引力，并缺少对冲他国贸易保护主义的手段。真正的以制造业立国不是保留所有产业，让它们进行低水平的内卷，而是通过产业升级换代生产高附加价值产品，扩大企业利润空间，提高人民消费水平。

建设福利国家可以帮助中国走出萨缪尔森陷阱。对贸易失衡可以有两种完全不同的解读，它在顺差国看来是逆差国的储蓄严重不足，而在逆差国看来则是顺差国的消费严重不足。然而，顺差国并不一定非要通过减少出口来实现贸易平衡，增加国内消费带来的进口也可以实现贸易均衡。战后西方发达国家的发展轨迹已经证明，福利国家能支持国内消费市场不断扩大，在对等开放和发展产业内贸易的加持下为他国提供更多的出口机会，并与贸易伙伴保持更和谐的关系。

福利国家是发展经济与提高生产力的重要机制

许多人可能认为福利国家与制造业立国的战略背道而驰。在很长一段时间里，西方关于福利国家的研究也是从消费和需求的视角去理解的。到了20世纪70年代开始出现削弱福利国家的呼声，特别是当80年代全球化和科技革命全面加速后，西方学术界开始重新认识瑞典在应对大萧条过程中提出的社会发展理论，重新关注福利国家对经济发展和提高生产力的重要作用。

瑞典的社会发展理论最初诞生于20世纪30年代初关于该国出

生率下降的辩论。它的观点对今日中国有直接的借鉴意义：出生率下降的根本原因，是工业化和急速城市化使社会的经济变得更为艰难，儿童不再被视为未来的劳动力，而是组建家庭的额外成本和拥挤住房条件下的额外负担。这个理论主张公共政策应该对家庭提供经济援助，不仅要提供现金帮助和采取支持夫妇双方工作的社会政策，还应该为鼓励生育提高住房标准。它认为人口的质量比数量更重要，决定儿童素质的不仅有生物学上的因素，还有社会经济因素和教育。即使当时面临着前所未有的大萧条，瑞典人仍然关注经济增长与生产力。这个理论称自己的主张是"生产性社会政策"。[1]

北欧模式把社会保障视为对人力资本的投资，它鼓励持续的技术创新和产业升级换代。当时的瑞典社会民主党一方面采取积极的财政金融政策，提高工资，增加国内的需求，另一方面开始福利国家的制度建设。经过曲折的过程，资方终于在1938年同意社会民主党的基本纲领，包括在产业层面而不是企业层面设定工资标准，确保企业与工人分享增加的利润，大规模扩大再分配和社会保险项目以及加强政府规制。许多人最初以为分享企业利润会降低企业的投资，事实却恰恰相反。这是因为禁止靠大规模裁员来减少劳动成本，还要求支付工人较高的工资，瑞典企业有足够的动机去增加工人的边际生产力，并采用对工人友好的技术。在产业层面谈判工资，使企业放心提高生产力，而不用担心本企业工人要求进一步涨工资。只要一个企业能使自身的生产力高于同行业的竞争者，就能给自己带来额外利润。北欧

---

[1] Nathalie Morel, Bruno Palier and Joakim Palme, "Beyond the Welfare State as We Knew it?" In Nathalie Morel, Bruno Palier and Joakim Palme, eds., *Towards a Social Investment Welfare State? Ideas, Policies and Challenges*, Policy Press, 2011.

模式激励企业积极引进新技术和购买新机器,这不仅使资方不断提高利润,而且使各行业的工人工资不断上涨。[1]

40年代末到60年代中期的日本经验,也证明了分享原则与技术创新的关系。在战后最初10年里,资方对待工会的要求毫不妥协。1956年《日本政府经济白皮书》指出,战后经济依靠重建驱动的增长已经结束,未来日本必须依靠技术创新。然而,这遭到工会的强烈反对,因为他们担心自动化将带来大量失业。这时,一位经济学家提出提高生产力三原则:提高生产力的目的是为了增加就业,政府与企业必须尽一切努力避免失业;公司管理层必须与工会磋商如何提升生产力;提升生产力带来的利益必须在公司与工人之间分享。大部分企业最初对此很抵触,但是经过一场长达一年多全国范围的罢工,到60年代初,资方终于意识到如果再不解决分配问题,不仅会拖累技术创新,劳资冲突导致的政治动荡还会影响经济增长。从60年代中期起,日本大企业开始制度化以终身雇用制、年功序列工资和企业工会为主要支柱的"福利社会"模式。[2]

在过去20多年里,美国的高科技公司和中国的华为通过高薪、股票期权和奖金的形式与员工分享公司利润的实践也在显示,要想发展具有竞争力的高科技产业,必须要在公司与员工之间更公平地进行分配。即使在非高科技产业,胖东来的实践也清楚地显示,当企业愿意与员工分享利润,提高员工的工资与福利可以直接导致生产力的大幅提高。

---

[1] Daron Acemoglu and Simon Johnson, *Power and Progress: Our 1000-Year Struggle Over Technology and Prosperity*, Public Affairs, 2023.
[2] 高柏:《经济意识形态与日本产业政策:1931—1965年的发展主义》,上海人民出版社,2008年。

内循环经济发展模式的资源配置

任何一种经济模式的运行都离不开由需求与供给组成的循环。世界工厂代表的外循环模式与福利国家代表的内循环模式之间的一个重大区别，是资源配置原则的不同。

外循环模式的特征是国内供给远远大于国内需求，支持经济循环的需求主要来自国际市场，经济体依靠出口完成循环过程并实现经济增长。在外循环模式中，资源配置的原则是最大限度吸引能带来外部需求的外资。由于外资可能带来的外部需求有无限的可能，为吸引外资对基础设施进行大规模投资，可以给当地经济发展带来可观回报。在这种激励机制下，资源配置向容易吸引外资的沿海地区集中，政府大力建设基础设施，并为外资提供从税收到土地等一系列政策优惠。然而，正如批评者指出的那样，这种以外循环为主的经济发展模式，无论在中国这样的发展中国家，还是在德国、日本、韩国等发达国家，都以压低国内消费和工资水平为前提，因为只有这样才能保证出口的竞争力。[1]

内循环模式中的需求主要来自经济体内部，资源配置的原则是确保国内需求的最大化和长期化。其中，需求主要包括政府财政支出、企业投资和个人消费。2008年以来中国的内循环模式，主要通过政府财政支持的基础设施建设和私人投资支持的房地产来刺激经济，虽然短期内都有效果，但它们都是建一次可以用许多年，很难长期持续地作为需求的来源。况且，持续建设基础设施要求政府有足够

---

[1] Matthew C. Klein and Michael Pettis, *Trade Wars are Class Wars: How Rising Inequality Distorts the Global Economy and Threatens International Peace*, Yale University Press, 2020.

的税收，或者有发债和支付利息的能力，二者的前提都是持续的经济增长。在地方政府债务高企的状况下，继续通过建设基础设施刺激经济，显然并不合理。在房地产产能过剩、出生率下降的结构条件下，房地产也无力为内循环模式持续地提供需求。能持续为未来中国的内循环提供需求的只能是消费，因此，资源配置原则也应该转向为长期且最大限度地提高居民消费创造条件。

讨论调动消费需要厘清两个概念——可支配收入（disposable income）与可调动收入（discretionary income）之间的区别。前者指扣除各种税后的收入，后者指扣除各种税和日常生活必需支出后的收入。由于水、电、煤气、保险、房贷和车贷等固定支出无法用于消费，扣除这些支出的可调动收入才能更准确地测量居民的消费潜能。在中国的语境下，即使用可调动收入这一概念可能仍然不够，因为除了上述固定支出外，中国家庭还经常把部分可调动收入用于储蓄，以应对未来的各种风险。目前中国之所以内需严重不足，就是因为家庭出于对未来收入预期的严重不确定，开始大幅度增加储蓄。

按这个逻辑推导可以发现，在内循环模式中要释放居民的消费潜能，手段无非三条：增加可支配收入，增加可调动收入在可支配收入中的占比，减少可调动收入中用于防范各种风险的储蓄。其中每一条都与福利国家直接相关。

建设中国的福利国家从哪里入手？

在中国建设福利国家首先应该从住房和教育开始。曹远征先生曾经指出，中国经济的超大规模性使市场分层，而坚持为收入增长最快的市场群体设计生产产品的企业，不仅可以保证自身的现金流持续为正并稳定扩大经营规模，还能维持杠杆的可持续性。[1]把这个逻辑用于分析福利国家建设，就应该从能够最大限度地释放消费潜能的项目入手，从而形成一个正向循环：福利国家措施释放巨大的消费潜能，消费驱动的内需增加带来企业投资的增加、经济增长和政府税收的增加，再带来进一步发展福利国家其他项目的经费增加。这个领域就是房地产行业。

近年，一个突出的现象是年轻人占比越多的地区消费越弱，主要原因除了工作的不确定性增加外，房贷是主要的压力。[2]2019年中国城镇居民住房拥有率高达96%，即使收入最低的20%的家庭住房拥有率也高达89.1%，均远远高于多数发达国家。2022年房地产在中国家庭总资产中的占比高达70%，部分家庭超过90%。[3]可见，购房占用的资金，是增加居民可调动收入时最重要的资源。释放这部分资金，能最大限度地增加居民的可调动收入，从而最大限度地增加居民的消费。为此，政府应该大力提供经济适用房、保障房和廉租房。如果能通过政府在资源配置方面的支持，把租金或房贷等支出控制在家庭税前收入的三分之一以下，居民家庭就可以把一大块可观的额外可调动收入用于消费。

教育是中国社会对公平公正原则要求最强烈的领域。"超级中

---

[1]《中银国际曹远征：中国经济的韧性在于超大规模性》，新浪财经，2023年12月17日。
[2] 高善文：《高善文谈经济转型：车头已经调转了，但车速明显偏慢……》，新浪财经，2024年9月18日。
[3] 郭翔宇、曲悦：《"房住不炒"时代的居民家庭资产投资》，清华五道口研究报告，2022年第6期。

学"现象暴露出公立教育资源分配的不公。以2017年为例，当年中国高考报考总人数为940万人，最终只有45.6万人进了"985"和"211"院校。这一现象意味着，为产出只占全国考生4.84%被"985"和"211"院校录取的学生，"超级中学"部分挪用了本属于其他894.4万人的经费，这导致太多家庭在教育方面的额外支出。决策者务必要看到这种不合理的制度对人口出生率的负面影响。2022年美国K-12公立教育系统的经费中，联邦政府出资占比为14%，州政府为44%，地方政府为43%。尽管地方政府提供的经费主要靠房地产税，因此存在学区之间的不平等，这种不平等有时甚至很严重，但无论是联邦经费、州经费，还是地方学区的经费，都必须按学生人头分配到学校，绝不允许州政府或地方政府把按学生人头分配的经费擅自切下一大块集中办一两所超级中学，而侵犯其他学生的受教育权。行政权力垄断教育领域的资源配置并过分关注效率，轻视公平公正是中国教育诸多问题的根源。

讨 论

三大历史长周期同频共振带来的各种危机，不仅在宏观层面使国家安全变得比效率更为重要，也在微观层面使个体安全变得比效率更为重要。未来的高度不确定性极大地影响了人们的预期和信心，使其投资和消费行为发生深刻变化。

日本企业在冷战期间受益于美国对盟国实行以贸易利益换取政治军事合作的有利国际环境，在一系列鼓励过度竞争的制度和机制的支持下，长期以增长为目的加杠杆投资。[1]然而到90年代初泡沫经济崩盘后，它们开始疯狂地减少负债，即使利率下降到接近于零，也拒绝借钱投资，一味地赚钱还债，导致日本经济陷入资产负债表式衰退。[2]在中国，个人对未来收入和职业发展的预期，一直建立在世界工厂大量出口和房地产空前繁荣的基础之上。然而，近几年在经济下行的压力下，个人预期和信心的下降开始明显抑制消费。疫情后中国的一个突出现象是，处于工作年龄段人口的消费出现非常明显的紧缩。[3]

这些现象表明，当企业和个人预期与信心由于危机发生深刻变化时，如果没有福利国家来救济弱势群体，援助企业，降低个人的各种风险，一个以内循环为主的经济发展模式根本没有足够的需求来支撑其循环，只依靠政府财政金融政策的刺激已经无法重振经济。

大萧条后西方国家普遍认识到，只关注资本的利润而不提高收入在分配中的占比，在贸易保护主义兴起和科技革命带来大量生产的时代条件下，根本无法支撑内循环经济的增长。要想在逆全球化时代实现资本和技术密集型经济的内循环，就必须不断提高工资，提振国内消费和需求。为实现这些目标，就必须发展福利国家，通过提供强大的社会保障，让个人和家庭安心消费。一个世纪前各国都意识到发展强大的社会保障职能是跨意识形态，具有高度历史同时代性的使命，无论是自由资本主义、法西斯主义，还是社会主义，当时都对完

---

[1] 高柏：《日本经济的悖论：繁荣与停滞的制度性根源》，商务印书馆，2004年。
[2] 辜朝明：《日本的真教训，中国的真问题：日本的经验就是中国过河的石头》，36氪领读，2024年2月5日。
[3] 高善文：《高善文谈经济转型：车头已经调转了，但车速明显偏慢……》，新浪财经，2024年9月18日。

成这个历史使命提出了各自的解决方案。

如今特朗普已经重新当选美国第 47 任总统,如果他在重返白宫后真的大面积提高各国关税,那么历史车轮的转动将很像是在与 1930 年美国通过《斯穆特 - 霍利关税法》对表。但凡承认 20 世纪上半叶三大历史长周期同频共振的结果对我们认识未来有些许借鉴意义,都不难想象此事可能引发的连锁反应和最终结局。2018 年当特朗普刚刚开打贸易战时,笔者曾撰文指出:"中国过去 40 年所处的国际环境从来也没有为中国提供向真正的发达国家迈进的机会——只要出口驱动还可以利用,就连德国也没有能够从压低国内工资和消费的怪圈中走出来,中国更不可能彻底脱离吃廉价劳动力老本的惰性。近年中美贸易争端的烈度从根本上改变了中国国内增长模式转型以及对增长模式进行选择的政治环境。"[1]然而人算不如天算,新冠疫情的暴发从某种意义上来说延缓了这一转型过程,中国如今不得不面对与 20 世纪 30 年代西方国家遭遇的十分相似的各种挑战。要想有效应对"百年未有之大变局"已经和即将带来的一系列危机,中国必须建设福利国家,真正地向以内循环为主的经济发展模式转型。

---

[1] 高柏:见本书《休养生息与强筋健骨》一文。

附 录
我的学术之旅

有个段子讲，北大门卫永远对来访者提出三个经典问题：你是谁？从哪里来？到哪里去？在本书的附录，我想通过这篇短文介绍我的学术之旅和那些影响过我学术成长的学者。它会帮助读者了解书中各篇文章的写作背景：我为什么对研究现实问题有强烈的兴趣？为什么总是从宏观历史的层面进行分析？为什么总是使用跨学科的理论框架？

我人生中的四段经历构成了我的学术之旅，也形成了我在写作本书各篇文章时的理论框架和关于现实的问题意识。

下乡：国际研究的原点

我在上个世纪70年代下乡时初次接触了国际问题研究和政治经济学理论。

我于1971年1月初中毕业。当时，哈尔滨的高中似乎都已关停，我待业在家。这一年的7月，美国总统国家安全事务助理基辛格秘密访华。基辛格访问结束后，两国政府同时宣布美国总统尼克松将访问中国。尼克松访华对中国社会的影响因人、因地而异，但是它对我的影响却很快出现，成为我的职业道路的原点。1972年春尼克松访华后，中国的不少城市掀起一股学习外语的浪潮。在同年9月日本首相田中角荣访华，中日实现邦交正常化后，我开始自学日语。到1973年5月下乡时，我已经基本将日语语法自学了一遍。1973年秋季，哈尔滨广播电台开始提供英语广播课程，我和下乡农场的几个小伙伴又开始跟着收音机学习英语。

下乡的第二年发生了一件冥冥中与我后来上北大、研究日本、留学美国以及一直从事社会科学研究并研究国际问题有强烈关联的事情。

1974年春，我所在的农场接到通知，派人参加哈尔滨市"上山下乡"知识青年函授大学辅导员培训班。领导把这个任务派给了我。一去市里听课，我才发现主题是"第一次石油危机带来的国际形势变化"。因为学着两门外语，我对这个题目十分感兴趣，非常投入。由于表现突出，第一期辅导班结束后，我从学生变成了给第二期学员上课的兼职教员。从那时起，我似乎就命里注定要做老师。

当年秋天，农场又收到另外一个通知，派人参加在黑龙江省图书馆开办、由黑龙江大学熊映梧教授主讲的《资本论》原著学习班。学习班为期一年，每星期一次。我在这个学习班打下的政治经济学基础后来成为重要的知识储备，不仅应付高考、本科的政治课考试和研究生考试时基本不用花时间复习，而且日后在普林斯顿读博士时也省下许多阅读时间。

由于"文革"的原因，我只上过初中，而且上初中的三年里有两年在挖防空洞，可以说连初中文化都没有。这两个学习班实际上给了我十分难得的学习机会，它们是我在被"文革"荒废6年后仍然可以考上大学的重要原因。

在后来的许多年里，我一直对第一个学习班感到不可思议：在

"文革"的动乱中,在黑龙江这样山高皇帝远、生活节奏似乎一直比时代潮流慢几拍、很少有老百姓关心政治的地方,1974年居然有人想起要给一群下乡知识青年办学习班,讲石油危机给国际经济秩序带来的变化!多年后,我读到一段关于70年代初党内应对国际环境变化的历史,才得知当时党内委托陈云研究国际局势,他率人研究后发现:1973—1974年第一次石油危机的一个重要结果是,发达国家战后长达20多年的黄金增长期结束,发达国家已经失去投资机会,国际上过剩的游资正在发展中国家到处寻找新的投资机会。这后来成为中国对外开放的逻辑起点。这个学习班的经历真正奠定了我这一生与国际研究的不解之缘。

北大:初识比较历史研究

我在1979—1986年在北大度过了七年时光,四年本科,两年半硕士,半年留校任教。那是一个当时在校的北大校友们后来十分怀念的黄金时代。读硕士期间,我开始接触社会科学研究中的比较历史研究,用跨学科的视角看问题,并认识到学以致用的重要性。

我于1979年考入北大东语系日本语言文学专业。本科四年,我一直在做"文学梦",其间在杂志上发表了三篇翻译的日本小说。临毕业时,我才得知此路不通,因为当时全中国的专业日本文学翻译一只手就可以数过来。就在我准备报考社科院日本研究所日本经济方向的硕士时,日语教研室的领导孙宗光老师告诉我,北大高等教育研究室在招收懂外语的硕士生。留在北大读书对我有莫大的吸引力,我顺利考上了高教室的研究生并开始了两年半的硕士学习。

我的硕士导师汪永铨先生对我有许多潜移默化的影响。

首先，是开始重视宏观比较历史法。读本科时，我最不喜欢上与历史有关的课。在经历了长达十年的"文革"之后，我总觉得历史是中华民族身上一个沉重的包袱，要解放思想，最好摆脱历史的束缚，直接与国际上最现代的新事物接轨。然而，汪老师给我们出的硕士论文题目是研究发达国家高等教育在历史上如何为现代化服务，这迫使我们不得不去研究历史。我当时虽然主要研究日本，但是对英国大学模式的通识教育、德国大学模式的科研、法国和日本大学模式的官员培养，以及美国大学模式的社区服务等特点与这些国家近现代史上政治、经济及文化发展过程的相互关系特别感兴趣。这种从广阔的历史背景下在宏观层面上把握一个国家制度的视角，不仅影响了我在北大期间硕士论文的写作，而且也影响了我后来在美国写博士论文以及工作以后科研计划的选题。它至今仍然在影响我治学的观点与方法。

其次，是从跨学科的视角来分析属于单一学科的问题。汪老师经常讲，高等教育本身不是一个独立的学科，应该从多学科的视角研究高等教育。他对北大高等教育研究所的定位是，依托北大作为综合院校在人文社会科学方面的实力，从跨学科的视角来研究高等教育。汪老师一直拉着厉以宁、陈良焜等经济系的老师做教育经济学，又鼓励曲士培等本所老师从史学的角度研究高等教育。读硕士期间，与其他专业同学的跨学科交流也成为我学术发展的重要途径。开学后不久，汪老师就出任北大教务长，我们除了上课几乎见不到他。他也对我们实行"放养"，没有太多的约束。83级的北大研究生全都住在34楼，这对跨学科交流十分有利。我很快就加入了未名学社，这个学社由当时北大研究生会学习部建立，成员来自各个系所，经常在一起就各自领域的问题侃大山，也经常请人来办讲座。与本科期间同学间的交流只限于本专业不同,研究生期间的横向交流十分频繁。我对跨学科研究的兴趣一直保持至今。

最后,汪老师反复对我们讲,做学问要学以致用,不能为做学问而做学问。80年代初,北大校园盛行的仍然是象牙塔式的学术风,以大理论和掉书袋式的学问为时尚。在经历了十年动乱后,中国很多社会科学学科当时尚处恢复期,经验研究很少。汪老师在组建高等教育研究所的时候,确立以研究与高等教育密切相关的重要问题为本所主要发展方向。我们这些第一批硕士研究生直接参与了汪老师当时主持的"六五"国家重点项目的研究。这样一种重视现实问题的研究取向,加上80年代北大学生对国家前途强烈的使命感,使我们对自己的研究充满了干劲儿。在之后的学术生涯中,我一直遵循着选择与现实有重大关联的课题为研究对象这一原则。

普林斯顿:脱胎换骨的历程

1987年,我到普林斯顿大学社会学系攻读博士学位。我在读博期间学会了社会科学质性研究中的变量思维,在社会学组织制度学派的熏陶下,选择了经济社会学与历史社会学作为未来研究的主要领域,并通过博士论文重点研究了日本经济和产业政策演化的历史。

当时的社会学系正处于一个转折期。读博期间,后来美国经济社会学的代表人物道宾(Frank Dobbin)、泽利泽(Vivianna Zelizer)和戴玛吉奥(Paul DiMaggio)先后到普林斯顿任教。美国社会学组织制度学派的主要代表是斯坦福大学的迈耶(John Meyer)和戴玛吉奥,道宾是迈耶的大弟子之一。

由于道宾最先到普林斯顿，我与他工作的时间最长。他对我的影响主要有两方面，一是社会科学质性研究中的变量思维，一是从产业文化的视角分析认知对政策范式的影响。在讨论研究课题时，道宾反复用2×2矩阵来训练我质性研究中的变量思维。从过去在国内只是罗列原因的分析方法，到美式社会科学的变量思维，对我这个国际学生而言，这是一个脱胎换骨的过程。迈耶一支的组织制度学派理论，用人们认为理所当然的理性神话来解释制度性因素如何在不知不觉中塑造人的行为。然而，戴玛吉奥一支的组织制度学派理论，则更强调理性和利益在制度形成过程中的影响，给人的能动性（agency）以更大的空间。在道宾和戴玛吉奥不同方向的影响下，在写作博士论文《经济意识形态与日本产业政策：1931—1965年的发展主义》时，我把日本产业政策处理成体现一种双重性的中间变量：一方面，日本产业政策在各历史阶段的政策范式都受到当时占主导地位的经济意识形态的影响，在这段分析中，它体现的是经济意识形态作为一种塑造理性神话的发展经济的具体方略；另一方面，这些政策范式又反映了人的能动性，代表的是日本这个民族国家想打破各种结构条件的限制，努力发展高附加值产业，获得更大贸易利益的政治意志。

在伍斯诺（Robert Wuthnow）的历史社会学课上，我不仅接触到不少历史社会学的经典作品，而且喜欢上这种用大理论进行宏观历史分析的风格。这种宏观历史分析方法，帮助我认识到日本经济在大萧条至第二次世界大战结束期间发展的深刻变化，以及这种变化在战后进一步发展的历史同时代性，并在这种历史同时代性中寻找日本个案在跨国比较意义上的差异，为我后来发展全球化钟摆运动的理论框架奠定了初步基础。从道宾和泽利泽那里，我看到如何用历史社会学的方法进行经济社会学的分析。道宾与泽利泽风格迥异，代表着两个极端：前者高度重视分析框架的逻辑论证，后者则以简单的分析性概念贯穿丰富的历史叙事。我在搭建博士论文的分析框架及展开后来的各项研究时实际上更喜欢将二者的风格结合起来，既重视分析框架的逻辑本身，又不忘提供足够的实证材料，使没有专门知识的一般读者也可以了解事情的进展。本书收录的各篇文章中也都试图呈现这种风格。

写博士论文时，与日本研究有关的两位导师是罗斯曼（Gilbert Rozman）和詹森（Marius B. Jansen）。罗斯曼是比较社会学的专家，一直研究中国、日本和俄国。詹森则是日本史的权威。两人都做历史社会学的研究。他们曾经作为普林斯顿现代化研究的代表人物，把现代化理论作为研究中国、日本和俄国历史进程的理论框架。我在普林斯顿的另一位关系密切的老师是从40年代末开始一直为美国社会学结构功能主义和现代化理论的代表人物之一的莱维（Marion Levy Jr.）。他用结构功能主义对中国与日本现代化过程的分析，加上在北大读本科时读到的邹谠教授关于全能主义政治的讲座介绍，大大加深了我对中日两国19世纪下半期以来历史进程的理解。虽然我从未被现代化理论说服，但是它在分析国际环境对国内政治经济的影响时经常使用的"刺激－反应模型"，和对传统与现代的区分，却在方法论的层面不断提醒我永远注意国际因素在导致一个国家大的历史进程在两个不同阶段之间转换中的重要作用。

博士论文的写作对我后来学术发展的影响是多方面的。首先，它极大地强化了我对现实问题的兴趣。我之所以关心日本产业政策，因为它是80年代后期日美贸易战关注的重点。当时英语文献中的两派为到底是政府还是市场创造了日本经济奇迹，打得不可开交。为验证这两种不同的理论，我决定围绕日本产业政策重大发展节点上的辩论展开研究，考察各派提出的解决方案背后的理论依据，考察究竟是主张政府干预还是主张市场原则的阵营在辩论中占上风,在现实中塑造了日本产业政策的范式。正因为如此,我研究的主要对象是一群日本经济学家和政府官员,他们为探索日本经济发展之路,为日本经济在各个时期应对内外挑战而殚思竭虑,打破学术上的门派之见,在各种经济思想与意识形态中为日本的产业政策寻找养分,形成一个被称为"实战派"的群体。其次,我开始对西方经济学不同的思想传统产生很大兴趣。思考博士论文主题的 80 年代末期和在日本进行研究与写作的 90 年代上半期,新自由主义和"华盛顿共识"正如日中天。然而,我在研究中发现,真正影响日本产业政策的,却是德国参谋总部在第一次世界大战期间发展起来的总体战争理论、马克思的计划经济理念、熊彼特的创新理论和凯恩斯关于有效需求管理的主张。日式发展型政府抛弃了西方通行的比较优势的概念,强调以技术创新为基础的竞争优势。这也是我近年关注中国高新技术产业发展的直接原因。本书收录的关于云计算、工业互联网和电动汽车等产业的分析,以及我后来对中日之间实践产业政策异同的比较,加之对各种不同类型的政府采用的产业政策特点的关注,都源于博士论文对日本产业政策的研究。

杜克:跨学科旅程的继续

我于 1993 年 7 月开始在杜克大学社会学系工作。

本书各篇文章使用的理论框架的主体,是在 1997—2000 年写作《日本经济的悖论:繁荣与停滞的制度性根源》的过程中成型的。这个分析框架包括三个组成部分:源于经济社会学和历史社会学的关于全球化钟摆运动和霸权周期的分析;源于国际政治经济学的关于国际金融和国际贸易秩序在全球化钟摆运动和霸权周期中如何变化的分析；源于比较政治经济学的关于国际经济秩序的变化如何影响一国国内政治经济的分析。

受卡尔·波兰尼和乔万尼·阿里吉这两位社会学家的启发，我把全球化钟摆运动与霸权周期视为资本主义长程运动的周期性变化，这些周期性变化是导致国际经济秩序变化和国内政治经济变化的推动力。我在90年代初写《发展主义》时虽已经将波兰尼笔下由释放市场力量向保护社会的大转型变成了理论框架的一部分，但是因为其分析的时段只至60年代中期，还没有机会思考这一大转型在战后的再次出现。由于《悖论》的研究时段涵盖30年代至20世纪末，其理论框架必须要解读80年代日本泡沫经济的出现和崩溃。我追根溯源后发现，这与1971年美元与黄金脱钩后，固定汇率转为浮动汇率直接有关。我意识到波兰尼讨论的释放市场力量，实际上在第二次世界大战后又经历了第二个轮回，于是决定用"全球化钟摆运动"来形容这两个轮回。波兰尼本人并没有使用全球化这个概念，毋宁说他讨论更多的是市场化，然而如果用20世纪末的学术话语来形容他所分析的世界范围内的市场化，就是全球化。这就是"全球化钟摆运动"这个概念的由来。在此过程中，我还发现阿瑞吉用霸权周期不仅把全球化的钟摆运动与国际政治连接在一起，而且还提供了明确的因果机制，即霸权周期总是从生产和贸易的扩展开始，这二者的扩张最终必然导致财政和金融的扩张，而这两种扩张早晚会导致世界规模的资本主义危机和霸权的更迭。对这两个周期的认识也是我写作本书收入的《为什么全球化会发生逆转？》的直接原因。

《悖论》所使用的分析框架中的中间变量是国际政治经济学讨论的国际金融与国际贸易秩序。我在杜克大学同事、政治学教授罗伯特·基欧汉的指导下广泛阅读了国际政治经济学文献。我在1998年春校园举办的一个学术会议上偶遇基欧汉，他问我在做什么研究。我回答说，正在研究为什么表现优异的日本经济在1990年突然逆转，并提出像日本这种具有较低交易成本和较高代理人成本的经济体制在固定汇率变为浮动汇率的时代更容易出现金融危机。这引起他极大的兴趣，他邀请我加入他研究全球化的项目。在那以后的一年半时间，我们每月见面讨论我的研究。最初，面对他一连串的提问，我只能回答上30%。然后，我阅读了他建议的一系列文献，渐渐得以回答出全部问题。当时在《悖论》的写作中直接派上用场的，主要是他关于美国在与苏联的冷战中为争取盟国而在贸易领域实施的与盟国的"非对称合作"的讨论——向盟国开放美国市场但是允许它们限制进口美国产品。随着美国国力的下跌，这一政策开始发生改变，最终发展成与日本的贸易战。[1]我把这个变化处理成国际贸易秩序这一中间变量发生的重大变化。当年，在基欧汉的指导下广泛阅读的有关国际金融和国际贸易秩序文献形成的知识储备，对我后来搭建本书收录的关于《美元与国际经济秩序》《萨缪尔森陷阱》和《对等开放：中国迈向发达国家的必由之路》等文章的分析框架有莫大的帮助。如果说从道宾那里我学到的是社会科学质性研究的变量思维，那么从基欧汉那里我学到的则是把各学科的不同理论在逻辑上无缝衔接，形成一个综合的、具有现实解释力的理论框架。每次与他讨论现实问题，都是一次不间断的高强度逻辑推理的智力练习。

在我写作《悖论》的过程中成型，并后来在写作本书收录的文

---

[1] Robert Keohane, *After the Hegemony: Cooperation and Discord in the World Political Economy*, Princeton University Press, 1984.

章中反复使用的，关于国内政治经济的理论框架主要来自比较政治经济学。我从杜克的另一位同事、经济学教授大卫·索斯克斯（David Soskice）处受益匪浅。索斯克斯与彼得·霍尔（Peter Hall）主编的《资本主义多样性》[1]是英语学术圈比较政治经济学的主流研究范式之一。霍尔也一直被视为美国政治学中历史制度学派的代表人物之一。《资本主义多样性》的理论框架最大的特点，是把各主要资本主义经济体分成自由市场经济和协调市场经济两大类，并从工会与企业、技能养成、企业治理、企业间关系，以及企业–雇员五个层面，重点分析一个经济体如何协同经济活动，以及一个经济体内部不同组成部分之间是如何通过相互匹配的制度逻辑联系在一起的。日本在书中的分类属于协调市场经济。我虽然并没有直接按书中的分类来组织《悖论》，但是该书将经济体视为一个整体，通过各种制度之间匹配的逻辑关系来界定系统层面的特点对我极有启发。对资本主义多样性研究范式后续辩论的关注，特别是引起西方学术界关注的巴卡洛和彭图逊的文章《反思比较政治经济学：一个增长模式的视角》，[2]也是我写作本书收录的《休养生息与强筋健骨》一文的直接契机。

写完《悖论》后，我感觉自己已经拥有了一个在宏观历史层面分析国际国内政治经济的基本理论框架；在后来面对各种新局面和新问题，写作本书收录的各篇文章时，这个框架总能帮助我抓住研究的主要方向。虽然每篇文章的写作都涉及学习新的知识，扩展原来的框架，但那都属于对打造好的分析工具进行的不断完善。

---

[1] Peter A. Hall and David Soskice, eds., *Varieties of Capitalism: The Institutional Foundations of Comparative Advantage*, Oxford University Press, 2001.
[2] Lucio Baccaro and Jonas Pontusson, "Rethinking Comparative Political Economy: The Growth Model Perspective", *Politics and Society*, Vol. 44, Issue 2 (2016).